한국교회 성장 방향과 대안

현대교회성장의 이해

최현서 지음

건강하고 균형 있는 원리와 방법과 훈련과 전략

침례신학대학교출판부

머리말

　교회성장은 건강하고 균형적이어야 한다. 성경 중심적이고 현 문화에 적용되고 열매 맺는 성장이어야 한다. 원리와 방법과 훈련과 전략이 균형과 조화를 이루어야 한다. 정통복음주의 교회들은 같은 목회 원리인 같은 목회 비전과 사명을 가지고 있다. 교회의 기본사역은 예수 그리스도를 머리로 하여 예배, 전도, 교육, 봉사와 친교를 통해 하나님께 영광 돌리는 것이다. 복음의 능력은 교회가 복음과 문화가 조화를 이룰 때 나타났다. 복음과 문화를 연결시키는 목회 방법들은 목회자들의 개성만큼 다양하기에 그 방법들이 적용되려면 교회는 복음과 문화에 대한 깊은 인식과 적용을 통해 기독교적 빛과 소금의 역할을 해야 한다. 이와 같은 일들은 각 교회가 훈련을 통해 이루어야 한다. 목회자는 먼저 제럴리스트(Generalist)가 되어야 한다. 목회자들은 먼저 교회의 기본 사역에 탁월하고 충실해야 하고, 이 바탕 위에 목회자들은 스페셜리스트(Specialist)가 되어야 한다. 교회의 기본사역에 대한 훈련을 통해 각 교회에 필요한 전문 사역을 활성화해야 한다. 교회는 성령이 원하시는 대로 하나님이 그 교회를 통해 특별히 하고자 하는 일을 실행하고 열정을 다 할 때에 부흥의 일이 일어난다.

한국교회는 하나님의 크신 은혜와 섭리로 성장하고 성숙해 오고 있다. 교회는 하나님의 장중에 있으며 하나님의 은혜로 부흥하고 성장한다. 오직 성령께서 은혜를 부어 주실 때에만 사명을 감당한다. 목회자들은 오직 성령님께서 도와 주셔서 주님의 일을 완수했다고 고백하기를 소원하는 사람들이다. 기독교 역사는 사도바울의 고백처럼 부름 받은 사명자들이 하나님의 은혜의 복음을 증거 하는 일을 위해 자신의 생명을 드리고 사명의 길을 달려가는 사람이 기록하는 것이다(행20:24). 예수님께서 친히 말씀위에 교회를 세우셨고, 예수님께서 세우신 교회는 음부의 권세가 이기지 못하는 기관이다(마 16:17-18).

많은 목회자들과 성도들은 교회성장에 대해 부정적이지는 않더라도 큰 관심이 없을 지도 모른다. 교회성장 세미나에 참석한 후에 적용해도 되지 않는 실망감, 양적인 면의 강조에서 오는 소형교회 목회자들의 사기저하, 마케팅 전략에 대한 반감과 오해, 대형 교회 목회자들이 보여주는 유익한 내용인 반면에 불손한 태도와 상처를 입히는 언어들. 농어촌 교회에 적용되기 어려운 내용에 대한 거부감과 중압감. 이 모든 것들이 목회자들을 실망시키고 낙심하게 했을지 모른다. 그러나 우리는 건강한 교회에 근거하고 건전한 신학에 기초한 교회성장과 부흥을 생각해야 한다.

한국교회가 부딪치는 잘못들은 건강하고 균형적인 성장, 즉 원리와 방법과 훈련과 전략의 과정을 인식하지 못한데서 오는 안타까운 편견들이다. 편협하고 잘못된 일을 주장하는 목회자들과 일부 학자들은 자신의 견해를 통해 교회들을 침체하게 하고 있고 부분적인 사역에 치우치게 하고 있다는 것을 속히 깨달아야 한다. 건강한 교회는 머리이신 예수님이 주인이 되는 교회이고, 예수 그리스도가 통치하는 교회이다(엡4:12). 예수님이 주인이 되는 교회는 목회자가 십자가의 보혈을 의지해서 목회한다. 그러나 목사와 제직이 머리인 교회는 잠깐 푸르게 보일지 모르나 늘 분열과 갈등이 있고 죽은 교회나 다름이 없다. 건강한 교회는 목사와 성도의 지도력이 바른 교회이다. 이런 교회는 성도를 구비시켜 봉사의 일을 하게하고 성숙한 공동체가 되게 한다(엡4:11-12). 건강한 교회는 성도들이 각자의 은사에 따라 봉사하고, 목회자는 훈련과정을 통해 성도들이 은혜와 지식에서 자라면서 은사를 발견하고 현장에 배치하여 전문 사역자로 키워낸다. 목회자가 혼자 일하다 지친 교회는 성장하지 않으며, 모든 성도들이 은사를 따라 봉사하고 섬기는 교회가 되어야한다. 건강한 교회는 그리스도의 몸을 세우는 교회이고, 이는 질적 성장과 양적 성장을 의미한다. 교회의 건강은 성장에서 비롯되며, 불신자를 통한 양적 성장 없이 교회건강을 이야기하는 것은 한 가정에 자손이 끊긴 것 같이 부모의 고민이고 가정의 걱정거리가 된다. 전도하고 양육하고 훈련시키고 지도자로 만드는 순환 조직이 필요하다.

  교회의 성장 전략은 매우 중요하다. 예수님은 망대의 비유를 통해 우리가 주님의 일을 하는데 있어서 행할 교훈을 주시고 계시다. 우리는 계획하지만 하나님은 경영하시는 분이기에(잠16:3) 최선을 다한 전략을 늘 수립해야 한다. 부분적인 전투는 임기응변적일 수 있으나 큰 영적 전쟁은 전략을 수립해야 한다. 교회는 영적 전쟁의 현장에 있다는 인식을 가지고 깨어 믿음에 굳게 서서 남자답게 강하고 사랑의 방법을 가지고 승리해야 한다(고전16:13-14).

한국교회는 이제 성장의 한계점에 다다랐다. 특히 지난 10년간 다른 종교들은 크게 성장했는데 유독 기독교만 성장이 월등이 침체하고 있다. 이에 대해 많은 자성의 일들이 교회와 목회자들과 목회 단체들을 통해 이루어지고 있다. 1907년 평양을 중심으로 일어난 평양부흥 100주년을 기념하며 회개의 운동과 한국교회를 반성하는 시간을 가지고 있다. 목회자들을 통한 한국교회의 반성의 내용은 다음과 같은 것들이다. 신앙과 삶의 불일치, 목회자들의 영성의 황폐화와 타락으로 인한 교권주의, 심각한 교파분열과 교회 분쟁, 이단의 폐해, 언론의 비판적 보도, 개 교회주의와 사회적 책임 악화 등으로 교회의 대 사회적 신뢰도 추락 등을 들 수 있다. 그러나 이제 한국교회가 소망이 있는 것은 외형적 부흥보다는 건강한 부흥을 사모하고 있는 것이다. 무엇보다도 믿음과 사랑이 하나 되는 믿음과 삶이 어우러지는 공동체, 하나님의 주권신앙을 회복하고 생명을 살리는 우주적 목회로 선교공동체가 되어야 한다. 이 문제들의 핵심과 해결 방법은 한국교회가 복음의 본질로 돌아가는 것이다. 여기에 교회의 부흥과 건강한 교회 성장이 있다.

교회성장운동은 "왜 어떤 교회는 자라지만 또 어떤 교회는 자라지 못하는가?"라는 질문에서 시작한 학문이다. 교회성장은 실천적 운동이고, 교회성장의 원리와 신학이 있기 전에 교회가 시작하면서 시작된 것이다. 교회성장학은 선교사들이 선교지에서 수 십 년을 노력해도 교회가 부흥하지 못하는 안타까운 상황에서 시작한 학문이다. 이 십 년을 전도해도 몇 명밖에 전도하지 못하는 현실에서 시작한 연구들이다. 이제 한국교회는 교회가 성장하는데 이전과는 다른 상황에 처해있다. 한국교회는 주위 환경을 돌아 볼 때 교회성장의 한계에 부딪치고 있고, 성장에 대한 개인적 편견과 성경적 무지의 상황에 있고, 교회의 고원현상과 하락 현상을 막아야 할 시점에 와있다.

한국교회는 복음전파 한 세기가 지나면서 인구의 20%가 넘는 민족종교로 남을 것인가 아니면 선교중심지였던 유럽교회처럼 이름은 있으나 인구의 5%도 교회에 출석하지 못하는 죽은 교회로 남을 것인가의 기로에 와있다. 서구 유럽교회의 위기는 예외는 있으나 유럽 신학교들의 잘못이 가장 크다고 할 수 있다. 한국교회는 교회성장에 대해 새롭게 인식해야 할 단계에 와있다.

이 책은 교회성장의 원리와 방법들과 훈련과 전략들로 되어 있다. 성경에서 나온 역동적인 원리들과 한국교회에 꼭 필요한 전반적인 방법들과 교회개척을 통한 실제적인 훈련부분들과 현실적으로 적용될 수 있는 전략들로 구성되어 있다. 건강하게 부흥하는 교회들의 예들이 곳곳에 있어 이론과 실제를 겸하도록 했다. 현장 조사시에 교회안내서, 발행된 교회 소책자 등의 참고자료는 밝히지 않았고 주제에 따라 천체를 소개하지 못하고 일부분 인용한 경우는 교회이름을 첫글자로 처리하였다. 교단의 배가 운동에 대한 내용은 논문에 기재한 내용을 수정 보완하여 부록에 첨가하였다.

이 책을 쓰는데 감사할 분들이 있다. 신앙적으로 성장하게 하신 목사님들, 부족한 목사를 위해 기도한 성도들, 학문적 자질을 가지게 하신 교수님들, 사랑의 목회를 알게 한 고난의 동역자들, 겸손과 생명을 다한 열정을 가진 제자목사들에게 감사한다. 현장 목회에 도움이 되도록 현장 교회조사를 하도록 할 때에 성실히 임해주고, 20여년 동안 탁월하지 못한 스승을 인내하며 기다려 준 모든 제자들과 재학생들에게 감사한다. 이름을 일일이 밝히지는 못하지만 이 책의 여러 부분에 제자들의 귀한 땀이 묻어 있음을 감사한다.

이 책을 내도록 깊은 학문적 지도와 재정적 지원을 해주신 침례신학대학교 총장 도한호박사님과 탁월한 동료교수들과 친절한 직원들에게 먼저 감사를 표한다. 신학과 학문적으로 체계를 가지게 하고 학생들을 어떻게 사랑하나를 보여주신 권혁봉교수님, 노윤백교수님, 김갑수교수님, 정인도교수님, 정학봉교수님과 이정희교수님께 감사한다. 미국 유학시절 나의 은사이고 멘토이고 자녀처럼 지도해주신 김창엽박사님, 세계적인 석학이신데도 부족한 사람의 논문지도교수가 되시고 자신의 저서를 번역하도록 하신 엘머 타운즈박사님, 학문의 열정과 추수감사절이면 초대하신 사랑의 정현박사님, 세계를 향한 사랑과 위대한 삶을 보여 주신 제리 화웰박사님과 사모님께 감사한다.

현장목회에서 성령의 역동적인 역사와 설교의 깊은 능력을 알게 하시는 피영민목사님, 바울처럼 눈물과 역경을 이기는 목회를 알게 하신 백신기목사님, 하나님의 심정으로 성경을 바로 보도록 하신 강원희목사님, 성도 한 명 한 명을 예수님 사랑으로 교육하여 대형교회를 이루신 안종대목사님, 말씀을 그대로 준행하고 무릎이 낙타 무릎이 되도록 하나님을 사랑하고 성령의 충만으로 세계적 교회를 이루신 윤석전목사님과 고흥식목사님께 감사한다.

실천실학교수들은 늘 내게 학문적 도전을 주고 좋은 모범이 되었다. 뛰어난 교수들이지만 겸손하고 학문적으로 탁월하지만 조화를 이루게 하는 박영철교수, 이명희교수, 이현모교수, 문상기교수, 정성영교수와 안희열교수에게 진심으로 감사한다. 학문과 믿음에서 뛰어난 모든 동료교수들과 힘들고 지칠 때 기도해주고 함께해준 근광현교수, 김선배교수, 김종걸교수, 장수한교수에게 감사한다.

목회의 어려움과 가난을 극복하고 목회가 무엇인지를 보여준 승리의 목회동료들인 박재환목사, 엄용치목사, 김재호목사, 김강식목사, 윤변헌목사, 박희영목사, 임덕수목사, 한승일목사, 김만섭목사에게 감사한다. 주님만 의지하고 빈들과 같은 개척지를 옥토로 만든 기도의 목회자들인 정문석목사, 류진형목사, 최재식목사, 이복문목사, 이상근목사, 변남식목사, 최병선목사, 윤종원목사, 김남전목사, 김연규목사, 박종규목사, 정성섭목사, 한창헌목사, 이성주목사, 허세강목사, 이상철전도사, 김민호전도사, 손기정전도사, 박철래전도사에게 고마움을 표한다. 특히 연약한 교수를 위해 기도하고 함께 해온 최재승목사, 윤인규목사, 이재우목사, 이규호목사, 조우영목사, 박순상목사, 박치제목사, 한규동목사, 강윤형목사, 서창윤목사, 황욱연목사에게 감사한다. 해외에서 선교사로 활동하는 제자 선교사들 모두와, 특히 황호순선교사, 신현우선교사, 박종근선교사, 김영우선교사, 전만규선교사, 홍준선선교사, 백남근선교사에게 위로와 고마움을 전한다.

딸 다섯 명을 둔 어머니 박준녀권사님은 늦은 나이가 되는 봄산상예배에서 아들을 달라고 하나님께 간구하고, 아들을 얻고 101살이 되는 지금까지 평생 기도로 아들 목사를 위해 기도하고 계신다.

하나님의 은혜와 축복을 얻고 누리게 하신 어머님께 마음을 다한 사랑과 존경을 기록으로 남긴다. 수학을 전공한 아내 천미자는 학문하는 동안 인내와 사랑으로 남편을 섬기며 도왔고 지지하고 후원한 일들을 생각할 때에 말로 표현을 다 할 수 없는 감사와 깊은 사랑으로 고마움을 표한다. 두 아들 최광선과 최광훈은 아버지 사역을 도왔으며 믿음생활을 순종했고 여러 해 동안 두 형제가 장애우들을 돕고 섬기는 일에 종사함을 자랑스럽게 생각하며 이 기회를 통해 아버지의 고마운 마음을 전한다.

  이 책을 출판하는데 편집과 교정에 수고를 아끼지 아니한 이정훈 선생과 장해선 선생에게도 감사한다. 이 작은 기록을 우리 하나님이 축복하셔서 하나님 나라의 확장과 민족 복음화와 세계복음화의 귀한 자료가 되기를 소원한다.

추천의 말씀 1

철학박사 도한호
침례신학대학교 총장
조직신학 교수 / 목사

현대교회의 성장 위기에 때맞추어 나온 책

　한 통계에 의하면, 한국교회는 1945년 일본 제국주의로부터 해방되던 해에 남북을 합하여 약 100만의 신자가 있었으며, 10년 후인 1950년대에는 200만으로 성장하였고, 1960년대 중반에는 400만으로, 1970년대에는 다시 배가하여 850만으로 성장했다고 한다. 특히 1970년대 한국 교회는 빌리 그레이엄의 전도부흥회와 "엑스플로 '74"를 계기로 교회가 급격히 성장하였다. 800-850만이라는 신자 가운데는 로마 가톨릭교회 신자도 포함되었으며 다소의 과장도 예상 할 수 있겠으나 이러한 성장은 세계 역사상 유래 없는 일임에 틀림없다.
　국민의 22%가 기독교 신자이면 더 이상 피선교이 아니라는 것이 풀러신학교의 세계적 선교학 교수 맥가브란의 이론이다. 그의 이론에 따르면 1980년대 한국의 인구를 4.300만으로 보았을 때, 한국은 더 이상 피선교국이 아니라 선교사를 파송하는 나라가 되어야 마땅하다고 볼 수 있을 것이다. 이를 증명이라도 하듯, 각 교파의 외국 선교사들이 앞을 다투어 한국 선교를 중단하고 대부분의 외국 선교부들이 한국으로부터 철수하기에 이르렀다. 침례교회도 예외가 아니어서 1988년을 기점으로 한국 선교를 사실상 중단하였다.

혹자는, 교회와 신자의 수적 증가를 무의미하다고 비판하고 내적 성장만이 진정한 성장이라는 다소 극단적인 이론을 제기하고 있지만, 수적 성장은 내면적 성장의 중요한 요소 중 하나이기 때문에 우리는 이를 경시하는 풍조를 오히려 경계해야 할 것이다. 땅 끝까지 가서 **모든 족속에게** 복음을 전해야 할 일이지 내적 성장을 위해 외적 성장을 소홀히 해서는 안 될 것이다.

그러나, 이것은 수적 성장위주의 목회와 선교정책을 옹호한다는 의미는 결코 아니다. 전대미문의 성장을 거듭해오던 한국교회는 1980년대에 들어서면서 숨을 고르더니 1990년대와 새천년에 이르러서는 성장이 답보상태에 있음은 물론 각 교단 신학대학의 학생들이 지방중심으로 감소하는 등 오히려 위기현상을 맞고 있는 실정이다.

최현서 교수의 「현대교회 성장의 이해」는 바로 이런 시점에서 한국교회의 성장과 성장에 대한 전망을 성경을 근거로 분석하고 치유방법을 강구한 시의 적절한 저술이라 하겠다. 최교수는 미국 린치버그 시 소재 리버티대학교에서 교회성장을 연구하고 박사학위를 취득한 학자이며, 이 책은 이론 전개가 평의하여 누구나 읽을 수 있게 저술되었다. 저자는 이 책에서 목회학 설교학 전도학 등 실천신학

전반에 걸친 문제를 취급하였으나 주로 교회성장의 원리와 방법을 제시하였다.

  선교의 열정은 불타오르고 있으나 막상 선교라는 논에 영양과 물을 공급해야 할 교회가 성장을 멈추고 있는 이 때, 모든 목회자들과 신학생들이 읽어야 할 책으로 추천하는 바이다.

추천의 말씀 2

연세중앙교회 담임목사 윤석전

교회성장은 예수님의 명령이시요, 모든 목회자들의 한결같은 꿈이며 소망이며 비전이기에 이에 대한 학문적인 관심과 연구도 클 수밖에 없습니다. 교회는 주님의 몸이며 교회를 이끌고 가시는 분은 성령이십니다. 그러므로 교회성장은 절대적으로 인간의 수단과 방법으로는 불가능한 하나님의 일입니다. 그러나 많은 연구들이 교회성장의 본질이 영혼구원을 위한 것임을 제쳐두고 방법론에만 집착함으로써 부분적인 방법을 제시하는 정도로 끝나는 경우가 많이 있었습니다.

더욱이 현재와 같은 한국교회의 침체 속에서의 교회성장에 대한 논의는 성경이 제시하고 있는 방법을 도출하여 새롭게 비전과 소망을 던져줄 수 있어야 합니다. 그런 점에서 최현서 교수께서 20여 년 동안 한국교회의 성장에 대한 기도와 경험 속에서 연구한 내용을 이렇게 책으로 발행한 일은 참으로 반가운 일입니다.

저자는 교회성장학 분야의 세계적인 석학인 엘머 타운즈 교수의 지도를 받은 분으로, 성경이 명령하고 있는, 성령 안에서 영적으로 주님이 원하시는 건강하고 균형적인 교회성장을 소원하는 학자이기도 합니다. 또한 저자의 개척교회, 중형교회, 대형교회에서의 다방면의 사역 경험은 실제적인 교회성장 전략제시에 확실한 도움이 되었을 것입니다.

이 책은 성경이 말하고 있는 주님의 몸 된 교회의 본질을 성경을 중심으로 하여 주님께서 원하시는 교회성장의 원리와 방법과 훈련과 전략을 자세히 제시하고 있으며, 교회성장의 방향과 사례들을 들고 있습니다. 본인은 이 책이 저자에게는 주님의 뜻을 이루어 가는 실천신학의 학문적 대로를 여는 큰 결실이 되길 바라며, 주님의 몸 되신 교회를 성장시키기 위해 땀과 눈물을 다하는 목회자들과 신학생에게는 소중한 영적자원이 되기를 기도하며 이 책을 기쁜 마음으로 추천합니다.

추천의 말씀 3

강남중앙침례교회
담임목사 피영민
철학박사 / 역사신학

목회하는 목사들에게는 교회를 어떻게 건강하게 성장시킬 것인가 하는 주제는 일분일초도 뇌리를 떠날 수 없는 주제이다. 특별히 20세기 말에 일어난 교회갱신운동과 교회성장운동은 교회역사 속에서도 시대정신이라고 볼 수 있는 독특한 현상이었다. 20세기로 끝날 운동이 아니요 21세기에 더욱 지속적으로 발전되어야 할 운동이기에 20세기 말 교회성장운동을 정리하고 21세기에 나아갈 방향을 제시할 필요가 있게 되었다.

금번에 출간된 최현서 교수님의 「현대 교회성장의 이해」는 이런 면으로 목회자들이 목말라하는 요구를 충족시키고도 남을만한 저서라 하겠다. 신학교에서 강의하는 교수로서는 교회성장의 1차적 체험이 부족하다는 약점도 있으나, 현장 목회자들은 체계적인 이론 정립이 부족하다는 약점이 있으므로, 본서는 현장에서 교회성장을 주도하는 목회자들에게 교회성장의 다양한 측면을 두루 이론적으로 정립하는데 큰 도움이 될 것이다.

특별히 현장목회자들은 교회를 성장시켜도 어느 한 면에 치우쳐서 균형감각을 상실할 우려도 있는 바, 본서는 교회성장의 이론, 역사, 방법, 지도력, 영성 등 모든 필요 영역을 다 다루고 있다는 특징이 있다. 교회성장의 첫걸음은 교회개척인데, 본서는 교회개척에 관해서도 필요한 모든 영역을 취급함으로써 갓 신학교를 졸업한 개척자들에게도 필독서라 하겠다.

최현서 교수님은 교수생활 중에도 현장목회지에서 협동목사로서 예배나 헌신이나 경건생활 등 모든 영역에서 성도들에게 모범을 보이심으로 교회성장에 실질적인 기여를 하고 계시다. 최교수님의 자녀들도 모두 사회에 큰 기여하는 인물로 성장되어 하나님의 축복이 최교수님 가정에 함께 하심을 알 수 있다. 아무쪼록 이 저서가 한국교회의 건강한 성장에 큰 유익을 주기를 기원한다.

차 례

머리말 · 3

추천의 말씀 · 11

제1부 교회성장에 대한 바른 이해 · 29

  제1장 교회성장의 이해 · 31

    1. 교회성장의 정의 · 31

    2. 교회성장의 기본원리 · 33

    3. 교회성장의 내용들 · 34

  제2장 교회성장의 원동력 · 43

    1. 성령은 예수님의 인격을 경험하게 한다 · 44

    2. 성령은 구원받지 못한 인류와 관계한다 · 46

    3. 성령은 신자 개인과 관계한다 · 48

    4. 성령은 교회와 깊은 관계를 가진다 · 50

  제3장 교회성장 이론들 · 52

    1. 교회의 목적에 충실한 교회성장원리 · 52

    2. 교회성장학 창시자가 본 성장원리 · 53

    3. 피터 왜그너의 교회성장원리 · 54

    4. 자연적 교회성장원리 · 54

    5. 미남침례교단의 교회성장원리 · 55

    6. 공통적인 성장원리 · 56

    7. 미남침례교단에서 제일 빠른 속도로 성장하는 교회들의 성장원리 · 56

    8. 교회성장연구소 · 57

    9. 이런 교회들이 성장한다 · 59

제4장 교회성장과 성경적 이해 • 61

    1. 영혼구원은 예수님의 지상명령이다 • 62

    2. 전도하여 제자 삼아가며 교회를 성장시키는 것은 믿음의 표현이다 • 62

    3. 잃어버린 자들은 멸망 가운데 있다 • 63

    4. 교회성장은 그리스도의 사랑이 강권하는 일이다 • 63

    5. 우리의 신분이 강권하고 있다 • 64

    6. 책임감이 누르고 있다 • 64

    7. 일할 밭이 우리를 부른다 • 65

    8. 예수님께서 우리를 택하셨다 • 65

    9. 우리의 구원의 체험이 강권하고 있다 • 65

    10. 복음의 본질이 우리를 필요로 한다 • 65

    11. 지옥의 존재가 우리를 필요로 한다 • 66

제5장 미래한국교회 • 67

    1. 한국 사회 • 67

    2. 한국 교회의 현재와 미래 • 67

제6장 교회성장의 역사에 대한 이해 • 75

    1. 교회성장학의 역사 • 75

    2. 교회성장운동의 도날드 맥가브란 • 77

    3. 교회성장운동의 피터 왜그너 • 81

    4. 21세기 교회성장 운동에 대한 전망 • 82

제7장 교회성장과 신학 • 83

    1. 초창기 교회성장신학 • 83

    2. 세계복음화를 위한 로잔언약 • 84

    3. 교회성장과 신학 • 89

    4. 교회성장을 반대하는 신학들 • 95

제2부 교회성장과 방법들 • 103

제1장 교회성장과 전도 • 105

    1. 개인전도자의 자격 • 107

    2. 전도자의 자기점검 • 112

    3. 필요를 채워 주는 복음 전도 • 117

    4. 효과적인 전도방법 • 118

    5. J교회의 전도 사례 • 120

제2장 교회성장과 예배 • 123

    1. 영성이 살아 있고 영감 있는 예배 • 123

    2. 현대교회의 네 가지 예배 형태 • 124

    3. G교회의 예배와 성장 • 126

    4. O교회의 열린예배 • 129

    5. C교회의 3부 열린 예배 • 132

제3장 교회성장과 교육 • 134

    1. 교인들을 위한 교육 • 134

    2. S교회의 주일학교를 통한 교회성장 • 135

    3. G교회의 평신도 훈련 • 142

    4. HS교회의 교인 양육 교과과정 • 150

    5. 하나님의 말씀을 대하는 다섯 가지 방법 • 155

제4장 교회성장과 봉사 • 159

    1. 교회내의 봉사사역 • 160

    2. 사회봉사 • 160

    3. SD교회 사회봉사 • 161

    4. DJ교회의 불우이웃돕기와 교회 내 어려운 가정과 장애우 사역 • 165

제5장 교회성장과 친교 • 173

1. 친교의 의미 • 173

2. 친교의 방향 • 174

3. 친교 계획 및 내용 • 175

제6장 교회성장과 평신도 • 176

제7장 교회성장과 성령의 은사 • 180

1. 성령충만 • 180

2. 성령충만을 받지 못하는 이유 • 183

3. 성령충만을 받기 위한 마음의 준비 • 183

4. 성령의 충만을 받는 방법 • 184

5. 은사계발 • 184

제8장 교회성장과 믿음 • 189

1. 믿음의 단계 • 189

2. 믿음의 은사의 세 가지 관점 • 190

3. 큰 믿음으로 성장하는 원리 • 192

제9장 교회성장과 표적과 기사, 영적전쟁 • 193

제10장 교회성장과 설교 • 198

1. 설교는 하나님의 말씀을 성령의 능력으로 효과적으로 전해야 한다 • 199

2. 설교는 영혼을 살리기 위한 진지함이 있어야 한다 • 200

3. 설교자는 철저히 독서를 통해 연구하는 자들이다 • 202

4. 설교는 설교자의 인격의 그릇을 통해 전달된다 • 202

5. 좋은 설교자는 외모, 태도, 표정, 제스처와 음성에도 숙달되어야 한다 • 204

6. 설교의 구성 • 205

7. 가장 중요한 설교전달 방법 • 206

8. S교회 설교자의 설교 분석 • 207

제11장 교회성장과 기도 • 211

1. 기도는 무엇인가? • 211

2. 기도의 중요성 • 213

3. 기도와 영성 • 214

4. 현대교회와 기도 • 217

5. 기도하는 집으로 기도하는 교회 만들기 • 224

6. 기도의 장애물들 • 228

7. 기도와 세계 평화와 교회성장 • 232

8. G교회의 기도와 부흥의 실례 • 234

9. M교회의 기도혁명 • 240

10. J교회 중보기도 사역 • 247

제12장 교회성장과 지도력 • 257

1. 지도력의 필요성 • 258

2. 지도력의 정의 • 259

3. 신구약 시대의 지도력 • 260

4. 현대 지도력 이론 • 261

5. 지도자의 자질 • 261

6. 목회자 지도력 개발 • 263

제13장 교회성장과 셀(소그룹) • 264

1. 셀(Cell)의 의미 • 265

2. 예수님 목회의 모본 • 267

3. 셀 교회의 사례 M교회 • 268

4. 셀 그룹의 구조와 기능 사례 J교회 • 271

제14장 교회성장과 수용성 • 273

제15장 교회성장과 건축 • 276

제16장 교회성장과 꿈이 담긴 교회 요람 • 279

1. 목회계획 · 279

2. S교회요람의 예 · 281

3. R교회요람의 예 · 283

제17장 교회성장과 새신자 양육 · 292

1. 교회에서 새신자를 놓치게 되는 이유들 · 293

2. 새신자관리를 위해 교회에서 점검할 일들 · 294

3. MJ교회 새신자 프로그램의 예 · 294

4. HS교회의 새 신자 교육과정 · 303

5. 새신자 교육 뒤의 후속 교육들 · 306

6. N교회 새가족 안내서 · 309

제18장 교회성장과 태신자 찾기 · 322

제19장 교회성장과 영성 · 326

1. 한국교회 현황 · 326

2. 기독교 영성 · 328

3. 영에 대한 신학적 고찰 · 329

4. 기독교 영성은 예수님을 닮아가는 것이다 · 332

5. A교회-강조되어야 할 영성 · 333

6. A교회의 부흥과 영성 훈련 · 337

제20장 교회성장과 조직 · 341

제21장 교회성장과 성장장애 극복 · 344

1. 활력적인 교회의 특징 · 345

2. 대표적인 교회질병 9가지 · 347

3. 교회가 죽어가는 5가지 이유 · 350

4. 남침례교단의 교회들 중에 사라지는 교회의 이유 · 351

5. 200명, 300명, 1000명 성장 장벽 돌파하기 · 352

제3부 교회개척과 교회성장훈련 · 363

제1장 교회개척의 중요성 · 368

1. 지상최대의 명령은 순종할 일이고 영혼구령에 초점이 있다 · 368
2. 교회개척은 지상명령을 수행하는 방법이다 · 370
3. 교회개척의 이유와 반대하는 이유 · 371
4. 교회개척은 장점이 있다 · 374

제2장 교회개척의 원리 · 377

1. 교회개척에 대한 비전을 가져라 · 377
2. 교회개척은 성경적으로 하라 · 378
3. 교회개척팀을 확보하라 · 379
4. 교회의 유형을 생각하라 · 380
5. 교회개척 지역과 위치를 정하라 · 381
6. 교회로 활용할 건물을 정하라 · 385
7. 교회설립에 대한 법규를 숙지하라 · 386

제3장 교회개척의 본질적 요소들 · 388

1. 영적인 요소들 · 388
2. 기술적인 요소들 · 389

제4장 개척교회성장 이론들 · 392

1. 대도시 5년된 임대 교회 · 393
2. 중소도시에 세워진 10년된 중형교회 · 396
3. 중형도시에 세워진 20년된 대형교회 · 397

제5장 성장형 교회개척자 · 399

1. 개척자의 5가지 자격 · 399
2. 개척자의 자기 점검 항목들 · 400
3. 한국교회 개척자의 자격 · 400

4. 개척자의 인간관계 • 401

5. 교회개척자가 관계를 가져야 할 사람들 • 402

6. 교회개척 후원자의 약정서 받기 • 403

제6장 교회개척 과정 • 405

1. 교회개척 방법 • 405

2. 교회개척의 발달단계 • 409

3. 실제적 준비 • 410

4. 교회창립시 필요한 비품들 • 411

5. 창립예배 • 412

제7장 교회개척과 교회를 성장시키는 모든 것 • 413

제8장 교회개척과 기도 • 418

1. 기도의 필요성 • 418

2. 개인 기도생활 • 420

3. 기도팀의 구성 • 421

4. 교회의 기도생활 • 421

제9장 교회개척과 비전 • 423

1. 비전이란 무엇인가? • 423

2. 비전의 중요성 • 424

3. 비전의 개발 • 424

4. 비전의 구체적 작업 • 425

5. 비전에 대한 평가 • 425

제10장 핵심가치와 사명선언 • 427

1. 핵심가치 • 428

2. 각 교회의 핵심가치들 • 429

3. 교회의 사명선언 • 432

제11장 교회개척과 전도 • 435

    1. 개인전도의 중요성 • 436

    2. 개척교회의 전도전략 1단계 • 437

    3. 개척교회의 전도전략 2단계 • 438

    4. 개척교회의 전도전략 3단계 • 439

제12장 교회개척과 팀 사역 • 441

    1. 개척자와 팀 사역자의 관계 • 441

    2. 팀 사역자들의 업무 분담 • 442

    3. 팀 사역자들의 역할 • 442

    4. 팀 사역자들의 선정시 질문할 내용들 • 442

제13장 교회개척과 예배 • 444

    1. 예배의 의미 • 444

    2. 예배의 신학적 본질 • 445

    3. 예배의 원칙 • 446

    4. 효과적인 예배를 위한 준비 • 447

제14장 교회개척과 재정 • 449

    1. 재정 후원팀을 확보하라 • 450

    2. 교회개척의 기금조성의 원리 • 451

    3. 기부금 모금의 10단계 • 451

    4. 개척교회 재정의 원천 • 452

    5. 청지기 교육 • 452

    6. 물질관리하기 • 454

제15장 교회개척과 전략 • 455

    1. 교회개척의 기본 준비 • 455

    2. 교회개척의 구체적인 준비 • 458

3. 교회개척의 기본사역 • 459
4. 교회개척의 단계적 준비 • 461

제4부 교회성장과 전략 • 471

제1장 전도중심교회 만들기 • 473
1. 전도중심의 Y교회 • 473
2. 전도중심의 K교회 • 476
3. 건강한 교회성장 전도중심 B교회 • 480
4. 전도중심 <B교회> • 483

제2장 교회개척 사례보고서 • 490
1. 지역선정 • 491
2. 개척준비와 추진상황 보고 • 492
3. 개척실제 • 494

제3장 300명 교인 교회성장 계획 전략 • 500
1. 성경에 나타난 기본적인 원리들 • 501
2. 교회성장을 위한 점검 • 502
3. 바람직한 교회성장의 방향 • 506
4. 새신자를 위한 준비 • 509
5. 새신자 확보 전략 • 509

부록 • 515
침례교단 10년 배가운동에 대한 전략 • 517

참고문헌 • 569

제1부
교회성장에 대한 바른 이해

제1장 _ 교회성장의 이해
제2장 _ 교회성장의 원동력
제3장 _ 교회성장 이론들
제4장 _ 교회성장과 성경적 이해
제5장 _ 미래한국교회
제6장 _ 교회성장의 역사
제7장 _ 교회성장과 신학

제1장 교회성장의 이해

1. 교회 성장의 정의

교회성장이란 단어는 자주 쓰는 어휘이나 그 의미를 정확히 하지 않아 사용하는데 혼동이 있다. 사람들은 각기 자신의 지적 안경을 쓰고 있다. 특히 교회 성장이라는 말에는 의식적이든 무의식적이든 자신의 경험과 선입견을 가지고 정의를 내리고 싶어 한다. 몇 가지 교회성장의 정의들을 통해 단어를 정리하고자 한다.

1) 북미지역 교회성장학회의 정의

교회성장은 그리스도 교회들이 하나님의 사명의 효과적인 수행을 '모든 족속들을 제자삼음'(마 28:18-20)에 관계시킬 때, 그 교회들의 성격, 확장, 개척, 배가, 기능, 건강을 연구하는 학문이다. 교회성장학은 도날드 맥가브란의 창시 사역으로 시작하였고, 교회성장을 갈망하는 사람들은 하나님 말씀에 기초한 신학적 원리들과 현대 사회과학과 행동과학을 종합시키는데 진지해야 한다.[1]

2) 피터 왜그너의 정의

교회성장은 예수 그리스도와 개인적 관계를 갖지 않는 사람들을 그분과의 사귐과 책임 있는 교회 구성원이 되도록 인도함을 포함하는 모든 것을 뜻한다.2)

3) 톰 레이너의 정의

교회성장은 성경적, 사회적, 행동적 연구를 통하여 왜 교회들이 성장하거나 퇴보하는지에 대해 이해하려는 학문이다. 진정한 교회성장은 주님의 최대지상명령으로 무장한 제자들이 증가하고 책임질 수 있는 교회 구성원들이 있을 때 일어난다. 이 학문은 도날드 맥가브란의 창시적 사역으로 시작되었다.3)

레이너의 교회성장은 제자 삼는 일에 관심 있고, 교회성장은 하나님의 말씀에 기초하고, 교회성장은 과학적이어야 하고, 교회성장은 인도 선교사였든 맥가브란에 의해 시작되었음으로 요약하고 있다.

교회성장은 불신자들이 예수 그리스도를 구주로 믿어 책임 있는 교회 구성원이 되게 하는 것이고 성경적, 사회적, 행동적 연구를 통하여 교회의 성장과 퇴보를 연구하는 학문이고, 지상최대명령을 수행하여 교회성장을 갈망하는 사람들에게 교회의 성격, 확장, 개척, 기능, 건강을 하나님의 말씀에 기초한 신학적 원리들과 사회과학들과 종합시키는 방법을 이해하게 하는 학문이다.

교회성장은 교회의 창시자이신 예수그리스도의 말씀과 부름 받은 목회자와 성도들과 현재 교회가 있는 사회 환경에 대한 이해가 필수적이다. 말씀과 지도자와 성도와 환경에 대한 이해이다.

2. 교회성장의 기본원리

교회가 성장하는 길은 네 가지가 있다.4) 교회성장에 대한 기본이해가 목회자들에게 중요하며, 기본을 이해하기 시작할 때에 교회성장에 대한 바른 지식을 가지고 편견에서 벗어날 수 있다.

1)**내적 성장**(E-0전도 대상, 내적 회심). 교회를 정의 할 때에 교회는 구원받은 사람들의 모임이다. 교회는 구원받은 사람들로 이루어진다. 교회건물 안에 모인 사람들 중에는 어려서부터 습관적으로 출석하는 사람들과 형식적인 사람들이 있다. 예수님을 나의 주님으로 영접하지 못하고 신앙생활을 하는 사람들이 있다. 교회의 성장 중에 내적 회심 성장은 교회의 질적 성장으로 나아가는 길이다.

2)**외적성장**(E-1전도대상으로 교회 밖의 사람들). 외적성장은 우리가 보통 말하는 전도로 이루어진다. 예수님이 제자들에게 추수할 시기가 되어 밭에 일할 것이 많은데 추수할 일꾼이 적다고 하셨다. 추수할 일꾼이 필요한 시기에 있으며 예수님이 우리를 영적인 추수꾼으로 부르고 계심을 마음에 새겨야 한다. 한국국민들 중에 영적으로 100명 중 80명이 지옥에 갈 사람들이다. 전 세계적으로도 거의 같은 비율이다. 영혼구원의 일은 주님의 지상명령이며 제자라면 누구나 순종해야 할 일이다. 외적성장은 전도로만 이루어진다. 성경적인 바른 신학이 매우 중요하다. 바르지 못한 신학은 교회의 건강한 성장까지도 방해하고 신학이라는 미명하에 가정에 자녀를 낳지 않아 대를 끊는 것 같은 일을 하고 있다. 교회를 논할 때에 양적 성장이 없이 교회의 건강을 논하는 것은 예수님의 심정을 깊이 이해하

지 못한 경우이다. 성령이 이끄시는 영혼구령에 대한 열정이 중요하다. 씨앗을 뿌려야 추수할 것이 있지 만약 씨앗을 뿌리지 않으면 가을에 거둘 것이 없는 것은 자연의 이치이다.

3) 확장성장(지교회, E-2전도대상으로 먼 지역과 국내 외국인 근로자들). 확장 성장은 타 지역에 지교회를 세우는 것이 대표적인 예이다. 현대교회는 확장 성장의 중요성을 이해해야 한다. 한국교회는 시대가 변하고 있음을 알고 있으며 교회가 교회를 개척하는 시대가 되고 있다. 내 교회만의 성장은 한계에 와있고 대형교회들이 부패하지 않고 건전하고 계속적인 성장을 하기 위해 소중한 방법이다. 확장성장은 교회성장이다.

4) 가교성장(외국선교, E-3전도 대상으로 타문화권 선교). 선교는 가든지 보내든지 하는 것이다. 예수님이 영적으로 선교사로 오신 것처럼 타문화권에 전도하는 것이다. 가교성장은 교회성장이다.

3. 교회 성장의 내용들

교회성장은 쉽게 이루어지는 것이 아니다. 교회가 성장하는 것이 좋다고 생각하는 것과 실제로 성장하는 것은 다른 일이다. 교회성장은 자동적으로 이루어지는 것이 아니다. 한국개척교회 현실을 보면, 평균적으로 6개월이 경과하면 15명, 1년이 지나면 24명, 2년은 34명, 3년은 32명, 4년은 38명으로 나타나 있다.[5)]

소형교회, 중형교회(장년 100명에서 200명 성도 교회), 대형교회와 초대형교회로 나눌 수 있다. 각 교회는 그 교회 나름대로 가치체제가 있다. 소형교회를 누구보다 철저하게 분석한 칼 더들리(Carl

Dudley)는 "작은교회의 모임에 속하는 경험은 사회적 질서와 형이상학적인 질서에 대한 기본적인 인간의 욕구에 부응한다."라고 말한다.6) 소형교회가 일정 기간을 살아남으면 그 교회는 대형교회의 축소판이 아니다. 소형교회든 중형교회든 그런 교회의 특성을 보면 다른 특징도 함께 가지게 된다. 상호 인간관계가 긴밀하고 모든 사람을 알고, 그렇기에 편안하고, 현상을 유지함으로써 이런 가치를 존속시키는 것이 교인들의 삶에 있어서 매우 높은 중요성을 띠게 된다. 작은교회는 그들의 친밀함을 포기하지 않는 한 양적인 면에서 성장할 수 없다. 단 세포의 본성에 가치를 둔 소형교회, 말기적인 병든 교회, 유동성이 강한 지역의 교회 등에 대해서는 성장을 기대해서는 안 된다.7) 그러나 성장할 가능성을 가지고 있음에도 성장하지 못하는 교회의 목회자들이 많이 있다. 이 교재는 이들을 위해 쓴 것이고, 교회성장은 하나님의 뜻임을 알리기 위한 것이다.

1) 교회성장은 질적이며 양적이다

예수님은 교회는 누가 세웠고 무엇을 하며 왜하며 어떻게 수행하는지를 정확히 알려주셨다. 예수님이 교회를 세우셨고(마16:18), 교회는 예배, 전도, 교육, 봉사와 친교의 사역을 하는 곳이고, 예수님이 잃어버린 영혼을 구원하시기 위해 오셨음을 알려주신다(눅19:10). 예수님은 사람들을 사랑과 섬김으로 목양하셨고, 목회의 동력과 능력을 주셨고(행1:8), 교회는 성도들을 어떻게 교육하는가를 알려주고 있다(엡4장). 예수 그리스도를 통한 구원의 복음이 어떻게 잃어버린 자들에게 전파 될 수 있을까? 예수는 그를 따르는 자들에게 이 책임을 맡기셨다. 예수님은 제자들에게 "추수하는 주인에게 청하여 추수할 일꾼을 보내어 주소서 하라"고 명령하셨다(마9:38). 하나님은 우리가 그의 일꾼으로서 추수하기를 바라신다.

이와 같은 과정을 통해 잃어버린 자를 구원하고 양육하고 성장시켜 예수님의 제자가 되게 하는 것을 질적 성장이라고 한다. 교회성장의 기초는 예수님이 원하시는 사역을 수행하는 과정에서 일어나는 결과이다. 교회성장은 교회들이 잃어버린 영혼들을 찾는 신실성을 보여 주는 곳에서 따라오는 것이다. 교회성장은 질적 성장이며 양적 성장이다. 참된 제자가 되는 질적 성장은 양적 성장과 함께하는 것이다.8) 교회성장은 양적 성장을 먼저 추구하지 않으며, 영혼 구령에서 시작하고, 진실한 그리스도인이 되는 질적인 성장과 성숙을 통해 얻는 열매가 양적 성장이다. 올바른 질적 성장이 무엇보다 우선적이고 자연스러운 일이다.

오순절에 세워진 예루살렘교회는 신약성경에서 모범적인 교회이다. 하루 동안에 3천명이 더해졌고, 그들이 침례를 받고 기독교 교리를 이해하게 되고 정기적으로 함께 예배를 드렸다. 그들은 찬송과 친교와 물건을 서로 통용하는 단계가 되었고 영적 은사를 활용했다. 그 결과 교회는 계속 성장했고 주께서 구원받는 사람을 날마다 더하게 하셨다(행2:47). 그 교회는 건강한 교회였고, 성장하는 교회였다. 교회의 질을 논할 때 우리는 보통 12가지를 예로 든다. 그것들은 성경지식, 개인의 헌신, 예배, 전도, 평신도 참여, 선교, 구제, 교제, 모범되는 생활, 교인의 정체성, 사회봉사, 사회정의 실현을 들수 있다.9) 진정한 질적 성장은 자연스럽게 양적성장으로 나아가고 삶으로 나타난다. 교회의 질적 성장은 교인의 마음과 생각이 바뀌는 것이고 변화된 사람이 되는 것이다. 예수를 구주로 믿고 삶이 변한 초대 교인들은 120명의 무리(행1:15), 3,000명의 구원 받은 무리(행2:41), 날마다 구원받는 사람의 수를 더함(행2:47), 5,000명의 무리(행4:4), 더욱더 믿는 남자들과 여자들(행5:14), 예루살렘교회(약25,000명)로 양적 증가를 보이고 있다.

교회성장을 비판하는 학자들은 질적 성장과 양적 성장을 구별하지 못하고 오해하는 경우가 대부분이다. 전체적으로 인구성장률을 밑도는 교회의 성장은 구분해야 하는데, 사회 윤리적 문제, 작은 교회에 가치를 두는 문제와 말기적인 병든 교회 문제 등과 같은 내용들이다. 교회가 수행해야 할 본질적인 내용들이 아니라, 방법적인 면의 잘못을 비판하면서 예수님이 교회를 세우신 목적과 명령을 소홀히 하여 하나님의 교회에 큰 해를 끼치고 있다. 교회가 수행해야 할 본질적인 사역에 대해 이해 없이 비판하는 것은 아기를 목욕시키고 목욕물이 더럽다고 하여 아기까지 버리려는 태도이다. 사탄은 우는 사자처럼 실족시킬 사람들을 찾아 헤매고 있다. 방법이 문화와 현실에 맞지 않을 경우 개선하면 되는 것이고 교회성장의 원리인 예수님의 말씀에 도전하는 비판은 이름만 있는 유럽교회를 보면서 깊이 생각해야 한다.

교회는 가시적 교회와 불가시적인 교회로 구분할 수 있다. 교회는 지역에 세워진 건물로써의 교회가 있고, 예수 그리스도를 구주로 고백하여 구원받은 사람들이 이루는 우주적 교회가 있다. 불가시적인 교회는 흠이 없고 온전하고 이상적인 교회이나, 가시적인 기관인 교회는 천국의 모형이나 여러 종류의 사람들이 있기에 약간의 실패와 부족이 있는 곳이다. 교회는 종합병원과 같은 곳이다. 건강을 회복한 사람들이 있는가 하면 입원 중인 사람들도 있다. 질적 성장을 이루어 나가는 동안 그의 열매인 양적 증가에 따른 부작용도 있음을 미리 예견해야 한다. 교회는 예수님이 재림하실 때까지 힘써 전도하고 최선을 다해 청지기 사역을 감당해야 할 사명이 있고 주님의 명령을 충실히 이행할 의무가 있다(마28:19-20).

2) 교회성장은 복합적이다

교회성장원리는 많지 않다. 성경이 말하는 교회의 목적과 기능은 우리 모두가 모두 알 수 있을 만큼 분명하다. 예수 그리스도가 우리에게 가르쳐 주신 교회의 목적은 영혼 구원에 있으며 예배, 전도, 교육, 봉사와 친교의 사역을 통해 구체화된다. 그러나 이와 같은 목적을 이루는 데는 다양한 방법이 있다. 교회성장의 방법은 시대와 지역과 대상과 지식의 정도에 따라 다를 수 있으며, 목회자의 개성만큼 방법은 다양하다. 숫적인 성장, 조직의 성장, 성숙의 성장과 영적인 성장을 들 수 있다.10)

교회성장을 비판하는 내용을 보면 원리와 방법을 구분하지 못하고 방법에 대한 비판을 통해 교회성장을 제한하고 있다. 교회성장의 방법은 설교, 전도, 상담, 영적전투, 기도, 금식, 심방, 찬양, 교육, 지역봉사, 지도력, 등을 통한 방법들이다. 또한 이 방법들에 대한 세부적인 적용들이 목회자의 능력과 창의성만큼 다양하게 나타날 수 있다. 부모들이 자녀들을 키울 때 자녀들이 신체적으로, 정신적으로,

사회적으로, 영적으로 건강하게 성장하길 원하는 것처럼 교회 성장은 한 두 가지의 일들로 성장하는 것이 아니고 다양한 방법과 균형이 필요하다.11) 근본주의를 통한 성장, 은사주의를 통한 성장, 모델을 통한 성장, 경영을 통한 성장, 원리들을 통한 성장 등 모두는 교회성장의 일부분임을 알아야 한다. 교회성장은 복합적이다.12)

3) 교회성장은 대가를 요구한다

믿음과 헌신은 대가를 요구한다. 믿음은 자신의 전체 가치관을 그리스도의 발 앞에 굴복하는 일이며, 헌신은 믿음을 행동으로 증명하는 일이다. 교회성장은 목회자와 성도들 모두에게 믿음과 헌신의 대가를 요구한다. 성령이 말씀하실 때, 먼저 목회자가 교회성장을 원해야 하고 기꺼이 대가를 지불해야 한다. 목회자가 안녕과 편안함을 위해 일하고 희생을 외면하는 직업적인 태도는 교회를 성장 시킬수가 없다. 교회목회의 척도는 목회자가 얼마나 헌신하고 희생했느냐의 문제이다. 미국교회가 일 년에 수천 교회씩 문을 닫던 70년대 중순에 목회자들을 대상으로 한 피터 왜그너의 조사는 의미심장했다. 한국교회의 현재의 모습을 보는 것과 같다. 전국의 5000명 목회자에게 "당신의 교회에서 지금 가장 필요한 것은 무엇인가?"라는 질문에 대답자들 중 반이 넘는 목회자들이 "현상 유지"를 최우선으로 하고 있었다.13) 목회자들과 평신도들이 교회의 목적을 분명히 알고 이를 이루기 위해 대가를 지불하지 않으면 성장의 열매를 얻을 수가 없다.

성장을 위해 목회자가 치러야 할 대가는 성장에 대해 책임을 지는 것, 열심히 일하는 것, 함께 목회하는 것, 많은 영혼을 돌보는 것, 성장하지 못하게 하는 신학을 개혁하는 것이다.14) 교인들도 교회성장을 위해 대가를 지불해야 한다. 교회는 목회자들이 지불하는 대가 못지않게 성도들이 합심 할 때 이루어지며 교회성장은 값싼 대가로 이루어 지지 않는다.15) 성장을 위해 교인들이 치러야 할 대가는 성장시키는 지도자를 따르기로 결심 하는 것, 재정을 지원하는 일, 자신들의 친교 모임을 재정비 하는 것, 자신들의 평신도 통솔체계를 개방하는 것이다.16)

4) 교회성장은 건강한 교회의 결정적 표시이다

성장하는 교회와 성장하지 않는 교회의 구별은 무엇인가? 꼭 같이 노력하고 예배드리고 헌금하는데 어떤 교회는 성장하고 어떤 교회는 수 십 년이 지나도 성장하지 않는 이유는 무엇일까? 복음주의 교회에서도 모두 성경을 가지고 하나님의 말씀에 충실한데도 어떤 교회는 성장하고 어떤 교회는 감소하는가? 맥가브란(McGavran)은 그 두 교회를 비교하면서 똑 같이 열심히 사역 할 수 있으나 결정적인 차이는 "적용이 다르기 때문"이라고 설명한다.17) 그는 건강한 교회의 특징을 7가지로 설명한다.18) 그것들은 목사, 성도, 교회의 크기, 교회의 조직과 기능, 전도 방법과 우선순위를 들고 있다. 목사는 맡은 역할을 잘 실행하는가? 성도들은 목회자를 협력하는 교인들인가? 교회가 건강하고 성장할 수 있는 크기인가? 교회의 조직과 기능은 교회의 모든 기본 기능들을 최상의 능률을 올릴 수 있는 좋은 조직인가? 소그룹은 동질성을 가진 소그룹으로 나눌 수 있는가?

가장 효과적인 전도 방법을 가지고 있는가? 교회성장을 위해 성경적 원리에 따라 몇 가지 우선순위를 가질 수 있는가? 이와 같은 요소들은 교회를 성장 시킬 수 있는 건강한 교회의 중요한 특징이며 교회가 열매를 맺고 있는 결정적인 표시이다.

5) 교회성장은 하나님의 말씀에 기초한다

교회성장은 신약성경의 말씀을 성장의 원리로 받아드려 절대적으로 순종하는 것이다. 예수님은 "내가 이 반석 위에 내 교회를 세우리니 음부의 권세가 이기지 못하리니"라고 말씀하신다. 예수님은 교회의 창시자이고 교회의 힘의 원천이 되신다. 성경은 교회의 성장을 암시하고 있고, 교회는 믿는 자들로 구성되며, 그리스도는 교회의 머리이시고 교회는 그리스도의 몸이 된다(롬12:5). 성경은 두 가지 성장을 말하는데 외적 성장과 내적 성장을 말하고 있다. 교회는 복음 선포를 통해 외적으로 성장하고, 교회 구성원들이 믿음, 지식과 서로의 사랑을 통해 내적으로 성장하여 지도자의 일을 하게 된다(행16:31; 골1:9-12). 성경은 교회의 내적 성장과 외적 성장의 기초가 된다.19)

피터 왜그너는 1965년부터 시작한 미국교회의 감소 현상이 20년간 지속 되고 있을 때에 그 원인을 두 가지 제도적 원인들을 들고 있다. 첫째는 자유주의신학이 이어받은 것이다. 사회복음 운동이 일어남과 더불어 시작된 자유신학을 주요 교단들은 어느 정도 환영했다. 복음주의는 성장과 긍정적인 연관성을 가지고 있다. 둘째는 교단의 관료체제가 자유주의 신학과 관계하면서 교회의 우선

순위인 전도를 뒤로하고 있었다. 영혼구령에 등한시할 때 일어나는 현상이다.[20]

6) 교회성장은 하나님을 섬기는데 과학을 도입한다

교회성장은 과학적 방법을 활용한다. 사회과학, 행동과학과 통계를 사용한다.[21] 년도에 따라 변하는 재적 교인수, 재정 액, 사회봉사수, 전도의 결과 등과 같은 일을 기록하고 분석하여 다음 년도에 반영한다. 교회성장을 비판할 때 숫자에 얽매인 잘못을 지적한다. 질적으로 성장하면 양적으로 성장하는 것이며, 이를 통계를 내어서 변화를 측정하고 계획하고 예측하는 것은 정당하고 해야 할 일이다. 양을 치는 목자가 양을 잘 키우고 방목만하고 수를 세지 않고 내버려 둘 사람이 있는가? 진정으로 양을 사랑하고 양육하는 목자는 양을 정확히 세어 확인하고 증거를 따지는 목자이다. 지역을 조사하고, 문화를 이해하고, 필요한 전도 방법을 찾고, 미리 사회를 예견할 수 있어야 한다. 과학적 방법은 가설과 검증과 이론을 세워가는 것이다. 과학은 이론적이면서 조직적인 방법으로 현상을 설명한다. 교회성장은 과학적인 조사와 통계를 통해 알 수 있고, 이와 같은 방법들은 교회성장의 장점과 단점을 분별하게 하고, 기초조사를 하고, 기초의 내용을 가지고 통계를 작성하고, 종합하고 분석하여 적용 이론들을 만들어가는 과학적인 방법을 사용한다.

제2장 교회성장의 원동력

　전도는 영적으로 설명하면 복음을 통하여 주님을 영접함으로 성령을 받게 하는 것을 의미하고(요6:63; 12:24,25), 교회성장은 전도를 통해 얻어지는 열매이다. 교회성장은 성령께서 사역하신 결과로 나타나는 사람들의 변화이다. 그래서 주님의 일꾼들은 교회성장을 고백할 때, 자신의 능력이 아니고 성령의 도우심이라고 고백한다. 교회란 사람들이다. 사람들의 머리와 손과 마음의 건강을 강화시켜, 하나님의 뜻을 성취하고 사회를 변화시키는 교회로 성장하는 것이다.22)

　초대교회 제자들의 교회성장의 동력은 오직 성령에 의한 것이다 (행1:8). 사도행전에서 보면 전도 동력에 의해 전도가 되어 지면 교회가 세워지고 교회에 핍박이 임하면 각 지방으로 흩어지어 다시 교회를 세워 믿는 자의 수를 더 하고 있다. 복음전도와 교회성장의 힘의 원천은 성령이 임하여서 권능으로 사역하시는 일이다.23) 사역자가 목회할 때 오직 성령이 그 원동력을 주심을 알 수 있다. 많은 사람들이 목회에 좌절하고 실패하는 이유가 바로 여기에 있다. 많은 목회자들이 너무 세상 것과 방법에 일차적으로 의지하고 목회의 자원을 다른 곳에서 찾고 있기 때문에 실패하고 있다. 개울물과 보일러의 물은 성분이 같으나, 끓는 물의 힘이 다르듯이 성령의 사람과 아닌 사람과는 능력의 차이가 있다. 물질이나 학식, 지역적인 것, 사회적인 요소에서 목회의 원동력을 찾기 때문에 사실 목회가 어려운 것이다.

예수님은 제자들을 파송하면서 다른 것이 아니라 오직 성령에 의한 동력만 주셨다. 복음 전도와 교회성장의 위대한 진리는 성령의 능력에 있고 그렇지 않으면 비효율적이 된다.24) 예수님 승천 후 사도들과 성도들은 성령의 임하심과 성령의 권능을 받고 성령을 직접 체험한 증인으로 사역을 감당하였다.25) 오늘날도 목회자가 어느 지역에서 목회하든 오직 성령을 목회의 원동력으로 삼는 교회는 승리하는 목회를 하는 것을 본다. 성령의 은사가 영혼 구원에 모아질 때 전도의 동력이 임하게 되고 그 결과로 교회가 질적이며 양적인 변화가 일어나게 된다.

성령은 초대교회 복음전도자들에게 말뿐만 아니라 능력과 충만한 확신을 가지게 했다.26) 성령은 사도행전에서 "성령행전"이라고 부를 만큼 역사하셨고 역사상 그 어느 때보다 강력하고 계속된 교회의 부흥을 일으키셨다. 성령께서는 그들을 한 걸음 한 걸음 인도해서 사도행전의 교회들을 성장시켜 이 세상을 정복하게 하셨다.27)

1. 성령은 예수님의 인격을 경험하게 한다

성령은 예수 그리스도의 구속적인 인격을 경험하게 하신다. 성령은 예수 그리스도의 구속적인 인격을 경험하게 하시고 교회성장의 질적인 면을 경험하게 하신다. 고상한 이념은 내적인 원동력을 떠나서 현실로 실현되기가 어렵다. 어떻게 한 영혼이 그리스도와 그의 가치 있는 일과 더불어 산 교제를 이룰 수 있을까? 이 질문에 대한 대답은 복음전도 안에 성령의 역사가 나타나는 것이다. 성령은 사람들이 믿음에 의해 그리스도와 단계적인 체험을 가지도록 이끄신다.

그리스도는 우리의 영적 도덕적 요구에 대한 그 응답으로서 성령에 의해 계시된다. 더 나아가 성령은 이 응답을 받아 드리는 방법도 보여 준다.28)

경험의 단계에서 주의할 점은 그리스도와의 경험은 구원에 이르는 우리 지식의 영역이 되는 것이지 그 원천이 되는 것이 아니다. 어떤 사람은 그리스도와 영생이 실재한다는 증거로서 이 경험을 제시한다. 이것은 전체적인 진리는 못된다. 우리는 믿음으로 말미암아 살지 경험으로 살지 않는다. 인간 경험의 가장 깊은 것은 인간 내부에서 오는 것이 아니라 하나님으로부터 온다.29)

성령은 인간의 영혼이 그리스도의 구속 사역을 받아드리게 한다

그리스도께서 인간을 구원하시기 위하여 죽으셨다는 것은 하나의 구속적인 사실이다. 그러나 전도자는 성령께서 이 진리에 원동력이 될 수 있기 전에 먼저 이 진리를 꼭 증언해야 한다. 예수님은 성령이 자신을 증거 할 것이라고 하셨고, 성령께서는 진리를 떠나서 작용하지 않는다. 복음이 전파되었을 때 성령은 이를 힘 있게 한다. 진리를 떠난 구속은 없다. 하나님은 전도의 미련한 방법을 택하셨고, 성령 받은 전도자가 전파하는 복음을 통해 구속의 사건이 구체적으로 일어나고 교회성장의 일이 일어난다. 전도는 성령의 증인되는 사건이며 전도를 통해서만 교회성장이 일어난다.

그리스도께서는 장사지낸바 되었다가 죽음에서 부활하셨다. 이것은 구속적인 사실이다. 그러나 이 부활의 진리는 성령의 작용 없이는 칭의의 느낌을 일어나게 할 수 없다.

그리고 성령의 역사는 구속받은 자의 생활 전체를 덮고 있다. 생활 전도는 교회성장의 중요한 방법이다. 교회가 존재하는 것만으로도 예수 그리스도가 계신 것을 증거 하듯이 교인들은 그의 생활로 부활하신 그리스도를 증거 해야 한다. 이것이 교회의 성장이요 부흥이다. 그는 중생하게 하고(요3:5), 성별 되게 하고(롬8:5), 구속받은 각 개인의 삶을 인도한다.30) 이것이 진정한 부흥이고 교회의 성장이다.

2. 성령은 구원받지 못한 인류와 관계 한다

성령은 죄와 의와 심판에 대해 책망하신다(요16:8-11)

성령님은 단독으로 세상을 책망하지 않는다. 만일 그가 그랬다면 그는 교회를 젖혀놓고 대신 했을 것이다. 성령은 교회와 함께 사역하고, 그의 일은 세상을 책망하는 것이다. 그러나 그는 진리와 증언을 떠나서 일하지 않는다. 이방 땅에 사는 사람들은 그리스도의 처녀 탄생, 지상에서의 그의 사역, 그의 죽음, 그의 부활, 그리고 그 외 다른 구속적인 진리를 어떤 사람의 증언이 없이는 깨닫지 못한다. 전도하는 증인이 진리를 말하고 저술하고 몸소 생활할 때 성령께서는 잃어버린 자들 안에서 그 진리가 확신되도록 하는데 힘을 준다.31) 이것이 교회의 성장이요 성령이 죄와 의와 심판에 대해 책망한 결과이다.

신약성경은 성령께서 교회와 진리를 떠나서 세상을 책망한다고 가르치지 않는다. 예수께서 명백하게 선언한다. "세상은 능히 저를 받지 못하나니 이는 저를 보지 못함이라"(요14:17). 바울은 예수님의 말씀을 확증하고 있다. 바울은 육에 속한 사람이 성령의 일을 받지 못하고 미련하게 보이고 깨닫지도 못한다고 말하면서 성령의 일을 받는 사람은 영적으로 분별한다고 설명하고 있다(고전2:14). 성령은 진리와 함께 일하고, 교회의 성장은 성령이 세상을 책망하는 데에서 시작한다.

성령은 믿는 자를 중생시킨다

그리스도는 중생을 성령으로의 출생이라고 했다(요3:5). 바울은 그리스도인들을 그리스도 예수 안에서의 새로운 피조물이라고 했다(고후5:17). 예수께서는 "내 말을 듣고 나 보내신 이를 믿는 자는 영생을 얻었다"(요5:24)라고 선언했다. 중생이란 허물과 죄로 인하여 영적으로 죽은 자들에게 영적인 생명을 주는 것이다.32) 사람은 그 마음의 죄와 의에 대한 이중적인 깨달음으로 그에게 주시는 구세주를 영접하는 바로 그 순간에 중생하게 된다.33) 교회성장은 성령으로 중생한 사람들이 더해지는 결과이다.

3. 성령은 신자 개인과 관계한다

성령은 한 개인이 잃어버린 죄인으로 있을 때 그 개인과 관계를 맺기 시작한다. 성령이 그리스도의 구속적인 사업을 적용할 때에 그 죄인은 하나님의 자녀가 된다. 그래서 성령은 개인과 이중적인 관계를 갖는다. 성령은 믿는 자를 인도하고 성령은 그에게 봉사하도록 힘을 준다. 교회성장은 하나님의 자녀가 늘어나는 결과이고, 성령의 인도를 받아 믿는 자들이 봉사하는데서 오는 열매들이다.

성령은 두 영역 안으로 신자를 인도 한다

성령은 하나님과 신자와의 관계 안으로 신자를 인도한다. 성령은 신자에게 하나님의 자녀인 것을 아는 지식을 준다(롬8:16). 성령은 하나님의 권속으로 태어난 사람이라는 사실을 신자의 마음과 더불어 증언한다. 또한 성령께서는 신자는 하나님의 후사이고 그리스도와 함께 한 후사인 것을 하나님의 자녀에게 나타낸다. 성령은 신자로 하여금 구원을 확신하게 하고, 또 그의 기업의 풍성함을 알게 한다(롬8:17). 교회성장은 하나님의 후사들이 그의 기업의 풍성함을 알게 되고 누리는 것이다.

성령은 진리의 영역 안으로 신자를 인도한다. "성령은 모든 것 곧 하나님의 깊은 것이라도 통달하시느니라"(고전2:10). 성령은 하나님의 말씀의 해석자이다. 그는 우리의 가장 좋은 주석자이다. 그는 성경적인 내용과 의미에 우리의 가장 믿음직한 권위자이다. 그는 진리를 보는 우리의 눈이시다. "진리의 성령이 오시면 너희를 모든 진리 가운데로 인도하시리라"(요16:13). 교회성장은 성령이 신자의 인도와 증언을 통해 이루어지며, 진리의 성령이 진리 가운데로 우리를 인도하는 과정이며 결과이다.

성령은 신자 안에 거하신다

성령께서는 성령으로 거듭난 사람 속에 거처를 정하시고, 거하신다. "너희가 하나님의 성전인 것과 하나님의 성령이 너희 안에 거하시는 것을 알지 못하느뇨"(고후3:16)라고 말한다. 성령은 거듭난 모든 자들 안에 거하신다(롬8:9). 예수 그리스도를 믿는 자라면, 정말로 중생 하였다면 하나님께서 그의 안에 거한다.34)35) 그리고 성령께서는 하나님께 간구하기 위하여 그리스도 안에 거한다(롬8:26). 사람이 하나님의 자녀가 된 후일지라도 그는 역시 약점을 가지고 때때로 약하게 된다. "이와 같이 성령이 우리를 도우시나니 우리가 마땅히 빌 바를 알지 못하나 오직 성령이 말할 수 없는 탄식으로 우리를 위하여 친히 간구 하시느니라." 바울은 성령께서 연약함을 도우시기 위하여 내재한다고 말한다. 우리의 가장 큰 약점은 기도하지 않는 것이다. 성령께서는 우리가 마땅히 결실을 얻도록 기도하는데 도와준다. 그리스도인이 기도할 때만이 오직 유일한 증인이 되었다는 사실은 여러 세기를 통하여 알려져 왔다. 기도는 특권이요 의무이다. 성령의 도움이 있어야 성도들이 이 특권을 주장하게 되고 의무를 이행할 능력을 얻게 된다. 효과 있는 증인은 능력 있는 기도의 사람이고, 효력 있는 뜨거운 기도는 내재하는 성령의 한 표적이다. 교회성장은 성령의 도우심이며 그의 도우심은 기도를 통해 이 땅의 교회들 위에 나타난다.

성령은 각 개인이 봉사하도록 힘을 준다. 봉사는 교회를 성장하게 하는 요소들 중 하나이다.

성령의 임재와 역사를 설명하기 위해 성령에게는 일정한 은유와 상징이 사용되는데 불, 바람, 물, 비둘기, 인, 보증금 그리고 기쁨이다.36)

1) "불의 혀 같이 갈라지는 것이 저희에게 보여"(행2:3). 불의 힘은 가장 무서운 물리적인 힘 가운데 하나이며, 정결하게 하는 상징이다.

2) 성령의 다른 상징은 바람이다. "바람이 임의로 불매 네가 그 소리를 들어도 어디서 오며 어디로 가는지 알지 못하나니 성령으로 난 사람은 다 이러하니라"(요3:8). 여기서 바람은 영적 출생의 비밀을 설명하기 위하여 사용되었다. 그러나 이것도 성령의 능력을 묘사한다.

3) 물은 성령의 한 상징이다. 그리스도인은 하나님을 위해 증언할 때 능력을 가지고 증언해야 한다. 구령자는 사탄과 직접 싸우고 있기 때문에 이와 같은 능력들을 소유해야 한다.

예수께서는 그의 능력과 권위의 근거 위에서 세상을 복음화 할 것을 그의 제자들에게 부탁했다(마28:18-20). 교회성장은 성도들이 은사를 받은 대로 청지기 직분을 통해 봉사한 결과이다.

4. 성령은 교회와 깊은 관계를 가진다

성령은 그리스도의 몸인 참된 교회 안에 거한다

"우리는 한 성령으로 침례를 받아 한 몸이 되었고"(고전12:13). 한 교회 안에 있는 구속받은 각 개인은 자기의 독특한 기능을 가지고 이를 행한다. 모두가 건전하고 올바른 기능을 발휘할 때 그 결과는 성장한다.

성령은 모든 그리스도 교회의 활동에 그 분위기를 마련한다. 성장하는 교회는 예배의 분위기가 진정한 경배와 축제적이다. 성장하는 교회는 예배의 모든 요소들과 참여자 모두가 성령께 사로잡힌 역동성을 가진 활기 있는 분위기이다.

예배는 신령해야 하고37), 예배는 신령과 진정으로 드려야 한다. 예배하는 자들은 성령을 떠나서 하나님을 예배할 수 없다.

증언하는 것은 성령의 능력 안에서 행하여진다. 설교는 성령의 임재를 통한 생동감과 성도의 생활과 밀접한 관계가 있다. 말씀을 통해 생명이 살고 하나님의 역사가 현실에 나타나게 된다. "저희가 다 성령의 충만함을 받고 성령의 말하게 하심을 따라 다른 방언으로 말하기를 시작하니라."

교제는 성령 안에 있고(빌2:1), 참된 교회는 구속받은 자들의 사귐이다. 성장하는 교회는 성도의 교제가 풍성하다. 성령님은 하나님과 진정한 교제를 알게 하고 그의 사랑을 깊이 깨닫고 그의 사랑으로 이웃과 교제의 사랑을 나누는 것이다. 그들은 하나님께서 어떻게 변화하게 되었는가를 즐거워하고, 격려하고 굳센 담력을 가진다.38)

제3장 교회성장 이론들

교회성장 원리가 실제 분야에 적용될 때에 교회에 따라 다르기에 원리들을 정확히 헤아리기에는 차이가 날 수 있다. 예를 들어, 기도를 교회성장의 원리로 하는 경우에 철야기도, 합심기도, 중보기도, 관상기도와 같이 종류에 따라 다르게 분류할 수 있다. 엘머 타운즈 박사의 경우는 성장 원리를 146개로 나눈다. 그가 산출해 낸 것을 보면 도날드 맥가브란이 67개, 피터 왜그너가 51개, 그리고 윈 안(Win Arn)이 28개를 만들었다고 한다.39) 이 원리들은 교회의 목적인 예배, 전도, 교육, 봉사와 친교의 기능에서 파생되어 난 것들이 대부분이다.

1. 교회의 목적에 충실한 교회성장원리
(하다 웨이-Kirk Hadaway)

한국교회가 다시 부흥의 길을 가기 위한 대안은 건강한 교회관에 입각한 교회 기능들의 회복이다. 우리 주님이 하라고 한 교회의 기능들을 충실히 수행할 때, 건강하고 균형 있는 교회가 된다.40) 성장하는 교회와 침체하는 교회는 뚜렷한 차이가 있는데 교회의 기능들, 즉 (1)예배 (2)전도 (3)교육 (4)봉사와 (5)친교에 차이가 있다.41) 한국교회 목회자들이 이론적인 공부를 하지 못하였을 지라도 이 방법은 한국교회가 전통적으로 지켜온 원리들이다.

하다 웨이는 500개 미남침례교회들을 조사하여 교회의 목적을 충실히 수행하는 교회가 성장하고 있음을 보여 주고 있다. 릭 웨렌목사는 그의 책 "목적이 이끄는 교회"에서 교회의 목적을 통해 교회를 성장시켜 전 세계에 영향을 미치고 있다.42)

2. 교회 성장학 창시자가 본 성장원리

맥가브란과 윈 안(Donald A. McGavran and Winfield C. Arn)은 교회성장의 특징을 다음과 같이 요약하고 있다.

1) 교회는 그 교회가 성장원리를 발견할 때 성장한다.
2) 교회는 그 교회가 성경적 성장원리를 존중할 때 성장한다.
3) 교회는 그 교회가 하나님의 확고한 목적에 굴복할 때 성장한다.
4) 교회는 효과적인 전도에 우선순위를 둘 때 성장한다.
5) 교회는 그 교회가 지역사회에 대해 올바르게 관심을 가질 때 성장한다.
6) 교회는 그 교회가 새로운 그룹을 찾아 제자로 삼을 때에 성장한다.
7) 교회는 그 교회가 부모의 역할을 통해 재생산 할 때에 성장한다.
8) 교회는 성장할 구조를 가질 때에 성장한다.
9) 교회는 그 교회가 성장하기 위해 대가를 지불할 때 성장 한다.
10) 교회는 그 교회가 성장하기 위해 모험하고 도전할 때 성장한다.43)

3. 피터 왜그너의 교회성장원리

피터 왜그너는 건강한 교회의 생명력 있는 증거로 그의 교회 성장연구소에서 조사하고 낸 다음 7가지를 원리로 제시하고 있다.

1) 긍정적인 사고를 하는 목회자와 교회를 위해 촉매작용을 하는데 활용하는 목회자의 영적 지도력이다.
2) 성장을 위해 모든 영적 은사를 발견하고 발전시키고 활용하고 있는 성도들이 있다.
3) 교인들의 요구와 기대에 맞는 모든 것을 제공할 만큼 규모가 있는 교회이다.
4) 예배를 위한 집회와 회중과 소그룹 사이의 역동적인 적절한 균형이 있다.
5) 하나의 동질 단위로 이루어진 교인이다.
6) 제자를 만드는 것을 입증하는 복음주의적인 방법들이 있다.
7) 성경적인 순위에 따라 배열 된 우선순위가 있다.[44]

4. 자연적 교회성장원리
(크리스챤 쉬와츠-Christian Schwarz)

크리스챤 쉬와츠(Christian Schwarz)는 32개국 1000개 이상의 교회를 연구하여 실천적으로 이용할 수 있는 원리를 8가지로 요약한다.

1) 일꾼을 키우는 지도력을 개발하라

2) 은사중심으로 사역하라.
3) 열정적인 영성을 가지라.
4) 기능적인 구조를 만들라.
5) 영적인 예배를 드려라.
6) 경건한 소그룹을 형성하라.
7) 필요중심의 전도를 하라.
8) 사랑의 관계를 만들라.45)

5. 미남침례교단의 교회성장원리

미남침례교단의 교회성장 이론은 균형성장에 초점을 맞추고 있다. "교회성장"이란 용어는 우리가 이해하는 내용보다 더 흔히 사용하는 단어이다. 이 용어를 깊이 이해하기 위해 우리는 여러 관점에서 교회성장을 보아야 한다. 네 가지 관점은 성경적, 역사적, 현대적, 종합적 관점이다. 이와 같은 이해를 통해 남침례교 성장계획서는 성장하는 교회의 일반적인 특성을 요약하고 있다. 교회성장 원리 10가지를 제시하고 있다.

1) 성도들이 전도에 최우선을 두는 교회이다.
2) 담임목사, 부교역자와 평신도들이 교회 성장에 헌신하고 교회 성장을 위한 계획을 가진 교회이다.
3) 기도 사역에 강조점을 두는 교회이다.
4) 주일학교가 전도와 심방조직에 강한 교회이다.
5) 예배가 부흥정신을 가지며, 즐겁고, 축제적이며, 기대에 넘치

는 교회이다.
6) 설교와 교육에 중점을 두고, 설교가 교인 생활에 강하게 적용하는 교회이다.
7) 성도들이 영적 성숙, 개인 전도와 봉사에 준비된 교회이다.
8) 새신자들을 효과적으로 양육하고 돌보는 교회이다.
9) 서로 받아 주고, 관심을 가지며, 사랑으로 교제하는 교회이다.
10) 교인들이 지역사회와 국제사회의 필요에 이해심이 있고, 반응하는 교회이다.46)

6. 공통적인 성장원리(작은교회, 중간교회, 대교회)

찰스 찬니 (Charles Chaney)는 교회성장의 분위기를 창조하고, 성장을 정착시키고, 일생 지속될 공통적인 원리를 소개한다. 첫째 원리는 성경공부에 우선순위를 둔다(행2:42). 둘째는 지도력이다 (엡4:11). 셋째 원리는 평신도 사역을 활성화하는 것이다. 넷째 원리는 성장할 분위기가 일어나는 것이다. 다섯째 원리는 소그룹의 활성화이다. 여섯째는 평가하고 변화에 적응하는 것이다. 일곱째는 전도를 통한 새로운 기구로의 분할이다.47)

7. 미남침례교단에서 제일 빠른 속도로 성장하는 교회들의 성장원리

1) 도시의 인구 밀집지역(미국의 경우는 시 외각 지역임)에 있는 교회이다.
2) 인구가 성장하는 지역에 있는 교회이다.

3) 경제적으로 성장하는 지역에 있는 교회이다.

4) 자녀들을 가진 결혼한 성년들이 있는 지역이다.

5) 개척 된지 10년이 덜된 교회이다.

6) 담임목사가 이중직이 아니고 전임인 경우이다.

7) 젊은 층이 많은 교회이다.

8) 학력이 비교적 높은 교회이다.

9) 사무직종이 많은 지역이다.

10) 전도와 수적 증가를 강조하는 교회이다.

11) 교회 재임기간이 보통보다 긴 목회자이다(미국의 경우 평균 재임기간이 4.7년이다).

12) 지역적으로 시 전체를 포용하는 교회이다(이웃이나 지역에 국한되기보다).48)

8. 교회성장연구소(ICG)

교회성장연구소가 지난 10년 동안 175교회를 탐방하여 질적 양적 성장한 교회를 조사한 내용을 토대로 작성한 내용이다.49) 한국교회를 대상으로 분석한 주된 성장요인은 목회자의 리더십, 설교, 지역사회 봉사, 전도, 구역과 새신자 관리, 선교, 교육, 예배, 기도, 팀사역, 목회철학, 제자훈련, 성령체험 등의 순서였다.

1) 성장하는 교회는 목회자의 뛰어난 지도력이 있는 교회이다. 교회의 크기, 위치, 역사 등에 상관없이 중요한 성장원인이다.

2) 성장하는 교회는 평신도를 동력화한 교회이다. 평신도를 목회

파트너로 한 교회는 소형 교회보다 중형교회에서 교회성장의 핵심요인으로 등장한다.
3) 성장하는 교회는 효과적인 시스템이 구축되어 있는 교회이다. 소그룹과 구역 같은 조직으로 200명 이상인 경우에 주요한 성장 요인이 되고 있다.
4) 성장하는 교회는 체계적으로 전도하는 교회이다. 다양한 전도 프로그램과 훈련을 통해 지속적이고 체계적으로 전도를 실시함으로 성장을 이루는 교회이다. 1,000명 이하의 교회에 중요한 성장요인이 된다.
5) 성장하는 교회는 사역이 전문화 되어 있다. 특정사역의 전문화를 추구함으로 성장하는 교회는 교회의 규모나 크기보다는 사역의 전문성의 개발과 전문사역자의 영입여부가 성장을 좌우한다.
6) 성장하는 교회는 양육이 활성화되어 있는 교회이다. 제자훈련과 성경공부 등의 양육을 통해 교회를 성장시키는 교회로 1,500-2,000명인 교회의 대표적인 성장요인으로 나타난다.
7) 성장하는 교회는 하나님을 경험하는 교회이다. 기도와 영성, 성령 충만한 예배를 통해 교회성장을 이루는 교회로 출석 성도 1,000명 이상인 중대형 교회의 핵심 성장요인이다.
8) 성장하는 교회는 지역과 함께하는 교회이다. 지역사회와 주민들의 필요를 채워주는 교회로 교회의 규모나 위치에 상관없이 교회성장의 주요한 요인이 된다.
9) 성장하는 교회는 선교를 지향하는 교회이다. 교회의 존재목적을 선교에 두고 선교지향적인 목회를 하는 교회로 중대형교회

의 주요한 성장 요인이다.
10) 성장하는 교회는 분립개척을 통해 재생산하는 교회이다. 교회의 규모가 커지면 분립개척을 통해 성장하는 방법으로 대형교회의 문제를 해결하는데 효과적이다.

9. 이런 교회들이 성장한다

교회가 건강하고 아름답게 성장하는 과정을 보면 성경적이며 균형적인 것을 볼 수 있다. 교회성장은 목회자가 자기 교회에 맞는 성장원리를 찾고 행동할 때에 성장한다. 설교학에서 설교를 이해하기 위해 중요한 요인들을 말씀, 설교자, 청중과 상황으로 언급하듯이 교회성장을 이해하기 위해 원리, 방법, 훈련과 전략을 깊이 이해해야 한다. 이에 대한 오해 때문에 대형교회 목회자들은 자신들을 따르라는 식의 모델성장 방법을 주장하고, 중소형 교회의 목회자들은 교회의 기본으로 돌아가기를 외치고, 은사주의자들은 오직 자기주장인 한 가지 방법을 특별히 고집한다. 우리들은 근본주의 성장패턴, 영적부흥 성장패턴, 모델교회 성장패턴과 경영적 성장패턴을 볼 수 있다.50) 이 패턴(모형)들을 통해 성장하는 교회들은 원리들을 그들의 배경에 가지고 있는 것을 본다. 성장원리들을 확실히 가지고 자신의 성장 패턴에 보완적 성장원리를 첨가하는 교회는 성장한다.51)

원리들은 기본적인 것들이며, 방법들은 다양하고, 목회자와 성도와 상황에 맞는 훈련이 필요하고, 주님이 원하는 목회전략을 세워 영혼을 구령하는 교회로 승리하도록 해야 한다.

1) 성장하는 교회는 하나님을 경험하는 기도와 영성에 강조점을 두는 교회이다.
2) 성장하는 교회는 성도들의 필요를 채우는 전도에 최우선을 두는 교회이다.
3) 성장하는 교회는 예배를 신령과 진정으로 드리며, 즐겁고 축제적이고 기대가 넘친다.
4) 성장하는 교회는 설교와 교육에 강조점을 두고, 설교가 교인 생활에 강하게 적용한다.
5) 성장하는 교회는 새신자들을 효과적으로 돌보고 양육하는 교회이다.
6) 성장하는 교회는 목사와 사역자들과 성도들이 교회성장에 헌신하고 대가를 지불한다.
7) 성장하는 교회는 목회자와 성도들의 지도력이 탁월하다.
8) 성장하는 교회는 목회자와 성도들이 서로 받아 주고, 관심 갖고, 사랑으로 교제한다.
9) 성장하는 교회는 지역사회와 함께하고, 세계선교에 힘을 다하는 교회이다.
10) 성장하는 교회는 구역, 소그룹과 등과 같은 효과적인 교회 조직이 구축되어 있다.
11) 성장하는 교회는 전문가들이 있고 사역이 전문화 되어 있다.
12) 성장하는 교회는 평신도들을 체계적으로 교육하고 파트너로 동력화 한 교회이다.
13) 성장하는 교회는 성령 충만한 교회로 은사와 이적과 표적이 있는 교회이다.

제4장 교회성장과 성경적 이해

교회성장은 한 영혼이 구원받아 그리스도의 제자가 되고 예수님이 분부한 일을 실천하는 사람들을 의미한다. 교회성장은 사람들의 숫자와 건물의 크기와 재정의 많고 적음을 의미하는 것이 아니다. 교회성장은 한 사람이 예수를 구세주로 믿고, 그의 머리와 손과 마음과 발이 변하는 것이다. 교회성장은 진리를 깨닫고 생각이 변하여 인생의 목표가 높아지고 이웃에게 봉사하는 믿음의 행동을 하는 삶이 되는 것이다. 교회성장은 신학과 생활을 합한 것이고, 신앙과 실천이며, 믿음과 삶이 변화된 것이다. 교회성장은 전도와 밀접한 관계가 있으며 전도를 통해 한 영혼이 예수님을 알고 믿고 따르고 행동하는데 있다. 신학적 가르침이 약하게 될 때 복음전도의 능력과 교회성장에 대한 바른 이해가 약화되고 저하된다. 헴필(Hemphill)은 복음전도를 위한 신학적 기초로 8가지 핵심적인 신학적 명제를 제시하고 있다.52) 이는 교회성장을 위한 신학적인 기초 단계가 된다.

(1) 잃어버린 자들은 멸망가운데 있다(롬1장-3장). (2) 오직 그리스도만이 하나님 아버지께로 나아가는 길이다(요14:6; 행4:12).

(3) 세상이 추수할 곡식으로 가득 차 있다(마9:37). (4) 지상명령은 하나님의 제안 사항이 아니다(마28:19-20). (5) 모든 그리스도인이 증인으로 부름을 받았다(고후5:18-20; 벧전2:9-10). (6) 성령님께서 우리에게 증인될 수 있는 초자연적 능력을 부어 주신다(요14:12; 행11:19-21). (7) 하나님께서는 우리를 통해 결실을 거두신다(행2:47; 고전3:6). (8) 성도들은 책임감을 가지고 순종해야 한다(마9:35-10:23).

교회성장을 위한 전도의 측면에서 교회성장과 성경의 관계를 기본적인 신학적 단계들을 가지고 정리하고자 한다.

1. 영혼구원은 예수님의 지상명령이다[53]

"그러므로 너희는 가서 모든 족속으로 제자를 삼아 아버지와 아들과 성령의 이름으로 침례를 주고"(마28:19; 행1:8; 막16:15; 벧전2:9).

사람에게 있어서 유언은 가장 중요한 것인데 하물며 예수님께서는 유언적 분부를 이 복음을 전파하는 데 두셨다. 주님은 부활하신 후 여러 번 제자들과 교인들에게 나타나시고 가르치시며, 또 승천하시기에 앞서서 지상명령으로 전도하기를 분부하셨다.

2. 전도하여 제자 삼아가며 교회를 성장시키는 것은 믿음의 표현이다

1) 신앙과 전도는 서로 떨어질 수 없는 것이다(롬10:9, 10). 참

신앙이 있는 사람이면 누구나 믿음이 무엇인지 몰라서 그 영혼을 흑암에 멸망으로 빠지는 사람을 보고 그대로 버릴 수는 없다. 만일 불신자를 보고 불쌍한 마음과 전도를 해야 한다는 생각을 하지 않은 그리스도인은 그 사람의 신앙을 의심해 보아야 할 것이다.

2) 신령한 벗을 얻는다(눅7:36-37).
3) 자신에게 기쁨이 온다(빌2:18).
4) 하나님을 기쁘시게 한다.54)
5) 하늘의 상급을 받는다.55)

3. 잃어버린 자들은 멸망가운데 있다(시9:17; 계20:15; 막16:16; 요3:36)

그리스도를 구세주로 모시지 못한 사람들이 지옥에 간다는 것을 안다면 우리는 그들에게 동정심을 가지고 구원의 길을 제시하여야 한다. 이들을 그리스도에게로 인도하려고 하지 않는 것은 멸망 받을 사람들에게 동정심을 가지지 않는 죄를 범하는 것이다. 그것은 우리가 이웃을 내 몸과 같이 사랑하지 않는 죄가 되는 것이다.

4. 교회성장은 그리스도의 사랑이 강권하는 일이다

고린도후서 5장 14절은 "그리스도의 사랑이 우리를 강권하시는도다." 구원받은 사람은 누구나 모든 사람으로 잃어버린 영혼을 찾도록 강권하고 계시는 그리스도를 모시고 있다. 사도 바울의 심령 속에서 너무나 강력하게 역사함으로 형제 곧 혈육의 친척을 위하여 저주를 받더라도 그들이 구원받기를 원했다.56) 영혼을 구원하지 않는 것은 잃어버린 자를 찾으라고 강권하시는 성령의 역사를 방해하는 죄가 되는 것이다.

5. 우리의 신분이 강권하고 있다

고린도후서 5장 20절은 "이러므로 우리가 그리스도를 대신하여 사신이 되어 하나님이 우리로 너희를 권면하시는 것같이 그리스도를 대신하여 간구하노니…" 말하고 있다. 사신이란 낱말은 대사라는 말로서 한 나라가 다른 나라를 대표하는 사람을 말한다. 그는 자기가 대표하는 사람을 위하여 분명하게 책임을 지고 말해야 하는 대행자 또는 대언자인 것이다. 이 직분은 우리의 직분을 말하는 것이다. 우리는 우리를 파송한 그리스도를 위하여 말해야 하고 또 그리스도를 대신하여 말씀해야 하는 것이다. 증인은 자기가 알고 있는 것을 말해야 할 의무가 있다.57)

6. 책임감이 누르고 있다58)

우리는 우리 주변의 잃어버린 영혼에 대한 책임이 있다. 우리는 우리 형제들을 지키는 자인 것이다. 사도 바울은 자신이 "나는 빚진 자"라고 말씀함으로 그리스도의 복음을 전해야 할 모든 계층의 사람들에게 복음 전하는 빚을 지고 있다고 말씀하였다.

7. 일할 밭이 우리를 부른다59)

추수를 기다리는 밭이 너무나 넓고 너무 많은 영혼들이 잃어 버려진 상태에 있기 때문에 그 영혼들을 구원하도록 우리를 부르고 있다. 아직도 이 세계에는 복음증거자가 상주하지 않는 마을이 절반 이상 "구원의 길"을 모르고 살고 있는 실정이다. 아직도 성경이 일천오백 개 이상의 언어로 번역되어져야 하고 선포되어져야 한다. 전 세계 인구의 8할이 구원받아야 할 사람들이다.

8. 예수님께서 우리를 택하셨다60)

예수님께서 우리를 생산적이 되기를 기대하고 계신다. 예수님은 우리를 부르셔서 열매 맺도록 임무를 주셨다. 여기서 말하는 열매라는 말씀은 다른 사람들의 영혼을 구원하는 일을 말한다.

9. 우리의 구원의 체험이 강권하고 있다61)

언덕위의 불빛이 감추어질 수 없는 것처럼 하나님의 구원의 은혜를 체험한 영혼도 침묵을 지킬 수 없는 것이 사실이다. 사람이 바늘 위에 조용히 앉아 있을 수가 없는 것처럼 우리의 체험이 강권하고 있다.

10. 복음의 본질이 우리를 필요로 한다62)

기독교의 복음이란 말은 좋은 소식을 말하는 것이다. 이 좋은 소식은 예수 그리스도의 죽으심과 부활을 통하여 우리를 죄에서 구원해 주는 것을 말하는 것이다(고전15:3-4).

11. 지옥의 존재가 우리를 필요로 한다[63]

사람이 한 번 죽는 것은 정한 이치며 그 후에 심판이 있다. 하나님을 거역하고 죄를 회개하고 예수 그리스도의 보혈의 공로를 믿고 용서받지 않으면 영원히 멸망한다. 지옥의 형벌이 있기에 우리는 전도해야 한다. 하나님의 목적은 인간의 영혼이 멸망하는 것이 아니고 영생을 얻는 것이다. 나이 들어 구원받으면 영혼 구원만 얻지만 젊어서 구원받으면 영혼 구원뿐만 아니라 인생도 구원받게 된다.

제5장 미래 한국교회

1. 한국사회

한국사회는 지난 십여 년 간 급속한 변화를 경험하고 있다. 국제통화기금(IMF)의 구제를 받았고 인터넷 시대의 정부가 탄생했으며 정치, 국방, 경제, 사회 질서 등 모든 분야에 어려운 변화를 경험했다. 전 세계에서 한국만큼 빨리 변화를 경험하고 극복한 나라는 없을 만큼 큰 변화들의 연속이다. 이 엄청난 변화는 가속되리라고 추측한다.

자연적 교회성장(NCD)은 변하고 있는 한국사회를 이렇게 분석한다.

1) 많은 한국교인들이 새로운 지도력을 원한다. 그들은 기존의 여러 가치들에 의문을 제시하고 있으며, 지나친 권위주의에 대한 비판도 증가하고 있다. 사람들은 진정으로 이들을 세워주는 리더를 찾고 있다.
2) 오늘날 한국인들은 수년전 보다 훨씬 더 창의성을 중시한다. 모방도 필요할 수 있지만, 그보다 스스로 해결하는 능력이 강조되고 있다. 또한 다양성은 위협이 아닌 하나의 기회로 여겨진다.

3) 경제계에서는 과거에 선망의 대상이던 대기업들에 대한 회의가 일고 있다. 많은 중소기업들이 초대형 기업들보다 더 훌륭한 성과를 내고 있다. 과거에는 큰 규모에 관심을 기울였지만 이제는 질에 관심을 두는 변화가 일어나고 있다.
4) 과거 수년간 한국은 세계 최고의 인터넷 강국이 되었다. 이것은 인간관계의 모든 영역에 엄청난 영향을 끼쳤다. 대부분의 한국인들은 이미 세계와 연결되어 몇 년 전만해도 상상하지 못했던 세계와의 교통을 이루고 있다. 그리고 그것은 단지 시작에 불과하다.64)

한국사회는 지도력, 창의성, 조직의 규모, 인간관계에 대한 인식들이 크고 빠르게 변하고 있다. 이와 같은 사회에서 한국교회는 살아남을 수 있는가? 한국교회는 90년대 초 까지 교회 성장을 이루었지만 이제는 전반적으로 교회성장이 둔화되고 있다. 사회변화가 일어나기 전에 성장하던 교회들이 하향곡선을 그리고 있다. 그러나 이제는 십 여 년 넘게 지속되던 침체의 늪에서 벗어나 많은 교회들이 사회의 현 변화들을 복음전파의 기회로 삼고 있다. 그런 교회들은 복음의 원칙과 본질을 존중하면서 예배, 전도, 봉사와 교육의 여러 방법들을 다양화하면서, 사회의 변화에 적응하는 모습들을 보이고 있다.

이 책은 한국사회와 세계를 변화시키는데 목적이 있다. 교회는 무엇인가? 교회란 결국 사람들이다. 교회의 부흥은 교회구성원들의 부흥이고, 그들 머리와 심장과 발의 건강이다. 예수를 믿고 구주로 고백한 구원받은 사람들이 그들의 생각과 마음과 행동이 예수님을 닮는 변화를 의미한다.

2. 한국교회의 현재와 미래

한국교회는 1885년 4월 5일 부활절 아침에 시작하였다. 한국교회의 교회성장은 1900년에 216교회와 21,136명의 성도이고, 1950년에 교회 수 3,114개와 교인 수 500,198명이었다. 1960년에 접어들면서 교회 수 5,011개와 교인 수 623,072명으로 교회 수는 60.9%와 교인 수 24.6%로 증가하였다. 1960년대 이후 한국교회는 양적으로 급성장하였다. 한국교회는 1970년대와 1980년대까지 성장추세는 지속되었고 1990년도 중반 대에 들어오면서 교회성장이 둔화되기 시작하였다. 한국교회의 외형적인 규모는 1990년은 35,869교회에 10,312,813명의 성도이고, 2002년은 대략 50,000교회와 12,000,000명의 성도로 파악하고 있다.65)

한국교회의 첫째 성장 단계를 보면, 1950년대까지는 교회 성장의 도입기로 볼 수 있다. 대략 3천 교회, 50만 성도의 시대로 문화적 요인, 상황적 요인, 그리고 교회적 요인 등이 교회성장에서 그 중요성이 낮은 시기였다. 이 시기는 미국교회에 있어 교회성장의 한계에 직면하여 새로운 방향과 돌파구를 모색하던 시기였다. 이 시기에 교회성장의 아버지라고 부르는 도날드 맥가브란은 인도 선교사의 경험을 살려 "하나님의 가교"(1955)라는 책을 출판한다. 그는 교회개척과 교회성장 연구에 큰 관심을 가지게 된다. "하나님의 가교"는 4가지 논쟁을 불러 일으켰다.66) 신학적 문제는 자유주의 탐색 신학이 아닌 영혼을 구원하여 교회에 소속시키는 것이고, 윤리적 문제는 실용주의적 문제로 씨앗을 심었으면 달란트 비유처럼 진정한 청지기가 되어야 한다는 것이다. 선교학적 문제는 제3세계의 경우에는 공동체가 집단적이고 상호의존적이어서 같은 부류의 사람들이 모일 때 성장이 잘 된 다는 이론이다. 방법론적 문제는 진정한 그리스도인이 되기 위해 제자화와 완전화가 되어야 한다는 것이다. 말씀을 가르쳐 지키게 하는 것을 강조하고 있다.

둘째, 교회성장의 성장기는 1960년에서 1990년까지의 기간이다.[67] 한국교회는 상황적 요인이 문화적 요인과 교회적 요인들보다 교회성장에 그 중요성이 강조되었던 시기이다. 한국교회의 성장기에 해당하는 기간에 미국교회는 깊은 침체기간 이었지만 교회성장 운동이 활발하게 진행되던 시기이다. 맥가브란은 "교회성장의 이해"(1970년 발행. 1980년에 개정되고, 1990년 피터 웨그너와 함께 최종 수정함)라는 책을 통하여 그의 교회성장운동의 절정을 이루었다. 미국 교회성장운동은 1960년대에 제3세계교회 중심시대, 1970년대와 1980년대는 미국교회 중심시대, 그리고 1990년대는 세계교회 중심시대로 그 방향이 확대되었던 시기이다. 교회성장의 역사는 21세기에 그 절정을 이룰 것이다.[68] 1955년에 시작한 교회성장의 운동은 많은 우여곡절 끝에 학문적으로나 실제적으로나 하나님께서 역사하시는 영적 물결로 인정받고 있다. 한국교회의 성장기는 상황적인 요인이 문화적 요인과 교회적 요인보다 교회성장에 더 많은 영향을 미쳤던 시기이다. 이 시기에 교회가 급격히 성장하게 된 것은 교회의 내부 요인에 해당하는 교회적 요인보다 교회 외부적 요인도 중요한 시기였다. 이 시기는 정치적, 경제적, 사회적 환경에 해당하는 상황적 요인이 더 중요하게 한국교회의 교회 성장에 영향을 미쳤다.69)

셋째, 교회성장의 성숙기에 한국교회는 교회적 요인이 문화적 요인과 상황적 요인보다 더 교회성장에서 그 중요성이 강조되는 시기이다. 통계의 차이는 있지만 분명한 공통점은 한국교회가 정체현상을 보이기 시작한 것이 오래 전부터라는 사실이다. 1990년대 중반 이후 한국교회는 정체현상을 보이고 있다. 이에 대해 목회자들과 신학교 교수들과 교단이 깊은 각성과 회개의 마음이 절실히 필요하다. 지금 이 시기에 하나님의 은혜를 구하고 성령님의 권능에 의지하여 예수님이 가르쳐 주신 영혼 구령 사역인 복음전도에 온 힘을 다해야 할 시기이다. 교회성장의 둔화기에 한국교회는 1950년대 유럽교회와 미국교회의 예에서 보듯이 유럽교회의 무기력하고 쇠퇴하는 모형을 따르지 않고 미국교회의 몸부림을 자세히 살펴야 한다. 교회성숙기에는 상황적 요인들보다 교회적 요인들이 교회성장에 영향을 미친다. 그 중에서도 미남침례교회는 교회가 전도 중심이 되게 하면서 전 교단적으로 침체기를 벗어나고 있음을 주시해야 한다. 건강한 교회가 되어 성장하는 것은 인간의 노력 이전에 하나님의 은혜이고 성령의 능력이 임할 때에 가능한 일이다. 우리의 힘과 능력으로 하지 못하니 오직 하나님의 지혜를 구해야 한다.

하나님은 한국교회를 축복하셔서 세계적인 부흥을 주셨고 세계교회에 모델이 될 수 있는 많은 교회들을 주셨다. 그러나 1990년대 중반부터 한국교회는 성장에서 머뭇거리고 있고, 많은 목회자들이 성장의 고원 현상을 우려하고 있다. 한국통계청은 2006년 5월 26일에 2005년 인구 및 주택 총 조사에 의하면 종교 인구는 10년 전에 비해 10.5% 증가율을 보였지만 개신교 인구는 861만여 명(전인구의 18.3%)으로 10년 전에 비해 인구 비율로 1.6% 감소했다고 밝혔다.70)

역사적으로 보면 교회에는 교회성장의 도입기, 교회성장의 성장기, 교회성장의 성숙기와 교회성장의 쇠퇴기로 구분할 수 있다. 한국교회는 성숙기에서 침체와 고원 현상을 보이고 있다.

그리스도인들이 정체성의 위기를 맞이하고 있다.71) 사회에서 그리스도인과 비그리스도인의 구분이 뚜렷하지 않고, 자기 신분을 표현하지않고, 기독교인의 특징을 나타내지 않는 경향이 있다. 어느 교단, 진보, 보수인지를 설명하는 상황이다.

기독교에 대한 그리스도인들의 태도에 문제가 있다.72) 신학자들이 성경을 쉽게 비판하고, 성경의 권위에 도전하고도 기독교 학자이며 신학자로 대접받는 실정이다. 보통 범인들도 자기의 직장을 함부로 대하지 않는데, 내부에서 교회를 건강하게 세우려는 노력보다 대안 없이 기독교를 비판하고 유럽의 교회들처럼 황폐하게 될 일들을 미리 알면서도 신학의 이름으로 세상 사람들과 함께 교회를 공격하고 있다. 종교로서의 기독교의 존립에 어려운 문제가 된다.

기독교 진리에 대한 이해나 실천이 경박하고 피상적인 경향으로 흐르고 있다.73) 그리고 기독교의 지리적 확장이 거의 마무리 단계에 도달했음을 감지한다. 미종족 선교, 세계 선교 이후의 시대는 기독교의 갱신과 회복이 될 것이다.74)

미래교회학자 레너드 스윗은 한국교회성장의 로드맵에서 한국교회는 미래에 성장하기 위해 다음과 같이 진단한다. 꿈과 비전을 가지고 변화를 추구하는 교회, 제사장적이고 예언자적인 지도자가 교회의 이미지를 바꾸는 교회, 선도의 사명을 다시 회복하는 교회, 성령과 함께 동역하는 동역자가 있는 교회, 그리고 선교적인 교회가 되는 것이다.75) 그는 스타벅스 커피점의 예를 들면서 교회의 변화를 언급하고 있다. 스타벅스는 커피라는 뜨겁고 짙은 음료로 수백만이 즐기는 경험, 참여, 공동체를 만들었다. 교회는 그리스도의 복음을 통해 세상 모든 사람들이 위로를 경험하고 열정으로 참여하며 이미지를 느끼고 공동체를 즐기는 그리스도인의 삶을 만드는 것이다. 교회의 부흥은 사람이 바뀌는 것이며, 마음과 생각과 행동이 변화하는 것이다.

세계 지식계의 흐름이 기독교에 적대적인 경향으로 가고 있다. 세속화, 다원주의가 어렵게 하고, 정치적 환경도 호의적이지 않다. 종교와 영성에 관심이 일어나지만 전통종교에 대한 이교적인 영성이 주류를 이루는 실정이다. 한국교회는 미국교회를 닮지는 않지만 교육, 영성, 조직과 사역 면에서 순환 곡선을 가지면서 비슷한 패턴을 이룬다. 한국교회의 미래를 미리 예견하고 대안을 가지도록 미국교회의 내용을 제시한다. 미국은 1970년에 국민의 3분의 2가 개신교였으나, 2007년의 조사는 51%가 개신교인 것으로 조사 되었다.76) 특히 조사대상 가운데 18-29세의 젊은층은 43%만이 개신교라고 답하고 있다. 약 33만개 미국교회 중에서 성장하고 있는 교회는 약 25%가량이고 75%는 침체 상태에 있다는 보고이다.77) 성장하는 교회들이 침체하는 교회들을 이끌어 가고 있다. 성장하는 교회들의 중요성이 여기에 있다.

한국교회는 예수님을 대신하여 제사장이며, 예언자적 자세로 미래 한국교회를 보아야 한다. 미래 한국교회는 교회성장과 경쟁력의 관점에서 보면 교회의 규모가 크다고 꼭 경쟁력이 높아지지 않으며 단순히 양적 성장에만 집중하지 말고 교회를 더욱 건강하게 만드는 일에 힘써야 한다.78) 한국교회는 평신도들과 함께 사역에 참여하고 동력화해야 한다. 한국교회가 꼭 해야 할 일은 예수님이 세우신 교회의 사명을 감당하는 일이다. 미래한국교회는 하나님이 가장 원하시는 선교와 전도에 매진 할 때에, 닥쳐올 어렵고 힘든 환경에서라도 하나님이 친히 역사하시므로 영혼구령을 통한 교회성장을 시켜 주실 것이다.

제6장 교회성장학의 역사에 대한 이해

1. 교회성장학의 역사

　교회성장이란 용어는 교회의 질적 양적 성장 연구 분야를 묘사하는 기술적인 용어이다. 이 용어는 1950년대에 도날드 맥가브란이 인도의 선교사로 있을 때 만들어 낸 것이다. 그는 1961년에 미국의 오레곤 주의 유진에 교회성장연구소를 설립하였고, 1965년에 이것을 세계선교를 위한 풀러신학교와 교회성장 연구소를 설립한 캘리포니아 주 파사드로 가져왔다.79) 도날드 맥가브란은 거기에서 교회성장의 교과서인「교회성장의 이해」라는 책을 1970년에 출판했고 1980년 개정판을 내놓았다. 교회성장을 주도한 것들은 이 책과 정기 간행물, 학문적 프로그램, 영화, 자문기관, 행동 계획, 마케팅 등과 더불어 발전하였다. 그러나 교회성장의 목표는 이 모든 것을 넘어서 개체 교회의 목회자와 평신도를 향한 것이다.80)
　교회성장운동의 필요성을 주장하는 사람들은 교회성장은 옳은 것일 뿐 아니라 전능하신 하나님의 뜻이라고 줄기차고 대담하게 주장한다. 창시자 도날드 맥가브란(Donald McGavran)은 1955년에 시작한 이래로 예언자의 지칠 줄 모르는 기백으로 하나님은 그의 잃은 양을 찾아서 교회로 데려오기를 원하고 있다고 주장했다. 그들은 성경에서 예수 그리스도의 지상 명령, 즉 "그러므로 너희는 가서 모든 족속으로 제자를 삼으라"(마28:19)는 구절을 주제로 삼고 있다.

　초창기의 모든 교회성장 연구는 제3세계를 향한 것이었다. 1965년에 세운 교회성장연구소는 아시아, 아프리카, 라틴아메리카에 복음을 전하는 일에 거의 전적으로 초점을 맞추었고, 졸업논문이나 연구보고서들이 400편 이상 나왔다. 교회성장원리들이 미국적인 상황에도 적용될 수 있을 지를 살펴보는 최초의 실험은 1972년에 이르러서이다.81)

　초기에 교회성장의 뜻을 같이하는 개인이나 개 교단은 대부분 복음주의 교회들이었다. 나사렛교회, 복음교회, 남침례교회, 루터교회 등이 그 중에서 가장 열정적인 교단이었다. 많은 문서들이 출간되었고, 신학교들은 교수과목에서 교회성장을 소개했다.82) 교회성장에 대해 각 교회에 진단과 적용을 위한 교회성장 자문위원회가 생기게 되었고, 교회성장운동이 1970년대에 가장 영향력 있는 발전을 이루었다.

　1970년 중반에 대부분의 중요 교파들은 교회성장 운동에 매우 회의적이었다. "교회성장이 목표는 아니다."라는 주제의 책들이 출판되기 시작하였다. 그러나 1970년대 말에 이르러 1960년대에 시작한 교회의 신도들이 심각하게 감소하여 합리화하려는 반대 세력들의 노력은 공허하게 되었다.83)

2. 교회성장운동의 도날드 맥가브란

맥가브란박사는 1897년에 인도 선교사의 아들로 태어나 1991년 94세로 일생을 마칠 때까지 복음전파와 교회성장을 위해 노력한 사람이다. 그의 할아버지와 아버지가 선교사였던 것처럼 그는 1919년 22세에 선교사의 소명을 받고 예일대에서 신학을 공부하고 1923년 26세에 인도 선교사로 파송된다. 그 후 맥가브란은 유니온신학교와 콜롬비아대학교에서 공부한 후 1936년 철학박사 학위를 받는다.

그는 인도에서 선교회 행정, 신학교 교육, 병원과 구제사업, 시골 지역전도 및 교회개척 등 다양한 사역을 감당하고 인도어 성경번역과 선교사 생활을 소개한 영화제작까지 참여한다. 그러나 맥가브란의 가장 큰 관심은 교회개척과 교회성장에 대한 연구였다. 그는 1930년에서 1950년까지의 교회성장에 대한 자료와 주제를 확보하여 연구를 거듭했고 1955년에 출판된 책이 「하나님의 가교(The Bridges of God)」이다.[84]

1) '하나님의 가교'의 4대 논쟁

이 책을 중심으로 그 때까지 교회들이 깊이 생각하지 못한 주제들을 4가지로 제시하면서 많은 논쟁이 있었으나 이 책은 교회들에게 큰 영향을 주었다.

첫째, 신학적문제이다. 단지 복음은 선포로 끝나서는 안 되고 선교와 전도의 목적은 잃어버린 영혼을 찾아 예수를 믿게 하고 교회에 소속하게 해야 한다는 것이다. 주님의 제자훈련을 시켜야 한다는 것이다. 탐색신학이 아니라 추수신학이 되어야 한다는 주장이다. 그런 점에서 교회성장은 효과적인 전도의 결과라는 것이다.

둘째, 윤리적 문제이다. 맥가브란은 엄청난 하나님의 인적, 물적 자원이 성장의 결과 없이 무분별하게 낭비되는 것에 충격을 받았다. 농부가 씨만 뿌리고 그것으로 책임을 다했다고 하는 훌륭한 농부는 없다. 잘 가꾸어 충분한 수확을 거두어야한다. 모든 족속으로 제자를 삼으라는 주님의 명령에 순종한다면 즉 영혼구원을 받는 숫적 성장이 나타나야 한다는 것이다. 진정한 청지기는 달란트를 남겨야 한다.85)

셋째, 선교학적 문제이다. 이것은 동질집단의 원리(Homogeneous Unit Principle)이다. 맥가브란은 제3세계에서 전도할 때 복음을 받는 사람들이 공동체의 중요성을 중요하게 생각함을 알게 되었다. 전도는 가족, 마을, 부족 등과 같이 사회적, 언어적, 계층적 분위기에서 더욱 잘 이루어진다.

넷째, 방법론적 문제이다. 맥가브란은 진정한 그리스도인이 되기 위해서 제자화(discipling)와 완전화(perfecting)가 필요하다고 주장한다. 제자화는 믿지 않는 개인을 그리스도와 교회에 헌신하는 것이다. 반면에, 완전화는 신자의 평생의 삶을 통해 영적으로 도덕적으로 성장하는 과정 전체를 말한다. 너무 많은 선교사들이 불신자를 전도하여 제자화 시키기보다 신자들을 가르치고 양육하는 완전화에 에너지를 쏟고 있다고 지적한 것이다. 추수할 일꾼들을 곳간에 가두지 말고 추수할 곳으로 보내야 한다는 것이다.86)

2) 교회운동 확장에 기여한 5가지 사역들

맥가브란은 그의 일생에서 교회성장 운동의 시점을 다섯 가지로 요약한다.[87]

첫째, 1961년 교회성장 개념을 지속적으로 발전시키기 위해 그리스도교 대학에 교회성장 연구소 설립

둘째, 1964년 교회성장 회보 발간

셋째, 1961년 그리스도교 대학에 세운 교회성장 연구소를 1965년 페서디나에 있는 풀러 신학교로 재배치

넷째, 1969년 다량의 교회성장 문헌 출판과 교회성장에 관한 책들을 발생하기 위해 윌리암 캐리 도서관 설립

다섯째, 1973년 원안 박사와 미국교회성장 연구소 설립

3) 교회성장운동의 3대 배경

맥가브란이 91세에 쓴 그의 책 '효과적인 전도'에서 '하나님의 가교'와 관련하여 교회성장의 배경을 세 가지로 기록하고 있다.

첫째, 신학에 관한 것이다. 맥가브란은 자유주의 신학을 공부했고, 자유주의적인 교회에서 안수 받았고 자유주의적인 분위기의 선교기관에서 선교사 사역을 했다. 그 결과 그의 신학적인 배경은 자유주의였고 그것은 그 당시 고등비평을 수용하는 대다수의 수준 높은 교회의 일반적인 현상이었다. 자유주의에서는 성경의 권위를 인정하지 않는다. 이른바 문서설로 대표되는 성경신학은 성경을 하나님의 말씀보다는 하나님의 말씀을 포함한 고대문서로 여겼다.

그러나 맥가브란은 진정한 전도와 선교는 성경의 절대적인 권위

에 기초해야함을 깨달았다. 성경은 정확 무오한 하나님의 계시이고 하나님의 말씀이라고 고백한다. 이 고백은 우리 복음주의 신앙에는 당연한 사실이지만 그에게는 획기적인 사건이었다. 교회성장운동은 그 당시 전도와 선교를 왜곡하고 있던 자유주의 신학에 대한 반발 이라고까지 평가한다.[88]

둘째, 문화에 대한 것이다. 맥가브란은 효과적인 전도와 선교를 위해서는 문화를 이해하고 상대방의 문화를 무시하거나 강요해서는 안 된다는 주장이다. 문화를 전하는 선교가 아니라 복음을 전하는 선교가 되어야 한다.[89]

셋째, 과학적인 사실에 관한 것이다. 과학은 사실에 입각하며, 교회성장은 정확한 사실에 근거해야 한다. 정직한 숫자와 통계가 필수적이다. 모든 목회자는 자신의 교회가 성장하고 있는지에 대해서, 모든 신학교 교수들은 자신의 학교가 교회성장형 사역자를 키워내고 있는지를 양심적으로 자문 자답해야 한다고 주장한다.[90]

4) 「교회성장의 이해」 책 출간

1970년에 출판된 '교회성장의 이해'는 1980년에 개정되었고 1990년에 피터 왜그너와 함께 완성 본을 내놓는다. 이 책은 '하나님의 가교'가 제3세계를 중심으로 했다면, 1970년, 1980년대에 교회성장운동이 미국교회 중심이 되게 한 책이다. 이 책의 내용에는 교회성장의 신학, 사회학, 비교종교학, 과학적 방법까지 교회성장에 대한 광범위한 내용이 포함되어 있다. 이 책을 통해 선교지 위주의 교회성장운동에서 미국교회성장운동과 더 나아가서 세계교회로 교회성장을 확산되는 역할을 했다.

3. 교회성장운동의 피터 왜그너

피터 왜그너(Charles Peter Wanger)는 1938년 뉴욕에서 태어나고, 불신자였던 그는 대학시절 지금의 아내를 만났는데, 결혼 조건이 예수를 믿고 선교사가 되는 것이었다. 그는 두려움 없이 예수님을 구주로 영접하고 1955년에 신학교를 졸업하고 볼리비아 선교사로 16년을 헌신한다.

1967년 풀러신학교에 입학하면서 그는 맥가브란에 매료되고 깊은 영향을 받는다. 신학석사를 마치면서 풀러신학교에 3년간 강사가 되고, 1971년에 그의 나이 41세에 선교대학원 전임교수가 된다. 1977년 47세에 남가주대학에서 사회학박사 학위를 받는다. 왜그너 박사는 미국사회에 교회성장이라는 단어를 친숙하게 했고 미국의 유수한 목회자들을 목회학박사과정에 입학하게 하여 미국교회에 교회성장의 붐을 이루었다.

피터 왜그너는 맥가브란이 교회성장운동의 창업자라면 교회성장을 전 세계로 확산시킨 판매원과 같다. 교회성장운동을 위해 미국교회뿐만 아니라 전 세계를 방문하는 열정을 가지고 있다. 왜그너는 세계교회를 향한 하나님의 역사를 정확하게 파악하고 적극적으로 참여했기에 교회성장운동을 전세계교회의 성장운동으로 만들 수 있었다.

그는 교회성장과 기적, 교회성장과 치유사역, 영적전쟁과 중보사역을 통해 전 세계 교회성장운동과 중보기도사역에 참여하고 있다.

4. 21세기 교회성장 운동에 대한 전망

하나님의 교회는 음부의 권세가 이기지 못하는 기관이다. 지역과 사람에 따라 우여곡절이 있을 수 있으나 하나님의 교회는 승리하는 기관이다. 교회성장의 역사는 반세기의 역사가 지났고, 신학적, 학문적, 목회적으로 확산이 되고 있다. 교회성장운동은 사회 환경이 어렵더라도 더욱 불길처럼 번질 것이다.

맥가브란박사가 시작한 학문이나, 교회의 부흥은 하나님의 소원이고 명령이기에 21세기에 교회부흥의 위대한 불길이 번져 나갈 수 있다. 교회성장의 원리와 방법들과 훈련과 전략을 균형 있고 조화롭게 지혜를 모으면 성령의 큰 역사가 다시 한국교회와 세계교회에 역사할 것이다.

제7장 교회성장과 신학

1. 초창기 교회성장신학

교회성장학은 초창기 교회성장 신학을 7가지 기본적인 신학적 교훈들을 인용하고 있다. 피터 왜그너는 교회성장 신학을 몇 가지 선언들에 근거하고 있다.

1. 인간의 최고 목적인 하나님의 영광(인간의 최대 목적이 하나님께 영광 돌리는 것이다)
2. 하나님의 주권과 인간의 책임(하나님은 우리 모두가 죄와 사망에서 구원받기를 원하신다)
3. 그리스도를 통한 구원의 유일성(예수 그리스도는 우리의 주님이시다)
4. 그리스도의 주권(복음은 하나님의 나라를 선포하는 것이다)
5. 성경의 권위(성경은 믿는 자의 귀범이 되는 절대적 권위이다)
6. 죄, 구원, 영원한 죽음의 현재와 종말적인 실상(죄와 죽음과 구원은 종말론적 실상이다)
7. 하나님 나라의 현재와 미래 실상(하나님은 교회에 영혼구원의

사명을 맡기셨고 성령을 통하여 그 일을 하신다[91]

2. 세계복음화를 위한 로잔언약

1974년 로잔 국제세계복음화대회에서 교회성장의 신학이 확실하게 자리를 잡게 된다. 존 스토트가 주로 쓴 1974년(및 1980) 로잔언약은 피터 왜그너를 통해 교회성장이 로잔신학에 영향을 끼쳤는데, 이는 로잔신학이 크게 교회성장 신학에 영향을 끼쳤다.[92] 로잔대회의 대표들은 빌리 그래함, 칼 헨리, 존 스토트, 로버트 콜만, 엘포드, 세계선명회, 동양선교회 등이었다. 그 내용은 1)하나님의 목적 2)성령의 권위와 능력 3)그리스도의 유일성과 보편성 4)전도의 성격 5)그리스도인의 사회적 책임 6)교회와 전도 7)전도에서의 협력 8)전도 동반 관계에 선 교회들 9)전도과업의 긴급성 10)전도와 문화 11)교육과 지도력 12)영적성장 13)자유와 박해 14)성령의 능력 15)그리스도의 재림으로 구성되어 있다.[93]

결론은 이렇게 간략하게 끝을 맺고 있다. "그러므로 우리는 우리의 믿음과 우리의 해결책에 비추어 하나님과 서로 간에 엄숙한 언약을 맺으면서 온 세계의 복음화를 위해 함께 기도하고 계획하고 일한다. 우리는 다른 사람에게도 우리와 함께 동참할 것을 촉구한다. 하나님께서 그의 은혜로 우리를 도우시고 그의 영광이 우리의 언약에 신실하게 되기를 기원하는 바이다. 아멘! 할렐루야."[94]

1989년 마닐라에서 나온 신앙선언문은 로잔언약II로 1974년에서 1988년까지 15년간의 로잔 소위원회의 결의를 논의하고 환영하였다.[95] 마닐라 선언은 제1부는 21가지 간결한 선언들과 제2부는 로잔 언약과 일치하는 12가지 내용으로 교회에 연구와 활동을 권장하는 내용이다. 마닐라회의의 두 주제는 '그리스도가 오실 때까지 그를 전파하라'와 '온 교회에게 온 세계로 온 복음을 전하도록 부탁하라'로 채택하였다.96)

이 선언 제1부의 21가지 선언문 항목은 다음과 같다.97)

1. 우리는 로잔운동에서 우리 협력의 기초인 로잔언약에 대한 지속적인 위탁을 선언한다.
2. 우리는 구약과 신약성서로 이루어진 성경에서, 하나님께서 우리에게 그분의 성격과 의지, 그분의 구속적인 행동, 그분 행위의 의미, 그분의 선교명령의 권위 있는 계시를 주셨음을 선언한다.
3. 우리는 성경적 복음이 우리 세계를 향한 하나님의 끊임없는 메시지임을 선언하고, 성경적 복음을 변호하고, 선포하고, 구현하기로 작정한다.
4. 우리는 인간이 하나님의 형상대로 창조되었더라도, 죄 있고, 이 진리가 복음에 필요한 예비사항임을 선언한다.
5. 우리는 역사의 예수와 영광의 그리스도가 동일한 인격임과, 이 예수 그리스도가 절대적으로 유일함을 선언한다. 왜냐하면 예수 그리스도만이 하나님의 성육자요, 우리의 죄를 짊어지시는 자요, 죄의 정복자요, 오실 심판자이시기 때문이다.
6. 우리는 예수그리스도께서 십자가상에서 우리를 대신하시되 우리 죄를 짊어지셨고, 우리 죽음을 죽으셨음과, 이 이유로만 하나님께서 회개와 믿음에 이르는 자들에게 값없이 용서하심을

선언한다.

7. 우리는 다른 종교들과 이데올로기들이 하나님께 나아가는 대안적인 길들이 아님과 인간의 영성이 그리스도를 말미암아 구속되지 않는다면, 하나님께 이끄는 것이 아니라 심판으로 이끎을 선언한다. 왜냐하면 그리스도께서 유일한 길이시기 때문이다.

8. 우리는 공의, 존엄, 양식, 보호처를 상실당한 자들을 돌봄으로 하나님의 사랑을 볼 수 있게 나타내야 함을 선언한다.

9. 우리는 하나님의 공의와 평화의 나라에 대한 선포로, 개인적이든 구조적이든, 모든 불의와 압제를 거부해야 함을 선언한다. 우리는 이 예언적 증거에서 위축되지 않을 것이다.

10. 우리는 성경의 그리스도에 대한 증거가 전도에 필수 불가결함과, 성령의 초자연적 역사 없이는 신생(중생)이나 새 생명이 불가능함을 선언한다.

11. 우리는 영적 싸움이 영적 무기를 요청함과, 성령의 능력으로 말씀을 증거하고, 악한 정사들과 권세자들을 대해 그리스도의 승리를 얻을 수 있도록 끊임없이 기도해야 함을 선언한다.

12. 우리는 하나님께서 온 교회와 온 교회의 각 구성원에게, 온 세계에 그리스도를 알릴 과업을 부탁하셨음을 선언한다. 우리는 이 과업을 위해 동원되고 훈련된 모든 평신도와 안수 받은 사람들을 보기를 사모한다.

13. '우리는 그리스도의 몸의 지체들이다'라고 주장하는 우리가 우리의 사귐 안에서 인종, 성, 계층의 장벽을 초월해야 함을 선언한다.

14. 우리는 성령의 은사들이 남자든 여자든 하나님의 모든 사람에게 부여됨과, 복음화에서 저들의 동반관계가 공동유익을 위해 환영되어야 함을 선언한다.
15. 우리는 복음을 선포하는 우리가 성결과 사랑의 삶으로 복음의 모본이 되어야 함을 선언한다. 그렇지 않으면 우리의 증거가 그 신빙성을 상실하기 때문이다.
16. 우리는 각 그리스도교 회중(개교회)이 복음전도의 증거와 열정적인 섬김에서 회중적 지역 공동체로 지향해야 함을 선언한다.
17. 우리는 교회들, 선교기관들, 기타 그리스도인 단체들이 경쟁을 거부하고 중복을 피하면서, 전도와 사회활동(봉사)에서 협력할 긴급한 필요성을 선언한다.
18. 우리는 우리가 살고 있는 사회를 연구할 책임을 선언한다. 이는 사회의 구조, 가치, 필요성을 이해하므로 적합한 선교전략을 발전시키기 위해서다.
19. 우리는 세계복음화가 긴급함과 복음을 듣지 못한 사람들과 접촉함이 가능함을 선언한다. 그러므로 우리는 남은 20세기 10년 동안 새로운 결단으로 이 과업들에 몸을 바치기로 다짐한다.
20. 우리는 우리의 하나됨(Solidarity)을 복음을 위해 고난을 받는 자들과 더불어 선언하고, 동일한 가능성을 위해 우리 몸을 대비하려 할 것이다. 우리는 또한 어디에서나 종교적이고 정치적인 자유를 위해 일할 것이다.
21. 우리는 하나님이 온 교회에 온 세계로 온전한 복음을 전하라고 부르시고 계심을 선언한다. 그러므로 우리는 그가 오실 때

까지 복음을 신실하고 긴급하게 희생적으로 선포하기로 결정한다. 그리고 12가지 연구와 활동의 권장 서문은 다음과 같다. "복음은 악한 세력들에서 하나님의 구원, 그의 영원한 나라의 설립(골2:15), 그의 목적에 도전하는 모든 것에 대한 그의 최종적인 승리(고전15:24-28)에 대한 기쁜 소식이다. 하나님은 그의 사랑으로 세계가 시작되기 전에 이것을 행하기로 작정하였고, 우리 주 예수 그리스도의 죽음을 통하여, 죄, 죽음, 심판에 대한 그의 자유하게 하시는 계획을 유효하게 하셨다(엡1:4; 골1:19). 그리스도께서만 우리를 자유하게 하시고(딛2:14), 우리를 그의 구속받는 사귐으로 연합시킨다."98) 12가지 내용 중에 첫째 온전한 복음은 1)인간의 곤경 2)현대를 위한 기쁜 소식 3)예수 그리스도의 유일성 4)복음과 사회책임이고, 둘째 온 교회는 5)전도자 하나님 6)인간중인 7)증거의 종합성 8)지역 교회 9)전도에서의 협력이며 셋째 온 세계는 10)현대 세계 11)AD 2000년 이후의 도전과 12)어려운 상황들로 되어 있다.99)

    결론은 '그리스도가 오실 때까지 주를 선포하라'는 내용이 주제이다.100) 물론, 우리는 그리스도께서 오시는 것을 믿는다(눅2:17). 그리스도는 아구스도가 로마의 황제였을 때 초림 하셨다. 그러나 우리가 그의 약속을 아는 한, 그는 나라를 온전케 하기 위하여 형용할 수 없는 영광 가운데서 재림하실 것이다(막13:26-27). 우리는 깨어서 준비하라고 명령받는다(막13:32-37). 그러므로 그의 초림과 재림 간의 틈은 그리스도인 선교 사업으로 채워야 한다. 우리는 복음을 갖고 땅 끝까지 가라고 명령받았다(행1:8). 또 주는 세상 끝 날이, 우리가 땅 끝까지 복음을 전했을 때만, 올 것임을 약속하셨다 (마24:14). 두 종말(땅의 공간적, 시간적 마침)은 동시에 일어날 것이다. 주께서 그때에야 우리와 함께 하시겠다고 약속하셨다(마 28:20). 그러므로 그리스도교 선교는 긴급한 과업이다. 우리는 얼마나 오래 동안 선교를 해야 하는지를 알지 못한다. 우리는 분명히 시간을 허비할 여유가 없다. 또 우리의 특성들 곧, 특별히 하나됨(우리는 하나같이 복음화해야 한다)과 희생(우리는 희생을 감안하고 받아들여야 한다)은 우리의 책임이 긴급하게 이행된 후 필요로 할 것이다. 로잔에서 우리의 언약은 "온 세계의 복음화를 위해 함께 기도하고, 계획하고, 일하자"는 것이었다. 마닐라에서 우리의 신앙고백은 "온 교회가 그리스도께서 오실 때까지 그리스도를 선포하며, 필요한 모든 긴급성, 하나됨, 희생으로 온 세계에 온전한 복음을 전파" 하도록 부름 받은 것이다.101)

3. 교회성장과 신학

1) 신론

교회성장학의 신론은 성부와 성자와 성령의 한 하나님을 믿는다. 로잔언약 7장은 우리 하나님이 존재한다는 선험적 신론을 주장한다.102) 스스로 계시는 하나님은 사랑 때문에 인간을 구원하셨다. 하나님께서 교회를 세우신 일도 인간을 사랑하셨기 때문이다.

교회성장학의 신론은 하나님의 계시를 믿는다. 교회성장은 기록된 성경말씀을 정확 무오한 하나님의 말씀으로 믿고103) 성령의 감동으로 전달된 말씀이 예수 그리스도를 주님으로 믿고 그의 제자가 되게 하는데 중요한 강조점을 가지고 있다.

교회성장학의 신론은 하나님의 비윤리적 속성과 윤리적 속성에 관심을 가지지만 하나님의 주권적 속성에 가장 큰 관심을 가지고 있다. 하나님의 주권은 하나님께서 만물을 통치하시고, 그분의 작정과 목적은 반드시 이루어진다는 것을 의미한다(엡1:11). 하나님은 그의 주권으로 타락한 인간들을 만세 전부터 선택하시고 구원하시기로 작정하십니다(엡1:4-5; 딤후1:9). 교회성장은 하나님의 주권을 철저히 인정한다.104) 교회성장학을 비판하는 사람들은 인간의 노력을 강조하는 것으로 생각하고 이 내용을 모르는 경우가 있다.

교회성장학의 신론에서 주권은 하나님의 성품에서 시작하셨고, 인간이 필수적이지는 않지만 하나님은 인간을 도구로 선택하셨다는 것이다.105) 이것이 신비이다. 거룩한 신적 작정이 타락한 인적 수단에 의해 이루어진다는 것은 신비이고 하나님의 또 다른 절대 주권이다. 하나님의 절대 주권은 인간의 자유의지를 침해하지 않고 오히려 인간의 자발적인 의지를 사용한다.

바울은 구원받은 자는 하나님의 예지와 예정과 선택과 미리 아심으로 되어 있다고 한다(엡1:5-11; 롬1:1; 8:30; 9:11). 그러나 바울은 사람이 구원받기 위해 인간이 복음을 전하고 교회를 성장 시켜야 한다고 했다(행16:12; 롬10:14-15; 고전9:16).

2) 기독론

교회성장학의 기독론은 예수 그리스도의 명령, 즉 모든 족속으로 제자를 삼으라는 지상명령을 수행하는 행위이고 예수님이 세우신 교회를 보존하는 행위이다. 기독론은 교회성장학의 핵심이다. 예수님은 "이 반석위에 내 교회를 세우리니"(마1:18)라고 했다. 교회성장 신학은 오직 예수 그리스도의 교회에 관심이 있고 예수님이 원하는 교회를 세우는데 초점이 있다.106) 오직 예수님만이 우리의 구원의 길이요 진리요 생명이 되신다.

예수님만이 우리에게 구원을 주신다. 예수님은 영원 전부터 영원 후까지 계신 하나님이시다. 교회성장을 위해 외치는 복음의 핵심은 예수님은 구약의 예언대로 이 땅에 오셨고, 십자가를 지셨고, 부활하셨으며, 다시 오실 재림 주라는 것이다.107) 교회성장은 예수님의 인성과 신성을 전혀 의심 없이 받아 드린다.

예수 그리스도는 교회의 머리이고 교회의 방향을 제시하시고 보혜사 성령을 통하여 오늘도 현재적 사역을 계속하신다. 교회성장신학은 예수 그리스도께서 능력과 영광 가운데서 그의 구원과 심판을 완성하시기 위해 다시 오시는 것을 믿는다. 재림신앙은 우리의 전도와 교회성장에 열정을 주고 사모하게 한다.

예수 그리스도의 지상사역은 교회의 창시자이고 목회의 모델이 된다. 교회는 예수님의 교회가 되어야 하는데, 예수님이 교회의 머리가 되시기 때문이다. 예수님이 하신 일을 그대로 하는 교회가 건강한 교회이고 성장하는 교회이다.

3) 천사론

교회성장학의 천사론은 지난 10년 전부터 교회성장학에서 활발하게 논의 되는 내용이다.108) 이는 교회성장과 영적 전쟁이라는 제목으로 나타나고 있다. 천사론은 타락하지 않은 천사와 타락한 천사인 사탄과 그의 무리에 대한 연구로 나누어진다. 성경은 전체 66권 중에서 34권에서 천사들에 대해 언급하고 있다.109)

원래 천사는 하나님을 섬기기 위해 창조되었다(시148:2-5; 골1:6). 천사는 사람보다 더 차원이 높은 위계질서를 가지고 있고 천사장 미가엘과 악한 천사들의 위계에 대해서 말하고 있다(유다서 1:9; 엡6:12). 하늘의 정사와 권세자들이라고 언급 한다(엡3:10).

천사들은 하나님을 섬기고, 그리스도를 섬기기도 한다. 천사들은 그리스도의 동정녀 탄생, 유년시절, 시험받으실 때, 고난당하실 때, 부활하실 때, 그리고 승천하실 때 그리스도와 함께 하며 주님을 도왔다. 천사들은 주님이 다시 오실 때에 함께 동행 한다(마25:31). 주님을 도우시는 천사들의 활동은 주님의 몸된 교회의 성장을 위하여 중요한 역할을 감당한다. 그리스도인들이 교회성장을 위해 헌신하고, 복음전파를 위해 힘쓸 때 보이지 않는 천사들이 돕는다.110)

교회성장학의 천사론은 하나님의 세계와 인간의 세계라는 이분법적 세계관을 극복하고 이른바 중간지대(the middle zone)에 대해 매우 적극적인 관심을 가지고 천사와 사탄의 세계를 실재로 받아드리고 있다. 지난 수년간 능력목회와 영적전쟁이란 개념은 타락한 천사들인 사탄과 귀신에 대한 것이었다. 타락한 천사들인 즉 귀신들은 하나님을 거역한 사탄, 즉 루시퍼를 따른 자들이다. 사탄은 큰 용, 혹은 옛 뱀이라고 불리는데 요한 계시록 12장 7절에서 "용과 그의 천사들"이라고 기록되어 있다. 예수님은 마태복음 25장 41정에 "마귀와 그의 천사들"이라고 말씀하신다.

  사탄은 교회성장을 방해한다. 불신자들을 속임으로 예수 그리스도를 믿지 못하게 한다. 또한 사탄은 믿는 신자들을 속여 복음 전파의 열정을 방해한다. 교회성장 신학은 사탄을 대적하는 영적 싸움이 교회성장의 중요한 원리라고 가르친다.111) 교회성장은 노력이상의 영적 차원이다. 교회성장이 영적 싸움이라면 그 영적 전재에 필요한 모든 전략과 전술을 숙지해야 한다. 특히 믿음, 말씀, 기도의 무장으로 준비해야 한다.

4) 구원론

  교회성장학의 구원론은 인간론과 죄론을 포함한다.112) 교회성장은 하나님과 인간의 화해를 중심으로 한다. 인간은 하나님의 형상으로 지음을 받은 존재이나, 스스로 죄를 지으므로 하나님과 원수가 된다. 죄를 용서받지 않으면 형벌이 있는데 사망, 즉 지옥 형벌이 있다. 하나님은 그의 아들 예수 그리스도를 통하여 인간에 대한 용서를 가능하게 하였다.

  교회성장 신학에서 죄를 가볍게 다루지 않는다. 죄론을 가르치지 않으면 죄를 깨닫지 못하고 구원을 받을 수 없다. 죄에 대한 바른 깨달음은 영생을 얻게 하는 예수 그리스도를 사모하게 한다. 성도의 필요를 채워주는 목회라고 해서 죄를 정확히 가르치지 않으면 진정한 목회가 아니고 성경적인 교회성장이 아니다.113)

  교회성장은 모든 사람의 구원이 은혜를 받기 원하는 마음에서 시작한다. 영혼 구령이 바로 교회성장이기에 구원론은 교회성장의 핵심 중의 핵심이 된다. 교회성장의 본질은 많은 사람들이 예수를 믿고 그들이 교회의 책임 있는 구성원이 되게 하는 일이다.

구원론은 영혼 구령을 위해 전도에 치중하게 한다. 교회성장에서는 숫적이고 양적인 일이 일어난다. 교회의 모든 사람들이 다 구원받았다고 볼 수 없으나 구원받은 사람들은 교회의 책임 있는 지체로 소속해야 한다.

5) 교회론

교회는 그리스도의 몸이다.114) 교회가 그리스도의 몸이라는 것은 그리스도의 성육신의 연장이요 그리스도의 사역의 현장이라는 의미이다. 교회성장을 경험하기 위해서는 목회철학과 교회론이 분명해야 한다.

성경적인 교회는 예수 그리스도가 원하는 일을 하는 교회이다. 교회의 목적에 따라 목회하는 교회가 건강한 교회이고 반드시 성장하는 교회이다.115) 예수님은 교회가 예배, 전도, 교육, 친교, 봉사를 하도록 하신 기관이기에 목적에 충실해야 하나님의 나라를 이룰 수가 있다.

6) 종말론

교회성장학의 종말론은 의미가 확실합니다. 우리는 하나님 앞에 서야할 날이 있고 청지기의 삶에 대한 계산할 날이 있다.116) 건전한 종말론은 사람들에게 천국과 지옥을 알게 하고 복음전도의 긴급성과 위기감을 가지게 한다. 유능한 사역자를 발굴하게 되고 주의 일에 모두 참여하는 평신도 훈련을 촉진시키는 역할을 한다. 성도들이 편안하게 안주하는 것이 아니라 불신자들을 위해 적극적으로 사역하는 영적 군사들이 된다. 종말론을 성경적으로 가르치는 교회는 성장한다.

4. 교회성장을 반대하는 신학들

교회는 구원하는 기관이다. 하나님께서 구원하기를 원하시고 성장시키시고 그리스도인들도 원하는 일이다. 그러나 교회성장이 중요한 일임에도 종종 여러 가지 장애물이 있다. 여기에는 신학적인 장애만을 생각하고자 한다.

하나님, 계시, 죄, 회심, 교회의 사명, 영생, 그리스도인의 책임 등에 대한 믿음은 선교와 교회성장의 중심의 교리이다. 이러한 기초들에 대한 믿음이 흔들릴 때에 교회성장은 이루어 지지 않고 진정한 교회성장은 불가능하다. 신학적인 혼란은 교회성장의 커다란 장애가 된다. 교회성장에 지장을 줄 수 있는 여러 신학적 오해들 중에 만인구원론과 인도주의를 살펴보도록 한다.117)

1) 만인구원론

마지막 날에 모두 구원을 받을 것이라는 이론이 만인구원론인데 이 교리는 예수님의 지상명령을 불필요하게 만드는 것이다. 이 잘못된 교리를 믿을 때 회심을 위한 노력 없이 단지 타 종교와 대화만을 강조하고, 결신에 대한 촉구 없이 복음만을 제시하기만하며 구원에 대한 추구 없이 봉사만을 강조하는 왜곡된 전도방법만을 취하게 된다.

만인구원론은 자신들의 주장의 근거로 두 가지를 들고 있는데 하나님의 사랑과 과학적인 지식에 근거를 두고 있다. 만인구원론은 성경의 권위도 부정하고 구원받아야할 인간의 필요에 대해 잘못된 접근을 하고 있다.

2) 인도주의

인도주의는 전도의 일차적 목적을 사회적 필요를 채우며 압제와 불공평을 해소하고 보다 나은 삶을 조성하는데 두는 신학이다. 복음의 사회적 측면을 믿음의 본질로 보지 않고 필요한 것으로 보는 균형 있는 자세가 필요하다.

교회가 사회를 돕고 구제하고 불공평을 바로 잡아주는데 노력해야 한다. 교회는 교회가 성장하면서 교회의 사회목회와 사회활동을 통해 봉사해야 한다. 영적 능력이 상실되면 결국 봉사도 하지 못한다.

주(註)

1) C. Peter Wagner, *Strategies for Church Growth* (Ventura, CA : Regal Books, 1987), 114.`

2) C. Peter Wagner, *Your Church Can Grow* (Ventura, CA : Regal Books, 1984), 14.

3) Thom S. Rainer, *The Book of Church Growth* (Nashville : Broadman & Holman Publishers, 1993), 21.

4). C. Peter Wager and Donald A. McGavran, *Understanding Church* Growth, 72.

5) 교회성장연구소,「평신도 사역자를 키우라」(서울: 교회성장연구소, 2005), 25. 2년 34명, 3년 32명인 것은 교회개척 후 2년이 어려운 시기임을 보여준다.

6) Carl S. Dulley, *Making the Small Church Effective* (Nashville: Abingdon, 1978), 38. 재인용함.

7) Peter Wagner,「교회성장을 위한 지도력」, 24.

8) C. Peter Wagner and Donald A. McGavran, *Understanding Church Growth* (Grand Rapids : Wm. Eerdmans Publishing Company, 1990), 6.

9)「자연적 교회성장」에서 크리스찬 슈바르츠는 교회의 7가지 질적 성장요소를 말한다. 지도력, 사역, 영성, 조직, 예배, 소그룹, 전도, 관계를 측정하는 방법으로 질적 성장을 강조하고 있다. 슈바르츠는 선교와 사회봉사에 대해 언급하지 않는 면이 있지만, 질적 성장이 자연스럽게 양적 성장과 연결되어 있음을 통계로 제시한다.

10) Charles L. Chaney, *Design For Church Growth*(Nashville: Broadman Press, 1997), 1.

11) Ibid., 2.

12) C. Peter Wagner, *Your Church Can Grow* (Glendale: Regal Books, 1974), 31.

13) Ibid., 47.

14) C. Peter Wagner, 「교회성장을 위한 지도력」, 김선도 역(서울: 생명의 말씀사, 1995), 56-72.

15) C. Peter Wagner, *Leading Your Church to Growth*(Ventura: Regal Books, 1994), 44.

16) C, Peter Wagner, 「교회성장을 위한 지도력」, 73-7.

17) C. Peter Wagner, *Your Church Can Grow*, 47.

18) Ibid., 35.

19) D. G. McCoury and Bill May, *The Southern Baptist Church Growth Plan*(Nashville: Convention Press, 1991), 6.

20) C. Peter Wagner, *Your Church Can Grow*, 39-40.

21) Ibid., 43.

22) Christian Schwarz and Paul Jung, Color Korea with Natural Church Development, 박연우 역(서울: NCD, 2007), 5.

23) John F. Walvoord, 「성령」, 이동원 역(서울: 생명의 말씀사, 1991), 223.

24) David Watson, 「복음전도」, 박영호 역(서울: 기독교문서선교회, 1986), 224.

25) 마10:1; 10:8-10; 행1:4; 눅24:49; 행4:27-31; 5:41-42; 고전14:2; 요5:8-9; 5:14; 마10:1;눅24:49; 막16:19, 요2:24-25.

26) 살전1:5"이는 우리의 복음이 말로만 너희에게 이른 것이 아니라 오직 능력과 성령과 큰 확신으로 된 것이니 우리가 너희 가운데 너희를 위하여 어떠한 사람이 된 것은 너희 아는 바와 같으니라."

27) C. E. Autrey, 「기본 전도학」, 정진황 역(서울: 침례회출판사, 1982), 49.

28) 요6:29; 7:38; 고전6:17 갈3:2, 5; 엡3:16, 17.

29) Autrey, 「기본 전도학」, 50.

30) L. R. Scarvorough, 「전도신학개론」, 이명희 역(서울 : 보이스사, 1990), 74-5.

31) Lewis Sperry Chafer, *Systematic Theology*, 135-6.

32) R. A. Torrey, 「성령」, 96.

33) 어네 빠쉬, 정학봉 역, 「성령의 인격과 역사」, 90.

34) Ibid., 99.

35) 요7:37; 행11:17; 롬5:5, 8; 8:9, 11. 고전2:12; 6:19-20; 12:13; 고후5:5; 갈3:2, 4, 6. 요일3:24.

36) J. Oswald Sanders, 「성령과 그의 은사」, 47-60.

37) 요4:24 "하나님은 영이시니 예배하는 자가 신령과 진정으로 예배할 지니라."

38) Autrey, 「기본 전도학」, 58.

39) Elmer Towns, John N. Vaughan and David J. Seifer, *The Complete Book of Church Growth* (Wheaton: Tyndale House Publishers, 1981), 109.

40). Kirk Hadaway, *Church Growth Principles* (Nashville : Convention Press, 1988). 하다웨이는 교회기능 중심으로 성장하는 교회와 침체하는 교회 500개를 조사하여 그 결과를 수치로 나타내고 있다. 한국교회는 이를 주목해야 하며, 침체를 극복하는 대안으로 목회자의 개성에 맞는 방법을 찾아야 한다.

41) Kirk C. Hadaway, *Church Growth Principles : Separating Fact from Fiction* (Nashville : Broadman Press, 1991). 하다웨이는 교회의 목적에 충실한 교회가 성장하고 있음을 통계로 자세히 제시하고 있다.

42) Rick Warren, *The Purpose Driven Church* (Grand Rapids: Zondervan Publishing House, 1995)

43). Donald A. McGavran and Winfield C. Arn, *Ten Steps for Church Growth* (New York : Harper & Row Publishers, 1977), 15-117.

44) Peter Wagner, 「교회성장을 위한 지도력」, 42-46.

45). Christian A. Schwarz, *Natural Church Development* (Carol Stream, Ill : Church Smart Resources, 1996), 4.

46) Ibid., 6-9.

47) Charles L. Chaney, *Design For Church Growth*, 45-64.

48) D. R. Crawford, Ibid., 46.

49) 교회성장연구소, 「평신도 사역자를 키우라」 (서울: 교회성장연구소, 2005), 16-20.

50) Christian Schwarz and Paul Jung, 「자연적 교회성장 한국교회를 바꾼다」, 21.

51) Ibid., 23. 슈바르츠는 근본주의, 영적부흥, 모델, 경영 방식에 그들 이면에 숨어있는 원리들을 통합하는 원리를 제시하고 있고, 이외에 보완적 원리를 첨가하고 있다. 개 교회의 보편적 성장원리와 자신의 교회의 특성인

보완적 원리를 주장한다. 개인 교회의 원리를 보편적 원리로 착각하면 큰 혼란이 올 수 있다.

52) 교회성장연구소,「불신자들에게 호감가는 교회」(서울: 교회성당연구소, 2006), 173-178.

53) 마28:19; 행1:8; 막16:15; 벧전2:9.

54) 요15:8; 마3:8.

55) 딤후4:7, 8.

56) 롬9:3; 행20:31.

57) 눅24:47-8.

58) 롬1:14; 겔33:8; 약5:20.

59) 요4:35; 마9:37-8.

60) 요15:8, 16.

61) 고후5:17.

62) 롬1:16.

63) 눅16:27-8.

64) Christian Schwarz and Paul Jeong,「자연적 교회성장 한국교회를 바꾼다」, 박연우 역 (서울: NCD, 2007), 5.

65) 교회성장연구소, op. cit., 178.

66) 명성훈,「교회성장마인드」(서울: 교회성장연구소, 2001), 58-60.

67) 교회성장연구소, Ibid., 175-9. 한국교회 교회성장단계를 도입기(1950까지), 성장기(1990년까지), 성숙기(1990년 이후에서 현재까지)로 나누고 있다.

68) 명성훈, Ibid., 60-74.

69) 교회성장연구소,「한국교회경쟁력보고서」, 177.

70) 2006년 5월 26일 통계청의 발표는 가톨릭 인구는 514만 여명(10.9%)으로 10년 전에 비해 74.4% 성장했고, 불교인구는 1072만 여명(22.8%)으로 10년 전에 비해 3.9% 성장했다고 발표했다.
한미준 한국갤럽,「한국교회 미래리포트」,(서울: 두란노, 2005), 62-63. 종교 인구 분포 조사에서 전 국민중 비종교인의 비율이 줄어들고 있음을 통계로 지적하고 있다. 1984년(56.3%), 1989년(51.0%), 1998년(47.2%), 2004

년(43.0%)이다. 기독교가 주목할 일은 종교인구가 10년 사이 10.5%가 늘어 57%가 되었는데, 기독교는 역으로 1.6%가 감소한 것이다. 목회자들, 신학교 교수들과 교단은 이 현상을 심각하게 받아 드려야 한다.
교회성장연구소,「한국교회경쟁력보고서」(서울: 교회성장연구소, 2006), 178. 한국교회 외형적 규모는 1990년은 35,869교회와 10,312,813명의 성도, 2002년은 대략 50,000교회와 12,000,000냉의 성도로 보고 있다.

71) Andrew F. Walls, *The Future of Christanity*, 이문장 역(서울: 청림, 2006), 5.
72) Ibid.
73) Ibid., 6
74) Ibid.
75) 교회성장연구소, "미래교회학자 레너드 스윗과 한국교회성장의 로드맵"「교회성장」, 2006년 6월, 16-80.
76) 동아일보. 2008년 2월 27일 17면.
77) Ibid., 55.
78) 교회성장연구소,「한국교회경쟁력보고서」(서울: 교회성장연구소, 2006), 168.
79) Peter Wagner,「교회성장을 위한 지도력」, 52.
80) Ibid.
81) Ibid., 20.
82) Ibid.
83) Ibid., 21.
84) 명성훈,「교회성장 마인드」(서울: 교회성장연구소), 57.
85) Ibid., 58.
86) Ibid., 59-60.
87) Elmer Towns, *A Practical Encyclopedia of Evangelism and Church Growth*, 76.
88) 명성훈,「교회성장 마인드」, 61.
89) Ibid.
90) Ibid., 62.
91) C. Peter Wagner, *Strategies for Church Growth*(Ventura, CA: Regal, 1987), 39-40.

92) Thom S. Rainer,「교회성장 교과서」, 홍용표 역(서울 : 예찬사, 1995), 79-80.
93) Ibid., 81-90.
94) Ibid., 91.
95) Ibid.
96) Ibid, 92.
97) Ibid., 92-94. 내용을 자세히 소개하기 위해 인용부호처리를 생각하였다.
98) Ibid., 95.
99) Ibid., 109-13.
100) Ibid., 114.
101) Ibid., 114-5.
102) Thom Rainer, 「교회성장 교과서」, 123
103) Ibid.
104) Ibid., 125.
105) Ibid., 129.
106) Ibid., 132.
107) Ibid., 133.
108) Ibid., 153.
109) Ibid., 154.
110) Ibid., 154-155.
111) Ibid., 159.
112) Ibid., 170.
113) Ibid., 175.
114) Ibid., 181.
115) Ibid., 184-185.
116) Ibid., 198.
117) Ebbie C. Smith, *Balanced Church Growth,* 이명희 역(대전: 침례신학대학 교출판부, 1997), 168.

제2부
교회성장과 방법들

제1장 _ 교회성장과 전도
제2장 _ 교회성장과 예배
제3장 _ 교회성장과 교육
제4장 _ 교회성장과 봉사
제5장 _ 교회성장과 친교
제6장 _ 교회성장과 평신도
제7장 _ 교회성장과 성령의 은사
제8장 _ 교회성장과 믿음
제9장 _ 교회성장과 표적과 기사, 영적전쟁
제10장 _ 교회성장과 설교
제11장 _ 교회성장과 기도

제12장 _ 교회성장과 지도력
제13장 _ 교회성장과 셀(소그룹)
제14장 _ 교회성장과 수용성
제15장 _ 교회성장과 건축
제16장 _ 교회성장과 꿈이 담긴 교회 요람
제17장 _ 교회성장과 새신자 양육
제18장 _ 교회성장과 태신자 찾기
제19장 _ 교회성장과 영성
제20장 _ 교회성장과 조직
제21장 _ 교회성장과 성장장애 극복

제1장 교회성장과 전도

　최고의 전도방법은 먼저 도시와 마을로 나가는 것이다(마9:35). 예수님의 전도 방법은 마을과 촌을 두루 다니시며 전도한 것이다. 이 핵심 사항이외에 현대전도방법은 어떻게 효과적으로 전도할 것인가이다. 상대방을 잘 알게 되면 보다 쉽고 적절하게 전도할 수 있기 때문이다.

　한국교회의 불신자전도는 21세기 최신기술시대에서도 교회가 붙들어야 할 최대의 사명이다. 종교 다원주의 시대에도 현대인들에게 접근하여 효율적으로 전할 방법들이 필요하다.

　교회성장연구소는 "불신자들에게 호감가는 교회"라는 설문연구조사에서 전도를 통한 한국교회성장을 위한 일곱 가지를 제안하고 있다.[1]

　첫째로, 설문조사결과 불신자들은 실제적 필요를 채우는데 관심을 가지고 있다. 불신자들은 68%가 진로와 직업, 경제문제 등으로 고민한다. 한국교회가 불신자들을 전도하기 위해 접근할 때, 보다 효과적인 관계를 형성하기 위해 현실문제에 대한 관심을 보일 필요가 있다. 주 2일 휴무제 뿐만 아니라 불신자들의 삶의 문제를 다루면서, 전략적으로 영적인 충족을 시킬 준비를 해야 한다.[2]

둘째, 한국개신교의 이탈현상이 심각하고 새신자 정착이 효과적이지 못하다. 불신자들은 과거 교회 출석 경험이 무려 55%가 되며, 이탈 교인들의 대다수는 100명 미만의 교회(82%)고, 300명 미만의 교회로 합하면 93%가 된다. 이탈 교인의 대다수가 중소형 교회를 다녔고, 출석기간이 1년 미만이 66.8%이다. 한국교회는 1년 이내, 최소한 6개월 이내에 복음을 소개하고 구원시키는 사명감과 전략이 필요하다.3)

셋째, 한국 개신교가 타종교에 비해 전도활동은 가장 열심히 하고 있지만 효과적으로 전도하지 못하는 것을 보여 준다. 조사내용을 보면 불신자 10명 중에 6, 7명이 전도 받은 일이 있으며, 그러나 불신자들의 종교 선호도는 개신교가 맨 끝이다. 전도의 열심 못지않게 중요한 것은 개신교를 선호하는 그룹을 파악하여 적극적으로 다가가는 것이 필요하다.4)

넷째, 한국교회는 전도에 있어서 수용적인 전도대상 목표를 파악하는 것이 중요하다. 조사에서 개신교와 목회자에 대한 신뢰가 높은 불신자 집단은 여성들, 연령이 높은 사람들, 그리고 소득과 학력이 낮은 사람들로 나타났다. 교회는 이들에게 겸손과 사랑으로 전도해야 한다.5)

다섯째, 한국교회는 젊은이들과 고학력자와 남성들로부터 가장 선호도가 낮았다. 나이가 젊을수록 교회와 목회자에 대한 신뢰가 떨어지고 있다. 한국교회는 젊은이들을 대상으로 적극적인 이미지 개선과 전도전략을 강구해야 한다. 영상예배, 청소년부흥 프로그램, 들을 강화할 필요가 있고, 주일학교 사역과 청소년 사역에 깊은 관심을

가져야 한다.6)

여섯째, 많은 불신자들이 한국교회의 전도방식에 대해 부정적이고 강요당하는 감정을 가지고 있다. 불신자들이 전도 받았을 때 긍정적인 느낌(14%)보다는 부정의 느낌(36%)이 많았다. 한국교회가 개인을 존중하는 전도법을 개발하고, 불신자들을 전도할 때 인격적이면서 영적인 방법을 모색해야 한다.7)

일곱째, 한국불신자들이 개신교와 목회자에 대한 선호도가 낮게 나타나고 있다. 개신교 선호도는 26%이고 목회자 선호도는 11%이다. 대부분의 불신자들이 한국교회는 진리전파보다 교세확장에 급급하고, 교회의 갈등과 분열이 부정적으로 보여 전도에 방해가 되고 있음을 보여 준다. 불신자들이 인근 교회에 바라는 봉사활동은 46%가 불우이웃을 돕고 장애우를 돕는 것으로 답하고 있다. 지역봉사를 통해 교회의 공신력을 높이는 일은 한국교회의 당면과제이다.8)

1. 개인전도자의 자격

1) 개인전도자는 구원받은 투철한 그리스도인이어야 한다9)

다른 사람들을 그리스도께서 인도하기 위해 제일 먼저 해야 할 일은 인도하는 사람이 먼저 주님께로 가 있는 일이다. 예수 그리스도를 자신의 구주로 영접한 구원의 경험이 있어야 한다. 누가복음 22장 32절에서 예수님은 베드로에게 이렇게 말씀하신다. "너는 돌이킨 후에 네 형제를 굳게 하라." 베드로는 다른 사람들을 하나님과 바른 관계 아래 있게 할 수 있기 이전에 자신이 먼저 하나님과 바른 관계를 맺고 있어야 한다고 강조한다. 일반적으로 말해 전도자는 고통당하는 잃은 양을 주님께로 이끄는 도구가 될 수 있기 전에 자신이 중생한 그리스도인이 되어야 한다. "먼저 네 눈 속에서 들보를 빼어라 그 후에야 밝히 보고 형제의 눈 속에서 티를 빼리라."(마7:5)

2) 개인전도자는 성령으로 충만해야 한다

하나님께서 전도자의 마음을 다스리셔야 한다. 예수님을 마음에 구주로 영접하면 성령이 함께하는 성령의 전이 된다. 전도자는 성령 안에서 살고 움직이며 그의 존재를 확립해야 한다. 주님께서 지도해 주시고 지시하심을 신뢰해야 한다. 전도자 빌립은 이 문제의 좋은 실례를 보여준다. 사도행전 8장 29절은 이렇게 기록되어 있다. "성령이 빌립더러 이르시되 이 병거로 가까이 나아가라 하시거늘…." 빌립은 성령의 재촉하시는 지시에 순종했다. 30절에는 "빌립이 달려가서"라는 말이 나온다. 그가 모세처럼 "주여, 다른 사람을 보내소서"하고 말할 수도 있었다. 그러나 빌립은 성령의 지시에 즉각적으로 따랐다. 성령께서 그에게 하라고 명령하신 바를 아무 것도 묻지 않고 그대로 행했던 것이다.

개인전도자는 주위에 있는 불신자들에게 전도하고자 열망이 있어야 한다. 열망은 성령이 주는 거룩한 열정이다. 성령충만은 전도 열정으로 나타는 것이다. 친구, 부모, 자녀에게 책임이 있는 것이다(겔3:7-19).

3) 개인전도자는 기도의 사람이어야 한다

한 사람이 한 사람을 전도하기 위해 하루 세 번 기도하는 전도를 113운동이라고 한다. 기도 외에는 능력이 있을 수 없으며, 기도 없이는 전도할 수 없다. 한 영혼을 전도하려면 기도가 있어야 한다. 이것은 가까운 관계전도 뿐만 아니라, 노방전도시 다수에게 전할 때에도 마찬가지이다. 우리는 기도를 통해 우리의 마음을 하나님께 드리고, 기도하며 하나님의 음성을 듣고, 기도를 통해 하나님의 뜻이 이 땅에 이루어지도록 한다. 성경은 하나님이 우리의 기도를 들어주시고 응답한다고 기록하고 있다. 기도는 인간의 호흡과 같은 것이기에 쉬지 말고 해야 한다(살전5:16).

베드로가 고넬료에게 가서 구원받기 위해 해야 할 일을 그에게 말하라는 성령의 지시를 받은 것은 그가 기도하고 있는 동안이었다.10)

(1) 전도자는 적절한 사람에게로 인도해주시도록 하나님께 기도해야 한다.

전도자가 만나는 사람 모두에게 구원에 대하여 말할 수가 없고, 하나님께서도 그렇게 기대하시지 않는다. 그렇게 할 시간이 아무에게도 없다. 그러나 성령께서 빌립을 인도하신 것처럼 기도의 응답으로, 언제 그리고 누구에게 말한 것인가를 알 수 있도록 하나님의 영께서 전도자에게 내적인 지시를 주실 것이다. 전도자는 성령의 인도를 위해 전심으로 기도해야 한다.

(2) 전도자는 예수님에 대해 꼭 말해야 할 것을 말할 수 있도록 하나님께 기도해야 한다.

전도자는 하나님께 말씀의 능력을 베풀어주시기를 간구해야 한다. 바울이 심고 아볼로가 물을 주었다 하더라도 자라나게 하신 이는 오직 하나님뿐임을 우리가 잊어서는 안 되기 때문이다.11) 전도 할 때 성령님은 예수 그리스도의 복음을 통해서 역사하시기에 전도자는 예수님을 분명히 전달하는 능력을 가져야 한다.

(3) 전도자는 전도를 마친 후에도 하나님께서 계속하여 역사해 주시기를 기도해야 한다. 그리스도를 증거함에 있어서 접촉만으로 충분하지 않다. 개인전도자는 그가 붙들고 이야기한 상대방의 심령 속에 이미 시작된 성령의 역사가 계속되기를 기도해야 한다. 전도는 행사가 아니고 사랑의 과정이다. 주님의 사랑을 받은 자가 주님의 사랑을 깨닫도록 전하는 과정이 필요하다. 바로 여기에서 우리는 결신자들을 떠난 후에도 기도 가운데 그들을 기억하는 것을 결코 잊지 않았던 사도 바울에게서 교훈을 얻을 수 있다.12)

4) 개인전도자는 영혼들이 구원받는 것을 보고 싶은 열망을 가져야 한다

여기에 성공의 비결이 있다. 그리스도께서는 영혼들에 대한 불타오르는 사랑을 갖고 계셨다. 그리스도께서 산에 오르시어 예루살렘을 굽어보시며 부르짖으신 것을 알게 된다. "예루살렘아 예루살렘아 선지자를 죽이고 네게 파송된 자들을 돌로 치는 자여 암탉이 그 새끼를 날개 아래 모음 같이 내가 네 자녀를 모으며 한 일이 몇 번이냐 그러나 너희가 원치 아니 하였도다"(마23:37). "가까이 오사 성을 보시고 우시며"(눅19:41) 전도자에게는 이와 같은 예수님의 심정이 필요하다.

전도자는 영혼들을 위해 울어본 경험이 있어야 한다. 존 낙스

(John Konx)는 "저에게 스코틀랜드를 주시옵소서! 그렇지 않으면 죽겠나이다."라는 강렬한 호소로 기도하고, 그 뜨겁게 갈망하는 심정이 스코틀랜드를 건졌다. 브레너래드(Brainerad)가 잠자리에 들 때에도 죽어 가는 영혼들을 생각하고 꿈속에서도 그들의 꿈을 꾸고 깨어나서 그들을 생각하고 위하여 기도할 때에, 영혼들이 그의 손에 붙여졌다. 모든 시대를 통해보면, 위대한 신앙 지도자들의 능력은 그들의 뛰어난 지성보다 더 깊은 곳에 자리 잡고 있었으니 바로 영혼들에 대한 사랑에 터를 두고 있었음을 발견한다.

5) 그는 하나님 말씀의 능력을 확신해야 한다

창세기 18장 14절의 사라에 대한 주님의 책망을 우리가 주목하는 것이 좋다. "여호와께 능치 못할 것이 있겠느냐?" 전도환경이 아무리 절망적인 것이라 하더라도 하나님께서는 최악의 경우에도 구원하실 수 있다. 하나님의 말씀은 살아있고 운동력이 있어서 살리는 영을 증거 하시고 생명을 주신다(히4:12; 요6:63). 만일 우리가 어떤 사람을 그리스도께로 인도하려고 할 때에 그가 "죄인들의 괴수"라면 디모데 전서 1장 15절이 그에게 적합할 것이다. 살인자라면 이사야 1장 18절이, 부랑자라면 누가복음 19장 10절이 필요한 구절이고, 무관심한 완고한 사람 때문에 낙심하는 전도자에게 마태복음 19장 25-26절이 적절할 것이다. 전도자가 하나님의 말씀과 약속을 굳게 신뢰해야 한다.

2. 전도자의 자기점검

1) 전도의 장애물

하나님의 능력의 통로를 막고 숨 막히게 만드는 유일한 장애물은 죄이다. 죄는 거대한 장애물이다. 우리의 죄를 하나하나 구체적으로 처리해야 한다. 그러고 나서 다음과 같은 질문을 스스로 해보아야 한다.

(1) 모든 사람을 용서하였는가? 혹시 분노, 멸시, 증오, 또는 원통함이 우리 마음속에 없는가? 또는 원한을 품었거나 화해하기를 거절하고 있지는 않는가?

(2) 화내고 있지 않는가? 마음속에 어떤 분노가 없는가? 자주 신경질을 내는 것이 여전한가? 어떤 울화가 우리를 붙잡고 있지는 않은가?

(3) 질투하는 마음이 있는가? 다른 사람이 나보다 앞서게 되면 시기하게 되는가? 우리보다 더 잘 기도하고 말하고 또 일을 처리하는 것을 보면서 질투하고 있는가?

(4) 조급하고 초조해 하는가? 시도한 일에도 동요하고, 불쾌하게 느끼는가? 혹은 어떤 처지에서나 온유하고 동요하지 않는가?

(5) 쉽게 맘이 상하는가? 사람들이 우리를 지나치면서도 모른 척하고 아무 말도 걸지 않으면 마음이 상하는가? 다른 사람들은 대우를 잘 받는데 우리는 등한시 될 때 어떻게 느끼는가?

(6) 마음속에 어떤 교만이 있는가? 자랑하고 싶은가? 우리의 직위와 성취한 것에 대하여 크게 나타내고 싶은가?

(7) 부정직하지 않은가? 우리의 사업은 공개되고 어떤 책망의 여지가 없는가? 땅 한 평에는 한 평으로, 그리고 물건 한 근에는 한 근으로 주고 있는가?

(8) 다른 사람들을 희롱하지는 않는가? 남의 말을 고자질하고 참견을 잘하는가?

(9) 사랑 없고 무례하며 심하게 비난하는가? 늘 다른 사람의 결점을 보고 또 흠을 찾고 있지는 않은가?

(10) 하나님의 것을 도적질하는가? 하나님께 속한 시간을 훔치지는 않았는가? 우리 돈을 움켜쥐고 있지는 않는가?

(11) 세속적인가? 번쩍거리는 것과 화려한 것을 좋아하고 이생의 자랑을 사랑하는가?

(12) 도적질하였는가? 우리 것이 아닌 작은 것이라도 훔친 적이 있는가?

(13) 다른 사람에 대하여 원통함을 품고 있는가? 마음속에 미움이 있는가?

(14) 우리 생활이 경솔함과 천박함으로 채워져 있는가? 우리 태도가 품위 없지 않은가? 우리 행동을 보고 세상 사람들이 어떻게 생각하는가?

(15) 어떤 잘못을 한 다음에 갚지 않은 적은 없는가? 삭개오 같은 마음이 있는가? 하나님께서 우리에게 보여주신 많은 작은 것들을 모두 회복하였는가?

(16) 걱정하고 두려워하는가? 이 세상에 속한 것과 영적인 것을 위해 하나님을 깊이 신뢰하지 못하는 것은 아닌가? 다리에 오

기도 전에 늘 그것을 건너고 있지는 않은가?

(17) 부도덕한 죄가 있는가? 깨끗하지 않고 거룩하지도 않은 상상이 마음에 도사리고 있는가?

(18) 우리말에 있어 진실한가? 그렇지 않으면 과장하고 잘못된 인상을 전하지 않는가? 거짓말하지는 않는가?

(19) 불신의 죄를 갖고 있는가? 하나님께서 우리를 위해 하신 일이 그렇게 많은데도 그의 말씀을 아직도 불신하고 있는가? 투덜거리고 불평하는가?

(20) 기도하지 않는 죄를 범했는가? 우리는 중보기도자인가? 진정으로 기도하는가? 기도로 보내는 시간이 얼마나 되는가? 우리 생활에서 기도를 밀어내고 있는가?

(21) 하나님 말씀을 게을리 하는가? 매일 몇 장씩이나 읽는가? 성경을 늘 공부하는 그리스도인인가? 우리의 공급원을 성경에서 찾고 있는가?

(22) 그리스도를 공개적으로 고백하지 못한 적이 있는가? 예수님을 부끄러워하는가? 세상 사람들에게 둘러 싸여 있으면 입을 다물어 버리는가? 매일 전도하고 있는가?

(23) 다른 영혼의 구원을 나의 기도의 짐으로 느끼는가? 잃어버린 사람에 대한 사랑이 있는가? 멸망해 가는 사람들에 대한 깊은 동정이 있는가?

(24) 우리의 첫 사랑을 잃고 이제는 하나님께 대한 불이 식었는가?[13]

2) 영혼구령에서 실패하는 정신적인 자세들

(1) 무능력을 느끼는 마음의 자세

(2) 가도록 하지 못하는 마음의 자세

(3) 영혼구령을 중요하다고 생각하지 않는 자세

(4) 영혼구원 사역은 특별한 재능이 필요하다고 생각하는 자세

(5) 별로 좋은 일이 되지 못한다는 자세

(6) 어렵고 괴로운 일이라고 생각하는 자세

(7) 성령의 구원역사가 있기까지는 수고할 필요가 없다는 자세

(8) 죄인이 구원받기 위하여 "기도를 통해야만" 된다는 자세

(9) 준비된 마음을 가져야 한다는 자세14)

3) 왜 전도하는 일에 주저하는가?

세계를 복음화하라는 예수님의 명령은 우리에게 크나큰 결단을 요청한다. 벤 죤슨(Ben Johnson)은 왜 사람들이 전도하는 일에 주저하는가를 조사했는데 그 이유는 다음과 같은 것이었다. 대부분 우리가 공감할 수 있다하더라도 극복해야 할 과제들이다.

(1) 나는 내 친구들이 나를 너무 종교적이라고 생각하는 것을 원치 않는다(거부에 대한 공포).

(2) 나보다는 다른 사람들이 더 전도하는 은혜를 받았다(소질이 없음).

(3) 나는 효과적으로 전도할 수 있는 깊은 성령의 체험이 부족하다(체험부족).

(4) 나는 교회생활에 있어서 감정에 호소하는 것을 좋아하지 않는다. 그것은 오히려 혼란과 분열을 가져 올 뿐이다(감정주위에 대한 공포).

(5) 우리 정통파 교인들은 전도운동에 깊이 빠지기에는 어울리지 않게 너무나 세련되어 있다. 그런 것은 무식한 사람들이나 성령파들에게나 맡기자(지나치게 매끄러운 자).

(6) 나는 다른 사람들에게 확신을 줄 정도로 복음을 잘 알지 못한다(복음에 대한 반신반의).

(7) 내 이웃에게 복음을 전하고 싶지만 어디서부터 시작해야 될지 모르겠다(전도 기술의 부족).

(8) 나는 언제나 개인의 신앙은 자유라고 생각하기 때문에 그것을 방해하고 싶지 않을 뿐 아니라 대중 앞에서 신앙에 대해 이야기하는 것은 예의가 아니라고 생각한다(개인의 사생활 침해).

(9) 나는 전도하는 일을 위해 목사가 존재한다고 생각한다(목회자의 일).

(10) 내가 아는 재래의 전도는 복음을 조작함으로써 사람들이 나중에 후회할 결정을 내리게 하며, 이는 결과적으로 그들의 질을 저하시키고 있다(조작에 대한 공포).15)

전도하는 일에 주저하는 대표적인 반응 속에는 신앙에 대한 근본적인 확신부족과 자신의 배타주의, 적절한 전도 기술의 부족과 교회들의 전도열 부족을 지적할 수 있다.

3. 필요를 채워 주는 복음 전도

레이너는 전도에서 도식변동은 밤사이에 일어나지 않았다고 하더라도, 그 변동은 교회와 교인들이 알아차리지 못할 만큼 빨리 일어나고 있는 점들을 5가지로 지적하고 있다.16)

1) **새로운 불신자들을 찾으라.** 이들은 성경에 무지하고 성경에 대해 거의 알지 못한다. 오직 장년 교인의 12%만이 성경을 읽는다. 미국인의 삼분의 이 이상의 사람이 "하늘은 스스로 돕는 자를 돕는다"라는 격언이 성경에 있는 줄로 안다.17) 죄에 대해 무지하다.

2) **어머니들을 도울 일을 하라.** 어머니들이 직장 일로 바쁘다. 이제는 시간을 새로운 돈이라고 부른다. 상품개발이나 판매 등 모든 분야가 편리하고 시간을 줄이는 것들이다. 미국뿐만 아니라 한국의 경우도 모든 여성의 반 이상이 가정 밖에서 일한다.18) 전도팀이 가정에 들어간다 하더라도 저항은 이미 발견되었다. 사생활 침해나 시간 훔치는 일로 생각한다.

3) **성취된 많은 욕구들을 이해하라.** 기업은 소비자의 욕구를 창출하고, 만족시켜주는 일을 한다. 성취를 갈망함을 이해 못하는 전도는 효과적으로 전달되지 못할 것이다.

4) **관계의 파기 시대임을 알라.** 미국은 이미 결혼한 모든 사람의 60%가 이혼한다는 통계이다.19) 자녀들은 부부의 이혼으로 가장 혹독한 타격을 받는다. 진정한 교회성장은 이 관계에 대한 깊은 이해가 필요하다.

5) **사회와 문화에 대한 깊은 이해가 필요하다.** 대부분의 교회들

이 사회와 무관계, 무감각하다. 언어, 방법론, 음악, 조직, 설교내용 등이 대부분의 사람들이 살고 있는 세계를 반영하지 못하고 있다.

한국교회는 여러 가지 전도방법을 사용하고 있다. 전도는 예수 그리스도를 구주로 영접하도록 말로 전해야 한다. 지역, 지도자, 환경, 학력 등에 따라 전도 방법은 다양 할 수 있다. 이 일을 위해 사용하는 방법들은 태신자 전도운동, 친구 전도, 신바람 전도, 직장을 통한 전도, 연쇄 전도 훈련, 다리 예화 전도법, 외침전도, 전도를 위한 기도 개발, 능력 전도, 생활 전도가 있다.[20] 예를 들어 총동원 전도 같은 경우도 역동적인 예배, 지역사회 봉사, 구체적인 새신자 양육 프로그램 등으로 구성되어야 한다.[21]

4. 효과적인 전도방법

1) 전도를 위한 인격 준비

(1) 친절하고 명랑하게 대하라
(2) 좋은 미소를 지어라
(3) 활발하게 전하라
(4) 예의 바르게 하라
(5) 재치 있게 하라
(6) 정중하나 용기 있게 하라
(7) 서로 공감하게 하라

2) 전도할 때 가져야 할 마음의 자세

(1) 구원받은 그리스도인임을 확신하라
(2) 당신에게 고백하지 않은 죄가 없음을 확신하라
(3) 당신은 성령 충만 받았음을 확신하라
(4) 그리스도에 대한 믿음을 전하기 위하여 준비하라
(5) 기도하며 성령님께 의지하라
(6) 사람들을 찾아 가라
(7) 예수님만 전하라
(8) 결과를 크게 기대하라

3) 전도자가 가져야 할 여섯 가지 목표

(1) 당신을 좋아하도록 노력하라
(2) 상대의 영적 상태를 파악하라
(3) 전도 대상자를 복음의 메세지 앞에 세우라
(4) 할 수 있으면 그 자리에서 결심을 시켜라
(5) 다음 주일 교회에 참석케 하라
(6) 또 방문할 수 있도록 문을 열어 놓고 나오라

4) 예수님이 가르치신 사마리아 전도의 일곱 가지 원리 (요한 4:1-42)

(1) 다른 사람과 사회적인 접촉을 하라(4:1-7)
(2) 공동의 관심사를 조성하라(4:7-8)
(3) 호기심을 불러 일으키라(4:9-12)
(4) 사람의 관심을 만족시킬 수 있는 길이 있음을 제시하라

(4:13-15)

　(5) 자신을 보게 하는 기회를 만들어라(4:16-19)

　(6) 예수님은 주된 논점에서 이탈하지 않으셨다(4:19-26)

　(7) 그리스도에게 직접 대면시켜라(4:19-26)

5. J교회의 전도 사례

J교회는 개척교회 때부터 사람들을 인도하는 방법들을 단계적으로 교육하고 있다. 성령의 능력을 바탕으로 하고 교회성장의 3가지 요소를 전도, 설교와 사랑으로 정하고 있다. 교인들을 마지막까지 붙들고 있는 힘은 사랑이다. 교인들은 사랑 때문에 교회를 떠나지 않는다. 그런데 교회가 사람을 사랑하려면 일단 사람들이 교회에 나와야 한다. 교인들이 교회에 나와서 계속 있게 하기 위한 것은 설교이다. 설교에 은혜를 주어야 사람들이 오고, 와야 그들을 사랑할 수 있다. 그리고 설교를 듣게 하려면 사람들을 교회에 인도해야 하는데 그것이 전도이다.

1) 축호전도

축호전도는 기본적인 전도방법이며 무식한 것 같으나 좋은 방법이다. 축호전도 할 때는 노트에 아파트의 층수를 그려 가지고 다니면서 교인들을 전도훈련 시킨 후 무조건 내보낸다. 훈련이 되어 있으면 좋겠지만 안 되어 있어도 내보내면 최소한 전도가 어렵다는 것은 알게 되고 교회에 나오는 새신자들을 붙잡아야겠다는 생각을 한다.

전도를 가서 문을 여는 방법은 여러 가지가 있다. 초인종을 누르고 교회에서 왔다든지 하나님의 축복을 드리려 왔다고 하는 방법이다. 아파트 문을 열기가 매우 어렵다는 것을 알게 된다. 처음에는 핍박을 많이 당할 수 있음을 각오해야 한다. 비교적 좋은 방법은 같은 아파트 단지이며 이웃에서 왔다고 하는 방법도 좋은 방법이다. 반상회에서 만날 수 있기에 좀 더 부드러울 수 있다. 약 10%가 반응을 한다. 토요일 오후인 경우는 30%가 집에 있을 수 있다. 처음에는 500가정을 방문하여 1가정을 결신 시킬 수 있다. 조금 지나면 100가정에서 한 가정이 나오기 시작하고, 가속도가 붙게 된다.

단독 주택들은 큰 지도를 사다가 붙여 놓고 번지를 쓰고, 1층 2층 등과 같이 분류해서 방문한다.

2) 노방전도

이 전도 방법은 외치기만 실컷 외치고 효과는 별로 없다. 그러나 이 방법도 좋은 점이 있다. 신학생들은 이 방법을 철저히 훈련받아야 한다. 노방전도를 많이 하다보면 부흥사가 될 가능성이 있다. 담임목사는 자기 교회의 부흥회는 자기가 인도할 수 있어야 한다.

노방전도는 성령의 역사를 실감하는 시간이 된다. 복음을 확실 있게 전하다보면, 성령의 임재를 느끼고 불타는 성령의 열정을 가지게 된다. 우리는 알 수 없으나 하나님이 꼭 필요한 자에게 복음을 전하고, 용기를 주고, 새롭게 믿음생활을 하게 할 수 있다. 시간과 장소를 잘 선정하고 예의 바르게 전해야 한다. 팀을 이루다 보면 다양하게 복음을 전할 수 있고 전대를 조직하고 운영하는 능동적인 일꾼이 될 수 있다.

3) 행사를 통한 전도

이 전도방법은 경로잔치나 체육행사에 왔다가 초청하는 경우이다. 한 번 교회에 오는 것이 어렵지 행사를 통해 흥미와 공감을 가지게 되면 교회에 발을 들여 놓는다.

4) 총동원 주일

이것은 행사전도와 비슷하다. 주안장로교회의 경우에는 이 전도방법을 잘 활용하여 10만 명의 사람들이 모인다. 이 전도 방법은 태신자 초청방법을 접목하여 지속적으로 관리를 해야 한다.

5) 일대일 초청전도

교회의 특별한 행사를 택하든지 계절을 택하든지 친구나 친척을 초청하는 방법을 활용하는 것이 좋다. 한 달 혹은 40일 정도를 작정하고 카드를 만들어 전도대상자를 위해 기도하고 방문하고 필요를 채워주면서 초청하는 방법이다.

제2장 교회성장과 예배

1. 영성이 살아 있고 영감 있는 예배

예배는 우리의 마음과 뜻, 그리고 몸과 시간 등 우리의 삶 전체를 하나님 앞에 드리는 것이다. 예배는 하나님의 거룩하심에 의하여 양심을 각성시키고, 하나님의 진리로서 지성을 기르는 것이며, 하나님의 아름다움에 의하여 상상력을 맑게 하는 것이고, 하나님의 사랑에 마음을 여는 것이다.

교회에 대한 공격이 어느 시대보다 강한 시점에 와있다. 불건전한 시대사조와 퇴폐적인 물질문명은 사람들을 육체적 쾌락과 세속화로 인도하고 있으며, 교회 내부는 안일과 무기력과 분열이 서서히 고개를 들고 있다. 도시교회부터 바르게 예배드리는 성도의 숫자가 현저히 감소하고 있다. 기독교인들은 자기 생각대로 하나님께 예배하는 것이 아니라, 성경 말씀의 진리에 따라 예배해야 한다. 예수님은 신령과 진정으로 하나님께 드리는 것이 참된 예배라고 말씀하셨다.[22]

전도하는데 변화가 일어난 것과 마찬가지로 예배에서도 변화와 그에 따른 고통이 불가피하다. 불신자들을 교회에 오게 하는데 따른 음악의 형태, 예배 시간, 예배 요일, 예배 방법과 순서 양식 등이 변할 수 있다. 비신자들을 교회에 오게 하기 위해 그들이 교회에 출석하지 않는 이유를 조사하였다.23) 비신자들의 대답은 다음과 같다.

(1) 교회들은 항상 돈을 요구하고 있다. (2) 교회 예배의식은 지루하다. (3) 교회 예배식들은 예전적이고 반복적이다. (4) 설교들은 실제적인 일상생활과 동떨어져 있다. (5) 목사는 나에게 죄책감과 무지를 느끼게 하고, 나는 내가 교회에 들어갈 때보다 교회를 나쁘게 느낀 채 떠난다.

위의 내용을 다른 말로 말하면, 비신자들은 예배의식이 저희들이 출석하는 교회의 가장 큰 장애물이라고 말한다. 비신자에게는 교회의 어떤 조직보다 예배에 참석함으로 변화를 받게 된다. 때에 따라 어떤 형태의 예배들을 도입할 까는 깊이 생각하며 이루어져야 할 일이다.

레이너는 예배에서 유의해야 할 6가지를 지적한다.24) 예배의 질, 분위기, 새신자 환영, 음악, 다양성과 계획성 그리고 설교이다.

화이트는 성장하는 교회의 설교의 7가지 특성을 밝힌다.25) (a)설교에서 설교의 목표를 분명히 한다. (b)성경적이다. (c)실천적이다. (d)삶과 상관적이다. (e)흥미 있고, 즐겁다. (f)이해하도록 단순하다. (g)설교가 긍정적이고 고무적이다.

2. 현대교회의 네 가지 예배 형태

1) 모든 교인들의 기호에 맞춘 조화된 예배

예배는 하나님을 찬양하고 경배하는 것이다. 그럼에도 교인들은 자신이 원하는 예배가 되어야 하고 모든 교인들에게 만족을 주는 예배가 되어야 한다. 이제는 예배가 자신이 원하는 것이 되어야 한다는 것으로 교회 문화가 변형되어 가고 있다.

2) 새신자들에게 친절을 베푸는 예배

전통적인 예배를 드리면서도 구도자들이 이해할 수 있는 방법으로 예배를 드리는 것이다. 예를 들면, 성경과 찬송가를 비치하고 주기도문을 주보에 기록하여 보고 할 수 있도록 하는 경우이다.

3) 구도자들이 함께 참여하는 예배

풍성한 찬양이 있는 예배이다. 예배에는 전통적인 형식이나 예배 음악보다는 구도자의 눈높이에 맞게 교회 음악과 메시지를 전하는 것이다. 또한 성경을 중심으로 설교하고 기존 신자와 불신자들이 모두 함께 축제적인 예배를 드린다.

4) 공연 중심의 구도자 예배

오직 불신자들을 위한 구도자 예배이다. 여기에서는 기독교의 기본적인 복음만을 제시하고, 한 예배에서 신자와 불신자들의 필요를 동시에 충족시킬 수 없기에 불신자를 중심한 예배이다.

이동원 목사는 그의 책「비전의 신을 신고 걷는다」에서 오늘날 예배의 갱신을 강조하고 있는데 1)청중 참여 강조 2)축제적 분위기 강조 3)공동체적 나눔 강조, 4)찬양 사역 5)예배표현의 다양화를 강조하고 있다. 그리고 예배 갱신의 방향으로는 1)성경적 2)현대적 3)교육적 4)점진적 방향을 제시하고 실천하고 있다.

3. G교회의 예배와 성장

G교회는 A성전과 B성전에서 동시에 예배하고 있으며, 두 개의 성전은 분리된 각각의 교회가 아니라 "하나의 교회-두개의 성전"개념으로 운영되고 있다.

방법은 주일 예배를 두 성전을 교대로 오가시며, 말씀을 전하고 동시 영상 예배를 운용하는 것이 특징이라 하겠다.

1) 주일성인예배

1부예배: 현대인들의 메말라진 영성을 촉촉이 적셔줄 새벽 관상형 예배(Worship). 새벽 이른 시간, 관상기도와 관상찬양을 통해 영성을 회복하는 예배로 초대	주일예배	주일 06:15	본당 (8층)
2부예배	주일예배	주일 08:00	본당 (8층)
3부예배	주일예배	주일 10:00	본당 (8층)
4부예배: 청각 장애인을 위한 수화통역이 있음	주일예배	주일 12:00	본당 (8층)
5부예배: 현대 음악을 통한 찬양과 예배 사역을 통해 온 교우들이 하나님의 임재를 경험할 수 있도록 구성된 예배 형태	가족 경배와 찬양	주일 14:00	본당 (8층)
6부예배: 청년 경배와 찬양 예배를 통해 청년들의 열정이 회복되며 하나님의 사역자로 함께 서가기를 소원함	청년경배와 찬양 (분당)	주일 16:00	본당

2) 경배와 찬양 사역

G교회는 창립이후로 한국적 전통예배와는 차별화 된 모습 즉, 과감히 현대 '경배와 찬양' 곡을 예배모임 중에 사용했으며 또한 여러 세대를 통해 감동을 전해준 전통적인 찬송가와 균형을 이루기 위해 노력해오고 있다.

경배와 찬양 사역은 우리의 예배 가운데 하나님의 강한 임재와 하나님과의 사귐과 자유를 체험하게 하였으며, 단순한 예배가 생명력 있고 풍성한 예배가 되게 한다. 또한 우리 안에 새로운 정직함과 하나님에 대한 개념을 넓게 만들어 주었고 우리의 사랑과 기쁨의 감정을 자유롭게 표현하도록 가르쳤다. 무엇보다 자아와 필요가 중심이 된 우리를 하나님 중심의 예배와 삶이 되게 하였고 형식적인 예배를 적극적으로 참여하게 만들어 긍정적이며 교우들의 개인적인 관계에도 주목할 만한 효과를 가져왔다.

현재 경배와 찬양 사역팀에는 장년 경배와 찬양을 중심으로 청장년 경배와 찬양 팀이 부서를 제외하고 총7개 팀이 운영되고 있으며 주일과 수요 그리고 금요 기도회를 위해서는 각각 현대음악을 자유스럽게 연주할 수 있는 밴드가 구성되어 있다.

또한 각 부서의 경배와 찬양을 인도하는 10여명의 전담사역자(예배인도자)를 포함하여 경배와 찬양 사역 팀에는 3-4명의 뮤직디렉터와 20여명의 현대음악 연주자가 전임 혹은 파트로 사역하고 있다.

G교회의 주일 예배 중 오후에 진행되는 예배는 경배와 찬양 사역팀이 인도하는 가족과 젊은이들을 위한 경배와 찬양 모임이다. 또한 주중 수요예배, 금요 심야 기도회 등 주중 공식적인 예배와 집회의

대부분을 경배와 찬양 사역팀의 인도로 진행되고 있다. 이러한 경배와 찬양사역팀은 국내외의 다양한 기관을 지원하고 선교하는 찬양선교 사역을 담당하기도 한다.

3) 음악팀

음악사역은 찬양대와 오케스트라를 중심으로 예배의 찬양과 교회 내/외 각종 행사의 특별찬양을 담당하며 이를 통하여 하나님께 영광을 돌리고 성도들과 이웃에게 주님의 복음을 전하는 귀한 사역이다.

G교회는 주능력, 주섬김, 주사랑, 주향한, 주영광, 주은혜 등 6개의 찬양대가 있으며 비전 오케스트라와 관악 앙상블이 이들 찬양대와 함께 아름답고 은혜로운 연주로 예배를 섬기고 있다.

또한 정규 찬양대와는 별도로 비전코랄과 은혜로 중창단 등의 합창 및 중창단이 구성되어 교회내의 행사 및 각종 찬양합창제에 참여하고 있으며 찬양을 통한 신앙성장과 함께 G교회의 찬양음악 수준을 내외에 알리고 있다.

G교회 찬양대의 특징은 찬양대와 기악의 다양한 구성을 통하여 각 찬양대별로 차별화된 음악으로 찬양을 드리고 있는 점에 있다.

찬양대와 오케스트라가 연합하여 드리는 장엄하고 규모 있는 찬양, 찬양대와 관악앙상블이 결합된 역동적인 찬양, 그리고 찬양대와 피아노가 함께하는 아름답고 절제된 하모니의 다양한 찬양이 매주 드려지고 있다. 이러한 찬양대를 통하여 매주일 예배찬양과 절기별 칸타타, 송년음악회에서 대할 수 있는 수준 있는 합창은 G교회의 자랑이다.

G교회는 요일별, 예배 종류별, 연령별 예배의 특성을 고려하여, 새로운 예배, 혼합예배를 적용하고 있으며, 앞에서 언급한 현대 교회의 네 가지 예배의 형태를 적절하게 반영하고 있다하겠다. 물론 예배의 네 가지 근본요소인 하나님의 말씀, 성례전, 기도, 공동체의 교제에 충실하고 있다. 이 동원 목사님의 설교 말씀은 자타가 공인하는 위치에 있으며, 공동체의 교제 또한 Cell예배와 조직을 통하여 탄탄한 교제가 이루어지고 있다.

톰 레이너(Thom Rainer)는 미국에 있는 많은 교회들을 대상으로 다방면의 오랜 연구 끝에 "예배 형태가 교회 성장에 영향을 주지 않으며, 예배 스타일(style)은 회중들의 문화에 적응해야 한다."26)고 역설하였다. 예배에서 회중들이 하나님 앞에 마음의 문을 열고 전심으로 하나님을 예배할 때 성령이 임재 하며 결국 교회는 부흥하게 된다.

4. O교회의 열린예배

O교회는 열린 예배를 이미 오래전부터 드리고 있다. O교회의 열린 예배에서 실시하고 있는 예배의 구체적인 목적과 구체적 방식 등은 다음과 같다.

1) 열린예배의 배경

성경 전체에 흐르는 주제는 잃어버린 탕자를 찾아오시는 사랑의 하나님의 마음이다. 하나님은 인간이 되어서라도 잃어버린 영혼을 만나고 싶어 하신다. 예수님이 성육신되신 것보다 더한 드라마, 그보다 더한 입체적 영상 효과 음악이 없다. 모세에게 불타는 떨기나

무로 나타나시고 에스겔에게 마른 뼈가 가득 찬 골짜기의 환상을 보여 주어 하나님 자신이 시범으로 열린 예배를 보여주신다. 구도자 예배는 잃어버린 영혼을 어떻게든 전도해 보려는 집나간 탕자를 기다리는 하나님 아버지의 마음을 갖는 데서부터 시작되었다 예배를 준비하는 자는 일단 하나님의 마음을 아는 데서부터 시작해야 한다.

  세상에 젖어 더러워진 인간의 영을 닦아낸다는 말을 좀 다르게 표현해 보면 세상의 문화에, 익숙해져 있는 사람들의 관점을 충분히 배려하는 것이다. 이것은 죄와 타협하자는 것이 아니라 예수께서 베들레헴으로 내려오셨듯 우리도 잃어버린 영혼들이 몸담고 있는 세상으로 한 걸음 들어서서 세상의 언어로 하나님의 진리를 전달하자는 것이다. 아직 하늘의 언어를 알아들을 수 없는 그들의 상태를 이해해 준다는 것이다. 항상 강한 자가 약한 자의 입장에서 배운 자가 못 배운 자의 입장에서 접근해 줘야 일이 된다. 유치원 선생님은 심오한 진리들을 아이들이 알아듣는 한 언어로 전달한다. 예수님도 그러셨다. 열린 예배에서 파격적일 정도의 음악 스타일과 드라마 영상 효과, 구도자들을 위한 설교를 쓰는 것은 바로 이런 까닭이다. 교회에서 예수 안 믿는 사람들을 죄인, 불신자라고 하지 않고 구도자라고 부르는 데는 그들 나름대로의 아주 깊은 배려가 담겨 있다. 모든 인간의 가슴 속에 하나님이 만들어 놓으신 영적 갈구를 인정하는 것이다. 기회만 잘 만들어 주면 모두가 하나님을 믿고 싶어 한다고 믿는 것이다. 이런 적극적이고 사려 깊은 사고방식은 그들의 구도자 예배와 사역 전체에 엄청난 방향 전환을 가져왔다. 우리가 붙인 열린 예배라는 타이틀도 좋다. 어떤 사람에게도 열려 있는 스타일의 예배라는 의미를 주기도 하고 하나님의 품은 언제든 열려 있다는 의미를 주기 때문이다.

2) 열린 예배의 비전
(1) 구도자들 및 전통 교회 예배에 대한 거부감을 갖고 있는 사람들에게 하나님을 만날 수 있는 장르를 제공한다.
(2) 예술 문화의 탁월성을 교회 예배로 끌어들여 예배 내용을 다양하고 높은 수준의 차원으로 높이는 통로가 된다.
(3) 인터넷을 비롯한 영상 매개체를 통해 새로운 예배 형태를 국내외 교회들에게 소개한다.
(4) 열린예배를 섬기는 여러 팀들을 더욱 번식시켜서 여러 지교회들에도 열린예배가 개설될 수 있도록 돕는다.

3) 열린예배 운영의 핵심 가치
(1) 창조성과 다양성
(2) 기획
(3) 탁월함
(4) 평가
(5) 과정
(6) 공동체
(7) 지도력
(8) 균형 잡힌 삶과 영혼

5. C교회의 3부 열린 예배

C교회에서 3부 열린 예배를 계획하고 지난 ( )월 ( )일부터 주일 아침 8시 1부 예배, 11시 2부 예배 후에 3시에 3부 열린 예배를 이끌고 있다. C교회는 최근 크게 부흥하고 있다. 주일 낮 예배 인원은 300명을 넘었고 많은 새신자들이 매주 오고 있다. 이러한 가운데 예배의 매너리즘에 빠져있는 젊은이들을 위해 그리고 새신자들을 위한 열린 예배가 필요하다고 생각하고 지난 ( )월부터 5개월간 3부 열린 예배를 계획하고 준비해왔다. 예배 팀을 구성하고 열린 예배를 어떻게 진행할 것인가, 어떤 프로그램들을 할 것인가? 등 여러 가지 준비과정을 거쳐 드디어 ( )월 ( )일에 열린 예배가 탄생하였다. 3부 열린 예배의 차별성은 마음껏 뛰면서 찬양할 수 있는 예배, 영상을 활용한 예배, 연주 등을 통한 은혜의 나눔이 있는 예배, 그리고 침례교적인 예배를 모티브로 한 것이었다. 준비를 오래 한 탓에 예배팀은 20명이나 되었지만 아직 예배자들은 많진 않다. 하지만 그 안에서 간증영상, 클래식을 통한 찬양 연주, 판소리, 뜨거운 찬양, 자유로운 복장과 예배 분위기 등을 준비하고 시행하고 있고 이러한 프로그램들을 통해 하나님께 더욱 자연스럽게 나가고 눈물로 예배드리는 예배자들이 늘어나고 있다. 기복은 있지만 처음 예배팀보다 적던 예배자들이 2달 만에 70명이 되어가고 있다. 처음 어려움을 겪었던 것은 예배에 대한 교육이 부족했다는 것이었다. 그래서 예배란 무엇인가? 왜 예배해야 하는가? 우리가 왜 열린 예배를 준비하고 드리고 있는가? 에 대하여 2주에 걸쳐 성경을 바탕으로 설교하고 가르쳤다. 새신자들이 3부 열린예배에 와서 말씀을 듣고 틀

에 박히지 않은 예배를 드림으로 하나님께 더 쉽게 나가는 모습들을 보면서 열린예배의 장점과 필요성을 더욱 절실히 느끼고 있다.

이 열린 예배를 사모하고 뜨거운 예배자들이 늘어남을 보면서 이것이 앞으로 예배의 회복과 교회의 부흥을 이끌 수 있는 중요한 방법이라는 생각을 더욱 확신하게 되었다. 그리고 앞으로 목회를 해 나감에 있어서 살아있는 예배를 드리는 것을 최우선으로 생각하고 열린 예배를 통하여 하나님을 신령과 진정으로 예배할 수 있도록 하여 교회의 부흥을 이끌어 나가야한다.

복음은 누구에게나 쉽게 다가갈 수 있어야 하며 실제적으로 그 사람의 삶을 어루만지고 변화 시킬 수 있어야 한다. 예배가 삶과 분리 되어서는 안 되고 온전한 예배를 드릴 수 있도록 교회는 끊임없이 노력해야 한다.

제3장 교회성장과 교육

　교회학교 교육은 장년부 뿐만 아니라 유년부에 이르기 까지 교회의 전도와 성장과 성숙과 사역에 지대한 영향을 미친다. 교회교육은 전도의 팔이며, 성장의 발이고, 평신도 사역자가 되기 위한 머리며 심장이다. 교회가 제자 삼는 교회가 되려면 교육과 훈련이 필요하다.

　교회교육의 목적은 영혼의 구원과 삶의 변화에 있고, 교육은 질적이며 양적인 내용을 포함한다. 따라서 교회교육은 사랑의 수고와 소망의 인내와 믿음의 역사가 없이는 불가능하다.[27]

　지금 한국교회는 교회교육의 위기를 맞고 있다. 특히 어린이와 청소년 교육의 위기가 있으며, 교회는 21세기 교육의 위기를 극복해서 유럽의 교회 같은 치명적인 과오를 범해서는 안 된다.

1. 교인들을 위한 교육

1) 일반적인 교과 과정

　(1) 새신자 면담
　(2) 새신자 일대일 양육(6주 과정. 기초적인 성경공부)
　(3) 신, 구약 성경개관(4개월 과정으로 성경연구 프로그램)

(4) 크로스웨이(24주과정.. 구속사연구)
(5) 교사대학
(6) 기타교육

2) 제자훈련

일반 교육과정을 일부 수료한 교인들 중에 선택하는 과정이다. 제자훈련은 기본 제자훈련과 지도자 제자훈련으로 나눌 수 있다. 이 과정은 자원하여 선발한 교인들로 이루어지며 지도자 과정이다.

이 과정에 최선의 삶(18주), 하나님을 경험하는 삶(13주), 예수님짜리(12주), 연쇄전도훈련(13주) 등이 있다.

2. S교회의 주일학교를 통한 교회성장

S교회는 교회교육의 제자사역과 함께 각 분야별로 전문화가 되어 있다. 그러므로 주일학교의 교육이 탁월하고 제자교육 프로그램뿐만 아니라 교육 비전, 목표가 선명하고 분명하다.

S교회의 각 프로그램과 비전의 방향을 살펴보고, 학생부 프로그램을 볼 때 현재 자신의 교회에 부족한 부분을 발견하리라 생각한다.

1) S교회 소개와 비전

하나님이 자기 뜻을 따라 세우신 것이 바로 지상교회이다. 그렇기에 우리는 하나님이 기뻐하시는 교회를 이루고 하나님이 교회에 맡기신 사명을 충성되게 감당해야 할 책임이 있다.

예수를 믿고 그리스도의 몸 된 교회의 지체가 된 자라면 누구든지 예수님의 증인이 되어야 하고 예수님처럼 섬기는 자가 되어야 한다. 그러나 이와 같은 것은 절대 저절로 이루어 지지 않고 훈련을 통해 만들어 진다. 사랑의 교회는 제자훈련을 통해 교회의 본질과 소명을 일깨우고 그리스도의 인격과 사역을 닮아갈 수 있도록 하고 있다.

교회가 세상에 흩어져서 할 수 있는 일은 무엇일까?

말과 행동으로 그리스도의 증인이 되고 사랑으로 희생하고 봉사하는 종이 되는 것이다. 이 모든 것들을 예수 그리스도의 제자로서 이 세상에 보냄 받아 그의 증인이 되고 종이 되어야 하는 교회의 사도적 소명을 완수하는 것이다.

2) 21세기 S교회 비전

- 평신도를 동역자로 세우는 교회
  S교회는 제자훈련을 통해 평신도를 일깨워 그리스도의 사역을 계승하는 진정한 동역자로 세우는 교회를 지향한다.
- 지역사회를 책임지는 교회
  S교회는 지역사회의 제반 필요를 긴밀하게 채우고 지역사회 구성원들에게 그리스도의 모범을 보인다.
- 다음세대를 준비하는 교회
  S교회는 주님의 자녀들을 말씀과 기도로 양육하며 미래 사회의 주인공으로 세상과 교회에 파송할 것이다.
- 끊임없이 갱신되는 교회
  S 교회는 끊임없는 갱신을 통해 교회의 본질을 회복하고 사도적 소명을 완수하는 교회를 지향할 것이다.

3) 사역 철학 (중등부)

- 교육내용에 관한 철학

> 하나님은 자신을 계시하시는데 있어서 특별계시(성경)와 일반계시(자연)를 사용하셨다. 그러므로 모든 교육활동에 있어서는 성경의 모든 내용과 일반계시 곧 자연속에서 발견되는 모든 진리가 교육의 내용으로 사용된다. 이것은 성경을 배우고 가르치는 일의 일차적 자료로 사용하므로 모든 진리를 평가하는 기준으로 삼지만 또 배운 것을 성경의 조명을 통해 비판하며 교육활동에 이용할 수 있음을 의미한다.

- 교육 목표

> 어린이나 청소년들의 구원은 발달과정 속에서 점진적으로 되어지는 일이지만, 순간적 은혜의 사건을 통해서도 되어진다. 그들은 영적 생명을 얻은 후에도 그리스도 안에서 계속 성장해야만 한다. 성장의 궁극적 목표는 균형잡힌 그리스도인이 되는 것이다. 이것은 곧 하나님(예수 그리스도)을 인격적으로 알고 그분과 교제하여 사랑할 뿐만 아니라, 그 사랑을 느끼고 간직하며 그분의 말씀을 적극적으로 순종하여 삶의 열매를 나타내는 것을 의미한다.

- 교육에 있어서 성령의 역할

> 모든 그리스도인은 하나의 지체로서 유기체인 그리스도의 몸에 속한 자이기 때문에 다른 지체를 돌보아야 할 의무를 가진다. 그러므로 가르치는 자는 다른 지체를 돌보는 책임감을 가지고 자원하는 마음으로 어린이나 청소년을 섬겨야 한다. 이를 위해 가르치는 자는 배우는 자의 위치에서 그의 발달 단계를 잘 인지하고 그의 필요를 중심으로 돕는 '섬기는 지도력'을 발휘해야 한다. 모든 교육활동에 있어서 성령의 역할은 지대하다. 그러므로 교육활동에 참가하는 자들은 성령의 역할을 기다리며 겸허함과 진실함으로 섬기되 늘 성령을 의존하며 그분의 역동적인 사역을 위해 기도해야 한다.

예배안내

	예 배 시 간	장 소
1부	주일오전 10시 00분	소망관 402호
2부	주일오전 12시 00분	소망관 402호

중등부 예배 프로그램소개

구분	1주	2주	3주	4주
내용	전통예배	주제제기 영상	주제제기 드라마	특별한 행사 예배
예배 시나리오	찬양 광고 환영 기도 말씀 헌금 주기도문	찬양 광고 환영 기도 주제제기 영상 말씀 헌금 주기도문	찬양 광고 환영 기도 주제제기 드라마 말씀 헌금 주기도문	찬양 광고 환영 기도 말씀 찬양 게스트 주기도문

다양하게 드려지는 예배

S교회 주일학교 예배의 공통적인 특징은 사회자가 없다는 것이다. 전체 예배진행이 사회자 없이 매끄럽고 군더더기 없이 흐르고 있다. 그러면서도 매주 조금은 다른 예배의 형식이 신선함을 제공해준다.

첫째주 예배는 사회자가 없는 것 외에는 기존의 전통예배의 모습과 흡사하다.

위의 시나리오를 보면 금방 알 수 있듯이 찬양인도자가 사도신경으로 시작하여 찬양으로 마음을 열고 하나님을 찬양하며 이어 광고가 있은 후 새친구 환영과 선물 증정이 있다.

환영이 끝나면 대표자가 나와 예배를 위한 기도를 하고 교역자의 말씀이 있다.

말씀 후 헌금송과 함께 헌금시간을 가진 후 곧바로 주기도문으로 1부 예배가 끝난다. 이어서 곧바로 분반공부가 시작된다.

둘째주 예배는 사회자가 없이 예배가 진행된다.

찬양인도자가 사도신경으로 시작하여 찬양으로 마음을 열고 하나님을 찬양하며

이어 광고가 있은 후 새 친구 환영과 선물 증정이 있다.

환영이 끝나면 대표자가 나와 예배를 위한 기도를 하고 설교의 서론부분을 주제제기 영상으로 제작하여 보여준다.

그 뒤 곧바로 교역자의 말씀이 있습니다. 말씀 후 헌금송과 함께 헌금시간을 가진 후

곧바로 주기도문으로 1부 예배가 끝난다. 이어서 곧바로 분반공부가 시작된다.

셋째주 예배는 사회자가 없이 예배가 진행된다.

찬양인도자가 사도신경으로 시작하여 찬양으로 마음을 열고 하나님을 찬양하며 이어 광고가 있은 후 새 친구 환영과 선물 증정이 있다.

환영이 끝나면 대표자가 나와 예배를 위한 기도를 하고 설교의 서론부분을

주제제기 드라마로 제작하여 보여줍니다. 그 뒤 곧바로 교역자의 말씀이 있다.

말씀 후 헌금송과 함께 헌금시간을 가진 후 곧바로 주기도문으로 1부 예배가 끝난다. 이어서 곧바로 분반공부가 시작된다.

넷째주 예배는 마지막주는 아주 특별한 행사 예배로 드려지므로 예배실행스텝의 기획으로 월마다 다른 내용으로 디자인된다.

일반적으로 찬양인도자가 짧은 기도로 시작하여 찬양으로 마음을 열고 하나님을 찬양하며

이어 광고가 있은 후 새 친구 환영과 선물 증정, 생일친구 축하가 있다.

환영이 끝나면 대표자가 나와 예배를 위한 기도를 하고 교역자의 말씀이 있다.

말씀 후 헌금송과 함께 헌금시간을 가진 후 곧바로 주기도문으로 1부 예배가 끝난다.

마지막주에는 특별한 형식에 구애를 받지 않는 방식으로 드려지는 예배이므로 위의 순서의 틀을 뛰어 넘는 경우가 더 많다.

행사 예배가 끝난 후 곧바로 분반공부가 시작된다.

청소년 부서 교사의 사명은 청소년들이 영생을 얻고, 그리스도 안에서 계속 성장하여 균형잡힌 그리스도인이 되도록 돕는 것이다. 이 사명을 충실히 수행하기 위하여 우리는 먼저 소명자로서 우리 자신이 하나님을 알고 그분의 뜻에 순종하는 일에 최선을 다한다. 우리

는 청소년들의 친구로서 그들의 곁에 다가가 필요를 살피며 그들의 눈높이에서 섬기는 일에 최선을 다한다. 우리는 청소년들을 바른길로 인도하는 안내자로서 모든 가르침에 있어서 충실한 준비로 임하며 그들이 하나님을 알고 순종하도록 하는 일에 최선을 다한다.

교사의 역할
(1) 소명자로서의 역할 (2) 친구로서의 역할 (3) 안내자로서의 역할

교사의 역할	요구되는 역량	
소명자로서의 역할 →	기본적자질	○ 하나님과의 바른 관계 ○ 열정 ○ 공동체 의식
친구로서의 역할 →	친구로서의 자질	○ 섬기는 자세 ○ 관계형성 능력 ○ 반 활성화 능력 ○ 상담능력
안내자로서의 역할 →	안내자로서의 자질	○ 성경적 가치관 ○ 학습촉진 능력 ○ 동기 부여 능력

* 효과적인 교사의 행동 특성

교사 자신이 말씀과 기도 중심의 경건생활을 충실히 한다.
학생들의 기도제목을 놓고 기도한다.
교사 스스로가 하나님의 은혜를 체험한다.
예배시간 전에 도착하여 예배를 준비 한다.
예배시간에 교사가 마음을 다해 찬양함으로써 예배자의 모범을 보인다.
영혼구원의 간절함을 가지고 전도에 힘쓴다.
이웃사랑을 실천한다.
항상 기뻐하는 삶을 통하여 학생들에게 본을 보인다.

* 실패하는 교사의 행동 특성

> 학생 예배에만 참석하고 다른 예배 활동에 소홀하다.
> 교사직의 우선순위가 낮아서 교사의 역할에 소홀하다.
> 교사의 말과 행동이 다르다.
> 학생들을 위해서 기도하지 않는다.
> 교사가 예배에 지각한다.
> 기도를 지속적으로 가르치지 못한다

* 교사 행동 개발 가이드

> 교사 자신의 큐티를 학생들과 같이 나눈다
> 학생들을 위한 기도수첩을 만들어 기도하며 지속적으로 관리해 나간다.
> 주일예배, 수요예배, 다락방 등의 예배에 참석한다.
> 학생 개개인에게 구원의 확신 여부를 점검한다. 간증의 시간도 마련한다.
> 예배 시간에 은혜에 젖어 찬양함으로 본을 보인다.
> 교사자신이 영적인 공급처를 확보한다. (성경공부, 청년부 모임, 찬양 테이프, 설교테이프 등)
> 학생과 같은 큐티교재로 큐티를 한다.
> 교사 자신의 큐티내용을 고등부 게시판에 올려 함께 나눈다.

3. G교회의 평신도 훈련

새로운 교회의 또 하나의 표지는 선교이다. 그리고 선교에 의하여 교회의 목회가 부분적으로, 교회 밖을 향하게 되는 것이다. 확실히 교회는 그 자체 내의 사람들을 위하여 여러 가지 타당한 목회들을 수행하고 있다. 그러나 더 나아가서 교회는 세계에 봉사하도록 부름을 받은 것이다. 실제로 우리의 '내부적' 목회들이 하나님께서 사회로의 '외부적' 목회를, 즉 선교를 할 수 있도록 우리에게 능력을 주시는 방향으로 계획되어야 한다는 사실은 많은 사람들에게 공감을 주고 있다.

교회의 교육적 사역의 한 부분은 선교의 훈련이다. 그것은 세상 속에서 봉사를 통한 학습, 그리고 하나님을 섬기는 일을 위한 학습을 요구한다. 교회는 그 성격상 그리스도의 화목케 하시는 사역을 수행하도록 부르심을 받은 선교 공동체이다. 보통 성장하지 않는 교회들은 그들의 지역공동체의 전도에 실패한 교회이다. 그들은 아마도 인적 자원이 부족하거나 어설프게 훈련된 교사들이나 직원들을 가지고 있을 것이다. 예수께서 그의 제자들을 교육시킨 상당 부분이 선교에 대한 소개인 것처럼 진정한 기독교 교육은 이 선교적 추진력을 요구한다. 아마도 기독교 교육의 일반적 형태의 가장 큰 약점은 바로 이점일 것이다. 그 형태들은 너무나 자주 내향적으로 이루어져 왔으며 세상으로부터 성도들과 교회를 보호함으로써 그리스도인의 품성과 기독교적 기관들을 개발하는데 관심을 가져왔다.

교회의 교회됨은 모이고 또 흩어지는 변증 속에서 이루어진다. 신앙으로 모이고, 증언으로 흩어지는 과정 속에 부활의 예수는 교회와 세상의 '주'로 고백되고 증언된다. 모여서 그들은 '서로 교제하며,' '떡을 떼며,' 사도의 가르침을 받아(교육과 설교), 기도하기를(예배에) 힘썼다(행4:42). '하나님의 선교' 신학의 변호자들은 한국교회의 소위 '복음주의 교회'들로부터 강하게 모이는 '신앙,' '교제,' '가르침'의 교훈을 외면하지 말아야 할 것이다. 모이는 과정이 없이는 흩어지는 과정도 없기 때문이다.

교육목회는 사람들이 그들의 생활 속에 있는 삶의 의미를 발견하도록 도울 임무가 있다. 삶의 의미를 찾도록 하는 사역은 가르침,

상담, 예배, 파송, 복음전도, 그리고 사회봉사 등에 연관된다. 이 모든 것은 사람들의 삶의 목적을 실현시키는데 기여한다.

신자의 만인제사장직에 대한 강조는 교회로 하여금 봉사, 예배 상호관심, 간증, 그리고 기도 등의 성경적 책무를 수행하는데 꼭 필요하다. 사실상 목회가 제대로 모든 것을 성취할 수 없는 주요한 이유 중의 하나는, 만인제사장에 입각한 평신도 사역자들의 도움이 없어서 너무 허약한 상태에 있기 때문이다. 만인제사장 교리는 평신도가 다른 사람을 가르칠 수 있고 또 가르쳐야만 한다는 사실로 인해 현대 기독교 교육에 필수적인 요소이다. 평신도들이 다른 평신도들을 가르치는 것을 강조하지 않으면 오늘의 기독교 교육은 발전될 수 없다. 기독교 교육의 과제는 결코 전적으로 전문가에게만 일임될 수 없다. 왜냐하면 기독교 교육 프로그램에 대한 모든 전문 인력들을 교회가 고용할 수 없기 때문이다.

평신도들은 하나님 앞에서 세상의 죄악과 아픔을 대변하는 제사장이요, 세계 속에서 하나님의 구원을 선포하고 또 증거 하기 위해서 세상으로 보냄을 받은 그리스도의 제자로서의 소명자요, 받은 은사대로 하나님과 세계를 섬기는 봉사자임에 틀림이 없다. 이와 같은 직무를 수행해야 하는 평신도들의 사역은 평신도 양육을 거쳐서 비로소 가능해질 수 있는 것이다. 따라서 평신도 양육은 필수적인 사역일 뿐 아니라 교회를 성장시키는 지름길이 될 수 있다.

1) 평신도 교육의 방법

평신도 교육의 방법은 창조주 하나님께서 불완전하고 불결한 사람을 완전하고 거룩한 자로 인도하시는 그 방법을 배우고 따르는 것이다. 삼위일체 되신 하나님께서 사람을 인도하시기 위해서 성부 하나님은 설계하시고, 성자 하나님은 땅 위에 오셔서 죽음으로 구속 사업을 이룩하시고, 성령 하나님께서는 감화하셔서 회개하고 믿고 순종케 하신다. 이것을 다르게 표현하면 구속을 이룩하신 하나님의 사랑을 따라 교육하는 방법이다.

교육방법은 각자의 마음에 내재하시고 진리대로 인도하시는 성령의 인도를 따라 하나님의 나라를 위해서 이바지 하도록 하는 방법인데 이것은 개인적 신앙과 자기희생과 선행의 열매를 가져오게 된다.

2) G교회의 교육

(1) 제자훈련의 개념

① 소수 엘리트 양성을 위한 단기 프로그램 지양
② 전인격적 나눔과 성숙의 장인 소그룹 내에서의 상호 섬김과 돌봄
③ 일방적 가르침이 아닌 적용과 나눔 위주의 성경공부를 통한 삶과 인격의 변화
④ 신앙고백과 일상의 삶이 일치하는 참된 그리스도의 제자들을 훈련
⑤ 은사 네트워크와 역할 분담을 통한 모든 사람의 사역자화

(2) G교회의 제자상
   ① 예수 그리스도를 구주와 주님으로 고백한다.
   ② 예수 그리스도의 인격을 닮아 가는 것을 평생의 목표라고 한다[인격적 목표].
   ③ 예수 그리스도의 사역인 하나님 나라 확장을 지상의 과업으로 삼는다.
   ④ 이와 같은 하나님의 나라는 우리들의 가정과 직장, 학원과 사업의 장에서 우선적으로 실현 되어야 한다고 믿고 이를 위해 살아간다.
   ⑤ 그리하여 그의 삶의 자리에서부터 민족복음화에 헌신하며, 동시에 지구촌을 가슴에 품고 살아간다.

(3) 목장교회 사역을 위한 훈련
   ① G교회는 200( )년에 목장교회로 공식 선언했습니다. 교회의 모든 시스템은 목장교회를 지원하기 위해 존재하며, 교육훈련의 초점도 목장교회 사역자를 양성 하는 곳으로 모아졌다.
   ② 그러나 목자가 되기 위해 많은 훈련단계를 두는 순차적 방식을 지양하고, 교인들로 하여금 목장사역에 일찍 헌신하게 하고, 사역하면서 필요에 따라 훈련받을 수 있는 모자이크 방식으로 운영하고 있다.

G 교회 제자훈련 과정

필수과정	사역훈련과정	평신도선교사 훈련과정
정교인 필수과정 - 새생명 - 새가족 - 목장교회생활 제직 필수과정 - 새공동체	목자훈련 - 목장모임 인도법 - 목자의 삶 - 목장교회사역 - 목장교회은사배치 - 목자클리닉 - 교회에서 하경삶 평신도사역훈련 - 새생명인도자 - 새가족인도자 - 전도폭발 - 생명의다리 - 선교폭발/중보기도 - 새가정훈련학교 - 은사발견/상담학교 - 하경삶/관상큐티 - 피스메이커 열린성경대학 - 구속사 - 교리론 - 경건론 - 사역론 - 성경적 리더십 - 성경적 관상	평신도 선교대학과정 - 세상을 변화시키는 그리스도인
정교인필수과정 새생명+새가족+ 목장교회생활 제직필수과정 정교인필수+새 공동체	영구제직필수과정 제직필수+목자의 삶 +성경적 리더십+ 사역봉사	평신도선교사필수과정 영구제직필수+전도폭발 +선교폭발+중보기도 +열린中 1과목 이상 +세상을 변화시키는 그리스도인

(4) G교회의 평신도 선교사

G교회의 존재 이유를 증언하는 두 가지 단어가 있다면 '치유와 변화'(healing and change)이다. 교회의 비전은 민족을 치유하고 세상을 변화시키는 교회가 되고자 하는 것이다. 그러나 이런 비전의 실현은 무엇보다 우리 교회의 지체된 한 사람 한 사람에게 먼저 치유가 경험되어야 하고 그리고 이런 치유의 경험이 우리의 가정, 사업의 장, 직장 등의 영역에서 적용되어야 할 것을 전제로 한다.

우리는 결코 완전한 인생들이 아니다. 우리 모두 상처의 경험을 안고 살아가고 있다. 그러나 우리는 자신의 상처를 안고 평생을 자학하는 인생을 살아가기보다 오히려 나의 상처를 거울로 이웃의 상처를 이해하고 그들의 상처를 보듬어 안고 세상을 바꾸는 자로 살아갈 소명을 받는다.

본 과정은 사실상 G교회 제자훈련 과정의 마지막 완성편이다.

물론 성도들의 편의상 이 과정을 먼저 할 수도 있고 나중에 할 수도 있지만 우리는 결코 이 과정을 피해 갈 수 없다. 그리고 함께 기억하고 싶은 것은 이 과정의 내용은 이 과정을 수료함으로 끝나는 것이 아니라 이 과정을 수료하는 그날부터 평생의 적용이라는 숙제를 부여 받았다는 것이다.

우리의 기대는 이 과정에서 던져진 도전들을 진지하게 마음에 새기고 우리의 삶의 마당으로 나아가 진실로 민족을 치유하고 세상을 변화시키는 상처받은 치유자들을 보고 싶다는 것이다.

이 과정에 자신의 인생을 거는 3,000의 평신도 선교사들이 세워지는 날을 위해 G교회 공동체는 기도하고 있다. 그리고 바로 오늘

당신이 이 세상을 변화시키는 삼천 제자의 한 사람이 되신 것을 축하드린다.

오순절에 성령이 임하시고 삼천 제자가 더해지는 순간 1세기의 세상은 뒤집어지기 시작했다. 그리고 그들은 천하를 어지럽히는 거룩한 변화의 주역들이 된 것이다.

타문화권 선교사 못지않게 우리의 삶의 모든 영역에서 선교사의 마인드로 살아가는 성도들이 이 나라의 정치, 교육, 경제, 문화, 예술, 연예, 의료, 보건, 농업, 무역, 과학, 국제 영역 등으로 침투하여 주님의 지상명령을 수행하는 그 날이 이 과정이 진정으로 완성되는 날이 될 것이다. 그 날을 위해 함께 기도해 주시고 부디 성공적으로 이 과정에 동참해야 한다.

평신도 선교사를 위한 훈련

철저한 성서교육에 입각하여 세계복음화의 이상을 실현하는 교회가 되고자하는 교회의 비전에 근거한 체계적 교육훈련 과정이 다음과 같이 준비되어 있다.

평신도선교사대학 이수과목 - 12과목

- 새생명, 새가족, 새공동체, 목장교회생활, 목자의 삶, 성경적 리더십, 전도폭발, 선교폭발, 중보기도, 사역봉사, 세상을 변화시키는 그리스도인, 열린성경대학 중 1과목 → 평신도 선교사(국내) 파송

세상속의 그리스도인	
내 용	1강 위대한 평신도 선교사 2강 그리스도인의 세상관 3강 가장 중요한 두 개의 선교 현장 4강 가장 중요한 두 개의 선교 명령 5강 성경적 직업관 6강 성경적 재물관 7강 직장 생활의 장애물 뛰어넘기(1) 8강 직장 생활의 장애물 뛰어넘기(2) 9강 스트레스 관리와 안식 지키기 10강 성경적 성공과 사명의 실현
개 강	1월, 5월, 9월 개강

4. HS교회의 교인 양육 교과과정

1) 교육의 내용

HS교회는 5개의 필수과정과 6개의 선택과정으로 총 11개 과목(course)의 성경 공부를 제공한다. 필수과정으로는 생명의 삶, 새로운 삶, 경건의 삶 이상 3개의 그룹(Group) 공부와 매일 영적 성장 가이드, 하나님을 경험하는 삶 이상 2개의 일대일 양육으로 되어 있다.

이 필수과정은 믿음의 기초에서부터 차근 차근 훈련받아 믿음을 굳게 하는데 목표를 둔 것으로 5개의 과정(course)을 다 마치면 정식 목자로 안수 받을 수 있는 자격이 주어지며, 따라서 하나님을 경험하는 삶은 목자의 직분을 앞두고 있는 성도에게만 권하고 있다.

선택과정은 부부의 삶, 부모의 삶, 교사의 삶, 예비 부부의 삶, 제자의 삶, 구약 개관 등 6개의 그룹 공부로 되어있다. 이 선택 과정들은 각 분야에 필요한데로 실제적이면서도 성경적인 훈련을 시켜

주는 과정이며, 특히 부모 교육인 예비 부부의 삶은 담임 목사님 주례하에 결혼을 하기 원하는 쌍들은 반드시 이수해야 한다.

2) 전반적 교육과정

<생명의 삶> (13주)

구원에 대한 확신이 있는지, 지금 죽는다 해도 천국에 갈수 있는지, 신앙의 근본을 바로 잡는 이 과정을 통해 많은 사람이 하나님과의 관계를 분명히 정립하고 있다.

<새로운 삶> (13주)

예수님을 믿어 구원을 얻은 새로운 삶에 맞는 성경적인 가치관을 형성한다.

<경건의 삶> (13주)

기도는 어떻게 하고, 금식은 어떻게 하고, 예배는 어떻게 드리는가 등등 기독교인에게 필수적인 신앙 훈련을 연습해 보며 소그룹이 친밀한 나눔을 통하여 내적치유를 꾀한다.

<하나님을 경험하는 삶> (13주)

사람 중심으로 하나님을 바라보지 않고 하나님 중심에서 과연 그가 나를 통해 하시고자 하는일이 무엇인가를 체험적으로 깨닫는 일대일 훈련이다.

<부부의 삶> (13주)

다른 사람과 나의 삶을 나눌 때에 행복을 느낀다. 나의 삶을 나눌 수 있고 가장 가까운 사람은 나의 배우자이다. 우리는 배우자와 더불어 "나를 알아주고 내가 그를 알아주며, 이해해주고 또 이해 받으

며, 사랑하고 사랑을 받으며, 도와주고 도움을 받기"를 원한다.

그런데 많은 부부가 이러한 친밀한 관계에까지 가지 못한다.

이 성경 공부를 통해서 그러한 단계에 이르는 방법을 배우는 훈련이다.

<부모의 삶> (13주)

아이들을 보다 영적으로 가르치기 위해서는 부모가 먼저 하나님과의 관계가 확실해야 하고, 아이들에게 영적인 본을 보여야 한다.

부모님들은 이 과정을 통해 생활 가운데 자녀를 하나님의 방법으로 훈육하고 가르치는 법을 상세히 배우게 된다.

<교사의 삶> (13주)

어린이를 양육하는 법, 교사로서 가져야 할 사명과 교수 방법을 상세히 배운다. 교사들에게 필수 과정이다.

<예비부부의 삶> (6주)

결혼에 대한 막연한 환상을 없애고, 본인과 상대방, 그리고 결혼에 대한 실제적인 개념을 갖게 하는 훈련이다.

<제자의 삶> (13주)

좀 더 깊은 주제별 성경공부, 매일 성경 읽는 것과 묵상하는 것의 습관화, 매일의 묵상에서 받은 교훈의 생활화, 하나님의 주재권에 대한 인식과 나의 성찰을 이끄는 훈련이다.

3) 기타 교육

A. 하나님을 경험하는 삶: 목자 훈련을 위한 교육
B. 제자교육
C. 예비부부 교육/ 부부교육/ 부모교육

1. 예비부부 교육

목적 : 결혼에 대한 막연한 환상을 없애고, 본인과 상대방을 파악하고, 결혼에 대한 실제적인 개념을 갖게 하여 결혼을 위한 실제적인 준비를 하게함. 또한 결혼 후 예상되는 문제들, 즉 성격 차이, 대화 방법의 차이, 그리고 성생활, 재정 관리, 배우자의 부모를 보는 눈 등을 미리 짚어봄으로써 실제적인 준비를 하게 함.

대상 : 둘 중 한 명은 본 교회 교인이어야 하며, 결혼을 마음에 두고 사귀고 있는 쌍, 교회의 담임 목사님의 주례로 결혼을 하기 원하면 반드시 이수해야 하는 필수 과정이다. 하지만, 담임 목사님 주례가 아니거나 다른 곳에서 결혼을 하는 경우에도 우리 교인들은 결혼 전에 반드시 수강하고 결혼하기를 추천하고, 결혼식에 임박하지 않고 미리 수강하기를 추천한다.

교재 : 매주 나누어 주는 유인물 "나는 할 수 있어 하기 전에" (노만 라이트 지음)에서 발췌한 교재임.

부교재 : 화성에서 온 남자, 금성에서 온 여자 (존 그래이 지음)

〈예비부부의 삶 진도표〉

1주 : 결혼이란 무엇인가?
2주 : 비전과 목표 공유, 역할 분담, 책임, 그리고 의사 결정
3주 : 다른 점 이해하기, 마찰을 극복하기
4주 : 무엇을 기대하는가?, 사랑 결혼의 기초, 어떻게 필요를 채우나?
5주 : 의사소통 방법, 신혼 경제
6주 : 배우자의 가족들, 성 생활

2. 부부 교육

　〈부부의 삶 진도표〉

1주 소개

2주 하나님과의 대화

3주 배우자와의 대화

4주 용서의 훈련

5주 섬김의 훈련

6주 감정 다스리기

7주 듣는 법의 훈련

8주 사랑하기

9주 동의하는 훈련

10주 분노를 다스리는 법

11주 중보의 사역

12주 물질 관리

13주 만족스러운 부부생활

　〈강의 및 토의〉

1. 하나님과의 대화를 증진

2. 부부사이의 대화를 증진

3. 용서하는 법을 훈련

4. 섬기는 법을 훈련

5. 나의 감정을 다스리는 방법의 훈련

6. 듣는 법

7. 사랑하는 방법
8. 분노를 다스리는 방법
9. 가정 경제 문제
10. 서로 충족되는 부부관계

5. 하나님의 말씀을 대하는 다섯 가지 방법

영적 건강을 위해서 하나님의 말씀을 섭취하는데 다섯 가지 방법을 고루 사용해야 한다. 듣기, 읽기, 공부, 암송과 묵상이다. 위의 다섯 가지를 사람의 손에 비유하여 말씀의 손으로 기억하자. 말씀훈련에는 5가지가 균형을 이루어야 한다.

1) 말씀 듣기

1) 자원하는 마음으로 들어라(행13:44)
2) 듣는 것이 마음을 열게 한다(계3:20)
3) 즐거운 마음으로 들어야 한다(막12:37)
4) 듣는 말씀을 나의 삶에 적용하도록 힘써야 한다(마7:24)
5) 배우는 자세로 겸손하게 들어라(눅2:46)

2) 말씀 읽기

1) 하나님의 명령이기 때문이다(딤전4:13)
2) 하나님의 신령한 복이 있기 때문이다(계1:3)
3) 영적 성장에 절대적 요소이기 때문이다(행20:32)
4) 복음의 비밀을 알게 된다(엡6:19)

5) 삶의 양식으로 삼아야 한다(마4:4)

6) 맛있는 음식을 대하듯이 읽어야 한다(렘15:16; 욥23:12)

3) 성경 공부

1) 성경을 최고권위의 하나님의 말씀으로 인정하라(요7:16; 딤후3:15-16; 벧전2:2)

2) 진리 전달의 수단으로 사용하라(요8:31-32)

3) 삶의 지혜를 얻도록 힘쓰라(고전2:13; 딤후2:15)

4) 영적 싸움의 무기로 삼으라(엡6:17; 히4:12)

4) 암송

암송하는 태도

1) 성실하고 근면한 태도로 해야 한다(골3:23; 잠13:4)

2) 기쁨과 즐거움으로 암송을 시작하라(렘15:16)

3) 지속적으로 해야 한다(시119:97; 수1:8)

4) 음미하면서 암송하라(시119:103)

5) 갈급한 심령으로 하라(시42:1)

암송 후에 오는 신령한 복

1) 말씀을 통하여 온전한 인격이 형성된다(눅6:45)

2) 찬양과 감사의 생활을 하게 된다(골3:16)

3) 하나님께 고정된 삶을 살게 된다(골3:1-2)

4) 모든 생활에 인도와 보호하심을 입는다(잠6:20-22; 시

119:105)
5) 죄로부터 승리하는 삶을 살게 한다(시37:31; 시119:9, 11)
6) 순종하는 삶을 발전시킬 수 있다(시40:8)
7) 형통하고 열매 맺는 삶을 살게 한다(잠3:3-4; 시1:1-3)
8) 확신과 능력을 가지고 말씀을 증거 하게 한다(행18:5)
9) 다른 이들에게 효과적인 도움을 줄 수 있다(시119:130; 사50:4)

암송원칙
1) **정확하게 암송하라.** 내용을 이해하고 암송을 해야 하며 정확하게 암송하도록 노력해야 한다. 정확한 것은 기록된 내용을 틀리지 않는 것이며 분명히 전달되도록 해야 한다. 정확한 암송은 큰 힘이 있고 능력이 나타난다.
2) **충분한 이해와 묵상을 하면서 암송하라.** 말씀은 성령께서 조명해 주실 때에 이해가 되며 충분히 알게 될 때에 감동이 있다. 암송하면서 성령님의 지시와 해석에 민감해야 한다. 암송은 기도처럼 묵상을 하면서 외워야 한다.
3) **지속적으로 해야 한다.** 기억에는 한계가 있기에 반복적으로 지속해야 한다. 반복은 암송의 지름길이다.

5) 묵상
묵상은 말씀을 가지고 기도하는 것을 말한다. 기록된 기도문을 읽는 것과 같다. 시편23편은 묵상을 잘 설명하고 있으며, 소가 풀을 먹은 후에 되새김질하는 것처럼 말씀을 기도로 되새김질하는 것이다.

제4장 교회성장과 봉사

교회가 아름답게 성장하려면 교인들이 자기은사를 깨닫고 발굴하여 그에 알맞은 일을 맡아 해야 한다. 성도들이 자기의 은사를 다 알 수 없으나, 교회사역에서 은사를 중심으로 사역하는 것이 더욱 자발적이고 효율적이다. 목회자는 성도들이 무슨 은사가 있는지를 발견하도록 도와주어야 한다.

성장하는 교회는 교회 내의 봉사와 세계 선교와 지역사회에 뿌리내린 봉사 사역이 있는 교회이다. 교회를 개척하여 성장해 나가는 과정을 살펴보면 복음을 받아드리는 수용성의 원리를 부차적으로 생각해야 한다. 우리는 하나님의 교회는 어느 지역, 어느 세대, 어떤 환경 하에서도 필요하며 또한 성장한다는 고백을 가지고 있다. 그러나 어느 나라는 복음의 수용성이 높고, 어느 나라는 어려운 것처럼, 같은 나라 같은 도시도 지역에 따라 복음의 수용적 태도가 다르고, 교회 내에서도 다른 것을 본다.

교회가 성장하려면 호감적인이고 순응적인 사람들을 발견하는 것이다. 첫째로 교회들이 이미 성장하고 있는 곳에서 찾아 볼 수 있다. 이런 지역은 이미 많은 교회가 있음에도 더 많은 사람들이 여전히 아직도 불신자로 복음을 수용할 가능성이 있다. 둘째로 수용의 가능성이 높은 영역은 사람들이 중요한 변화를 겪을 때이다. 즉 사회적 변화, 정치적 변화, 경제적 변화, 심리적 변화, 이 변화를 겪는 그룹은 어떤 그룹보다 변화와 변동의 시기 동안 그리스도의 제자가 되는데 수용적이다. 셋째로 공통적인 일을 하는 사람들과 소외되고, 가난한 사람들이다.28)

1. 교회내의 봉사사역

교회 내의 봉사사역은 먼저 개인신상 카드를 작성하여 개인을 파악하고, 개인의 은사에 따라 봉사할 수 있도록 해야 한다.29) 교회 내에서 봉사 할 수 있는 영역을 주제별로 소개 한다.

1)예배 청지기, 2)예배부, 3)사무행정부, 4)교회행사시 봉사, 5)교육부, 6)새신자 관리부, 7)선교부, 8)노인봉사, 9)특수봉사사역, 10)기도 사역부, 11)가정 사역부, 12)전도부, 13)차량봉사, 14)교회교육관 비품관리, 15)교회교육관 시설물 청소 및 유지에 대한 부서가 있다.

2. 사회봉사

그 동안 한국교회는 사회를 향한 사회봉사 사역을 표현하는 용어에 있어서 혼란을 가지고 있다. 기독교 사회봉사, 기독교 사회운동, 사회사업, 지역사회선교, 교회 사회사업 등의 용어가 사용되고 있다. 이제 교회 안에서 사회봉사라는 용어가 널리 쓰이고 있다.

기독교 사회봉사(diaconia)라는 용어는 그리스도의 말씀과 정신

에 따라서 이웃을 위해 하는 봉사를 말한다.30)

3. SD교회 사회봉사

SD교회의 경우 지역사회의 특성을 파악하기 위해 수많은 종류의 설문지를 작성하여 분석하고 종합하여 지역 특성에 맞는 주제를 설정하였고 분석 된 수요에 맞게 적정한 사역을 통해 봉사하고 있다. 사람이 처해 있는 구체적 사회현실이 곧 선교의 과제로 등장하게 된다. 교회는 세상을 사단적이며 멸망된 곳으로만 생각하고 죄악과 타락에 빠진 개인과 영혼들을 교회로 인도하여 구원해야 된다는 생각만으로는 부족하다. 이제 교회는 사회에 대한 새로운 관계를 회복해야 하며 철저하게 세상 속에 존재하며 세상을 위해 존재할 때 비로소 참된 의미를 찾을 수 있을 것이다.

사회봉사를 통하여 교회의 외적 성장 뿐 만 아니라 교회의 내적 성장을 이룬 SD교회는 지역사회개발교육원을 착안하여 많은 성과와 열매를 거두었고 세미나를 개최할 뿐만 아니라 사회선교사업 시범교회로 선정되기도 하였으며 17년간의 사회선교자료를 책으로 내었다.31)

1) 지역실태

서울특별시 남서쪽에 위치, 한강이남지역으로 서부 지역의 생활권 중심지로서 정치, 금융, 상업, 교통의 중추지역이며 기능적으로 공업기능과 주거 기능이 혼합된 지역이지만 도림교회가 소재한 도림2동은 저소득층, 불량주택 밀집지역으로 경인, 경부선 철도 및 도림천에 접하고 있어 생활환경 개선이 요구되는 지역으로 영등포구에서 가장 열악한 지역이다.

2) 지역사회개발 교육원의 성립

(1) 설립동기: 섬기는 교회로서, 봉사하는 교회로서 지역사회에 대한 관심을 갖고 지역사회 주민에 대한 봉사와 지역사회 발전을 위한 노력을 위해 교회가 해당 지역의 상황에 맞는 형태로 지역사회개발에 참여함으로써 그리스도의 복음을 현실적이고도 구체적으로 전하기 위한 것이다.

(2) 목적: 하나님의 나라를 이 땅에 구현하기 위하여 지역사회 주민에 대한 교육봉사 및 복지사업을 실시하고 이로써 주민 생활을 향상시키고 복음을 더욱 전파하여 지역 주민과 교회가 함께 살아간다.

(3) 방침: 복음을 전하고, 주민들에게 평생교육의 기회를 부여하고, 정신적, 물질적 봉사를 한다. 그리고 교회와 지역사회와의 바른 관계를 도모하고, 온 교회가 직·간접적으로 봉사에 참여토록 한다. 그리고 민주사회 복지국가 건설에 기여토록 한다.

3) 발전과정

(1) 제1기 설립기초단계

기존의 유아원, 장학회, 경로잔치, 지역봉사 위로회 등 지역성에 맞는 사업을 개발하는 것이 초창기 실무자의 과제였다. 초창기의 인원동원의 대다수가 교인이었고 지역민이 참가하기에는 인식의 변화와 홍보의 한계성이 있었다. 그래도 노인회와 부녀회의 도움을 받아 기존 프로그램을 존속시키고 더 발전시키는데 주안점을 두었다. 또 지역민들이 개발원을 교회의 사업으로 인식하고 지역을 위한 프로그램이라는 인식은 갖지 못했다. 이것은 그 만큼 지역민에게 강렬한 인식을 줄 만한 홍보도 프로그램도 미비한 탓이다. 교회보다는 지역성에 더 중점을 둠으로 점진적인 변화를 갖게 된다.

(2) 제2기 확립단계

이때의 가장 큰 변화는 실무자가 평신도에서 교역자로 전환된 점과 당시 정국이 가장 어려운 시류를 타고 있던 점이다. 외부에서 유입된 자원봉사자들 중 다소 이념적이었고 노동운동 계통의 교재를 사용하여 외부적인 압력과 내부적인 갈등으로 야학을 중단하기에 이르렀다. 실무자가 평신도에서 교역자로 바뀐 의미는 고무적이다. 평신도 실무자인 경우 프로그램자체에 중점을 두고 다소 수동적인데 반해 교역자인 경우에는 교인들이 사회선교 인식이 변화에 역점을 두고 능동적으로 대처하게 된다. 사랑의 현장 갖기 운동은 구역활동을 통해 전교인이 참여함으로써 인식의 변화와 함께 다양한 봉사의 영역을 발견케 했다. 이러한 것은 전교인의 사회선교에 대한 의식화 작업으로 초보적 과정이라 볼 수 있다. 프로그램의 질과 양에서도 많은 변화를 가져온 단계이다.

(3) 제3기 확장단계

개발원의 목적에 맞게 수행할 능력이 극대화 되고 한 지역교회로서의 지역사회를 위한 선교작업이 어느 정도 틀을 이루게 되는 시기이다. 이러한 작업은 한 순간에 이루어지는 것이 아니라 거의 10년에 걸친 긴 시간과 많은 시행착오, 교인들의 격려와 기도 그리고 실무자들의 눈물어린 헌신으로 이루어진 결실이다. 현재의 개발원은 전 단계에서 나타나던 갈등 없이 순탄하게 지역성에 맞는 프로그램 개발과 현행 프로그램의 질적인 향상을 위해 노력하고 있다. 이것은 시국의 안정성과 정부의 사회복지사업에의 관심과 같은 외형적인 것과의 연관이 있으며 한국의 각 교회들이 지역사회 선교에 새로운 인식을 가지고 이를 도입하고자 하는 열의와도 무관하지 않다.

4) 사업 및 프로그램 현황

사업 및 프로그램을 설정하는 원칙은 설립 목적과 방침에 부합하다고 인정되는 것으로 지역사회에 필요하고 지역주민들에게 유익이 되는 내용들을 우선적으로 결정한다. 그러기 위해서는 끊임없이 지역주민들의 요구가 무엇인지 살펴야 하며, 지역의 문제에 깊은 관심을 가져야 한다. 사업은 크게 교육사업, 복지사업, 연구사업으로 구분할 수 있으며 구체적인 프로그램은 다음과 같다.

1. 도림어린이집
2. 신용협동조합
3. 소암장학회
4. 노인학교
5. 경로식당
6. 한글학교
7. 시민교육
8. 지역신문
9. 도림도서관
10. 도림공부방
11. 경건절제

이와 같은 사회봉사는 교인 한 사람 한 사람이 지역사회를 향한 교회의 봉사적 사명의 중요성을 인식하게 되었으며 교회 안에 사장되어 있는 인력을 개발할 뿐만 아니라 교인으로서의 자긍심과 자부심을 갖게 되었다. 지역사회 전체를 선교의 장으로 삼고 하나님의 나라가 지역사회 가운데 이루어지도록 한다. 지역사회와 교회사이의 크고 높은 담을 허물고 교회는 저들에게 불편함을 가져다주는 곳이 아니요 편리함과 유익함을 가져다주는 곳으로 변화했다.

4. DJ교회의 불우이웃돕기와 교회 내 어려운 가정과 장애우 사역

구약에서 선민의 존재 이유나 이웃을 책임져야 하는 율법정신이나 선지자들의 외침과 예수님의 정신은 모두 가난한 자, 소외된 자에게 관심과 책임을 가지고 구제하는 것이었다. 이것은 하나님이 기뻐하시는 일이 아닐 수 없다. 이를 실천하고자 하는 DJ교회 교인들은 성경을 통하여 사회봉사의 필요성을 알고 이에 부름 받은 사명자로서 이를 실천하고 있다. 교회는 모든 사람과 연결된 복지 사역으로서 불우 이웃과 장애우와 교회 내 어려운 가정을 돌아보고 사회복지 센터 등을 후원함으로 시대가 요청하는 사명으로서 하나님과 인간이, 신자와 불신자가 함께 영혼과 육체와 생활을 함께 구원하는 통합적 선교의 모습이라고 볼 수 있다. 이를 위하여 경건한 예배와 기도로 성령 충만을 입고 사는 교인들의 영적 성장이 사회봉사를 통한 선한 생활로 이어지는 것은 하나님이 기뻐하시고 역사가 요구하는 신학적 성취라고 볼 수 있다. 기독교는 사회, 경제, 정치적 활동에 예수 그리스도의 정의를 실현할 책임이 있고, 따라서 고통 받고 멸시 받는 자들을 위해 인간성이 넘치는 이웃 사랑으로 가득한 사회 건설을 구현해야 한다. 구세주인 그리스도는 인간을 근원적인 죄에서 해방시키려고 고난 받고 소외된 사람들과 함께 생활하셨고 그것이 공생애의 기초가 되었다.

다음에 소개된 내용들은 그동안 DJ교회에서 계획하고 실천해 오던 활동사항들이며 이를 위해 구체적으로 계획안 사업계획안의 내용들인데 이를 소개하고자 한다.

<단위 : 천 원>

사업 내용	분기별 예산				
	1분기	2분기	3분기	4분기	계
* 사업 목적 불우 이웃과 도움의 손길이 필요한 곳에 구제와 봉사를 통하여 불신자의 영혼구원과 성도들의 교제를 목적으로 한다. * 사업 효과 사랑과 봉사의 손길로 접촉하여 불신자가 스스로 예수님을 영접하여 구원을 얻게 함.					
1. 무료급식(계속)					
매주 토요일 50회*230명*1,500원	4,312	4,312	4,312	4,312	17,248
2. 도배, 장판 무료시공 행사					
도배벽지, 장판 도배사 격려금(20명) 봉사자 조별 간식(10개조*30,000원) 봉사자 중식(70명*1,5000원)		1,400 300 300 105		1,400 300 300 105	2,800 600 600 210
3. 특별강사 초청 강연(년 1회)			1,000		1,000
4. 봉사자 교육(전문기관 위탁)					
10명*20,000원*1회			200		200
5. 선교관 특식제공(어버이날, 성탄절)					
230*1,000원*2회		230		230	460
6. 비품, 소모품					
휴지, 정수기휠터, 청소도구 식기(국대접 100,					

항목	1분기	2분기	3분기	4분기	계
수저, 물컵 외)	500	100	100	100	800
7. 야유회 및 임원수련회					
1) 야유회(1년 1회, 봉사자 전원)					
- 식대 : 120*3,000원					
- 이동비용 : 70,000*3번	1,000				1,000
- 간식 : 120명*2,000원	100				100
- 예비비	500				500
	1,600				1,600
2) 임원수련회(년 1회, 임원전원)					
- 식대 : 18명*5,000원	180				180
- 간식 : 18명*2,000원	36				36
	216				216
8. 벤치마킹(체험, 실습)					
1) 순복음교회 선한목자	1,000				1,000
2) 꽃 동네		500			500
3) 소록도			1,500		1,500
	1,000	500	1,500		3,000
합 계	7,628	7,247	7,112	6,747	28,734

밝은 장애우 위원회 사업계획안

<단위 : 천원>

사업 내용	분기별 예산				
	1분기	2분기	3분기	4분기	계
1. 장애인 전도사업(신규 및 계속) * 사업 목적 장애인들의 영혼 구원 * 사업효과 우리 교회도 장애인들의 영혼구원에 최선을					

다하여 장애우들도 원하면 언제든지 올 수 있고 머물 수 있는 하나님의 집을 만들어 더불어 사는 모습의 표본이 됨. 1) 장애우 가족들을 가족같이 돌봄을 통하여 그들의 어려움을 조금이나마 덜어주고 도움을 준다.					
30,000원(생필품구입 등)*10가정*12월	900	900	900	900	3,600
2) 전도활동비 월 1회 이상 본교 목사님 테이프 및 책을 구입하여 선천 및 중도장애인들에게 복음을 전한다.					
100,000원(테이크 및 책 구입)*3회*12월	900	900	900	900	3,600
	1,800	1,800	1,800	1,800	7,200
2. 장애우 편견 버리기 사업(계속) * 사업 목적 장애인에 대한 편견을 버리고 우리와 동일한 인격체로 각성. *사업 효과 장애인에 대한 편견을 버리고 장애가 결코 남의 일만은 아니라는 생각을 교유들에게 고취시키고, 나도 장애인이 될 수 있다는 마음가짐을 가지고 적극적으로 봉사할 수 있도록 한다. 1) 장애인의 날 행사 장애우의 날을 맞이하여 비록 장애를 가지고 있지만 승리의 삶을 살고 계시는 훌륭하신 강사님의 간증을 들으므로 장애우들 뿐만 아니라 교유들에게도 나도 할 수 있다는 자신감이 들도록 하고, 장애우가 결코 남의 일만은 아니라는 생각을 갖도록 한다.					
① 간증 사례비 300,000*1회		300			300
② 강사접대비 및 간담회비 150,000*1회		150			150
③ 기타 행사준비 자료구입 400,000*1회		400			400
2) 장애우 선교회 헌신예배					
헌신예배를 드림으로 그동안 활동상황과 앞으로의 사업계획들을 교유들에게 알게 하여 온					

교우들이 동참할 수 있어 가족 같은 교회를 만들어 가는데 최선을 다하고자 함.					
예배준비 및 자료구입 3000,000원*1회			300		300
3) 장애우 선교회 수련회(여름, 겨울) 이 사업을 통해 심신을 단련하고 해야 할 일들이 무엇인지 다시금 깨닫게 하는 계기를 만들고자하며 선교회 모든 교우들의 사기를 진작시키고자 함.					
① 교통비 300,000원*2회			300	300	600
② 숙박 및 식비 50,000원*40명*2회		2,000		2,000	4,000
③ 기타 경비 300,000원*2회			300		300	600
4) 장애우 나들이(봄, 가을) 몸이 불편하여 외출을 자유롭게 할 수 없는 장애우들에게 나들이를 제공함으로서 하나님께서 지으신 아름다운 세상을 접할 수 있는 계기를 만들어 신앙생활에 더욱 더 굳건하게 해드림.					
① 교통비 400,000원*2회	400		400		800
② 식비 10,000원*60명*2회	600		600		1,200
③ 간식비 5,000원*60명*2회	300		300		600
④ 기타 경비 300,000*2회	300		300		600
3. 장애우 선교회 교육사업(사업) * 사업 목적 장애우 선교회 정기 월례회, 분기 교육을 실시하여 장애우 본인 또는 봉사자가 가져야 할 의학적인 상식 또는 예의 등을 습득하여 선교회를 이끌어 나가는데 최선을 다하고자 함. * 사업효과 장애우들 본인에 대한 교육은 물론 봉사자들에 대한 교육을 실시함으로 장애우들 스스로 자립할 수 있도록 하며 봉사자들은 사랑을 가지고 봉사토록 하여 모두 한 가족임을 다시 한 번 깨달을 수 있도록 한다.					
1) 월례회 및 물리치료 강사초빙 월례회를 실시하여 필요한 지속적이 교육과 선교회를 운영해 가는데 최선을 다하고자 함.					

	1분기	2분기	3분기	4분기	계
① 강사비 200,000*6회=1,200,000원	300	300	300	300	1,200
② 월례회 준비 및 다과비					
50,000*12월=600,000원	150	150	150	150	600
③ 기타 자료 구입 50,000*12월=600,000원	150	150	150	150	600
	600	600	600	600	2,400
합 계	4,000	5,850	4,300	5,000	19,150

사회복지 위원회 사업계획안

<단위 : 천원>

사업 내용	분기별예산				
	1분기	2분기	3분기	4분기	계
1. 이웃돕기(선한이웃발족예정) 　(명칭변경, 계속) * 사업 목적 어려운 가정을 돕고 그들에게 복음을 전하기 위함 * 사업 내용 　1. 미등록되어 있는 주민들에게 물질적 도움을 줌으로 교회에 관심을 갖게 하고 접촉점을 만듦					
50,000*20가정*12회=12,000,000원	3,000	3,000	3,000	3,000	12,000
2. 연말 불우이웃돕기					
100,000*10가정=1,000,000				1,000	1,000
	3,000	3,000	3,000	4,000	13,000
2. 교회 내 어려운 가정 돕기(계속) * 사업 목적 등록된 교인으로 긴급사고 유발 시 교구장 및 전도사님의 추천을 받아 일정액 내에서 교회 차원에서 도와주며 방문 봉사한다.					
200,000*12*4가정=9,600,000	2,400	2,400	2,400	2,400	9,600
	2,400	2,400	2,400	2,400	9,600
3. 복지단체를 선정하여 돕기(계속)					

* 사업목적 운영이 어려운 복지단체 선정, 송금하고 위문품을 모아 기쁨과 희망을 갖게 한다. 　1) 사회복지단체 후원금					
100,000*15단체*12월=18,000,000원	4,500	4,500	4,500	4,500	18,000
2) 복지단체 정기봉사 방문(명칭변경)					
500,000*4건(분기)=2,000,000원	500	500	500	500	2,000
3) 외부 단체와 단합대회					
500,000원*1회=500,000원			500		500
	5,000	5,000	5,500	5,000	20,500
4. 천재(수해, 한해 등) 피해 돕기					
* 사업 목적 　천재로 인한 상황 발생시, 교회 내 특별헌금으로 기부금 대치한다.			3,000		3,000
5. 사회복지센타(신규검토 후 시행) * 사업 목적 저소득 밀집지역의 노인과 아동의 수용 및 보호시설을 제공한다.					
정기 교육 500,000월*2회=1,000,000월		500		500	1,000
		500		500	1,000
6. 특별 행사비(신규) * 사업 목적 년 2회 전교인이 사랑의 헌혈에 참가하는 행사를 가져서 직접적인 사랑을 실천하는 기회를 제공한다.					
50,000원*2회=100,000원		50		50	100
		50		50	100
8. 회원 단합 및 위로회(계속) * 사업 목적 　1년에 한 번 위원회의 단합을 통해서 위원들을 격려하고 새 힘을 제공한다.			500		500
			500		500
9. 예비비(신규) * 사업 목적					

복지위원 활동 신규 사업 발생 시 사용 승인 득한 후 사용	250	250	250	250	1,000
합 계	12,400	12,700	16,150	13,700	54,700

　위의 사항을 보면 알 수 있듯이 사회봉사는 시대적 충족 사항이며 필요적 요구 사항이다. 교회가 현실적이고 구체적이면서도 정의롭고 지혜로운 참여와 봉사를 통하여 지역사회를 향해 나아갈 때 지역사회도 교회를 믿고 따르며 다가오게 될 것이다. 중요한 것은 이러한 교회가 바로 성경적 정신과 전통에 일치하는 교회라는 사실이다. 더 나아가 역사적으로 우리 교단의 자유정신과 복음주의를 기초로 한 영적 공동체로서 지역사회의 욕구에 민감하게 반응하고 참여해 왔다. 한국교회가 이와 같은 선교적 뿌리를 회복하고 그 위에 건실하게 세워진다면 현재의 시대적 어려움을 벗어나서 새로운 성장을 기약할 수 있을 것이다.

제5장 교회성장과 친교

  기독교의 친교는 커피와 도너스가 있는 모임으로 생각하는 개념을 넘어선 단어이다. 기독교의 친교는 하나님이 인간이 되셔서 우리를 사랑하신 사랑의 친교이다. 교회의 친교는 예수님의 사랑으로 사랑하는 과정의 일들이다.

1. 친교의 의미

  신약성경의 '친교'라는 단어는 헬라어의 코이노니아(koinonia)이다. 이 단어는 두 가지 종류가 있는데 하나님과의 친교와 사람과의 친교이다. 이 둘은 각각 서로 밀접한 관계가 있으며 성도들의 친교를 이야기 할 때, 그리스도의 한 지체로서 그리스도의 몸을 이루는 것이며, 온전한 성도의 교제를 이루기 위하여 무엇보다 사랑이 중요하다.
  하나님은 자기 백성을 불러서 거룩한 백성이 되게 하신다.[32] 하나님의 백성은 자신이 하나님께 속해있다는 확신이 있고,[33] 하나님의 백성은 서로 속해있어 백성의 일이 하나님의 일이고 하나님의 일이 백성의 일이다.[34]
  예수 그리스도는 하나님의 부름을 받은 이스라엘과 불가분의 관

계가 있다. 성경의 예언대로,35) 이스라엘의 소명이 '뭇 민족의 빛'
이 되어야 하듯이(사49:8) 예수 그리스도는 온 인류의 참 빛, 생명
의 주님으로 오셨다. 하나님이신 독생자 예수 그리스도가 인간과
친교하시기 위해서 모든 것을 버리시고 대가를 치루시고, 인간의 몸
을 입고 오신 것이다(요1장). 예수 그리스도를 통해 하나님이 아버
지가 되었고 더 가까운 친밀한 관계가 되셨다.36) 예수님의 사랑을
통해 우리는 하나님과의 친교와 이웃과의 친교를 경험하게 된다. 예
수님은 주님의 만찬 속에(고전11:23 이하), 그리고 형제의 사귐 속
에 현존하신다(마18:20). 사도 바울은 이 공동체인 교회를 '그리스
도의 몸'이라고 부르고 있다.37) 그리스도의 몸으로서의 교회는 과
거 예수 그리스도가 육체로 이 땅에 계셨던 것처럼, 현재도 그리스
도가 활동하고 있음을 강조한다.38) 침례와 주의 만찬은 주님의 몸
의 지체가 되는데 근본적이다. 침례는 몸과 하나 되는 사건이고(롬6
장), 주의 만찬은 그 몸에 있음을 확인하는 일이다. 그러기에 바울
은 이 두 예식이 그리스도와 친교를 나누고 성도가 한 몸이 되는
중요함을 특별히 강조하고 있다.39)

성령은 거룩한 교통으로 함께하시며(고후13:13), 성령은 하나님
을 '아버지'라고 부르게 하고(롬8:14), 성령은 풍성한 은사를 선물하
신다(고전12:17). 성령께서는 이런 사귐인 친교(koinonia)를 통해
나타내신다.

2. 친교의 방향

1) 조직 내부의 활성화: 각기 교회의 부서는 자율적인 사업과 활

동을 통해 내부 친교를 도모하면서, 타 부서와 제휴와 상호 보완하는 기능을 담당해야 한다.

2) **각부 수련회의 내실화**: 교육 부서를 중심으로 한 수련회는 친교를 위해 매우 좋은 프로그램이다. 내실을 위한 적극적인 지원과 관심이 필요하다.

3) **친교실 활용의 다변화**: 국수 한 그릇 마주하면서 감격의 장소가 되게 해야 한다.

4) **전교인을 위한 친교 프로그램의 개발**: 각종 절기 행사, 사무처리회, 임직식, 헌당식, 취임식 등 곳곳에 친교가 꽃 피우도록 해야 한다.

3. 친교 계획 및 내용

1) 부서별 년간 계획
2) 만남의 잔치
3) 생일축하잔치
4) 침례식 및 헌아식
5) 조문
6) 운동회
7) 전통놀이 경연대회
8) 교사와 학생 동행 등산
9) 교사와 학생 동행 야간캠프
10) 애찬을 통한 친교
11) 퀴즈대회

제6장   교회성장과 평신도

건강한 교회의 네 가지 특징은 예수 그리스도가 교회의 머리가 되는 교회, 리더십이 올바로 세워진 교회, 은사에 따라 봉사하는 교회, 그리스도의 몸을 세우는 교회이다.40) 건강한 교회는 교회의 주인이 예수님이며, 오늘날 교회의 진정한 주인이 누구인지를 점검해야 한다(엡4:12). 목회자는 예수님의 보혈의 공로를 의지해서 목회해야 하며 예수 그리스도의 보혈의 피가 혈관에 흐르고 있다고 고백해야 한다. 예수가 머리가 되는 교회는 열정과 눈물과 감격이 있는 교회이다. 건강한 교회는 리더십이 바른 교회이다. 성도를 구비시켜 봉사하게 하고, 성숙한 공동체가 되게 하는 것이다. 건강한 교회는 성도들이 은사에 따라 봉사하는 은사공동체이며, 자연적인 은사와 초자연적인 은사가 함께 공존하고 평신도들이 지속적으로 훈련받아 봉사하는 교회이다. 건강한 교회는 그리스도 몸이 세워지는 교회이고, 이는 질적 성장과 양적 성장을 동시에 의미한다.

교회성장은 복음에 열정적으로 순종하고 훈련된 평신도가 있어야 한다. 모든 그리스도인들이 목회사역을 하도록 성경적 명령으로 돌아가는 것이 필요하다. 교회성장 운동이 시작되면서 이 생동적인 문제에 관심을 가졌다. 한국교회는 성장기 이후에 오는 성숙기의 아픔을 가지고 있다. 1990년 중반부터 시작된 교회의 침체현상이다. 우리는 평신도를 예배하는 공동체로만 볼 것이 아니라 평신도가 소명자로서 상호 사역하고, 증거하는 공동체로 보아야 한다.41) 목회를 하나님의 사람들에게 돌리는 일은 새로운 개혁의 일이다. 평신도 사역은 평신도 계발을 위한 제자훈련의 실제적인 원리와 방법을 말한다.42) 피터 왜그너는 "교회성장에 관한 평신도들의 해방은 환상적인 새로운 가능성을 열어 놓았다. 평신도들이 하나님 및 그들의 교회를 위해 행할 수 있는 것에 대해 흥미를 갖는다면 하늘이 한계일 만큼 가능성은 무한하다."라고 말한다.43)

그레그 오그덴은 1960년 이후 평신도들이 어떻게 목회 사역을 도와 오고 있는지 그 변천 도식을 밝히고 있다.44) 첫째로 성령의 역할에 대한 새로운 이해이다. 삼위일체 하나님의 제3인격은 명제적 진리 이상이다. 성령은 하나님의 백성을 직접 만나는 산 하나님이시다. 성령의 사역은 신자의 삶에 하나님의 직접적인 임재를 중재함을 포함한다. 둘째로 기독교는 많은 신자들을 위한 제도적 신앙 이상의 것이다. 그리스도인이 되는 것은 우리 안에 그리스도를 모시는 것, 즉 그리스도께서 우리 삶에 거주하시고, 우리에게 능력을 주시고, 우리를 인도하시고, 우리를 통해 사랑하심을 순간순간 깨닫는 것을 뜻한다. 셋째로 교회는 목회자 중심이라기보다는 사람들 중심이 되는 것이다. 교회는 모든 사람들(목회자와 평신도)이 그리스도의 몸을 함께 꾸려 가는 산 유기체로 이해되고 있다. 소그룹들과 작은 모임의 갱신은 이 심적 구조의 가시적 증표이다. 이러한 상황에서 그리스도인들은 더 이상 청중이 아니고 사역에 기여하는 참여자들이다. 넷째로 모든 하나님의 백성이 사역자들, 즉 만인제사장이라는 새로운 각성은 영적인 은사들에 대한 발견과 사용에 대한 강조를 하고 있다. 다섯째로 새로운 교회 연합운동은 교파적 충성을 초월하여 진행하고 있다. 이 교회연합운동은 잃어버린 자들을 만나고, 그리스도인들이 하나님이 주신 목회소명에 응답하도록 저들에게 해방을 주는데 관심을 둔다. 여섯째로 예배의 방향에서 변화가 체험되어 어떤 사람들의 심중에서 예배사건은 새로운 개혁 자체이다. 예배는 하나님의 모든 백성이 하나님께 지향하는 참여의 방향으로 변천하고 있다.

목회자가 교회를 건강하고 아름답게 할 때 평신도들이 그들의 사역을 하도록 도와야 한다. 평신도들은 아직 연마되지 않은 연장과 같기 때문이다. 새로운 개혁에 앞장 설 목회자는 평신도를 준비시키는 자의 역할을 해야 한다. 이 변화는 고통스럽다. 목회자는 자신이 필요한 변화의 기원임을 먼저 깨달아야 한다.45) 교회는 목회자의 지도력 없이 새로운 개혁을 시도할 수 없다.

교회성장의 원리 중 평신도들이 사역을 하도록 하는 것은 신약성경의 기초로 돌아가야 한다. 성직자와 평신도로 나누는 이분법이 아니라 종교개혁자들이 열정적으로 싸운 만인 제사장직을 긍정함이 요청된다. 20세기 들어와 교회에 새로운 빛을 던진 각성이 있다면 평신도 운동을 꼽을 수 있다. 일각에서는 20세기의 평신도의 재발견이 그 크기나 박력으로 보아 16세기의 종교개혁과 맞먹을 수 있다고까지 평가하고 있다. 종교개혁이 하나님을 위한 참 교회를 회복하는데 그 의의가 있다면, 평신도 운동은 세상을 위한 참 교회를 회복하는데 그 의의가 있다고 할 수 있다.46) 평신도의 사역은 교회의 질적 양적 성장을 가져 올 수 있다.

  (자세한 내용은 제3장 교회성장과 교육, 제17장 교회성장과 새신자 양육을 참고 할 것)

제7장 교회성장과 성령의 은사

　피터 왜그너는 "은사란 그리스도의 몸인 교회의 유익과 성장을 위해 하나님의 은혜를 따라 성령께서 교회의 지체에게 허락하신 특별한 영적 능력"이라고 한다.
　은사는 그리스도의 몸인 교회의 유익과 성장을 위해 주어지고, 하나님의 은혜에 따라 주어진다. 은사는 성령에 의해 주어지고, 교회의 지체에게 주어지며, 은사는 특별한 영적능력이다.
　은사는 모든 사람에게 주어지고 보편적인 것이고, 각 사람에게 다양하게 나타난다. 은사는 초자연적이면서도 일상생활에 사용할 수 있는 초월성과 합리성을 가진다. 은사는 서로 유기적으로 연관되어 사용되어야 하는 상호의존성이 있다. 은사는 분명한 목적의식을 갖고 활용되어야 한다.

1. 성령충만

　이 세상에서 그리스도인의 생활 모습은 복음을 전하고 교회와 이웃을 위해 봉사하고 섬기는 일이다. 모든 그리스도인들이 이러한 일을 효과적으로 수행하려면 성령충만을 받는 것이 절대적인 필수조건이다.

행1:8 "오직 성령이 너희에게 임하시면 너희가 권능을 받고 예루살렘과 온 유대와 사마리아와 땅끝까지 이르러 내 증인이 되리라."

엡5:18 "술 취하지 말라 이는 방탕한 것이니 오직 성령의 충만을 받으라"

예수님은 나 자신이 원하는 것보다 더욱 간절히 우리가 성령 충만하기를 원하고 계신다. 그래서 제자들에게 성령의 충만을 받기 전에는 결코 하나님의 사역에 뛰어 들지 말기를 부탁하셨다. 성령의 충만을 통해 그리스도인이 승리의 삶을 살 수 있다. 이 명령대로 사도들이 역동적이며 감격에 찬 삶을 살았고, 교회사 인물들 가운데 성령으로 충만하여 그리스도와 그의 나라를 위해 사용되어 왔다. 성령 충만의 생활, 즉 성령 충만이 계속되는 생활만이 하나님이 기뻐하시는 유일한 생활이다.

성령 충만이란 무엇인가? 그리스도 자체로 가득 채워진 삶을 의미한다. 그래서 그 속에서 그리스도의 삶의 모양이 드러나고, 인격이 나타나고, 그의 성품이 표현되는 삶을 말한다.

1) 담대히 복음을 전하는 것을 말한다.

행4:31 "빌기를 다하매 모인 곳이 진동하더니 무리가 다 성령이 충만하여 담대히 하나님의 말씀을 전하니라."

행4:13. "저희가 베드로와 요한이 기탄없이 말함을 보고 그 본래 학문 없는 범인으로 알았다가 이상히 여기며 또 그 전에 예수와 함께 있던 줄로 알고"

행4:20 "우리는 보고 들은 것을 말하지 아니할 수 없다 하니"

2) 그리스도의 성품이 드러나는 것이다.

행6:15 "공회중에 앉은 사람들이 다 스데반을 주목하여 보니 그 얼굴이 천사의 얼굴과 같더라."

행7:55, 59, 60 "스데반이 성령이 충만하여 하늘을 우러러 주목하여 하나님의 영광 및 예수께서 하나님 우편에 서신 것을 보고… 내영혼을 받으시옵소서 하고 무릎을 꿇고크게 불러 가로되 주여 이 죄를 저들에게 돌리지 마옵소서 이 말을 하고 자니라."

3) 지혜와 지식과 총명이 뛰어난다.

민34:9 "모세가 눈의 아들 여호수아에게 안수하므로 그에게 지혜의 신이 충만하니"

출31: 2-4 "하나님의 신을 그에게 충만하게 하며 지혜와 총명과 지식과 여러 가지 재주로 공교한 일을 연구하여 금과 은과 놋으로 만들게 하며"

행6:3 "형제들아 너희 가운데서 성령과 지혜가 충만하여 칭찬 듣는 사람 일곱을 택하라 우리가 이 일을 저희에게 맡기고"

4) 기사와 표적이 나타난다.

기사와 표적은 성령 충만의 결과이다. 이는 하나님을 경외하게 하고 사람들로 하여금 하나님께 영광을 돌리게 한다. 그러므로 기사와 표적은 성령께서 하나님의 뜻을 이루시기 위해 주시는 선물이요 은혜이기에 결코 사람의 영광을 나타내는 데 사용해서는 안 된다(행

2:42, 43; 행6:8; 행10:38).

    5) 권능으로 하나님의 일을 하게 한다.

  주님의 일은 성령의 충만으로 주어지는 권능이 없이는 결코 이룰 수가 없다. 이는 주님의 사역이 육의 일이 아니고 영의 일이기 때문이다(미3:8; 행1:8).

    6) 각종 은사와 성령의 열매가 나타난다(행2:4; 고전12:8-11; 갈5:22, 23).

2. 성령 충만을 받지 못하는 이유

    1) 성령충만에 대한 약속을 신뢰하지 못하기 때문이다(행 1:4, 5; 눅24:49).

    2) 영적 교만이 성령의 충만을 방해한다(사14:13, 14; 창3:5; 벧전5:5; 고전10:12).

    3) 하나님의 말씀에 관한 지식의 결핍이 성령 충만을 막는다(행 2:42, 43; 행18:5).

    4) 은밀하게 지은 죄가 성령의 충만을 가로막는다(시44:21; 요일1:8).

    5) 세속적인 것을 사랑하는 마음이 성령 충만을 방해한다(요일 2:15-17. 엡5:18).

3. 성령 충만을 받기 위한 마음의 준비

    1) 간절히 사모하라(눅11;13; 마5:6; 요 7:37; 요7:38).

    2) 죄를 회개하여 그릇을 깨끗하게 하라(행2:38; 눅5:37-38).

    3) 주님께 순종하라(행5:32; 삼상15:22).

4. 성령의 충만을 받는 방법

1) 기도에 힘쓰라(행1:14, 4:31, 7:55, 10:2).
2) 말씀 속에 풍성히 거하라(행10:44-45; 행13:48, 52; 행17:11).
3) 사도들의 안수를 통하여 성령이 충만해짐(행8:14-17, 9:17).

5. 은사 계발

은사에는 보편적 은사와 특별한 은사가 있다. 사람은 자신의 삶을 영위할 수 있는 재능을 가지고 있는데 이를 보편적 은사라고 한다.

그러나 여기서 말하고자하는 은사는 특별한 은사인데, 하나님의 자녀로 받는 은사이고, 그리스도의 형상을 닮아감으로 우리를 사랑하신 그 분께 영광을 돌리기 원하는 자가 받는 특별한 은사를 의미한다. 하나님은 모든 그리스도인들에게 각자 필요한 은사를 주셔서 하나님의 사역을 위해 봉사케 하고 섬기게 하신다.

어떤 그리스도인들은 은사를 잘 사용하는 반면, 어떤 그리스도인들은 주신 은사를 사용하지 않고 땅에 묻어 둔 사람들도 흔히 볼 수 있다. 자신의 은사를 찾아 기쁨 속에서 주님과 교회를 섬기도록 해야 한다.

1) 은사의 어원적 의미

은사는 헬라어로 카리스마이다. 이는 카리스에서 유래된 말인데 "은혜" 혹은 "호의"라는 뜻이다. 따라서 카리스마는 즉, 은사란 "카리스의 결과로 나타난 행위, 은혜의 증거, 호의 표현"이라고 할 수 있다.

은사(카리스마)의 뜻은 보통 복수(카리스마타)로 쓰이며 이는 교회를 세우고, 예배의 공동체를 위해서 하나님께서 각자에게 주신 성령의 작용을 의미한다. 이 은사들은 그리스도의 재림까지 임시로 주어지는 것이며, 다양성 속에서 통일을 나타내야 할 의무를 지니고 있다. 왜냐하면 모두가 한 성령께서 주시는 것이기 때문이다.

2) 은사의 의미와 목적

(1) 하나님의 뜻대로 나누어주시는 선물로서 은사이다.

고전12:11 "이 모든 일은 한 성령이 행하사 그 뜻대로 각 사람에게 나눠주시느니라."

(2) 은사의 표현이 하나님의 자녀됨의 유일한 기준은 아니다(고전12:1-3).

성령으로 아니하고는 예수를 주시라 할 자가 없다. 그리고 성령 체험한 자들은 타락하지 않도록 해야 한다(히4-6a).

(3) 교회를 세우기 위해 봉사의 직무로 주셨다(엡4:11, 12; 고전14:39-40; 고전14:26).

이 은사는 성도의 뜻대로 주시는 것이 아니고, 교회의 유익을 위해 성령의 뜻대로 나누어 주신다. 그리고 단체적으로 주시는 것이 아니라 필요에 따라 개별적으로 주신다고 약속하신다(고전12:7,11).

3) 고린도전서 12장의 아홉 가지 은사(고전 12:4-11)의 종류

(1) 지혜의 말씀

(2) 지식의 말씀

(3) 믿음(히11:6; 눅1:38; 눅5:5)

(4) 병고치는 은사(신유)(행4:30; 약5:15; 말4:2; 행19:12)

(5) 능력 행함(왕상17:22; 행20:7-12)

(6) 예언(고전14:1; 롬12:6; 계1:10; 4:2; 고전14:3-4).

(7) 영 분별(요일4:6; 벧후 3:17)

(8) 방언(삼상10:5; 고전14:21; 행2장)

(9) 통역(고전14:13, 28)

4) 로마서 12장 3절에서 18절에 나타난 은사의 종류

로마서 12장의 은사는 3절-5절까지 특징과 목적이 나와 있다. 오직 하나님께서 각 사람의 삶에 나누어주신 믿음의 분량대로 지혜롭게 생각하고, 모든 지체가 같은 직분을 가진 것이 아니니, 많은 사람이 그리스도 안에서 한 몸이 되어 지체의 역할을 하기 위함이다.

(1) 예언-믿음의 분수대로 하라

(2) 섬기는 일(롬12:11)

(3) 가르치는 일(롬12:16)

(4) 권위하는 일(롬12:14, 15)

(5) 구제하는 일(롬12:13)

(6) 다스리는 일(롬12:12)

(7) 긍휼을 베푸는 자(롬12:17, 18)

5) 에베소서 4장 11절에 나타난 직분적 은사

직분적 은사는 성도를 온전하게 하고 봉사하고 교회를 세우기 위해 주신다. 엡4:12 "이는 성도를 온전케 하며 봉사의 일을 하게하며 그리스도의 몸을 세우려 하심이라"

(1) 사도　(2) 선지자　(3) 복음 전하는 자　(4) 목사　(5) 교사

6) 은사를 계발하는 방법

(1) 가진 은사로 헌신하고 필요한 은사를 사모하라(벧전4:10; 고전12:31).
(2) 하나님의 영광을 위해 은사를 구하라(벧전4:11).
(3) 사랑으로 섬기려할 때 은사를 주신다(고전13:8;14:1; 엡4:16).
(4) 기도하므로 은사가 계발되고 주어진다(요일5:14, 15; 요16:24).
(5) 성령의 충만으로 은사를 얻는다(행3:6, 행4:8, 행13:9).

7) 은사 사용시 주의 점

의사의 칼은 사람을 살리는 도구이나, 어린아이나 잘못된 사람이 사용하면 위험하다. 은사도 마찬가지이다. 받은 은사를 자랑하지 말고(벧전4:10; 갈6:14), 다른 사람이 가진 은사를 판단하거나 업신여기지 말고(고전12:22; 고전12:25), 자신의 유익을 위해 사용하지 않아야 한다(요13:35). 은사가 신앙의 유일한 척도가 아님을 기억해야 한다. 받은 은사대로 겸손히 봉사하고 은사가 많으면 책임이 많음을 깨달아야 한다. 고린도 교회는 은사가 많았음에도 분쟁과 우상숭배가 많은 교회로 바울의 책망을 받았음을 기억할 필요가 있다.

토의문제
1. 당신은 언제 무슨 일을 하면서 성령충만을 받은 경험이 있는가?
2. 당신에게 주어진 성령의 은사는 무엇이 있다고 생각하는가?
3. 어떤 은사를 계발하고 싶고, 받고 싶은가?

제8장 교회성장과 믿음

　교회성장과 믿음은 긴밀한 관계가 있다. 교회의 성장한계를 극복하는 중요한 요인이 목회자라고 할 때에 믿음은 교회성장의 중요한 기초가 된다. 엘머 타운즈, 피터 왜그너, 톰레이너가 쓴 "각 교회 성장 안내서"에서 교회성장의 장벽을 200명 장벽, 300명 장벽, 1000명 장벽으로 나누고 있다. 모든 장벽을 돌파하는데 중점적인 역할은 목회자인데 그 중심에는 믿음의 문제가 있다.47)

　엘머 타운즈교수는 그의 책 "Understanding the Deeper Life. 깊은 삶의 이해"에서 믿음의 깊이를 측정할 수는 없으나 믿음은 다음 단계를 가진다.48)

1. 믿음의 단계

　1)아는 단계의 믿음, 2)경험 단계의 믿음, 3)칭의의 단계의 믿음, 4)성령 내주의 단계의 믿음, 5)역사를 일으키는 산 믿음의 단계, 6)세상을 변화시키는 믿음의 영적 은사 단계를 가진다.

　불신의 믿음의 단계는 1)약한 믿음, 2)어리고 뿌리가 없는 믿음, 3)열매가 없는 믿음, 4)그리스도의 부활과 재림을 불신하는 단계와

5) 사탄과 함께 고의적인 목적을 가지고 복음을 대적하는 단계이다.49)

대형교회를 연구해보면 목회자의 믿음이 교회성장의 중요한 변수가 된다.50) 제리 포웰(Jerry Falwell)은 믿음을 교회성장의 자원으로 보고 있다.51) 피터 왜그너는 믿음의 은사가 대형교회들의 목회자들에게 공통적으로 나타나는 필수적인 은사라고 지적했다. 대형교회 목회자들이 가지는 은사들은 서로 다른데, 어떤 목회자는 탁월한 설교능력, 어떤 목회자는 행정, 상담, 교육면에서 특별한 능력을 발휘한다. 그러나 대형교회의 목회자들에게 공통적으로 발견하는 은사는 바로 믿음의 영적 능력이다. 피터 왜그너는 "내가 알고 있는 대형교회의 목회자들은 모두 믿음의 은사를 가지고 있다"라고 결론을 내고 있다.52)

2. 믿음의 은사의 세 가지 관점

믿음의 은사를 이해하고 해석하는 방법은 그리스도인의 봉사를 위해 하나의 도구로 해석하는 방법, 다른 방법은 통찰력 있는 선견지명으로 해석하는 경우와 세 번째는 믿음으로 하나님을 움직여서 능력으로 믿음의 은사를 해석하는 경우이다.

도구로써의 믿음의 은사는 전통적 또는 역사적인 해석 방법이고 그리스도인이나 교회가 하나님의 일을 수행하는데 필요한 도구들을 사용하는 능력으로 해석한다.53) 바울은 에베소서 6장에서 적과 싸우는데 필요한 도구들을 제시하고 있다. 진리(14절), 의(14절), 복음(15절), 구원의 투구(17절), 성령의 검 곧 하나님의 말씀(17절)과 도구로서 믿음의 방패(16절)로 자신을 지키라고 권면하고 있다.

통찰력으로써의 믿음의 은사는 성령께서 그리스도인들에게 하나님이 성취하시려는 것이 무엇인가를 이해하는 능력을 부어주는 것으로 해석한다. 믿음의 은사는 그리스도의 몸을 이루고 있는 몇 사람에게 하나님께서 베풀어주시는 특별한 능력이다. 이 능력에 의하여 하나님의 사역에 관련된 하나님의 뜻과 목적들을 특별한 확인을 가지고 식별할 수 있게 된다.54)

간섭으로써의 믿음의 은사는 하나님의 일이 순조로이 진행되게 하기 위하여 그 일이 당하는 위기적인 상황에 신적인 개입을 하시게 하거나, 또는 사건의 진행을 바꾸어 놓으시도록 하나님을 움직이게 하는 힘을 의미한다.55) 이 견해는 전통적으로 기적의 은사라고 부른다. 이 견해는 믿음의 은사는 능동적인 성질의 것이요, 개인은 책임을 지는 존재이고, 하나님께서 은사와 성취의 근본이라고 주장한다.

위의 세 가지 믿음의 은사에 대한 견해가 있으나, 모두가 능력과 성취의 근원은 하나님이라는 사실에 일치한다.

교회성장과 믿음의 관계는 가장 기본적인 요인이 된다. 하나님께서 그리스도인의 사역에 근본이 되시지만, 믿음의 은사를 통하여 하나님의 사람이 교회의 성장에 책임을 느끼게 되고 이를 수행하기 위해 믿음의 은사를 활용한다.

하나님은 모든 그리스도인의 사역에 그의 말씀을 통해 통찰력을 얻게 하시고 믿음의 은사를 행사함으로 특정계획을 느끼고 깨닫게 하신다.

3. 큰 믿음으로 성장하는 원리

우리는 믿음의 연약함 때문에 실족해서는 안 된다. 믿음은 콘트리트처럼 고정되어 있는 것이 아니고 성장하는 것이다. 우리가 믿음의 사람이 되기를 소원하여 기도를 시작 할 때에 곧 응답되지는 않는다. 어느 누구도 기도하자 마다 믿음을 얻을 수 없다. 그러나 우리가 믿음을 배우고 믿음대로 행동하기 시작하면 성령님은 우리의 믿을 자라게 하신다. 바울은 믿음에서 자라기를 언급한다. 의인은 믿음에서 믿음으로 자라고 의인은 오직 믿음으로 산다고 고백하는 사람이다(롬1:14-16).

1) 우리는 하나님의 말씀을 통해 믿음이 성장한다(요1:1, 14; 6:63; 계19:13; 갈2:16, 20).56)
2) 우리는 하나님을 갈망함으로 믿음이 성장한다(시27:8).
3) 우리는 그리스도의 보혈을 통해 믿음이 성장한다(요1서 1:9).
4) 우리는 자아를 죽임으로 믿음이 성장한다(고후5:7).
5) 우리는 하나님께 굴복함으로 믿음이 성장한다(롬12:1; 마16:24).
6) 우리는 그리스도와 교통함으로 믿음이 성장한다(고후13:13).
7) 우리는 내주하는 성령의 능력으로 믿음이 성장한다(갈2:20).

제9장 교회성장과 표적과 기사, 영적전쟁

　성장하는 교회의 지도자들은 교인들이 자신의 영적 은사들을 발견하도록 도움을 주며, 주어진 은사에 따라 봉사하게 하나, 그렇지 않는 교인들은 은사 사역에서 좌절하게 된다.57)

　신학대학교의 교과 과목 중에 "표적, 기사와 교회성장" 과목은 역사상 가장 논란이 된 과목이며, 이는 표적전도(능력전도)의 시작이 되었다.58) 논란을 통과 하면서 후에 영적 치유라는 과목으로 대체하여 계속되었다.

　미국 복음주의는 1980년 '제3의 물결'이라는 내용으로 모든 성령의 은사를 개방하고, 이는 복음주의자들을 지칭하는 말로 자리 잡게 되었다. 제3의 물결 복음주의자들은 사도시대의 마지막에 방언이 그침을 주장하는 사람들이 내세우는 것처럼, 오늘날 방언 현상을 반대하지 않는다. 제3의 물결 복음주의 사람들은 방언을 구원이나 성령세례의 필수 증거로 삼는 오순절교도들이나 카리스마 교도와는 구별된다.59)

　근본적으로 두 가지 이유에서 제3의 물결 복음주의자들은 오순절 교도나 카리스마 교도라 불리는 것을 싫어한다. 피터 웨그너는 "예를 들면 나 자신만 하더라도 사람들이 나를 카리스마 교도라 부르는 것을 원치 않는다. 나는 스스로 카리스마교도라 생각지 않는다. 나는 단지 성령께 개방되어 있는 복음주의적 회중 교도이다"라고 한다.60)

어떤 교회들은 고통 받는 사람들에게 가서 저들을 위해 기도하는 심방 치유사역 팀들을 가지고 있다(약5:14). 표적기사 교회성장은 성경적인가와 능력전도는 사람들을 그리스도에게 오게 하는 방법인가에 대해 많은 논의가 있다.

우리는 능력전도와 이 전도로 수반되는 교회성장을 심각하게 받아들여야 한다. 이성 없는 감정도 죽은 정통주의도 오늘날 신약성경의 기독교의 패턴은 아니다. 한 쪽에서 어떤 사람들은(존 맥아더 등) 하나님의 말씀들에 확고히 근거한 믿음, 곧 성경을 모든 문제의 최종 권위로 주장한다. 또 한 쪽에 있는 사람들은 성령의 자유, 표현의 자유, 오늘날도 하나님의 기적들이 일어남을 믿는 초 자연성을 개방한다.61) 정통주의와 능력전도는 양자 모두를 합쳐야 한다. 양자 둘 다를 합한 것이 초대교회의 방식이다. 우리는 성경적으로 둘 다를 받아드려야 한다. 하나님은 초대교회와 같이 오늘 날에도 동일하게 역사하신다. 우리에게 초대교회와 같은 동일한 전도의 성공을 하나님께서 허락하시기를 기도한다.

그리고 현 시대는 영적전쟁의 시대이다. 최근에 들어와 교회 성장의 영적 차원에 대해 새로운 강조를 하게 되었다. 영적 전쟁은 교회 자체의 내부 요인, 외부 환경 요인과 이를 초월한 절대 주권적 영적 요인이 있다.62) 우리는 언론매체, 민속 문화, 과학만능주의, 물질주의 등을 통해 하나님께 도전하는 것을 본다. 예전에는 소극적이었으나, 이제는 공적인 양상을 띠게 된다. 교회와 교회가 연합하고, 개인과 개인이 중보기도를 통하여 영적전투에 대비해야 한다.

교회성장을 위해 영적전쟁에 대한 관심이 높아 졌고, 영적전쟁은 지난 10년 전부터 교회성장학에서 활발하게 논의 되는 내용이다.63) 이는 교회성장과 영적 전쟁이라는 제목으로 나타나고 있다. 천사론은 타락하지 않은 천사와 타락한 천사인 사탄과 그의 무리에 대한 연구로 나누어진다. 성경은 전체 66권 중에서 34권에서 천사들에 대해 언급하고 있다.64)

원래 천사는 하나님을 섬기기 위해 창조되었다(시148:2-5; 골1:6). 천사는 사람보다 더 차원이 높은 위계질서를 가지고 있고 천사장 미가엘과 악한 천사들의 위계에 대해서 말하고 있다(유다서1:9; 엡6:12). 하늘의 정사와 권세자들이라고 언급 한다(엡3:10).

천사들은 하나님을 섬기고, 그리스도를 섬기기도 한다. 천사들은 그리스도의 동정녀 탄생, 유년시절, 시험받으실 때, 고난당하실 때, 부활하실 때, 그리고 승천하실 때 그리스도와 함께하며 주님을 도왔다. 천사들은 주님이 다시 오실 때에 함께 동행 한다(마25:31). 주님을 도우시는 천사들의 활동은 주님의 몸된 교회의 성장을 위하여 중요한 역할을 감당한다. 그리스도인들이 교회성장을 위해 헌신하고, 복음전파를 위해 힘쓸 때 보이지 않는 천사들이 돕는다.65)

교회성장학은 천사론에 대해 적극적인 연구를 통해 영적전쟁에 대한 이론을 가지고 있다. 천사론은 하나님의 세계와 인간의 세계라는 이분법적 세계관을 극복하고 이른바 중간지대(the middle zone)에 대해 매우 적극적인 관심을 가지고 천사와 사탄의 세계를 실재로 받아드리고 있다. 지난 수년간 능력목회와 영적전쟁이란 개념은 타락한 천사들인 사탄과 귀신에 대한 것이었고, 타락한 천사들인 즉 귀신들은 하나님을 거역한 사탄, 즉 루시퍼를 따른 자들이다. 사탄은 큰 용, 혹은 옛 뱀이라고 불리는데 요한계시록 12장 7절에서 "용과 그의 천사들"이라고 기록되어 있다. 예수님은 마태복음 25장 41절에 "마귀와 그의 천사들"이라고 말씀하신다.

사탄은 교회성장을 방해하고, 불신자들을 속임으로 예수 그리스도를 믿지 못하게 한다. 또한 사탄은 믿는 신자들을 속여 복음 전파의 열정을 방해한다. 교회성장 신학은 사탄을 대적하는 영적 싸움이 교회성장의 중요한 원리라고 가르친다.66) 교회성장은 노력이상의 영적 차원이다. 교회성장이 영적 싸움이라면 그 영적 전쟁에 필요한 모든 전략과 전술을 숙지해야 한다. 특히 믿음, 말씀, 기도의 무장으로 준비해야 한다.

교회성장 운동은 사회학적 분석, 지역사회연구, 방법론적 혁신, 신학적 상황화, 지도력 안내, 전략적 적용으로 대표될 수 있다. 그러나 피터 왜그너는 이 도구들의 결함이 한쪽만 사용하는 것을 지적한다.67) 그는 교회성장이 인위적인 방법론 이상이어야 함을 깨닫는다. "우리의 씨름은 혈과 육이 아니요 정사와 권세와 이 어두움의 세상 주관자들과 하늘에 있는 악한 영들에 대함이라"(엡6:12).

하나님의 나라의 확장의 진정한 싸움이 영적이라면, 우리는 전쟁의 원칙, 전투계획, 우리 대적의 성격, 우리의 재원들에 대한 좋은 전술을 가져야 한다(엡6:13; 엡6:11, 18). 하나님은 실존하신다. 사단과 그의 귀신들도 실존한다. 우리가 기억할 것은 그리스도께서 십자가에서 사탄을 패배시킨 것과 그리스도 안에서 가능한 우리의 승리를 보장하신 것이다. 마귀는 책략을 가지고 있음으로 우리는 그의 책략을 무시하지 말고, 기록된 말씀에 따른 삶을 살아가야 한다. 영적 전투는 생명을 지키고 전파하는 사랑함이 전투이다. 영적전투는 전략이 필요한데 사탄이 개인을 굴복시키고, 집단이나 문화를 무너뜨리고, 사회조직을 통해 침투하는 것을 알아야 한다. 영적전투는 기도하며, 선포하며, 말씀위에 굳게 서서 예수 그리스도가 이겨 놓으신 싸움을 승리로 이끌어 나가야 한다.

제10장 교회성장과 설교

　한국교회는 대다수의 성도들이 수평이동의 경험이 있다(약76%).68) 한국교회의 성도들이 수평이동 하는 원인의 중심에 목회자가 있다. 성도들이 이전 교회를 떠나게 되는 원인으로는 직장문제와 이사문제와 같은 사회 환경적 문제가 39.8%를 차지했다.69) 이런 환경적 요인을 제외하고 가장 큰 원인이 바로 목회자 때문이었다(22.8%).70) 그리고 수평 이동한 교인들이 교회를 선택하게 된 이유도 담임목회자의 설교가 가장 큰 원인이었고(31.6%), 그 교회에 정착하게 된 원인도 설교(21.6%)와 목회자의 인품(11.8%)로 드러났다.71)
　개신교를 떠나는 주요한 원인 중 하나가 '목회자에 대한 실망'임이 드러나고 있다. 한국교회 목회자들은 자신의 설교와 인격이 교인들에게 절대적인 영향을 미침을 기억하고 자신을 개발하는 일에 진지해야 한다.72) 더 많은 시간을 기도와 독서, 영성개발, 인격함양에 투자해야 한다. 이 모든 것이 설교로 나타난다. 목회자는 1권의 책이 한 영혼을 구원할 수 있다는 자세로 연구하고, 설교시간의 20배를 투자하여 준비하고, 성령님만이 감동시킬 수 있기에 설교 말씀을 기도로 잘 익혀 성도들에게 영양가 있는 맛있는 음식이 되게 해야 한다. 설교는 교회성장에 지대한 영향을 미친다.

1. 설교는 하나님의 말씀을 성령의 능력으로 효과적으로 전해야 한다

설교에 대한 정의 중에 다음의 여섯 가지원어의 의미를 분류하여 정의 하고 있다. 1)케루세인($\kappa\eta\rho\upsilon\sigma\sigma\varepsilon\iota\nu$)-선포하다, 전달하다. 2)유앙겔리제스다이($\varepsilon\upsilon\alpha\gamma\gamma\varepsilon\lambda\iota\zeta\varepsilon\sigma\theta\alpha\iota$)-좋은소식, 복된 소식을 전하다. 3)디다스케인($\delta\iota\delta\alpha\sigma\kappa\varepsilon\iota\nu$)-가르치다. 4)디아레게스다이(dialegesthai)-논증하다. 5)라레인(lalein)-이야기하다, 강연하다. 6)파라카레인(parakalein)-권고하다, 훈계하다.[73]

위의 여섯 가지 의미의 가장 큰 공통점 중 하나는 전달하는 사람과 전달받는 사람이 있는 것이고, 여기서 강조하고자 하는 것은 전달하는 내용이 하나님의 말씀이며 설교란 하나님의 말씀을 효과적으로 잘 전달하는 것이라는 것이다. 설교를 통한 교회의 부흥을 연구하면서 설교의 내용적 측면과 설교의 방법적 측면에 중점을 두고 설교를 준비하고 있는 사역자들에게 실질적인 도움을 주고자 한다.[74]

설교자는 하나님께 받은 것을 전하는 자이고 복된 소식을 전하고 가르치고 설득하며, 성령님의 충만함을 힘입어 능력으로 말하고 권고하고 믿음으로 말하는 것을 행하는 자이다.

설교는 기독교 성경에 기초하여 예수 그리스도를 통하여 영생을 주시는 하나님의 구원 계획에 대하여 증거 하도록 하나님께 부름받은 사람이 인간의 요구에 하나님의 진리를 감동하도록 효과적으로 전달하는 것이다.[75]

2. 설교는 영혼을 살리기 위한 진지함이 있어야 한다

설교자가 그리스도를 위하여 영혼들을 얻는 데에 성공을 거두는 가장 필수적인 덕목은 진지함이다. 대체로 진정한 성공은 설교자의 진지함과 비례하기 때문이며 설교자가 갖추어야 할 진지함에 대하여 다음과 같은 내용들이 있다.76)

설교자는 강단 사역에서 항상 진지해야 하고, 실제로 설교에 임할 때에 진지해야 한다. 설교자는 강단에서 진실해야 하고, 설교 후의 결과에 대해 강렬한 사모함이 있어야 한다.

아울러 설교자들이 처음의 진지함이 식을 수 있는 경우는 다음과 같다.
1) 오랜 세월동안 변화 없이 동일한 사역을 계속하다가 긴장을 푸는 경우이다.
2) 연구를 계속하지 않고 소홀히 함으로 평범하게 되어 진지함이 식는 경우이다.
3) 연구만을 강조하고 성령충만을 소홀한 경우이다.
4) 일상 대화에서 경박한 말을 사용하므로 진지함이 식는 경우이다.
5) 교제의 폭이 좁아 차가운 그리스도인과 접촉함으로써 진지함이 식는 경우이다.
6) 육체적인 질병과 정신적인 여러 가지 원인들로 인하여 진지함이 식는 경우이다.
7) 오랫동안 계속해서 수고했으나 눈에 보이는 성공이 없어 진지함이 식는 경우이다.

또한 이렇게 진지함이 식지 않게 그것을 유지하는 방법을 다음과 같다.
1) 꺼지지 않는 불꽃에서 진지함의 불을 지펴야 한다. 그리스도의 사랑의 불꽃이다.
2) 진지함의 불길이 믿음의 화로에서 타올라야 한다. 믿음에 철저히 근거해야 한다.
3) 불길에 연료를 자주 공급해야 한다. 거룩한 생각과 묵상으로 공급한다.
4) 불길에 연료 뿐 아니라 바람을 공급해야 한다. 기도와 많은 간구로 공급한다.
5) 계속해서 하나님을 가까이 하며, 성도들과 친숙하게 지내기를 힘써야 한다.

설교자들의 진실함은 단시일에 되지 않고 오랜 시간을 통해 되어 왔음을 우리는 설교자들의 간증을 통해 잘 알 수 있다. 어린 시절부터 전도를 통해 영혼구령에 대한 열정과 진지함이 있다든지 일찍부터 설교 사역자에 대한 꿈과 열정을 가지고 하나님 앞에 간구하는 진지함이 있다든지, 교회를 개척하고 성장시키기에 남다른 열정을 가지는 경우이다. 진정한 설교자들은 어느 시간, 어느 장소에서 설교를 하던지 그의 열정과 진지함이 그 어떤 설교자보다 절대 뒤지지 않는다. 바쁜 설교 일정 속에서도 독서와 연구 그리고 경건생활에 많은 시간을 힘쓰고 있음을 알 수 있다.

3. 설교자는 철저히 독서를 통해 연구하는 자들이다

진지함에 이어서 설교자에게 중요한 것이 연구 생활이다. 설교자는 받을 수 있는 정규적인 훈련을 받아야 하며 또한 배우는 일을 중단해서는 안된다. 설교자는 연구를 위한 특별한 시간을 정해 놓아야 하고, 독서의 중요성을 알아야 한다.77)

설교자는 책을 신중히 선택해야 하고, 광범위한 독서가 필요하고, 올바른 독서방법을 통해 독서해야 한다.

설교를 위해 올바른 독서 방법은 변화의 비전을 먼저 보고, 배움을 즐거워해야 한다. 독서에 호기심을 가지고, 새로운 깨달음에 대한 열린 마음을 가지고, 깨닫기 위해 기도하는 마음으로 읽어야 한다. 독서는 지식의 증가보다는 변화를 위해 독서하고, 영적 독서는 문자보다는 책 속에 담긴 정신을 읽도록 해야 한다.

설교자의 연구 생활에 대해서는 단적으로 독서 생활을 보더라도 그 열정을 알 수 있다. 그리고 설교자는 그의 서재에 수많은 책들을 보고 독서 생활의 단면을 엿볼 수 있다.

4. 설교는 설교자의 인격의 그릇을 통해 전달된다

설교자는 연구 생활과 더불어 설교자의 인격에 대한 깊은 인식이 있어야 한다. 설교자가 갖추어야 할 인격은 자신감, 성실, 매력이다.78)

자신감은 너무 자기중심적인 사람은 겸손할 필요가 있고, 확신이 없이 겸손한 사람은 자신의 겸손의 새로운 한계를 가질 필요가 있다.

성실은 설교자가 얼마나 성실한 사람이고 어떻게 성실하게 준비했느냐가 설교의 시작이다. 성실은 본문 읽기와 주제 선정과 전개 과정에서 하나하나 나타난다.

매력은 참된 겸손과 조화와 재치에서 나온다. 참된 겸손은 어거스틴이 기독교의 덕목을 첫째도 겸손이요, 둘째도 겸손이요, 셋째도 겸손이라고 말한 것을 연상해야 한다. 참된 겸손은 매력이 있다. 자신을 뽐내는 자만이 없는 겸손은 진정한 매력으로 닥아 온다. 하나님이 인정하는 겸손은 더욱 매력이 있다. 조화로운 사람은 화평케 하는 사람이다. 사람의 인격 세 가지 요소인 지, 정, 의의 조화를 이룬 사람은 매력이 있다. 재치(기지)는 적합한 말을 적당한 때에 말하는 능력이다. 순발력, 논리, 문제의 핵심 급소, 분위기 파악의 필요, 표준말과 사투리, 젊은 층의 심층 의식, 음의 장단과 음색 그리고 논리 전환 등이다.

설교자는 설교 시간이나 그 외의 모습을 통해서도 사람들 앞에 자신감을 뚜렷하게 나타내는 자이다. 그것이 그의 인격을 나타내며 그의 성실함은 그 설교의 준비에서 잘 나타나는데 한 주제로 설교를 할 때도 중심 본문 외에 관련된 여러 본문을 준비하여 설교의 핵심 주제를 강조하고 철저한 준비로 인해 단순한 암송설교 이상의 효과를 나타낸다. 또한 그의 매력은 재치부분에서 특히 강조되는데 표준어를 사용하면서도 적당히 사투리를 씀으로 듣는 이들로 하여금 유쾌함을 느끼게 하는가 하면 여러 다른 학자들의 논리를 설명하고 이를 기독교적으로 비판, 해석 할 수 있는 논리력과 쉽고 부담 없는 설교를 통해 문제의 핵심 급소를 강조하는 재치를 지닌 설교자이다.

5. 좋은 설교자는 외모, 태도, 표정, 제스처와 음성에도 숙달되어야 한다

설교자는 간접적 전달 방법에서 설교자의 외모, 태도, 표정, 제스처 그리고 음성에 대해 다음과 같은 주의가 필요하다.

1) 외모: 설교자는 의상의 색상을 잘 선택해야 하고 용모에 있어서 깔끔하고 옷을 입었을 때 거북하지 않고 평안해야 한다.
2) 태도: 설교자는 안정된 태도로 모든 면에 자연스러워야 한다.
3) 얼굴의 표정: 설교자의 표정은 평화스럽고 친근해야 한다.
4) 제스처: 제스처의 목적은 청중으로부터 관심을 얻고, 의도하는 바를 표현하고, 의도를 강조할 수 있고, 청중의 이해를 빠르게 하고 나아가 설교자에게 힘을 준다.
5) 음성: 자신의 음성을 개발하되 다른 사람의 음성을 모방하지 않고 개발하는 것이 필요하다. 설교자의 목소리와 관련한 첫 번째 원칙은, 그것에 대해 지나치게 신경 쓰지 말라는 것이다. 아무리 목소리가 아름답다 하더라도 그 목소리로 무언가 중요한 진리를 전달하지 않으면 그것은 마치 아무것도 싣지 않은 수레를 잘 끄는 것과 같다. 그러나 동시에, 목소리에 전혀 신경을 쓰지 않아서도 안된다. 목소리가 좋으면 설교자가 의도하는 결과를 이루는 데 크게 도움이 되기 때문이다. 편견 없이 객관적으로 판단해 보면, 교인들이 설교 중에 졸음에 빠지는 것이 설교자에게서 나오는 소리가 그 단조로운 음조 때문에 마치 자장가와 같은 역할을 하기 때문인 경우가 허다하다. 목소리에 주의를 기울이면서, 오늘날 흔히 볼 수 있듯이 습관적으로 목

소리를 꾸며서 가성을 사용하는 잘못에 빠지지 않도록 주의하는 것이다.79)

교회를 부흥시키는 설교자는 설교를 하면서 복음의 확실함과 더불어 음성의 정확함과 적당한 자세와 몸짓 그리고 제스처를 취할 줄 아는 설교가이다. 강단에서 강대상을 두고 설교를 할 때도 그의 자세와 몸짓 그리고 제스처는 어색하거나 경직되어 있지 않다. 또한 강대상 없이 강의를 할 때도 역시 그러하다.

6. 설교의 구성

설교자가 설교의 구성하는데 있어서 훌륭한 설교의 특색을 다음과 같다.

설교자는 설교의 구성에서 성경 본문에 충실해야 하고, 통일성을 가져야 한다. 설교의 구성은 단순해야 하고, 질서가 있어야 하고, 균형이 있어야 한다. 그리고 설교의 구성은 진행성을 가져야 한다.80)

또한 창조적인 설교자는 구성에서 다음과 같이 강조점을 가지고 있다.

1) 설교에 있어서 전통적인 사고방식을 탈피해야 한다
2) 언제나 설교에 대한 새로운 아이디어를 마음속에 수용해야 한다
3) 용감하게 시도해 보는 자세를 가져야 한다
4) 끊임없이 전진하는 사고방식을 갖는 태도이다81)

교회를 부흥시키는 설교자의 경우 설교가 본문에 충실하고 통일성이 있다. 여러 본문을 사용한다 하더라도 본문간의 통일된 내용을 강조하며 특히 성경 본문을 봉독할 때 그 어떤 때보다 힘주어 똑똑

히 강조하여 읽는다. 또한 성도들과 함께 읽는 방법 등을 통해 본문을 재 강조하기도 한다. 성장형 설교자의 설교에서 가장 큰 특징 중 하나는 그 구성이 단순하다. 주장하는 바가 정확하고 여러 가지 주제들을 언급하여 주제를 흩트리지 않는다. 또한 성경 강해와 예화 등의 비율을 적당히 균형적으로 사용할 줄 아는 설교자이다.

7. 가장 중요한 설교전달 방법

교회성장형 설교자의 좋은 설교란 깊이와 단순함과 아름다움이 한 몸을 이루는 설교이고 설교전달 방법이 아름답다.
1) 누구나 알아듣게 해야 한다
2) 누구나 믿도록 해야 한다
3) 누구나 행하도록 해야 한다
4) 누구나 전하도록 해야 한다[82]

현대 설교자들 중에 가장 주목받는 설교자들은 설교학적 기초에 충실한 설교자들이다. 가장 중요한 설교에서 만점짜리 정답은 없을 것이다. 하지만 연구해야할 좋은 모델은 분명히 있을 것이다. 앞으로 설교를 준비해야 하는 우리는 위에 제시한 설교학적 기초에 충실하면서 자신만의 능력을 개발해야 할 것이며, 자신에게 가장 잘 어울리는 설교 방법을 또한 연구하고 계속적으로 발전시켜 나가야 할 것이다.

8. S교회 설교자의 설교 분석

1) 본문의 지배를 받는 강해설교

하나님의 말씀에 권위를 두고 그 권위 앞에 서야하는 강해설교를 하는 설교자는 주일 설교를 통해 책별, 주제별로 말씀을 전한다. 또한 교인들의 영적 단계에 따라서 소그룹으로 교육을 위한 설교를 한다. 철저한 연구와 분석을 통해 설교를 준비하는데 예를 들어 히브리서 강해 설교를 하기로 마음을 먹었다면 석달 전부터 관련된 책들을 읽기 시작하고 그 중 어떤 책과 주석을 참고할 것인지 선정하여 설교문을 작성하는데 어려움이 없도록 한다. 그러나 정작 설교문을 써 내려갈 때에는 주석을 보지 않고 대신 미리 주석에서 중요하다고 생각되는 부분들을 따로 정리해 놓아 참고하여 정확한 본문 전달에 도움을 받는다. 또한 설교에 필요한 적절한 예화를 사용함으로 성도들이 설교에 대한 기대감을 갖고 들을 수 있도록 함과 동시에 자신이 무엇을 말하려고 하는지 미리 알려 줄 수 있는 시간으로 삼는다.

2) 전달에 충실한 설득형 설교

설교자는 설교를 준비할 때, 성도의 필요와 그들의 입장에 서서 말씀을 준비하고자 노력하고 있다. 그것은 먼저 간결한 문장과 성도가 알아들을 수 있는 언어를 사용하므로 성도들의 이해를 도와주고 있다. 또한 그는 그들을 향한 사랑과 관심을 설교에 담고 있으며 조금은 차가워 보이지만 말씀 가운데 성도들을 향한 깊은 마음을 보여줌으로 성도들을 감동시킨다. 또한 본문에서 말하고자 하는 내용을 명확하게 설명해줄 뿐 아니라 확실하게 전달해줌으로 주 안에서 그리스도인으로 살아야 하는 확신을 주고 있다. 성도들은 이에 감동하고 그 말씀에 깊이 묵상함으로 그들의 삶을 돌아보게 되고 자신의 잘못을 인정하고 겸손한 모습으로 살아야 할 자신을 발견하게 된다. 그것이 설교자의 설교가 감동을 주는 요인 중에 하나이다. 또한 성도들이 자신의 설교를 듣고 깨달은 것을 다시 한 번 생각할 수 있도록 질문을 던지는 것도 중요하다고 말한다. 성도들은 자신에게 말씀을 적용시켜 볼 수 있는 중요한 계기가 되며 설교자는 자신이 말하고자 했던 바를 강조하는 시간이 되는 것이다.

3) 훈련에 의한 노력형 설교

설교를 통해 청중을 설득 하기란 참으로 어려운 일이다. 목사님은 수 십 년간 부단한 노력을 통해 지금의 모습이 되었다고 한다. 남들은 원래 말을 잘하는 사람으로 알고 있으나 사실 안 목사는 설교자가 된 후 문장력이 늘었다고 한다. 원래 작문 실력은 없었고 후천적으로 발전한 문장력이며 지금은 문학에 감각이 있는 아내의 도움을 조금씩 받고 있다. 원고에 충실한 설교를 하는 목사님은 설교문을 작성한 후 아내에게 읽어보도록 하며 설교가 끝난 뒤에는 전달에 대한 교정을 받기도 한다. 설교문을 반복적으로 읽으며 실수가 없도록 준비하는데 단락을 구분하기 위해 글씨체, 글씨의 크기, 색깔 등을 다르게 하여 원고에 얽매이지 않고 편안하게 전달할 수 있도록 꼼꼼히 준비한다. 어렸을 때에 말을 더듬기도 했다는 목사님은 성대를 적절히 사용하는 것도 중요하다고 하는데 그래서인지 그는 설교를 합창곡에 비유한다. 설교문을 작성할 때, 그는 악보와 같이 셈여림과 말의 고저, 장단, 쉼표들을 사용하여 생동력 있는 설교 한편을 만든다. 그것을 통해 성도들에게 살아있는 말씀을 선포하는 가장 좋은 도구로 음악적 요소를 집목시켰다고 한다.

4) 삶을 통해 보여주는 실천적 설교

설교자의 인격은 설교의 전달에 있어서 매우 중요한 부분이다. 성도들은 설교자의 삶을 통해 그 설교를 들을 것인지 말 것인지 결정하게 된다. 성도들은 목사를 볼 때 단상의 모습으로만 평가하는 것이 아니기 때문에 가정에서의 삶도 중요한데 목사님은 가정에서도 많은 노력을 하고 있음을 알 수가 있다. 자신은 가정에서 좋은 아빠가 못되는 것 같다고 말했으나 아이들을 위해 틈틈이 시간을 내서 요리를 해주기도 하고, 아이들이 잠자리에 들기 전에 머리에 손을 얹고 기도를 해주며 온 가족이 매일 아침 식사를 같이하고 토요일은 가족이 모여서 분위기 있는 식사를 한다는 이야기를 듣고 보니 그 말은 겸손의 표현이라고 생각되어진다. 또한 사역에 헌신되어진 고마운 아내와 월요일 오전은 영화감상을 하거나 맛있는 음식을 먹으러 간다든지 하여 부부만의 즐거운 시간을 갖는다고 하니, 이런 모습이 성도들에게 아름답고 모범적으로 비추어질 것이라 생각된다. 삶에 실천이 되지 않는 설교는 의미가 없으며 설교자 자신도 자신 있게 전달할 수 없을 것이다. 그런 의미에서 설교자의 가정에서의 삶은 충분히 모범적이라 여겨진다.

5) 설교자의 설교 변천

신학생 때에 설교자는 처음부터 끝까지 큰소리로 외치는 웅변형 설교를 하였다고 한다. 세월이 흐르면서 큰소리로 외치는 설교만 하던 그가 설교 중간 중간에 조용하게 전달하는 부분을 두어 좀 더 긴장감을 주기도하는 시절을 지냈으며 그 후로 악보처럼 설교 원고에 음악 기호들을 표시하여 설교를 준비했던 시기를 지나 어느 정도 훈련이 된 지금에 이르러서는 자연스럽게 설교를 할 수 있게 되었다고 말한다.

제11장 교회성장과 기도

　기도는 그리스도인의 영혼의 호흡이며, 하나님 아버지와의 영혼의 대화이다. 호흡하지 않는 사람이 죽은 것처럼, 기도 없는 그리스도인은 이름은 있으나 무기력한 그리스도인이다.

　기도는 우리를 변화시켜 하나님의 생각을 하게하며, 하나님께서 바라는 것을 함께 바라며, 하나님의 사랑으로 사랑하게 하며, 하나님과 함께 하나님의 눈으로 하나님께서 보시는 것을 보며, 하나님의 초자연적인 능력을 가지고 살아가게 한다. 그래서 우리의 위대한 신앙의 선배들은 기도를 삶의 부분으로 삼았고, 기도 속에서 하나님의 능력과 사랑이 통하여 흘러 세상에 공급되는 것을 경험하였다고 고백한다. 지금도 그렇지만, 한국교회의 부흥의 역사는 기도였고, 이곳의 중심에는 여성들이 있었다. 가정과 교회와 민족을 위해 기도하는 몸부림을 통해 한국교회는 하나님의 거대한 복음의 강물을 흘러가게 하고 있다.

1. 기도는 무엇인가?

　1) 기도는 하나님께 나아가는 길이다. "하나님을 가까이하라 그리

하면 너희를 가까이 하시리라 죄인들아 손을 깨끗이 하라 두 마음을 품은 자들아 마음을 성결케 하라"(약4:8). 기도는 하나님을 가까이 하는 일이며 죄인이 회개하는 일이며 마음을 깨끗하게 하는 일이다.

2) 기도는 하나님의 역사를 일으키는 힘이다. "너는 내게 부르짖으라 내가 네게 응답하겠고 네가 알지 못하는 크고 비밀한 것을 네게 보이리라"(렘33:3). 여호와는 히스기야의 기도를 들었고, 그의 눈물을 보았고, 그의 병을 낫게 하리라고 하셨다(왕하20:5). 하나님은 우리의 기도를 들으시는 분일뿐만 아니라, 우리의 기도를 응답해 주시는 분이다. 하나님께 부르짖을 때 우리가 알지 못하는 크고 놀라운 비밀을 알게 해주신다.

3) 기도는 하나님을 향한 인간 영혼의 갈망이다. "파숫군이 아침을 기다림보다 내 영혼이 주를 기다리나니 참으로 파숫군이 아침을 기다림보다 더하도다"(시130:6). 기도는 사랑하는 분과의 만남이다. 하나님을 향한 사랑이 깊어지고 이웃을 향한 사랑이 넘치는 시간이다.

4) 기도는 인간의 찌든 영혼을 되살린다. "주의 인자하심을 따라 나로 소성케 하소서 그리하시면 주의 입의 증거를 내가 지키리이다"(시119:88). 우리는 하나님의 인자하심이 필요하다. 그의 은혜와 긍휼이 아니면 소성할 수가 없다. 여호와의 열심(사9:6)은 우리를 소성케 하고 우리를 부흥케 하신다. 기도는 우리를 다시 살게 하며, 회복하게 하고, 부흥하게 한다.

2. 기도의 중요성

주님께서는 이 땅에 계시면서 제자들에게 많은 것을 보여 주셨다. 그 중에 기도에 대해서 특히 그러하셨다. 예수님은 기도에 대해서만은 구체적인 내용과 방법을 제시하시고 기도하도록 명령하셨다. 기도는 기도하는 사람보다 오래 살아남아 있다. 예수님의 기도와 구약 선지자들의 기도와 사도들의 기도는 우리에게 남아 있다. 자녀들을 위해 기도한 부모님의 기도가 어머님이 돌아가신 후에도 남아 있고, 믿음이 바로 서도록 기도해준 고마운 분들의 기도가 여러 해가 지났는데도 마음에 남아 있다. 기도는 세계를 지배하는 손을 움직이는 손이다.

1) **예수 그리스도께서 명령하신다.** "시험에 들지 않게 깨어 있어 기도하라. 마음에는 육신이 약하도다"(마26:41). 예수님은 주기도문을 가르치시면서 기도하도록 말씀하셨다(마6:9).

2) **사도 베드로는 기도하도록 권고한다.** "만물의 마지막이 가까웠으니 그러므로 너희는 정신을 차리고 근심하여 기도하라"(벧전4:7). 우리는 예수님을 만날 날이 있다. 예수님이 재림하시지 않으시면, 언젠가 우리가 만나러 갈 날이 있다. 그리도인들은 이 땅에 살면서 해야할 사명이 있다. 죄에 빠져있는 영혼들을 구원하는 일이다. 우리가 사는 세상 문화를 이기고 변화시키고자 한다면, 우리는 기도하는 사람이 되어야 한다. 정신을 차리고 근신하며 기도해야 한다.

3) **사도 바울이 기도하도록 권고한다.** "모든 기도와 간구로 하되 무시로 성령 안에서 기도하고 이를 위하여 깨어 구하기를 항상 힘쓰며 여러 성도를 위하여 구하고"(엡6:18). 우리는 여러 성도를 위해

기도해야 한다. 현대교회는 중보기도의 중요성을 더욱 깊게 느끼는 시대이다. 개인주의가 깊어지면 깊어질수록 그 강의 계곡을 뛰어 넘을 수 있는 방법은 중보기도이다. 성령 안에서 깨어 기도해야 한다.

4) 기도는 믿음을 온전케 하므로 성도들에게 중요하다. "주야로 심히 간구함은 너희 얼굴을 보고 너희 믿음의 부족함을 온전케 하려 함이라"(살전3:10). 기도는 믿음의 부족을 채워주신다. 하나님은 기도를 통해 풍성하도록 채워 주신다.

5) 기도하지 않는 것이 죄이다. "나는 너희를 위하여 기도하기를 쉬는 죄를 여호와 앞에 결단코 범치 아니하고 선하고 의로운 도로 너희를 가르칠 것인즉"(삼상12:23). 주님의 일꾼들은 하나님께 부르짖는 사람들이다. 우리는 믿음으로 구하고 조금도 의심하지 말아야 한다(약1:6,7). 하나님의 영광을 위해서, 성령 안에서, 겸손하게, 구체적으로, 예수님의 이름으로 기도해야 한다. 무엇보다, 주님의 사람들은 기도하지 않는 죄를 범치 말아야 한다.

3. 기도와 영성

기독교 영성은 하나님과의 인격적 관계와 역사 현장의 참여와 초월의 경험으로 이루어진다. 인격적 관계는 하나님과의 친밀한 관계를 형성하는 것이고, 역사적 현장의 참여는 그리스도와의 만남에서 구세주를 아는 영성이고, 새 사람이 되는 초월의 경험은 성령을 통한 인식의 확장이다. 기독교 영성은 예수 그리스도의 영을 가진 삶이다. 삼위일체적 고백은 여러 학자들이 주장하는 영성의 요소를 포함하고 있으며, 교인의 신앙을 담을 수 있고, 전인적인 성숙이 무엇인지를 명료하게 설명해 준다.

　일반종교의 신은 사람이 신을 찾아가는 형식이다. 그러나 기독교의 하나님은 찾아오시는 하나님이다. 하나님은 우주를 만드시고, 인간을 만드시고, 만나서 말씀하셨디. 모든일을 하나님께서 주도하셨고, 인간은 그의 사랑의 부르심에 응답적 존재이다. 애굽의 노예인 히브리인의 고통 소리를 들으시고 그 역사 속에 직접 들어오셔서 그들과 함께 대화하시며 시간을 공유하시는 신으로 존재하셨던 분, 그 분이 바로 하나님이셨다. 기독교 영성은 하나님과의 관계의 삶이요, 그 관계의 삶 속에서 하나님이 우리의 삶에 참여하여 하나님의 영광을 보게 하는 것이요, 하나님과 함께 역사현장에 찾아가 구체적으로 행동하는 것이다.

　기독교의 영성은 살아 계신 우리 주 예수 그리스도와의 관계의 삶이요, 그 분 안에 구체화된 하나님의 형상을 본받는 필생의 삶의 과정이다. 기독교 영성은 그리스도 중심의 삶이요, 주 예수께서 우리를 통하여 이 세상을 고난 가운데 구원해 나가시는 계속적인 주 예수 그리스도의 삶이다. 기독교 영성은 예수께서 세상과 우리를 위해 해 주신 일을 분명히 깨닫는 일이다.

　예수님의 제자들은 예수님을 하나님으로 알지 못했을 때 달아났고, 그가 하나님을 알았을 때 기독교의 공동체를 형성했다. 부활 사건의 핵심은 예수께서 하나님이라는 사실이다. 이것이 새로운 전환기요 새로운 인식의 확신을 가져왔다. 개인적이고 내적이고 사적인 경험들이 공적인 운동이 되어갔다. 이 운동의 중심적 사건이 오순절 사건이다. 오순절 사건의 핵심은 예수 그리스도를 선포하는데 있다.

그가 하나님이라고 담대히 고백하는 사건이다. 오늘 우리가 만나는 예수님이 바로 이천년 전에 우리의 죄를 담당하신 구세주이시다. 이 모든 고백이 가능한 것은 바로 성령 하나님이시다. 영성은 증언이다. 영성은 역동적으로 살아 있는 사건에 대한 증언적 고백이어야 한다. 이 증언적 고백이 없으면 하나님과의 동질성을 상실하게 된다.

삼위일체에 근거한 기독교 영성을 가지고 성도들이 기도할 때 많은 변화들이 일어나게 된다. 여성들이 기독교 영성을 이해하고, 기도의 본질을 이해하고, 목적을 가지고 기도할 때 많은 변화들이 개인이나 교회에 일어난다. 기도는 초대교회가 폭발적으로 성장하는 원동력이었다. 오순절 이전에 120명의 작은 무리가 끊임없이 기도하고 있었다. 초대교회의 계속된 성장물결에서의 중요한 요인은 기도하는 신자들의 헌신이었다.

1) 기도는 하나님과 함께 세상의 운명을 바꾸는 일에 참여하는 것이다. 바울은 우리가 하나님의 동역자임을 선언한다(고전3:9). 하나님은 그의 종들의 기도를 들으시고 뜻을 돌이키시는 하나님이시다.

2) 기도는 우리 주 예수님이 우리를 위하여 기도하시는 주님의 기도에 동참하는 것이다. 하나님이 우리를 먼저 사랑하신 것처럼, 기도도 먼저 시작하시는 분이다. 우리가 가정과 이웃을 위해 기도하시기 전에 우리보다 먼저 가정과 이웃을 위해 기도하시는 분이다(히7:25). 주 예수님은 지금도 살아 계셔서 언제나 우리를 위해 기도하고 계신다(시121; 롬8:34; 요일2:1-2).

3) 기도는 하나님과의 교제이다. 기도할 때 우리가 늘 놀라는 사실은 하나님 자신이 우리가 기도하는 중에 우리에게 오셔서 우리와

관계를 맺으시고 교제하시는 것이다. 기도하는 동안에 하나님께서 오셔서 우리와 마주하신다. 기도하는 동안 우리에게 오셔서 마주 대하시는 하나님은 빛이요, 생명이시오, 권능과 사랑과 정의의 하나님이시기 때문에, 기도하는 동안 우리 앞에 오신 하나님은 우리의 어두움을 밝히시고, 죽어가는 우리의 생명에 활력을 더하시며, 약한 곳을 강하게 하시며, 사랑과 정의로 충만케 하신다.

4) 기도하는 동안 성령은 우리의 기도를 중보하여 하나님의 뜻대로 우리를 위해 기도하신다. 성령님은 우리의 연약함을 도우신다(롬 8:26-27). 우리는 연약하여 어떻게 기도할 줄을 모른다. 우리는 하나님의 뜻을 분명히 알지 못한다. 우리는 나의 소원과 이기적 기도를 드리는데 빠르고, 어린아이와 같이 기도드리고, 떠듬거리는 기도를 드릴 수도 있다. 그러나 성령께서는 중보자가 되셔서 항상 응답받는 기도의 기적을 체험하게 하신다.

5) 기도는 모든 것을 합력하여 선을 이루게 하시는 하나님의 능력이다. 하나님은 모든 것이 합력하여 선을 이루는 비결을 우리에게 가르쳐주신다(롬8:28). 하나님을 사랑하는 자는 하나님께 깊은 관심을 가지는 자이다. 그의 마음을 하나님께 집중하여 위탁하는 자이다. 하나님을 사랑하는 구체적인 행위는 기도로 나타난다. 우리의 관심과 마음을 하나님께 향하여 집중하고 쏟았을 때 우리에게 일어나는 일은 모든 일이 합력하여 선을 이루는 결과를 가져온다.

4. 현대교회와 기도

하나님의 은혜로 한국교회는 많은 성장과 축복을 받았다. 그러나 이제는 한국교회가 다시 기도로 하나님께 몸부림칠 시기가 되었다. 흘러간 물로는 물레방아를 돌릴 수 없는 것처럼, 다시 한국교회는 기도의 부흥이 필요하다. 기도는 부흥의 본질인 복음에 돌아가는 것이고, 기도는 부흥의 중심인 하나님의 사랑을 회복하는 것이다.

기본적으로 성도들이 기도와 예배를 접목하는 일이 무엇보다 소중한데 그렇게 되기를 제안한다. 예배를 통해 하나님은 우리를 새롭게 하고 힘과 능력을 주신다. 예배가 늘 신선하고 새롭고 은혜와 감격이 있기 위해서는 기도의 준비가 필요하다. 예배가 있는 날이면 예배 시작 30분전부터 기도하는 일이다. 하나님의 임재를 깨닫고, 본문 말씀을 먼저 읽고 묵상하고, 하나님과 먼저 대화하며, 목사님과 성도와 개인의 소원을 기도하는 것이다.

오늘날 교회와 인류 사회의 전반에 걸쳐 절실하게 요구되는 것은 하나님께서 보내시는 진정한 부흥이다. 우리에게 가장 절실히 필요한 것은 깊고 철저한 성령의 역사로 수행되고, 하나님이 직접 주시는 부흥이다. 인간의 측면에서 보면 이러한 부흥은 오직 한 가지 방법으로 이루어진다. 그 한 가지 방법은 바로 기도이다.

야고보서 4장 2절 "너희가 얻지 못함은 구하지 아니함이요." 토레이 목사님은 이 성경 구절을 통해 평범한 그리스도인, 평범한 사역자 그리고 평범한 교회들의 무능력과 빈곤의 원인을 제시하고 있다.[83] "왜 나의 신앙생활은 이렇게 발전이 없는가? 왜 나는 이렇게 죄를 이기지 못하는가? 왜 나는 그리스도께로 영혼을 인도하지 못하는가? 왜 나는 그리스도를 닮는데 이렇게 느린가?" 이 질문에 대해 하나님께서는 야고보서 4장 2절을 통해 말씀하신다. "기도 태만이다. 너희가 얻지 못함은 구하지 아니하기 때문이다."

많은 사역자들이 이렇게 묻는다. "왜 나의 사역에는 이렇게 열매가 적은가? 왜 회심자가 없는가? 왜 우리 교회는 이토록 교회 성장이 느린가? 왜 우리 교인들은 "나의 사역을 통해 별로 도움을 받지 못하는가?" 여기에 대해 하나님은 대답하신다.84) 기도 태만이다. 너희가 얻지 못함은 구하지 아니하기 때문이다."

초대교회의 성장 과정을 사도행전을 통해서 볼 수 있다. 행2:47 "구원받는 사람을 날마다 더하게 하시니라"(행4:4). "남자의 수가 약 오천이나 되었더라"(행5:14). "믿고 주께로 나오는 자가 더 많으니 남녀의 큰 무리더라"(행6:7). "하나님의 말씀이 점점 왕성하여 예루살렘에 있는 제자의 수가 더 심히 많아지고 허다한 제사장의 무리도 이 도에 복종하니라." 사도행전을 보면서 각 장마다 울려 퍼지는 승리의 거대한 찬송과 나팔 소리를 듣게 된다. 기록된 초대교회와 현대교회의 현상을 비교할 대 엄청난 차이를 발견 할 수 있다.

초대교회의 승리의 비결은 무엇인가? 초대교회 성도들은 기도에 전혀 힘을 썼다(눅2:42). 사도들은 기도하는 일에 계속해서 그들 자신을 바치는 사역을 했다(행6:4). 그들의 사역은 바로 기도하는 사역이었다. 기도하는 교회, 기도하는 사역이다. 이러한 교회와 이러한 사역은 어떠한 일이라도 성취할 수 있다.

아직도 복음적인 교회에 속해 있는 많은 교인들이 기도의 능력을 믿고 있다. 그러나 그들은 이론적으로는 기도의 능력을 믿지만 그들에게 주어진 하나님의 전능하신 도구를 정작 사용하지 않고 있다. 우리는 확실히 기도하지 않는 시대에 살고 있다. 인간은 노력과 의지와 힘으로 무슨 일을 성취할 수 있다고 확신하고 있다. 그러나 이 모든 인간의 업적이나 행위가 하나님의 편에서 보면 아무런 의미가 없다.

역사상 현대교회처럼 완벽하게 조직적이고 능숙하며 많은 재력과 교인들을 소유한 교회가 결코 없었다. 현대교회의 조직과 구성은 거의 완벽에 가까울 정도이다. 그러나 그 조직과 내용은 능력이 빠져 있다. 어떤 일이 잘되지 않으면 우리는 하나님을 의지하면서 그의 능력을 구하지 않고, 어떤 새로운 조직이나 기구를 찾는다. 우리는 이미 너무나 많은 조직과 방법과 기구를 사용하여 보았다. 제대로 성공한 적이 거의 없다. 진정으로 우리가 필요한 것은 어떤 새로운 조직이나 새로운 기구가 아니라 "그 조직 속에서 역사하고 계시는 성령"이다.85)

오늘날도 기도는 큰 능력을 가지게 된다. 하나님은 변하지 않으셨다. 지금도 그분의 귀는 진정한 기도를 듣는데 신속하고 그의 손은 예전처럼 구원하는데 길고 힘이 있다. "여호와의 손이 짧아 구원치 못하심도 아니요 귀가 둔하여 듣지 못하심도 아니라 오직 너희 죄악이 너희와 너희 하나님 사이를 내었고 너희 죄가 그 얼굴을 가리워서 너희를 듣지 않으시게 함이니"(사59:1-2). 기도는 하나님의 무한한 은혜와 능력의 창고를 여는 열쇠이다. 하나님의 전존재, 전소유물이 이 기도에 달려 있다. 기도는 하나님만이 하실 수 있는 일은 무엇이든지 할 수 있다. 그리고 하나님의 어떠한 일도 하실 수 있듯이 기도는 전능하다. 어떤 사람도 기도하는 법을 알고 역사하시는 기도의 조건을 채우며 진실로 기도하는 사람을 당해 낼 수는 없다. "전능하신 여호와 하나님"께서 그 사람을 위해서 그리고 그 사

람을 통해서 역사하시는 것이다.86)

1) 기도는 하나님의 말씀 공부와 함께 인격적 성화를 촉진한다

기도가 하는 구체적인 일은 하나님의 말씀 공부와 함께 기도는 인격적 성화를 촉진한다. 기도는 하나님의 말씀 연구와 함께 각 개인의 경건과 성화와 신앙 성숙을 촉진시켜 우리 구주 예수 그리스도의 형상을 닮게 한다. 기도와 하나님의 말씀 연구와는 항상 밀접한 관계가 있다. 말씀 공부 없이 참된 기도가 있을 수 없고 기도 없는 참된 공부가 있을 수 없다.87)

우리가 예수님의 형상을 닮아 가는 것은 기도에 쏟아 붓는 마음과 시간에 정비례한다. 우리가 성장하여 예수님의 형상을 닮은 것은 기도에 쏟아 붓는 우리의 마음과 시간에 정비례한다. 왜 이러한 말을 하는가? 오늘날 수많은 그리스도인들이 많은 시간을 바쳐 기도하지만 그들의 마음을 쏟아 놓지는 않는다. 그렇게 오래 기도하지만 실제로 기도하는 시간은 거의 없는 것과 같다. 그러나 짧은 시간 동안 기도해도 온 마음을 쏟아 깊이 기도하는 사람이 있다. 그래서 오랜 시간 동안 기도하는 사람보다 짧은 시간이지만 온 마음을 다하여 기도한 사람이 더 많은 일을 성취한다. 하나님께서는 예레미야에게 말씀하신다. "너희가 전심으로 나를 찾고 찾으면 나를 만나리라"(렘29:13).

성경을 주의 깊게 읽어 나아가면 모든 신령한 축복은 기도를 통해서 얻어지는 진리를 발견하게 된다. 하나님께서 우리를 살피사 우리 마음을 아시며 우리를 시험하사 우리 생각을 아심으로 우리의 악을 들어내시고 악에서 건지시는데 이것이 바로 기도의 응답이다 (시139:23-24). 기도는 우리에게 숨은 허물을 씻음 받고 고범죄를 짖지 않게 되는 것이다(시19:12-13). 기도는 나의 반석, 나의 구속자 이신 여호와께 입의 말과 마음의 묵상이 열납 되기를 원하는 것이다(시19:14). 기도를 통해서 여호와께서 주의 도를 우리에게 보이시고 주의 길을 가르쳐 주심을 배운다(시25:4-5). 기도를 통하여 주께서 교훈하심으로 우리가 시험에 들지 않으며 악한 자에게서 구원받는다는 진리를 깨달을 수 있다(마6:13). 하나님은 우리의 기도 응답으로 성령을 주신다고 말씀한다(눅11:13). 우리는 성령을 통하여 모든 신령한 축복을 경험할 수 있다. 그러나 이 모든 축복은 기도를 통해서 얻을 수 있다. 우리 주님은 구하는 자에게 좋은 것을 주시겠다고 약속한다(마7:11).

그러나 성경 전체를 통해 우리가 갈망하고 원해야 할 일은 예수님의 형상을 닮는 일이다. 기도의 가장 놀라운 능력은 우리가 예수님을 닮도록 변화시키는 것이다(고후3:18). 영광에서 영광으로 이르는 비결이다. 모세는 시내산에 올라가 40일 동안 하나님과 교제한 후 산에서 내려 왔을 때 백성들이 접근할 수 없을 만큼 얼굴에서 공채가 났다. 비록 우리의 얼굴이 모세처럼 얼굴에서 광채가 나지 않는다 해도 우리의 인격이 변하고 빛난다는 사실을 잊어서는 안 된다. 우리는 날마다 하나님과 교제하여 새로운 영광의 빛을 받아 소망이 없고 암담한 세상에 빛을 반사해야 한다. 바로 여기에 하나님과 같이 될 수 있는 비결이 있다. 하나님과 오랫동안 교제를 나

누어라. 하나님과 깊이, 오랫동안 교제하지 않으면 그 분을 닮을 수 없다.88)

정말 성결하게 되기 위해서는 시간이 필요하다. 이러한 시간이 없이 즉각적으로 성결해 질 수 없다. 성결해지기 위해서는 은밀한 기도에 많은 시간을 드려야 한다. 주님과 개인적인 깊은 교제는 우리를 진정한 성결로 인도한다. 오늘날 자칭 그리스도인이라고 공헌하는 사람에게서 주님의 인격과 형상을 거의 찾아 볼 수가 없다. 그것은 주님과 개인적인 깊은 교제와 기도가 거의 없기 때문이다.89) 우리가 정말 기도를 통해 기도의 능력을 체험하면 주님의 영광스러운 형상을 닮게 된다.

2) 기도는 우리가 하는 일에 하나님의 능력이 임하게 한다

기도는 교회 부흥과 성장과 성숙의 원동력이다. 이사야는 기도를 통해 하나님을 만난 후 성결해졌을 뿐만 아니라 그의 사역에 하나님의 능력이 임했다. 기도는 우리 자신의 성결을 촉진시킴과 함께 우리의 사역에 하나님의 능력이 임하게 한다. 여호와를 앙망하는 자는 새 힘을 얻고 독수리의 날개 치며 올라감 같을 것이고 달음박질하여도 곤비치 않고 걸어도 피곤치 않겠다고 약속하신다(사40:28-31). 자기가 하는 봉사에 하나님의 능력을 힘입는 것은 하나님의 자녀들에게 주어진 특권이다. 효과적이고도 열매 맺는 사역을 위해서는 하나님의 능력이 절대적으로 필요하다. 성경은 하나님의 능력을 얻는 방법을 제시한다. 하나님의 능력은 하나님을 앙망함으로 얻을 수 있다(사40:31).

우리는 주께서 주시는 강하고 당당한 방법으로 하나님을 섬겨야 한다. 어쩌면 우리는 자신이 천부적인 능력이 없다고 말할지도 모른다. 그렇다면 초자연적인 능력을 받아야 한다. 기독교는 처음부터 끝까지 초자연적인 종교다.90) 우리가 정말 구원받은 그리스도인이라면 초자연적 능력, 즉 예수 그리스도를 통하여 성령께서 주시는 하나님의 능력으로 봉사하고 사역해야 한다(고전12:11).

우리가 정말 밤을 새워가면서 좀더 하나님께 깊이 기도한다면 영혼들을 만날 때 능력 있는 시간을 보낼 것이다.

5. 기도하는 집으로 기도하는 교회 만들기

오늘날 기도운동이 많이 일어나고 있다. 목회자들도 그것을 알고 있다. 기도의 양과 질, 이 모두가 증가 추세에 있다. 그러나 기도를 교회 사역의 최우선 순위가 되게 하는 것은 단순한 가르침을 통해서나 생각을 바꾸어 놓는 것 이상을 요구한다. 즉 기도하는 습관과 연습을 필요로 한다. 성도로 부르심을 받은 일들 중에서 기도는 가장 중요한 일임에도 불구하고, 통계에 의하면, 교회에 다니는 수많은 성도들이 기도하는 시간은 극히 적다.

하나님으로부터 부르심을 받고 나서 기도는 가장 중요한 일이다(사56:7; 마20:13; 막11:17; 눅19:46). 역사적으로 볼 때도 교회의 위대한 지도자들은 모두가 기도의 사람들이었다. 진정으로 뛰어난 교회들은 모두 기도하는 교회들이다. 교회생활에서 하나님의 능력이 부어지고 활력이 넘치는 길은 기도밖에 없다. 기도 없는 교회는 능력도 없고 열매도 없다. 기도하는 습관과 연습을 필요로 한다.

이를 위해 구체적이고 실제적인 내용을 기도훈련에서 방법들로 제시하고자 한다.

이사야서 56장 7절 "이는 내 집은 만민이 기도하는 집이라 일컬음이 될 것임이라." 하나님은 그의 "집"이 "기도하는 집"으로 알려질 것을 말한다. 예루살렘으로 행진하신 후에 예수님은 성전의 장사하는 사람들의 상을 뒤집어엎으시고 바로 하나님의 명령을 다시 한번 반복하여 말씀하신다. "이는 내 집은 만민이 기도하는 집이라 일컬음이 될 것임이라"(마21:13). 기도하는 집이 되는 길은 기도가 참 좋다는 것을 믿는 것만 가지고는 안 된다. 통계에 의하면 믿지 않는 사람들도 좋다는 것은 다 알고 있다. "기도의 집"이란 의미는 기도의 관심, 정기적 예배 참석, 여러 기도모임 이상을 의미한다. "기도하는 집"은 교회가 진짜 교회인지 아닌지 알 수 있는 표시(mark)이다.

1) 기도의 부르심

기도하는 집이 되기 위해 가장 중요한 것은 하나님과 함께 시간을 보내는 것이고, 성경 말씀과 더불어 기도를 통하여 하나님의 뜻을 알게 하는 것이다.[91]

(1) 하나님께서는 우리에게 기도하라고 명령하신다(롬12:12; 살전5:17).

(2) 예수님은 기도의 모범을 보이셨다(막1:35; 눅6:12; 마26:27).

(3) 성경은 기도의 중요성을 강조한다(딤전2:1)

(4) 기도는 교회의 가장 값진 자원 중에 하나이다.

(5) 기도는 반드시 그 효과가 있다(출17:8-16; 행12:1-18; 행16:25-34).

(6) 기도는 예수님을 기쁘게 한다(딤전2:3).

(7) 기도는 하나님께서 주관하심을 우리에게 거듭 상기시켜 주십니다(렘32:16-17).

(8) 기도를 통하여 우리는 하늘로부터 은혜의 선물을 받는다(마 7;7; 요일5:14-15).

(9) 하나님은 기도를 통하여 초자연적인 일이 일어나게 하신다(약5:17-18).

(10) 기도는 복음을 전파하는 기초를 다진다(골4:2-4, 12).

(11) 기도는 사람들을 구원으로 이끄는데 있어서 결정적인 역할을 담당한다(딤2:1-4).

(12) 기도는 어려움을 극복하고 나아가는 힘과 능력을 얻는 길이다(빌4:6-7).

(13) 기도는 우리를 시험에 들지 않도록 우리를 보호해 준다(마 26:41).

(14) 기도는 귀신을 쫓아내는 능력을 가져다준다(막9:29).

(15) 기도는 나라의 상처도 치유해 준다(대하7:14).

(16) 기도는 우리의 영적인 교제의 수준을 높여준다(유다서1:20)

2) 기도하는 집의 표시

기도하는 집의 의미를 지적할 때 몇 가지 기준 되는 내용이 있다. 기도가 교회의 최우선이 되고, 기도가 교회를 대표하는 사역이 되고, 기도가 교회 사역의 구석구석에 다 배어 있는 곳을 말한다. 이런 기반을 가지고 기도하는 집은 다음과 같은 요소들을 포함한다.
   (1) 목회자가 기도에 헌신하고 있다.
   (2) 교회의 지도자들이 기도를 통해 교회를 이끌어 간다.
   (3) 교인들도 개인생활과 집단생활에서 기도를 심각하게 생각한다.
   (4) 기도가 필수적이고 의도적이 되어 교회생활에 깊이 관여되어 들어간다.
   (5) 기도의 강조가 내부적이면서도 외부적이다.
   (6) 지역교회는 그 지역의 다른 교회들과 연합으로 기도회를 가진다.
   (7) 기도에 정기적인 훈련이 행해진다.
   (8) 교인들이 정기적인 기도 모임으로 모인다.
   (9) 임명된 기도 팀이 기도사역의 지도력을 행사한다.
   (10) 하나님께서 기도에 응답해 주신다.[92]

3) 기도사역 시작하기

 기도하는 교회를 만들겠다는 생각만 해도 그 일이 힘에 부치는 일로 생각되거나 우리를 압도할지도 모른다. 물론 그것은 사실이다. 당신이나, 기도 팀, 사역자, 그 누구도 기도사역을 시작하거나 완성할 수 없다. 왜냐하면 이것은 하나님의 일이기 때문이다. 오직 하나님만이 이 일을 가능하게 한다. 기도사역의 기본 사역을 제시한다.
   (1) 기도하라
   (2) 꿈을 발견하라

(3) 꿈을 정의하라

(4) 꿈을 널리 펼쳐라

(5) 팀을 만들라

(6) 사업계획을 세우라

(7) 세운 계획을 실행에 옮기라

(8) 평가하라

(9) 축하하라[93]

6. 기도의 장애물들

먼저 우리가 알 것은 모든 기도는 응답을 받는다. 하나님이 들으실 만한 기도는 모두 응답 받는다. 그러나 하나님이 받으실 수 없는 기도가 있다. 그 때 하나님은 그 기도를 응답해 주시지 않는다. 그러므로 응답 없는 기도는 하나님께서 응답해 주시지 않아서가 아니라 우리의 기도가 잘못되었을 때 들어주시지 않는다. 성경에는 응답 받을 수 없는 기도에 대해 말하고 있다.

알 에이 토레이 목사는 기도의 장애물을 여섯 가지로 요약하고 있다.[94] (1)그릇된 동기 (2)마음과 생활 속의 죄악 (3)마음속의 우상 (4)용서하지 않는 마음 (5)주는 데 인색함 (6)부부관계의 불화를 들고 있다. 조지아 하크니스(Georgia Harkness)는 개인적인 태도들, 사회적인 환경, 불안 긴장과 영적인 메마름을 지적하면서 개인의 태도의 장애 요인들은 (1)무관심 (2)자기만족 (3)성급함 (4)불성실을 들고 있다.[95]

1) 그릇된 동기인 정욕으로 쓰려는 기도

"너희가 얻지 못함은 구하지 아니함이요 구하여도 받지 못함은 정욕에 쓰려고 구함이니라"(약4:2-3).

야고보 사도는 우리기 얻지 못함은 구하지 아니함이고, 구하여도 받지 못하는 이유를 정욕으로 쓰기 위한 그릇된 동기라고 설명한다. 이것이 잘못 구하는 기도이다. 그 잘못은 정욕으로 쓰려고 기도하기 때문이다. 정욕으로 쓰려는 기도는 이기적 목적으로 사용하려는 것이라는 뜻입니다.96) 이기적이라는 것은 자기의 욕심을 만족시키는 것이다. 우리의 개인의 욕망, 정욕, 영광을 위한 기도가 이기적이며, 정욕이 동기가 된 기도이다.

이기적이지 않은 기도는 누가복음 11장에 예수님이 기도하는 방법을 말씀하시면서 비유로 한 예화이다. 한 친구가 한 밤 중에 잠자고 있는 친구에게 떡을 요구한 것은 자기의 먹을 것을 구한 것이 아니라 자기를 찾아 온 친구를 대접하기 위한 것이다. 그러므로 이 기도는 이기적인 기도가 아니라 이타적인 목적인 목적이 있다. 간구의 동기가 항상 자기중심이 아니라 자기와 이웃의 관계에 필요하고, 특히 이웃을 이롭게 하는 것이어야 응답된다.

이타적인 기도는 다른 사람이나, 기관, 교회, 국가만을 위한 것은 아니다. 우리의 기도 생활에서 최대의 목적은 기도의 응답을 통하여 하나님을 영화롭게 하는 것이다.97)

2) 마음과 생활 속에 죄악을 품는 기도

하나님과의 관계에서 우리의 마음이 깨끗하고 정결해야 한다. 마음이 청결한 자가 하나님을 보게 된다(마5:8). 우리가 하나님을 멀리하고 담을 쌓는 이유의 중심은 죄 때문이다. 우리의 죄악이 우리와 하나님 사이를 내었고, 우리의 죄가 하나님을 바라보지 못하게 하고 있다(사59:1-2). 하나님은 손이 짧아 구원치 못하심도 아니요, 귀가 둔하여 듣지 못하심도 아니라고 설명한다. 다만 우리의 죄를 보고 계시기 때문에 응답하여 주시지 않은 것이다.

죄의 회개 없이 기도의 응답이 없다. 회개는 기도응답의 다리이다. 우리는 이 다리를 놓는 작업을 하여야만 응답을 받는다. 우리가 우리 마음에 죄악을 품으면 주께서 듣지 않으신다(시66:18).

3) 용서하는 마음 없이 드리는 기도

우리의 죄를 용서받고 회개가 이루어지기 위해 먼저 하여야 할 일이 있다. 그것은 우리가 남의 죄를 용서하지 않으면서 용서를 구하고 죄를 깨끗하게 할 수 없다는 것이다. 예수님은 각 중심으로 형제를 용서하면 하나님이 용서해 주시겠다고 하신다(마18:35). 용서하지 않음이 죄이다. 우리가 기도할 때에 장애 되는 죄 중에서 용서하지 않는 마음이 기도 응답의 제일 큰 장애이다.

하나님과 나와의 사이에 죄의 담을 헐고 범죄의 거리를 좁힐 때에 기도의 응답이 있다. 그러나 이 담과 거리를 좁히기 전에 우리는 이웃과의 관계를 좁혀야 한다. 이것이 화해이며, 용서를 통하여 먼저 타인과의 사이에 있는 담을 허는 것이다. 예수님은 서서 기도할 때에 혐의가 있거든 용서하고, 원망들을 만한 일이 있으면 화목한 후에 예물을 드리라고 하신다(막11:25; 마5:23-24).

4) 잘못된 부부 관계에서 드리는 기도

우리의 기도가 응답 받으려면 부부가 합심하여 화목의 제단을 쌓아야 한다. 인간 사이에서 가장 가까운 관계는 부부 사이이다. 나의 가장 가까운 사람, 이웃이 나의 아내요, 남편이다. 서로 화목해야 한다면 그 서로는 부부요, 서로 용서해야 한다면 부부끼리 먼저 용서해야 한다. 두 사람이 합심한다면 그것은 부부의 합심이며 함께 기도한다면 먼저 함께 기도해야 한다.

기도의 응답도 마찬가지이다. 부부가 불화한 중에 드리는 기도는 하나님의 응답해 주시지 않는다. 기도의 응답이 없을 때 그 원인을 먼데서 찾으려 하는 잘못이 있다. 그 원인은 아주 가까운 데 있다. 즉 부부 관계의 비정상, 불화, 불신에 있다. 하나님은 땅에서 매면 하늘에서도 매고, 땅에서 풀면 하늘에서도 푼다고 말씀하신다. 땅의 부부관계에서 풀어야 할 것을 풀어야 하늘의 아버지께서 어려운 문제를 풀어 주신다.

베드로는 남편된 자들이 아내에 대해 성경의 지식에 따라 구하고, 아내와 동거하고, 더 연약한 그릇으로 대하고, 생명을 받을 자로, 귀히 여기라고 말하고 있다(벧전3:7).

5) 사랑이 결핍된 기도

기도는 하나님께서 주시는 것으로 받기 위한 것만이 아니다. 기도는 내가 할 수 없는 것을 하실 수 있는 하나님의 지혜, 능력, 은사 그리고 신령한 선물을 받기 위한 것이다. 즉 받기만을 위한 것이 아니라 주기 위하여 무엇을 달라는 것이다. 하나님은 우리가 기도할 때에 가장 좋은 것을(마7:11) 주시겠다고 약속했고, 그 좋은 것은 성령(눅11:13)이라고 하신다. 그런데 성령이 주시는 은사 중에 제일의 은사가 사랑이다.

기도 응답의 가장 큰 선물은 성령을 받는 것이고, 성령을 받으면 가장 큰 기능은 예수 그리스도를 전하는 것이다. 그리고 사랑을 실천하는 것이다. 예수 그리스도는 그의 나라가 이루어지게 하고, 그의 의를 실현하도록 기도하라고 하신다.

우리의 기도가 응답을 받지 못하는 것은 가난한 자들의 부르짖음을 듣지 못하기 때문이다(잠21:13). 또한 우리가 용서할 줄 모르는 기도 때문이다(막11:25).

7. 기도와 세계 평화와 교회성장

인류는 역사 이래 최악의 위기를 맞이하고 있다. 어느 세대나 문제가 없는 세대는 없었으나, 최악의 총체적인 위기를 직면하고 있다. 문명된 세상에서 참혹한 테러와 침략 전쟁의 확산, 공해 문제, 강대국들의 자기 과신, 물신주의와 쾌락주의로 인한 인간성의 황폐화, 윤리, 도덕의 타락, 그리고 세계 종교들의 무력함과 난제들이 있다. 현 한국적 상황은 경제문제, 세대간의 갈등, 남북문제, 유실존과 무실론의 영적 싸움까지 다양한 문제들이 표출되고 있다. 지금 온 인류는 하나님께 해방과 자유를 갈구하고 있다.

예수님은 주기도문에서 하나님의 나라를 강조하고 있다 "나라이 임하옵시며 뜻이 하늘에서 이룬 것 같이 땅에서도 이루어지이다"(마6:10). 예수님은 먼저 하나님의 나라를 구하셨을 뿐만 아니라 그분의 나라와 뜻을 제일로 추구하도록 하셨다(마6:33).

하나님의 나라는 하나님께서 통치하시고, 지배하는 나라요, 하나님의 목적과 뜻이 이루어진 상태이다. 이 하나님의 나라는 인간이 주도적으로 이루는 것이 아니요, 하나님의 주도적인 섭리와 역사로 이루어진다. 그러나 우리 그리스도인들은 하나님 나라의 도래를 위해 기도할 수 있고, 선교 사역에 참여함으로 그 나라의 실현에 참여할 수 있다.

우리는 그리스도를 영접하면 그 분의 통치를 받게 되고 내적 천국을 이루게 된다. 개인적 천국을 누리는 것은 심령 천국에만 머물라는 뜻이 아니고, 자신이 속해 있는 가정, 문화, 노동, 국가, 나라, 그리고 세계 공동체가 하나님의 나라가 되도록 기도하며 천국 사역에 참여할 사명과 책임이 있다.

기독교의 종말론이 그렇듯이 기독교인들은 하나님 나라에 대한 책임적인 윤리를 요구받는다. 이 책임을 감당하기 위해 우리는 기도할 때나 인생을 살아 갈 때 하나님의 나라를 최우선시 하고 전심으로 구해야 한다. 하나님의 나라는 하나님의 시간표에 따라 종말론적으로 실행되나, 신랑 되신 예수 그리스도가 재림하실 때까지 신부로서 항상 깨어 기도하면서 맡겨주신 사명을 감당해야 한다.

기도는 기독교 사역 중에 가장 근본적이고, 중요한 사역이다. 이는 그리스도인이 기도로 하나님과 함께 일하며 하나님의 나라의 확장에 참여하는 것이다. 우리는 입으로만 아니라 권세 있는 기도를 사용하여 하나님과 능력과 권세를 의지하고서 하나님의 나라의 사역을 힘차게 진행 시켜나가야 한다.

세계 평화는 언제 이 세상에 실현 될 것인가? 인간 세상에서 영원히 실현 될 수 없는 것인가? 우리 그리스도인들은 평화에 대한 꿈과 노력을 결코 포기할 수 없다. 예수님은 우리에게 자유와 평화를 주셨다. 그것들을 이 세상에 구현하도록 해야 한다.

하나님께서만 하나님의 나라와 세계 평화를 이루실 수 있음을 확신하고 하나님만을 전심으로 찾고 그분께 부르짖어 기도하자(렘29:10-14; 출2:23; 왕상18:20; 사66:17).

8. G교회의 기도와 부흥의 실례

섬기고 있는 G교회를 놓고 몇 가지 단어로 표현해 보라고 한다면 바로 "기도"와 "말씀"이라고 하겠다. 여러 가지 면에서 많은 좋은 프로그램들이 있지만, G교회를 이끌어 가는 힘은 바로 이 "기도"에 있다고 생각된다. 담임목사님 스스로가 기도에 무장되어 있으시다. 실제로 초기부터 함께 신앙생활을 해 오신 성도님들의 간증에 의하면 목사님이 부흥사로 바쁘게 다니시기 전에는 거의 매일 밤 철야를 하시며 기도하셨다고 한다. 이미 고등학교시절 주님을 만난 후부터 이어져 온 기도의 삶이었던 것이다. 담임목사님의 이러한 목회철학이 기본 바탕이 되어서 인지, G교회는 자연스럽게 기도의 분위기가 잡혀있다. 언제든지 교회에 오면 24시간 자유롭게 기도할 수 있고, 모든 예배 시에는 성도들의 통성기도 소리가 교회 안에 메아리 치곤 한다. 여담으로 지금 이제 교육전도사 3년차에 접어들고 있지만, 사역의 능력보다 기도의 영성을 성도들은 더 인정해 주시는 것 같다. 또한 다른 일이 있어 교회를 떠났다가도 G교회의 기도소리가 그립고,

목사님의 설교가 그리워 다시 돌아오는 사례도 종종 있다고 한다.

G교회는 몇 가지 기도의 특별한 프로그램들이 있다.

먼저 다른 교회들이 탐방을 와서 볼 정도로 자랑으로 삼는 것이 바로 "11시 중보기도 모임"이다. 이 모임은 평신도들이 중심이 되어 자발적으로 생겨난 모임으로 365일 밤 11시에 함께 모여 나라와 민족, 교회와 담임목사님, 사역자들 그리고 성도들의 중요한 기도제목을 놓고 중보하는 모임이다. 이 모임에는 250명에서 많게는 300명정도의 평신도가 자발적으로 참석하여 매일 밤 뜨겁게 기도하고 있다. 모임의 인도자도 평신도이다. 하지만 이 모임을 통해 나타나는 하나님의 응답과 영적인 능력들은 참으로 놀랍고 경이롭다. 실제로 성도들이 합심해서 중보해 줄때, 병고침이 일어나기도 하고, 방언의 은사가 나타나며, 귀신이 떠나가는 역사들이 심심치 않게 일어나고 있다. 그 샘플을 간략하게 제시하고자 한다.

G교회 200( )년( )월 중보기도 제목

† 담임목사님을 위하여

1	담임목사님 영육간 강건함 주시고 목사님으로 인해 민족 복음화, 지역 복음화의 비전과 꿈을 이루어주시고 세계 모든 민족 위에 뛰어난 성령 충만한 목사님으로 기름 부어 주소서
2	10월 한달 집회와 주일 말씀이 불을 토하는 성령의 능력과 이적과 기적이 나타나게 하소서…

† 나라와 민족을 위하여

1	위정자들을 위하여, 북한의 핵문제를 위하여, 한국교회의 부흥을 위하여…

† 교회와 사역자를 위하여

| 1 | G교회를 온전히 성령님이 운행하셔서 하나님의 거룩한 뜻과 폭발적인 성령의 역사가 일어나도록… |

† 교회에 있을 한달 행사를 위하여

| 1 | 전인적 치유수양회를 통하여 내적치유의 역사가 일어나게 하소서… |

† 고3 수험생을 위하여

| 1 | 수험생들이(11/6) 기도와 지혜와 건강과 성실로 승리하며 주님께 영광을 돌리는 자녀 되도록 |

† G교회 해외 선교와 후원 선교사님들을 위하여

| 1 | G교회에 선교의 문이 열리고 담임목사님을 비롯한 모든 사역자가 열방을 향한 선교의 비전으로 나아가도록 |

† 중보기도 모임을 위하여

| 1 | 주님의 음성에 순종하는 중보기도 모임이 되게 하소서 |

† 환자를 위한 중보기도

1	박	만성신부전증 완치
2	최	갑상선완치
3	안	혈압, 당뇨 주님의 보혈로 치료

† 요일별 평신도 중보기도자 명단(매일 10-20여명씩)

1	장 (김)	건강의 축복/ 온가족이 하나님을 위해 사는 삶/ 김식, 김 철 앞길 인도, 범사에 형통한 만남의 축복
2	김 (성)	가족 영혼 구원/ 아량, 아나- 믿음, 지혜, 건강축복/ 중문금속 사업장 초자연적인 축복
3	손 (김)	남편- 영육강건, 계획하는 일 형통, 강경A 564세대 매매, 부채해결/영미-결혼을 위해/기용-눈수술 후 회복 잘 되도록/ 미성- 영분별, 앞길인도, 배우자

위에 제시한 예는 간단하게 소개 되었지만, 그 기도제목들은 구체적이며 현실적인 것들로, 성도들이 마음을 모아 합심하여 기도할 수 있도록 하고 있고, 정말로 다른 사람을 위하여 진심어린 중보를 할 수 있도록 해준다. 실제로 그 자리에 참석한 몇 백 명의 성도가 한 사람의 성도를 위해 집중적으로 기도해 줄때 어찌 역사가 일어나지 않겠는가?

중보기도는 도움을 필요로 하는 사람들을 위한 기도이다. 그것은 누군가를 위하여 성령의 능력을 의지해 드리는 기도이다 그러므로 내가 처한 그 자리와 여건에서 내 가족과 이웃으로부터 사회, 민족, 온 세계를 향한 하나님의 뜻을 구하는 모든 것이 중보기도이다. 중보기도는 그러므로 내 좁은 공간으로 온 우주를 품은 일이다. 무엇보다 여기서 우리는 그리스도인의 호연지기를 배우며, 주님이 베푸신 세상의 질서에 대해 눈을 뜨게 된다.[98]

이 외에도 여러 가지 기도의 프로그램들이 많이 있다. G교회는 기도위원회를 구성하여 담임목사님의 설교시에 집중해서 중보하는 시간을 갖기도 하고, 또한 매년 2차례씩 20일 특별새벽기도회를 진행함으로 성도들의 신상생활 체질을 개선하고 영적으로 무장하게 하여, 기도의 삶을 살도록 훈련하고 있다.

이 외에도 매월 첫 주 월요일에는 전교인 총동원 새벽예배를 함으로 어린아이부터 장년에 이르기까지 온 가족이 함께 나와 기도하고 있다.

한국교회의 생명은 새벽기도회에서 시작된다고 한다. 새벽을 깨우는 기도로 부흥과 성장의 길을 달려왔다는 평가이다. 혹자는 한국교회의 새벽기도회를 일컬어 "잠자고 있는 세계 여러 나라들을 일깨워 주는 종소리와 같다"고 극찬한 바가 있다. 한국의 새벽기도회는 외국의 다른 여러 나라 교회들이 실시하지도 않는 것이며 한국 교회만이 갖고 있는 특별한 기도 운동이요, 참 아름다운 유산이 아닐 수 없다.99) 그러나 산업사회에 접어들면서 새벽기도회 운동이 안타깝게도 하향곡선을 그리고 있다. 경제상황의 변화에 의해 신앙생활의 본질이 흔들린다면 이는 결코 옳지 않다. 한국교회 부흥의 원동력이 새벽기도에 있음을 인식할 때 새벽기도 문화는 어떤 방식으로든 재고되어야 하며, 더 나은 대안을 모색할지언정 그 중심은 흔들리지 않아야 한다.

또한 이미 많이 알려진 "금요철야예배"도 있다. 이 모임은 여느 모임과는 달리 은혜로운 찬양과 뜨거운 기도를 체험 할 수 있으며, 담임목사님의 말씀을 충만히 받고 갈 수 있는 기회이다. 실제로 초신자들도 이 모임을 통해 많은 은혜를 받고 있다. 이미 G교회에는 모든 프로그램의 기본이 기도임을 몸으로 인식하고 있다. 모든 행사를 앞두고 기도 없이는 일을 진행하지 않는다. 최소 일주일에서 한 달까지 그 행사를 위해 기도로 준비한다. 때로는 금식도 하며, 작정하여, 합심으로 기도하면서 진행할 때, 많은 경우는 행사보다 그것을 준비하며 기도하다가 더 많은 은혜를 받는 경우를 종종 보게 된다. G교회는 기도하는 교회이다. G교회의 기도는 살아있다. G교회는 기도를 생활 속에 실천하는 교회이다. G교회의 부흥의 요인은 바로 이 기도에 있다 해도 과언이 아니다.

건강하게 성장하는 교회들의 영성과 열정은 기도에 의해 크게 좌우된다고 본다. 그들은 대부분 기도가 뜨겁고 기도하는 시간도 많다. 건강한 교회의 목회자와 교인들은 기도하는 시간을 즐거워하고 기도의 맛을 느끼고 있다. 기도를 통하여 은사를 받고 응답을 받으며, 성도들 사이에 기도 응답의 간증을 나누고 그것이 또 다른 기도의 열심을 일으킨다. 이렇게 기도 생활이 살아나면 성경읽기에 대한 기쁨도 저절로 살아난다. 성도 스스로가 성경을 읽어 영적인 양식을 취하고자 하는 신선한 바람이 부는 것이다. 기도든 전도든 찬양이든 그것이 우리 삶의 일상 가운데로 들어와 마치 밥 먹듯 할 수 있다면 이것이야 말로 성육화된 온전한 영성이라 생각한다. 그렇기 때문에 우리의 기도에는 하나님의 능력이 나타난다. 기도를 통해 응답을 받는 삶이야말로 하나님께서 살아계신 증거를 날마다 체험하는 방식이다. 내가 하나님의 자녀라는 확신 또한 기도의 응답에서 비롯된다.

그래서 기도는 하나님의 능력을 경험하는 통로이며, 우리는 기도를 통해 우리의 가장 긴요하고 근원적인 필요들을 채우게 된다. 그렇기 때문에 기도를 누리는 신앙이 살아있는 신앙인 것이다. 지금 역사하시는 하나님, 어제나 오늘이나 영원토록 동일하신 하나님과 함께하는 실제적인 신앙이기 때문이다. 기도는 영적인 과학이다. 하나님은 우리가 무릎을 꿇기만 하면 즉시 귀를 기울이신다. 우리 아버지 되신 하나님은 우리에게 어떤 고민이 있는지, 무엇이 필요한지 늘 관심을 기울이고 계신다. 이것이 바로 우리가 기도할 때에 담력을 얻어 보좌 앞에 나아갈 수 있는 유일한 이유이다. "너는 내게 부르짖으라 내가 네게 응답하겠고 네가 알지 못하는 크고 비밀한 일을 네게 보이리라"(렘33:3). 게다가 하나님은 한 번도 우리의 기도를 무성의하게 들으시는 일이 없는 분이다. 또한 그분은 우리의 기도에 반드시 응답하신다. 때로는 즉시, 때로는 더 풍성하게 넘치도록 주시고, 때로는 그 기도가 우리들에게 해가 되는 경우에 무응답으로 역사하신다.100)

교회의 미래는 기도만이 담보한다. 지금처럼, 하나님의 교회에 명목상의 신자들만이 가득하고 냉담하게 신앙생활 하는 사람들이 주류를 이루며, 말씀과 기도의 세계를 거의 상실한 채 살아가는 사람들이 교회에 가득 찬 나라는 미래가 어둡다. 하나님의 백성들은 같은 세상 나라에 살면서도 다른 사람들이 갖는 것과는 구별된 소망을 갖고 사는 사람들이어야 한다.101)

9. M교회의 기도혁명

1) 듣는 기도

문지기는 목자에게 문을 열어 주고 양들은 그의 목소리를 알아듣는다. 그리고 목자는 자기 양들의 이름을 하나하나 불러서 이끌고 나간다. 자기 양들을 다 불러낸 다음에, 그는 앞서서 가고, 양들은 그를 따라간다. 양들이 목자의 목소리를 알고 있기 때문이다(요 10:3~5). '듣는 기도' 혹은 '침묵기도'는 '하나님의 음성듣기'라는 명제로도 많이 알려져 있는데, '기도는 하나님과의 대화다'라는 불변의 명제를 실제 기도생활에서도 나타나게 하려는 것이다.

듣는 기도를 하는 데는 3가지 단계가 있다. 첫 번째는 하나님의 거룩한 말씀을 간구하는 마음으로 묵상함으로써 그것을 우리의 영혼과 마음에 심는 것이다. 그러면 하나님의 말씀이 불꽃처럼 우리

안에 거하며 우리는 자연적으로 하나님께 기도드리게 된다. 이렇게 말씀묵상 후 자연스럽게 하나님께 기도하게 되는 것이 두 번째 단계다. 하나님이 성경을 통해 말씀하실 때에 우리는 우리 자신의 필요와 성령의 역사로 인해 하나님께 반응한다. 이러한 우리의 반응에는 감사와 찬양, 분별력과 하나님의 인도와 지혜 등을 구하는 간구뿐만 아니라 더 깊은 명철이 필요한 질문도 포함된다. 마지막 단계는 하나님께 귀를 기울이는 것인데, 우리의 영적 귀를 연마하여 분주한 삶 속에서 하나님이 주시는 어떤 말씀이라도 받을 수 있도록 준비시키는 것이다.

다음과 같이 좀더 자세히 기술할 수 있다.

(1) 하나님의 음성을 듣는 기도의 열매는 '하늘의 지혜'이다

성경이 마음이라고 부르는 직관적 사고기관을 통하여 하나님을 바라보는 것이다. 우리는 마음의 눈과 귀를 통해 하나님을 보고 그의 음성을 들으며 마음을 통해 육체적이거나 물질적인 한계 너머의 초월적인 것을 이해한다. 성경은 은혜롭게 보이지 않는 세계를 보도록 우리를 초대한다. 기도 가운데 하나님의 음성을 듣는 것은 하늘의 지혜를 받는 것이다. 하나님은 자기를 사랑하고 기다리는 자에게 늘 초월적인 지혜와 지식을 주신다.

(2) 하나님의 음성을 듣는 것은 하나님께 순종하는 것이다

진정으로 듣는다는 것은 순종하는 자세로 듣는 것을 의미한다. 하나님의 음성에 귀 기울이는 것은 하나님께 순종하는 것이다. 하늘의 지혜는 순종할 준비가 된 사람에게 임한다. 기도 가운데 주님의 음성에 귀 기울이는 것은 그리스도의 마음을 발견하는 것이며, 명철,

인도, 지식, 권면, 위로를 포함한 초월적인 지혜를 얻는 것이다. 여기서 우리의 최우선 순위는 그리스도의 최우선 순위와 일치한다. 우리 안에 있는 그리스도의 생명이 하나님의 음성에 귀 기울인다.

(3) 그리스도는 하늘의 지혜에 귀를 기울였다

이 땅에 사실 때 예수는 평생 하나님의 임재를 연습하셨다. 성경을 통해 우리에게 말씀하시는 예수를 보고 듣는 것은 거룩한 아버지와 연합되어 항상 하나님께 기도하고 아버지의 음성을 듣는 거룩한 아들을 보고 듣는 것이다. 하나님은 우리 눈에 보이지는 않지만 아들을 지배하고 지도하고 인정하셨다. 그리고 예수님은 온전하게 아버지를 나타내셨다. 이런 방식으로 예수님은 보이지 않는 실재, 즉 우리가 인도받아 그 영원함에 참예하게 되는 객관적인 존재의 임재를 연습하는 본을 보여주신다.

(4) 하나님과 우리의 관계

우리가 순종하는 자세로 귀를 기울이면서 갖게 되는 하나님과의 관계를 살펴보면, 듣고 순종하는 이 연합으로 인도된다. 이 사랑은 우리 각자 안에 있는 참된 '나'를 일깨우며 참된 '나'로부터 찬양이 흘러나온다. 그런 다음 사랑이 창조주로부터 인간에게로, 또 다른 피조물들에게로 흘러간다. 적절한 시각을 갖기 위해 우리는 다른 존재와 맺는 모든 관계를 하나님과의 연합 안에 가져와야 한다. 우리는 그리스도와 그가 주시는 은혜 안에서 감정의존적인 관계를 삼가는 동시에 여러 관계들 속에서 어느 정도 필요하고 건전한 상호의존을 경험한다. 우리는 더 이상 피조물을 향하지 않고 우리에게 생명과 사랑을 거저 주시는 하나님의 임재 안에 거한다.

(5) 하나님과의 연합

말씀과 진리 되신 그리스도는 당신 안에 거하는 우리를 궁극적인 치유인 하나님 아버지와 교제하는 자리로 데려가신다. 하나님의 음성을 듣는 기도가 없이는 대화가 불가능하다. 그리스도 안에서 우리는 아버지께로 나아간다. 하나님의 음성을 들을 때 우리는 우리의 정체성은 완전해진다. 하나님의 영광은 하나님의 임재이며, 하나님의 음성을 듣는 것은 우리가 연습하고 항상 인정해야 할 하나님의 임재에서 중요한 부분이다.

(6) 하나님의 임재를 인정하는 것으로 시작한다.

우리는 하나님의 임재를 연습하는 것으로 시작해야 한다. 우리와 함께, 우리 안에, 우리 위에, 그리고 우리를 초월해서 계시는 분을 늘 인정하는 것은 성경에서 권면하는 대로 쉬지 말고 기도하는 한 방법이다. 이렇게 할 때 하나님이 늘 하시는 말씀을 들을 수 있는 마음의 눈과 귀가 열린다. 그리고 우리는 하나님의 음성을 듣는 순종의 길과 기쁨으로 예수를 주로 알고 인정하며 그의 뜻을 행하는 자유의 길로 들어선다.

그러나 하나님의 임재가 전혀 느껴지지 않을 때조차도 하나님이 항상 우리와 함께 계신다는 사실을 인정하는 데는 훈련이 필요하다. 보지 않는 실체를 인정하는 데는 먼저 의지적인 노력이 필요하다. 우리가 하나님의 임재를 '연습'한다고 말하는 것은 이 때문이다. 더구나 우리 현대인들은 옛 믿음의 선진들에 비해서 보이지 않는 세계를 믿기가 더 어렵고 하나님의 임재를 더 많이 연습해야 할 필요가 있다. 하나님의 임재를 연습하는 것은 간단히 말하면 하나님이 우리와 함께 하신다는 진리를 항상 상기하는 훈련이다. 이것을 계속해 갈 때 우리는 믿음의 눈으로 보는 기적을 체험하게 된다. 우리는 마음의 눈과 귀로 보고 듣기 시작한다. 하나님의 음성에 귀 기울이면서, 우리는 영적으로 미성숙한 상태에서 벗어나 그리스도 안에서 성숙하기 시작한다. 하나님의 음성에 귀를 기울이는 것은 하늘의 지혜를 받는 것이다. 예수와 같이, 우리는 계속해서 하늘의 지혜를 받으면서 자라간다. 주님의 임재 안에 거하는 것은 그의 음성을 듣기 시작하는 것이다. 계속해서 하나님의 음성에 귀를 기울일 때 치유, 자기용납, 그리고 심리적, 영적 균형과 성숙이 이루어진다.

2) 대화식 기도

개인 대화식 기도란 그룹이 하는 대화식 기도와는 달리 혼자서 형식에 매이지 않고 자유롭게 기도하는 행위이다. 계속해서 무언가 말해야 되는 것이 아니라, 생각나는 성경말씀을 묵상하기도 하고, 기도할 제목(찬양, 감사, 자백, 중보, 간구)이 떠오르면 입술을 열어 기도하고, 때로는 찬송가를 따라 부르기도 하고, 조용히 자신을 성찰하기도 하는 형식의 기도행위이다. 여럿이 모여서 기도하지만 개인적인 기도이다. 그래서 옆 사람에게 방해가 되지 않도록 또 다양한 내용으로 기도하는 것을 돕기 위해서 찬송곡들을 편집하여 틀어 놓은 채 각자 기도한다. 대단히 의미 있는 기도의 시간을 가질 수 있을 것이다.

3) 침묵기도

아무런 요청도 하지 말고, 요청을 할 생각도 하지 말고 기도시간에 눈감고 조용히 기다리는 것이다. 그러면서 머릿속에서 어떤 성경말씀이 떠오를까를 기대하십시오. 말씀이 떠오를 때마다 그 말씀에 대한 자신의 반응을 기도로 아뢰는 것이다. 이런 방식으로 침묵기도를 하면 기도의 주도권을 하나님께서 행사하시는 특별한 경험을 하게 될 것이다. 자기 마음대로 중얼거리는 것이 아니라. 하나님이 듣지도 않으시는 '산만한 기도' 독백을 하는 것이 아니다. 단, 마음에 담겨져 있는 성경말씀이 적거나 자기 판단에 대한 확신이 강한 경우에는 효과가 적다.

4) M목사님과의 기도관

M목사님은 하나님의 음성을 잘 못 듣는 가장 큰 이유는 '야심' 때문이라고 한다. 모든 것을 내려놓아야 한다는 것이다. 심지어는 하나님의 음성을 듣겠다는 집착까지도 우리가 하나님의 음성을 듣는 것을 방해할 수 있다고 한다. 그것조차도 내려놓고 마음을 비워야만 하나님의 음성이 들려온다는 것이다. 그리고 그것은 공동체에서 확증될 수 있다고 한다. 같은 음성을 들려주신다는 것이다. 특히 교회에 관해서. 목사님의 경우 원래부터 마음에 욕심이 별로 없다고 하셨다(믿음이 좋아서가 아니라 그렇게 타고나셨다고 표현하셨다). 그래서 어떨 때는 무심하다고 사람들에게 오해를 사신다고 한다. 실제로 기도를 할 때면 목사님은 그냥 앉아서 '하나님, 저 어땠어요?' 라고 물어보신다고 한다. 그러면 하나님께서 거의 바로 응답하신다는

것이다. 그리고 하나님께서 지적하실 것이 있다면 그것도 바로 말씀하신다고 한다. 구체적으로 주의를 주신다는 것. 그러면 목사님께서도 '예 알겠습니다. 미처 생각하지 못했네요. 죄송합니다. 조심하겠습니다.' 라고 하면서 응답하신다는 것이다.

그런 하나님과의 대화가 굉장히 빨리 시작되기 때문에 처음에는 기도를 너무 빨리 끝낸다는 불평을 받았다고 한다. 성도들이 자기들은 이제 기도에 집중할 만하면 목사님께서는 가자고 일어나신다는 것이다. 처음에 이해를 못하셨던 목사님께서는 이제는 사람들마다 기도에 들어가는 시간이 다르다는 것을 이해하시게 되어 기도 끝나는 시간을 정하지 않고 알아서 기도한다고 한다. 목사님이 30분만에 일어나서 먼저 돌아가는 경우도 있고, 몇 시간씩 혼자 남아서 하나님과 대화를 하기도 한다고 한다.

그리고 그룹 기도회를 할 때는 옆사람에게 방해를 주지 않기 위해서 통성기도를 하려는 사람은 따로 방에 가서 소리 내어 기도한다고 한다. 수련회에 가서도 보통 침묵기도하는 시간을 부여하는데 그 시간은 모든 성도들이 자유롭게 산책도 하고 묵상도 하되 절대로 말을 하지는 않는 시간으로 지킨다고 한다. 그 과정에서 하나님께서 말씀하시는 것을 듣고 그 마음을 알아가면서 순종하는 연습을 하게 된 것이 지금의 M교회를 만든 원동력이라고 말씀하셨다.

또 하나 '기도의 파수꾼 제도'가 있었다. 이것은 일주일에 30분간 중보기도만 하는 시간을 가지게 하는 것인데 한달전에 미리 시간표를 모두 작성하고 그 시간이 되면 '기도당번'이 중보기도를 한 후 다음 당번에게 연락을 취해서 기도를 하게 하는 제도였다. 이 시간을 통해 적어도 일주일에 30분이라도 나를 위하여가 아니라 온전히 다른 사람과 교회, 국가, 세계를 위해 기도하는 시간을 유지하는 것이었다.

그리스도인이란 우선적으로 무슨 일을 하는 것이 아니라, 주님과 더불어 함께하는 사람이며, 교회란 무슨 일을 하는 곳이 아니라 일차적으로 주님과 더불어 함께 하는 사람들이 모인 곳이다. 요즘 교회가 침체되어 있다는 이야기들을 하면서 성장세를 회복하기 위한 방안을 모색하고 있지만 결국 모든 것은 성경으로 돌아가야만 한다고 생각한다. 그리고 모든 방법이 (그것이 아무리 선할지라도) 하나님의 음성을 듣고 교제하는데서 시작해야 한다는 것이 너무 당연하고 중요한 사실이다. 그런 의미에서 하나님과 교제하고 그분의 음성을 듣는 것을 연습하고 훈련하고 순종하는 것이 정말 중요하다고 한다.

10. J교회 중보기도 사역

모든 사역에 있어서 사역 철학은 너무나 중요한 부분이다. 사역 철학이 분명한가, 그렇지 않은가에 따라 사역의 성패가 달려있기 때문이다. 이런 점에서 J교회 중보기도 사역에 대한 철학은 아주 분명하다. 무엇보다, J교회의 중보기도 사역 목적은 크게 세 가지로 정리된다. 첫째는 교회가 기도로 하나님을 찾도록 인도하는 목적이다. 둘째는, 개인, 교회, 나라, 세계가 현 시점에서 필요로 하는 것들을 위해 계속해서 기도해 나갈 수 있는 중심적인 장소와 기회를 제공한다. 세 번째 목적은 교회와 하나님 나라에 관련된 모든 사역을 위한 영적 힘이 되도록 기도로 돕는 것이다. 이와 같은 사역철학이 온전히 실행되기 위해서는 중보기도 사역 목표와 구체적 전략이 필요하다.

* **중보기도 사역 목표**

    a. J교회 성도들이 기도하는 사람들로 헌신되도록 한다.

    b. J교회 성도들이 계속해서 기도에 대해 배우도록 한다.

    c. J교회 중보기도실이 계속적으로 중보기도 사역을 위해 쓰여 지도록 한다.

    d. 체계적인 중보기도 사역을 통해 다양한 기도의 필요를 효과적으로 기도하게 한다.

    e. J교회의 중보기도 사역이 다른 교회들에게도 확산되도록 하며 함께 연합한다.

* **J교회 중보기도 구체적 전략**

    (1) 하나님께서 사람의 마음을 감동시키사 기도하는 부담을 지속적으로 갖도록 기도한다.

    (2) 하나님께서 교회 실행위원 및 제직들의 마음을 감동시키사, 기도의 중요성을 인식하고 지속적으로 기도하는데 앞장 설 수 있도록 기도한다.

    (3) 하나님께서 교회의 모든 가정을 감동시키사, 기도의 부름에 기꺼이 동참하도록 기도한다.

    (4) 각 목장이 그리스도의 몸의 원리를 따라 효과적인 중보 기도 사역을 할 수 있도록 기도한다.

    (5) 기도 응답에 대한 성도들의 간증을 나누도록 격려한다.

    (6) 홈페이지를 활용하여 기도제목을 나누고 기도응답의 축복을 공유한다.

1) 중보 기도자 지침서

중보기도자는 반드시 다음과 같은 지침서를 반드시 숙지 하셔야 합니다.

첫째, 중보기도란 매일 일정한 시간에 되풀이하는 단순한 일과가 아닙니다.

둘째, 중보란 생활방식 자체입니다(롬1:9). 중보는 하늘 창고를 여는 하나님의 열쇠입니다(마7:11).

셋째, 중보는 우리 삶 속에 역사하시기 위해 하나님이 사용하시는 도구입니다(욥42:10).

넷째, 중보는 생활방식 자체이기 때문에, 무책임하거나 소홀히 중보기도 사역을 시작해서는 안 됩니다.

중보 기도에 참여하시는 분은 다음과 같이 출석을 하여야 한다.

첫째, 중보기도를 위해 약속한 시간은 책임 있게 지켜야 한다.

둘째, 도착 시간과 또 중보기도실을 떠나는 시간을 정확히 지켜야 한다.

자신에게 할당된 시간을 초과함으로써 다른 사람을 기다리게 하지 않는다.

셋째, 중보기도실에 도착하면 먼저 출석부에 서명하여 정확한 기록을 남긴다.

넷째, 약속한 기도 시간에 참석하실 수 없는 부득이한 사정이 있을 때는 미리 중보기도 행정실에 연락을 해 준다. 부부 사이일지라도 아무에게나 대리로 부탁하지 않는다. 또한, 반드시 중보기도 헌신자나 중보기도 사역훈련을 받은 분만 가능하다.

다섯째, 중보 기도실 문 비밀번호는 해당 기간에 중보기도 헌신자 외에는 알아서는 안 된다. 현재 헌신자 외에는 어느 누구도 알려주지 않는다.

2) 중보기도자 자격

중보 기도자가 되려면 첫째, 기도하는 삶을 갈망하며, 기도사역으로 하나님께 자신을 드리기로 헌신하여야 한다. 둘째, 본 교회 필수 성경공부 과정인 새 생명 및 새 가족 과정을 이수한 후에 중보기도 사역 훈련을 받아야 한다. 셋째, 일주일에 한 시간 중보 기도실에서 기도하며 약속하신 기도시간을 성실하게 담당할 수 있어야 한다. 넷째, 개인이나 교회의 기도 내용을 하나님께만 기도 드릴뿐 그 비밀을 철저히 지킬 수 있어야 한다. 끝으로, 정결하고 깨끗한 경건의 삶을 살아야 한다.

3) 실질적인 중보기도 내용

막상 중보 기도를 시작하게 될 때 구체적으로 어떻게 해야 할지 잘 모를 수가 있다. 그래서, 아주 실제적이고 구체적인 지침서를 가지고 중보 기도에 임하게 된다. 이렇게 구체적으로 이루어지고 있는 중보기도를 각각의 교회에서 적용시켜 볼 수가 있다. 중보 기도자가 중보 기도실에 들어가게 되면 다음과 같은 방법으로 1시간 동안 중보 기도자로 중보 기도를 하게 된다.

처음 5분 동안은 주님에 대한 묵상의 기도로 시작을 한다. 앞에 놓여 있는 성경을 보면서 기도에 대한 약속의 성경구절이나 아침에 묵상한 말씀을 기억하며 기도하는 시간을 갖는다.

다음으로는 5분 동안은 성령님의 인도하심을 구한다. 하나님의 임재를 사모하면서 성령님이 자신을 준비시켜 주시도록 기도하는 시간을 갖는다.

다음 5분 동안은 긴급 기도제목 목록을 보면서 기도한다. 환자나 긴급히 어려움을 당한 가정을 위해서 기도한다.

그 다음 10분 동안은 일반 기도요청카드 목록을 보고 기도한다.

다음은 10분 동안 교회 전체적인 기도제목 사항을 읽고 기도한다. 이 시간에는 부흥회 및 특별행사나 기도제목을 가지고 기도한다.

다음 5분 동안은 한국의 위정자들과 교회사역자들을 위해 기도한다.

그 다음 10분은 최전선에서 사역하고 있는 선교사님들을 위해 기도한다.

다음 5분 동안은 게시판에 붙여진 기도응답카드를 보고 감사와 찬양의 기도를 드린다.

마지막 5분 동안은 중보 기도를 하면서 주님의 인도하시는 대로 마음에 부담을 주신 분들에게 기도전보 카드를 작성한 후, 우편함에 넣어 주면 된다. 중보기도 시간에 대해서 구체적으로 적어보면 다음과 같다.

1. 5분-주님에 대한 묵상의 기도로 시작하십시오.
   기도에 대한 약속의 성경구절이나 아침에 묵상한 말씀을 기억하며 기도하는 시간을 가지십시오.
2. 5분-성령님의 인도하심을 구하십시오. 하나님의 임재를 사모하면서

성령님이 자신을 준비시켜 주시도록 기도하는 것입니다.
3. 5분-긴급 기도제목 목록을 보시고 기도하십시오.
   (예 / 환자, 긴급히 어려움을 당한 가정 등)
4. 10분-일반 기도요청카드 목록을 보시고 기도하십시오.
5. 10분-교회 전체적인 기도제목 사항을 읽고 기도하십시오.
   (예 / 부흥회, 특별 행사나 특별기도 제목 등)
6. 5분-한국의 위정자들과 교회사역자들을 위해 기도하십시오.
7. 10분-선교사님들을 위해 기도하십시오.
8. 5분-게시판에 붙여진 기도응답카드를 보시고, 감사와 찬양의 기도를 하십시오.
9. 5분-중보 기도를 하시면서 주님의 인도하시는 대로 마음에 부담을 주신 분들에게 기도전보 카드를 작성한 후, 우편함에 넣어 주십시오.

4) J교회의 중보기도실 운영 내용

J교회의 중보기도 사역에 핵심은 중보기도실 사역이다. 중보기도실은 J교회 기도사역의 용광로와 같은 곳이다. 모든 기도제목이 중보기도실로 모이고, 중보기도실에서는 훈련받은 중보기도 용사들이 아침 6시에서부터 저녁 10시까지 매 한 시간 간격으로 모여진 기도제목을 따라 체계적인 기도 사역을 실시한다. 그다음은 성도들 각자의 기도제목 뿐만 아니라 사역적인 기도제목 그리고 민족과 세계의 중보기도의 필요를 효과적으로 지원하는 사역이 진행된다. 그러면, 성도들의 기도제목을 어떻게 기도실로 전달되는지 알아보도록 한다.

성도들은 기도카드를 이용해 자신의 기도제목을 제출하게 된다. 기도 카드를 제출하기에 편리하도록 교회 내 여러 곳에 중보기도 함을 만들어 놓았기 때문에 성도들은 언제나 교회에 있으면 쉽게 기도제목을 제출 할 수 있게 된다. 기도 카드를 이용할 수 없을 시는 인터넷이나 전화 혹은 편지나 팩스로 기도제목을 보내면 기도행정실에서 그 기도제목을 다시 카드화해서 정리한다.

수시로 수집한 기도카드나 전화나 인터넷 등으로 접수된 기도 제목은 체계적으로 분류되어 중보기도실에 비치되어 기도 헌신자들이 쉽게 구분해 체계적으로 기도할 수 있도록 놓이게 된다. 기도제목은 1차적으로는 긴급 기도와 일반 기도로 분류되고 기도의 내용을 따라 개인과 가정, 자녀들, 교회와 사역자들, 나라와 민족 그리고 세계와 선교를 위한 기도를 긴급한 기도와 지속적으로 해야 할 일반적인 기도로 분류해서 테이블에 놓아 기도할 수 있도록 한다. 아울러 선교사들의 기도편지나 메일로 들어온 긴급한 기도요청은 원본을 테이블에 부착해 자세히 보며 기도할 수 있도록 게시해 놓는다.

5) 세분화 되고 전문화된 중보기도 사역

매주 수요일마다 중보기도 위원회의 핵심인원 약15명 정도가 집중적으로 전략적인 기도의 시간을 갖는다. 이 시간은 J교회 전체 기도사역의 핵심이 되는 기도시간이다. 이 시간에 중보기도 리더들은 하나님의 음성을 들으며 깊은 기도의 분별과 아울러 실제적인 중보의 시간을 갖는다. 이미 훈련된 중보기도 헌신자들을 위한 후속 교육 및 그들의 헌신을 강화하기 위해서 정기적으로 중보기도 헌신자

기도회를 실시하기도 한다. 아울러 자발적으로 진행되는 각 부서의 특별 기도회가 있다.

청년부 형제 자매들의 매주 심야기도회, 청소년 자녀를 둔 어머니들이 매주 토요일 오전에 모여 자녀와 청소년 사역을 위해 집중적으로 기도하는 청소년부 '어머니 기도모임', 미취학부 어머니들의 '어머니 무릎학교' 등 각 부서별로 전문적인 기도 훈련이 진행되어 특성에 맞는 전문적인 중보기도가 병행되고 있다.

J교회의 중보 사역은 헌신된 평신도들의 희생과 실제적인 기도로 이어지는 것이다. 기도하는 만큼 교회가 성장하며 성숙해지는 결과를 맛보게 되는 것이다. 눈물로 씨를 뿌리는 자가 기쁨으로 거둔다는 말씀의 결과가 중보기도 사역을 진행 하면서 확인할 수 있는 열매가 되고 있다.

6) 중보기도 자료

이 부분에서는 J교회 중보기도실에서 직접 사용하고 있는 기도 자료를 소개 하고자 한다. 기도 제목에 따라 각각의 기도 자료를 가지고 있다.

(1) 세계와 국내 공동 중보기도 제목

1.
2.
3.
4.
5.

(2) 선교사 및 선교기관 중보기도제목

선교사 및 선교기관	선교지	기도제목	응답, 감사 및 격려

(3) 위원회 중보기도제목

위원회명	위원장	필요한 기도제목
건축		
교육		
국내선교		
해외선교		
사회봉사		
중보기도사역		
복지		
홍보		
음악		
예배		
재정		
전도		
차량사역		

(4) 교회 사역자 및 직원 중보기도 제목

성 명	중보 기도 제목

(5) 중보 기도 편지 발송 기록부

발송 일자	발송자	수신자	국명/지역명

(6) 중보 기도 헌신자 출석부

	월	화	수	목	금	토
오전 6-7						
7-8						
8-9						
9-10						
10-11						
11-12						
12-1						
오후 1-2						
2-3						
3-4						
4-5						
5-6						
6-7						
7-8						
8-9						
9-10						

제12장 교회성장과 지도력

예수님은 바리새인들을 향해 "만일 소경이 성경을 인도하면 둘이 다 구덩이에 빠지니라"라고 말씀하셨다(마 15:14). 지도자의 중요성을 말씀하고 계신 장면이다. 예수님은 그의 뜻을 실현하기 위해 제자들을 선택하여 훈련시키셨다.

현대목회는 어느 때보다 지도력이 절실히 요구된다. 교회의 조직과 기능이 다양해지고 전문화되면서 교회 지도자의 역할이 더욱 중요해졌다.

피터 왜그너는 목회자들이 현장에서 부디 치는 두 가지 난 문제를 지적한다.102) 첫째는 겸손한 동시에 강한 지도자가 되는 것이고, 둘째는 종이 되는 동시에 지도자가 되는 것이다. 그와 동시에 그리스도인의 지도력의 위치는 세계 복음화로 이끄는 것이어야 한다. 세계 복음화는 그리스도인들이 늘 끊임없이 소원하는 우선순위로 자리 잡아야 하기 때문이다.

지도자의 종류에는 여러 형태가 있다. 모든 일을 혼자 감당하다 금방 지치는 지도자가 있고, 자기 임무만을 감당하기 위해 몇 사람을 동원하는 근시안적 지도자가 있는 반면, 고차적인 경영방법을 통하여 구성원들을 조직적으로 구성하여 일을 분담시키고 성취동기를 불러일으키는 동시에 내일의 새로운 꿈을 제시해주는 지도자도 있다.

성경에서 우리는 지도자인 모세를 살펴볼 수 있다. 모든 일을 혼자 처리하고 지칠 때까지 혼자 분주하던 모세는 백부장과 천부장을 선정한 이후부터 성숙한 지도자의 본보기가 되었다. 진실한 지도자는 학식이나 단순한 기술로만 되는 것이 아니고, 진실한 인격을 바탕으로 한다. 자기의 사명에 충실하고, 세상을 향해 비전을 제시하고, 창의적인 사고를 소유한 사람들이 요구되는 시대이다.

예수님은 이러한 지도자의 모습을 보여주셨다. 모든 사람을 다스리면서도 군림하는 것이 아니고, 모든 사람의 종과 같이 섬기는 모습 속에서 진정한 지도자의 모습을 발견할 수 있다.

1. 지도력의 필요성

지도력을 가지는 것은 어렵다. 왜냐하면, 진실한 기독교 지도자들을 어디서 발견하느냐에 문제가 있기 때문이다. 기독교 지도자는 격렬한 공격을 당하기도 하고, 무릎을 꿇어 발을 씻기도 한다.[103] 오락적인 추구를 멀리하고, 다른 사람이 하지 못하는 일을 완수하다. 장애물을 극복하고, 차이점들을 화해시키려 용감히 노력한다. 무대 뒷편에서 커다란 사역을 계획하기도 한다. 무엇보다도, 다른 사람들이 따라오도록 미리 꿈을 꾸는 사람들이다. 때때로 군중들 밖에서 큰 고독을 가지기도 한다. 지도력을 가지는 것은 쉽지 않다.[104]

지도력을 가지는 것은 꼭 필요하다. 환상이 없는 백성이 망하는 것처럼, 목자 없는 양들은 흩어지기 때문이다. 사람들이 설교하는 자가 없으면 어떻게 들을 수 있는가? 누군가는 하나님이 우리에게 맡기신 보물을 지켜야 하고, 건전한 교리가 무엇인가를 가르쳐야 한다. 하나님은 그의 몸된 교회를 세우기 위해 지도자를 세우신다. 하나님은 교회를 위해 지도자를 찾으신다.

모든 사람들은 자기 위치에서 지도자이다. 현 사회는 지도자를 찾는 시대이기도 하다. 우리는 이 세대와 다음 세대에 책임이 있다. 우리는 양을 먹이고 중재하고, 비전을 가다듬고 합치며, 복음을 선포하기 위해 부름을 받았다. 우리는 재능을 맡은 청지기이며, 인간의 목적을 실현하는 통로가 지도력이다.

일반 기업들도 지도력이 기업발전을 위해 중요한 자산임을 오래 전부터 말하고 있다. 현대의 다원화된 사회는 효율적인 지도력의 필요성이 더욱 요구된다. 하나님의 뜻을 행하고 회중들의 필요와 요구에 민감한 안목과 통찰력을 가지면서 따뜻하게 문제를 해결하고 이끌어갈 수 있는 새 시대에 맞는 지도자가 필요하다.

2. 지도력의 정의

존 맥스웰은 지극히 내성적인 사람일지라도 일생동안 만 여명의 사람들에게 영향을 끼친다고 말한다.105) 그는 지도력은 영향력이라고 정의하고, 지도력은 어떤 지위를 확보하는 능력이 아니라 추종자를 모을 수 있는 능력이라고 설명한다.

대부분의 사람들은 지위나 서열 혹은 직함을 추구하며, 그들이 원하는 자리에 올라갔을 경우 지도자가 되었다고 생각한다. 성공에 대한 헌신만 생각한다. 리더십이 없는 성공이 있고, 리더십이 있는 성공이 있다. 한 사람이 리더십 능력 없이 성공에 대한 헌신만 있을 때, 성공에 대한 헌신이 높더라도 영향력은 미미하다. 리더십의 능력을 높였을 때 성공에 대한 헌신이 같더라도 영향력이 여러 배 향상하여 영향력이 확대된다.

목회의 관점에서 목회 지도력은 "하나님께서 그리스도의 몸의 지체인 어떤 사람에게 목회의 상황에서 하나님이 주신 비전을 달성하기 위해 사람들이 자발적으로 참여하도록 개인이나 집단의 활동에 영향을 주는 특별한 능력행사 과정"이다.106)

목회지도력은 하나님으로부터 받은 소명이며, 사람을 키우는 훈련이다. 목회 지도력은 조직을 운영하는 경영이고, 사람을 섬기는 봉사이다.

3. 신구약 시대의 지도력

1) 구약시대의 지도력
(1) 성서적 지도력은 하나님의 임명으로 시작한다.
(2) 지도력은 한 사람에게서 많은 사람에게로 이동한다.
(3) 지도력은 책임을 요구했다.
(4) 지도력은 영적인 일에 마음이 민감하기를 요구했다.
(5) 지도력은 기술을 요구한다.107)

2) 신약시대의 지도력의 원리
(1) 지도력은 섬기는 종의 지도력이다.
(2) 지도력은 책임지는 청지기이다.

(3) 지도력은 권한을 위임한다.

(4) 지도력은 행동의 모범을 보이는 것이다.

(5) 지도력은 능력을 가진 은사를 보이는 것이다.

(6) 지도력은 협동하는 교회의 구성원, 지체의 역할이다.108)

4. 현대 지도력 이론

1) 지도자의 유형109)

(1) 전략가형 (2) 전문가형 (3) 관리자형 (4) 개혁자형
(5) 성취가형 (6) 구비자형 (7) 최고경영자형

2) 지도력 이론110)

(1) 특성적 (2) 행위적 (3) 상황적 (4) 카리스마 (5) 변혁적
(6) 봉사적 (7) 슈퍼 리더십 이론

5. 지도자의 자질

기독교 지도자의 자질은 사랑, 열정, 능력, 비전, 긍정적 성격, 충성, 영성의 자질이 필요하다. 몇 사람의 이론을 첨가한다.

1) 엘머 타운즈(Elmer Towns)는 10가지로 지도자의 자질을 정리하고 있다

   (1) 지도자는 비전을 가지고 있다.
   (2) 지도자는 헌신한다.
   (3) 지도자는 행동한다.

(4) 지도자는 적극적인 생각을 가진다.

(5) 지도자는 이웃을 수용하는 자세를 가진다.

(6) 지도자는 사람, 환경, 아이디어, 태도 및 밖의 세상을 이해한다.

(7) 지도자는 인내한다.

(8) 지도자는 창의적이다.

(9) 지도자는 상호의존적이다.

(10) 지도자는 의사소통을 잘한다.111)

2) 피터 왜그너는 6가지 목회 지도자의 자질을 말한다
   (1) 목회자는 지도자여야 한다.
   (2) 목회자는 믿음의 사람이어야 한다.
   (3) 목회자는 긍정적으로 생각하는 사람이어야 한다.
   (4) 목회자는 훌륭한 설교자이어야 한다.
   (5) 목회자는 융통성이 있어야 한다.
   (6) 목회자는 열심히 일하는 사람이어야 한다.112)

3) 오스왈드 샌더스

그의 저서 영적 지도력에서 지도자의 필수 자질 15가지를 들고 있고, 절대 필요한 자질로는 영적 은사를 말하고 있다.113)

(1)훈련 (2)비전 (3)결정 (4)용기 (5)겸손 (6)순진함과 성실함 (7)유머 (8)분노 (9)인내 (10)우정 (11)재치와 수완 (12)감화력 (13)행정적인 능력 (14)들어주는 능력 (15)편지 쓰는 기술이다.

확신적, 결정적, 낙천적 비전을 가진 목회자는 하나님으로부터 오

는 비전을 발전시킬 것이기 때문에 모든 상황에 부디 칠 때 확신과 결단성을 가지고 활동할 수 있다. 비전을 가진 목회자는 하나님께서 자신에게 분명한 미래상을 주셨기 때문에 미래에 대해 낙천적이다. 도달해야 할 목표가 있고 받아야 할 상급이 있기 때문이다.114)

6. 목회자 지도력 개발

교회성장은 목회자의 지도력과 절대적인 관계를 가지고 있다. 교회성장은 하나님의 은혜이다. 교회성장은 성령님의 인도하심에 민감하게 반응하는 영적 지도력이 필요하고, 사람을 키우는데 달려있으며, 평신도를 참여시키고 조직을 운영하는데 있다. 그리고 교회 성장은 세상에서의 기독교 지도력을 확보할 때 완성된다.

목회 지도력을 개발하기 위해 우리가 노력할 내용을 살펴본다.115) 목회지도력은 하나님과 대면하는 사람이 되는 것이다. 이를 통해 믿음의 은사를 크게 하고, 성령의 은사를 활용하는 법을 배우게 된다. 목회지도력은 의사소통하는 방법을 개발하고, 팀 사역을 통해 인재를 키워서 일하는 법을 개발하는 것이다. 목회자는 학습하고 독서하는 법을 개발하고, 겸손히 사람을 섬기는 일을 통해 사명을 감당하는 적절한 지도력을 허락받게 된다.

제13장 교회성장과 셀(소그룹)

교회성장은 성도가 함께하는 역동적인 셀(소그룹)이 있다. 소그룹(구역, 속회) 개념은 오늘날 교회성장에서 가장 많이 논의된 주제 중의 하나이다. 한국교회는 소그룹인 구역 제도에 강점을 가지고 있다. 여의도 순복음교회는 구역 조직인 소그룹의 특색을 잘 발전시킨 교회이다. 여의도 순복음교회의 구역조직은 전 세계의 셀에 영향을 주었다. 셀은 소그룹(구역, 속회)보다 작은 교회의 개념을 가지고 있다. 목회자들과 교회 지도자들은 소그룹을 초대교회의 기초로 돌아가는 것이라 생각한다. 소그룹 위력의 현대판 모델은 중국이다. 1950년대 모든 선교사들을 축출하고 약 100만명 가량의 중국의 기독교인들이 박해를 견디어냈다. 대부분 서방 사람들은 공산주의자들이 그리스도인들을 거의 제거 한 줄 알았다. 30년 후 중국의 기독교인 인구가 6,000만 내지 1억으로 추정한다.116) 가정교회들, 즉 소그룹을 통해 복음 전파하며 생존하였다. 미국교회와 한국교회는 주일학교와 구역 조직을 통해 교회 내에서 소그룹 활동을 했고, 소그룹 하면 교회 밖의 모임을 말하는 것이였다.117)

소그룹들은 사람들이 모일 수 있는 가정, 사무실, 학교, 그밖에 어느 곳에서도 모인다. 소그룹은 참석자들이 함께 나누도록 돕는 깊은 차원의 신뢰를 발전시키는데 도움이 된다. 소그룹은 새로운 교인이나 신입 가망성이 있는 사람들을 동화시키는 장점이 있다. 한 가지 문제는 목회 돌봄인데 소그룹 방법론은 대부분 교회들과 지도자들이 생각하는 것보다 더 목양적인 돌봄이 있다. 어떤 소그룹은 폭발적인 전도 잠재력을 가지고 있다.

교회성장을 위해 현대 셀 개념으로 운영되는 교회의 예를 통해 설명하고자 한다. 소그룹은 21세기를 지향한 목회테크닉, 목회방법이 아니라, 목회철학이고 교회의 정신이다. 셀(Cell)이 아닌 교회는 없고, 모든 교회는 셀로 되어야 한다. 그러므로 셀 그룹 교회는 '교회교회'란 동의어의 반복으로, 교회속에 교회들이다. 셀은 교회성장을 위한 방안이 아니라 교회생존을 위한 필수부가결의 원리이다.

1. 셀(Cell)의 의미

1) 작은 방으로서의 의미

복음서에 나타난 예수님의 생활공동체와 사도행전, 바울서신에서 엿볼 수 있는 예루살렘 공동체와 여러 초대교회들의 모습을 적절하게 표현할 용어로 선정된 것이 셀이다. 예수 그리스도께 대한 신앙고백을 전제로 목회가 이루어지는 작은 규모의 생활공동체를 셀이라고 한다. 셀 그룹교회를 실현해가며 이론적으로 정리한 랄프 네이버는 셀 그룹을 다음과 같이 정의했다:

"셀이란 8~15명의 교인들로 구성된 기독교 공동체임과 동시에 교회 속의 교회들로서 목자와 예비목자의 지도력을 중심으로 교인들의 양육과 전도활동을 목적으로 특정한 방식으로 교제하며 예배하는 작은 모임이다. 비전통교회로서 교회 안에 있는 셀 그룹들이 특정한 방식으로 가정에서 모여 불신자들을 위한 전도, 신자들간의 사랑과 교제, 양육, 그리고 서로간의 돌봄과 사역을 시행하는 교회를 셀 그룹교회라 부른다."118)

2) 세포로서의 의미

성경에 교회는 예수 그리스도를 머리로 한 '몸'으로 비유되고 있습니다. 그래서 바울은 고린도전서 1장10절에서 "형제들아 내가 우리 주 예수 그리스도의 이름으로 너희를 권하노니 다 같은 말을 하고 너희 가운데 분쟁이 없이 같은 마음과 같은 뜻으로 온전히 합하라."고 권면했습니다. 왜냐하면 한 몸의 지체들이 같은 유전자를 가지고 있을 때 그것을 '한 머리로부터 지령 받는 한 몸'이라고 할 수 있기 때문이다.

교인수가 늘어나서 셀 그룹이 많아졌을 때 셀과 셀 사이에 전혀 교제가 없더라도 각 셀의 신앙적 유전자 생리가 똑같기 때문에 하나 될 수 있는 교회이기를 소망하는 바입니다. 예를 들어, 셀 7과 셀 2가 만나 교제해 보니 같은 말, 같은 마음, 같은 뜻의 셀임을 즉시 확인할 수 있어 서로를 부둥켜안고 감격적으로 예배드릴 수 있습니다. 또 예를 들어, 교인이 5,000명인 경우에도 50~150명 단위의 가정교회(10개 정도의 셀 그룹으로 구성)로 평소에는 운영되어 오다가 큰 강단을 빌려 모인다고 해보자. 이때에 처음 보는 얼굴의 사람이 옆자리에 앉았지만 몇 마디 나누어 보면 삶의 형상이 같은 것을 발견하고는 한 가족임을 느끼게 되고 진짜로 '함께' 예배드릴 수 있다. 실제로 이런 현상은 세계 도처의 셀 그룹교회에서 확인되고 있다. 또한 전혀 교류가 없던 셀 그룹교회들이 어떤 기회에 만나게 되면 마치 그동안 함께 지내왔던 사람들처럼 친근감을 느끼고 형제우애를 나눌 수 있는 것도 예로 들 수 있습니다.

교인이 성인 기준 250명이 넘기 전에 목장으로 분리해서 운영하거나 지교회를 설립하는 것이 교회가 비대해지지 않고 계속 성장하는 데 결정적인 도움을 준다.

지교회를 설립할 수 있는가를 결정하는 요소는 "같은 유전자를 가졌는가?"와 "모교회에서 자란 담임목사가 준비되었는가"입니다.

2. 예수님 목회의 모본

예수님은 공생애 3년 동안 소수의 양들과 함께 하는 데 주력하셨습니다. '허다한 무리'가 예수님을 추종했고 많은 사람들이 예수님을 가까이 하기를 원했음에도 예수님은 선별적으로 소수의 사람들과 함께 했음을 복음서를 통해서 알 수 있습니다. 공무 중에는 모든 무리에게 자신을 노출시켜 사역했으나 개인생활 반경 속에는 특정한 사람들이 있었음을 알 수 있습니다. 이것은 편애집단을 형성했던 것이 아니고 그렇게 하지 않으면 목회가 불가능하고 향후 차세대 교회형성에도 장애가 생길 것을 아셨기 때문입니다. 예수님께서는 심혈을 기울여 기도하시고 허다한 무리 가운데서 함께 할 소수를 '따로' 부르셨습니다(눅6:12-16; 막3:13-15; 마20:17; 26:20; 막 9:35; 10:32; 11:11; 눅8:1; 18:31; 막5:35-41; 마17:1,2; 13:1-4; 눅

22:8,9; 마26:36-38; 요20:1-4; 행3:1-3; 행8:14,15; 12:1,2).

3. 셀 교회의 사례 M교회

1) 셀 교회 회원

예수 그리스도께 대한 헌신뿐만 아니라 교회에 대한 헌신이 있는 자이어야 하므로 셀 모임은 일반적인 교제모임과는 다르다. 또한 소그룹모임이면 무조건 셀 모임이라 할 수 있는 것이 아니다. 겉으로 보기에는 일반적인 교인들의 교제모임처럼 모이나 셀 모임이라 이름할 때는 두 가지 엄격한 기준이 있다. 그룹이어야 하고, 목자가 있는, 그리고 목자와 양의 관계가 있는 고정적인 그룹이어야 한다. 목자와 양의 관계를 분명히 하는, 같은 말, 같은 마음, 같은 생각의 교인들이 방향과 목적 있게 함께 하는 시간이 셀 모임이다.

2) 셀 원 수칙*

① 셀 모임에는 어떠한 일이 있어도 참석한다. 참석여부에는 선택권이 없다.
② 셀 모임에 참석하는 시각을 잘 지킨다. 자기 임의로 행동하지 않는다.
③ 셀 목자를 주님께서 세우신 영적인 아비, 어미로 알아 그 권위를 인정하여 권위에 순복한다.
④ 셀에서 나눈 이야기에 대해서는 절대비밀을 지킨다. 남편이나 아내에게 나누어서도 안된다. 단, 목장목사나 담임목사에게는 보고될 수 있다는 것은 전제한다.

⑤ 셀 원에게 어려움이 생겼을 때는 일차적으로 셀 내에서 돕도록 한다.

⑥ 셀 원에 대한 목회의 책임이 있다.

⑦ 상의가 필요한 경우, 다른 목자를 찾을 수도 있으나 먼저 자기 목자를 찾도록 한다. 결국, 목자들이 똑같은 말을 한다는 것을 알게 될 것이다.

⑧ 모든 셀 원들을 용납한다. 이해되지 않고 마음에 안 들어도 이해해야 한다. 셀에는 영적 유아, 아동, 청소년, 성인 등 다양한 수준의 사람이 있음을 명심한다.

⑨ 용서와 화해가 셀의 생명력이다.

⑩ 메주공장 공장장이 되지 않도록 주의한다.

⑪ 롱마이크(Long Mic. will be Wrong Mic.)가 되지 않도록 주의한다.

⑫ 자기 셀과 다른 셀을 비교하지 않는다.

⑬ 셀 재편성에 순응한다.

⑭ 죄의 자백과 중보기도가 셀의 아름다움 중 하나이다. 단, 성적인 범죄의 경우는, 셀 목자나 담임목사에게만 고백하고 배우자에게도 알리지 않는다. 셀 원이나 배우자에게 새로운 충격과 상처를 주지 않기 위해서 이다.

⑮ 셀 원들과의 교제가 주님과의 교제(말씀과 기도)를 대치하는 일이 없도록 한다.

3) 모이는 날자

매주 화요일~금요일 중 하루, 최소 3시간 이상.

4) 한 셀의 기간

1~2년이 적당합니다. 실제로 2년 내에 세포분열의 필요가 발생할 것입니다.

5) 장소

절대적으로 가정집에서 모이되 되도록이면 목자의 집에서. 때때로 셀 원의 집에서도 모인다.

6) 다음과 같은 내용이 나누어집니다(이 모든 내용을 모일 때마다 항상 나누는 것은 아닙니다)

- 식사, 간식
- 재미있게 놀기
- 지난 주간에 즐겨 불렀던 찬송가 같이 부르기
- 지난 주일 설교에 대한 반응과 적용
- 지난 주일 예배의식 경험
- 경건의 시간에 묵상한 것 나누기

- 성경읽기와 암송
- 최근에 새롭게 체험한 성부, 성자, 성령 하나님
- 성경공부 내용 중 나누고 싶은 이야기
- 부부생활에서 있었던 일 (이성교제 중 있었던 일)
- 이야기하고픈 사회문제
- 의사결정에서 도움을 청할 일

- 전도경험, 또는 전도계획
- 사역경험, 또는 사역경험
- 기도제목 나누고 기도하기
- 교훈주기 - 모니터링 (Monitoring)
- 사죄와 용서(화해)
- 주의 만찬

- 피크닉
- 기도수양회
- 1박 2일 수양회
- 공동작업
- 자원봉사
- "나는 누구인가?"
- "우리교회는 무엇인가?"

- 성생활 점검
- 요즘 인상 깊게 읽은 책—독서토의
- 영적인 취약점
- 지난주간에 지은 죄 고백
- 지난 주간에 죄의 유혹을 어떻게 이겼나

- 개인적으로 사역하는 데 어려운 사람
- 교인과의 관계에서 어려운 사람
- 셀모임 아이디어
- 잠자기
- 나의 애창찬송가

4. 셀 그룹의 구조와 기능 사례 J교회

셀 그룹은 교회의 기본 구조는 다음 세 가지이다.

(1) 셀 그룹(Cell Group).

(2) 지역별 연합목장(Congregation)

(3) 전체교회의 '축하예배' 모임(Celebration)

이상 세 가지 구조가 상호 연관성을 지닌 조직체의 모습과 각 구조에 대한 책임자(지도자)를 도표화하면 다음과 같다.

목장(Cell Group): 목자(Shepherd)

연합목장: 지역사역자(Zone Supervisor)

회중(Congregation): 지역목사(Zone Pastor)

축하예배(Celebration): 담임목사(Senior Pastor)

◆ 셀 그룹의 구조와 기능

1) 셀 구조

셀: 기독교 기초 공동체

구성원수: 15명 이내

교회 본질: 셀 그룹의 결집체
지도자: 목자 및 예비목자(인턴)
구성원: 교회의 정회원
헌신된 교인(아비), 훈련되지 않은 신자(청년), 새신자(아이)
모임: 주 1 회 (2-3시간)
장소: 목자 또는 구성원의 가정

2) 셀의 주요한 기능
교제(Q. T., 기도생활, 축복, 문제 등)
지도자 개발(지도력)
전도(교제 소모임. 대상자 찾기)
돌봄과 양육(Caring)
도시복음화를 위한 전략으로서의 셀 그룹
성경공부
특정교재 또는 설교의 적용
봉사와 섬김

3) 셀을 통한 지도력 개발
　셀 그룹의 배가처음 시작은 7-15명이 6개월 후에 두 개의 셀로 배가하기 위해서는 목장마다 반드시 예비목자가 필요하다.
　예비목자란? 목자사역의 준비를 위해 훈련받는 사람. 모든 사역은 목장이 시작되는 순간으로부터 예비목자를 가짐으로 특정 기간이 지난 후 그 목장이 분열할 때 목자의 사역을 감당할 수 있게 된다(딤후2:2).

제14장 교회성장과 수용성

예수님은 씨 뿌리는 비유에서 사람들의 영적 수용성이 다양함을 보여주시고 있다(마13:3-23). 씨앗을 뿌리는 땅의 종류가 여러 가지듯이 복음에 대한 각자의 반응이 다르다. 어떤 사람은 복음에 활짝 열려 있고 반면에 굳은 땅처럼 반응이 쌀쌀한 사람이 있다.

성장하는 교회는 수용성에 민감한 교회로 세계 선교와 지역사회에 뿌리내린 봉사 사역이 있는 교회이다. 교회를 개척하여 성장해 나가는 과정을 살펴보면 복음을 받아드리는 수용성의 원리를 부차적으로 생각해야 한다. 우리의 하나님 교회는 어느 지역, 어느 세대, 어떤 환경 하에서도 필요하고 성장한다는 고백을 가지고 있다. 그러나 어느 나라는 복음의 수용성이 높고, 어느 나라는 어려운 것처럼, 같은 나라 같은 도시에서도 지역에 따라 복음의 수용성이 다른 것을 본다.

선교학에서는 수용성과 거부성의 원리가 있다.[119] 전도전략을 세울 때에 우선적으로 복음의 수용성이 강한 곳에서부터 시작해야 한다. 한국 초창기 선교사들은 가정의 어머니를 전도하고 자녀들을 전도하고 가족을 전도하는 수용성의 원리를 가지고 있다. 요즈음은 자녀들을 전도하고 부모를 전도하는 상황은 수용성의 변형들이다.

기독교가 한국에 들어 올 때 지역적으로 차이가 있었다. 물론 선교지역 배분, 목회자 자질, 교단의 지원 등 여러 가지 이유가 복합적 이유가 있으나, 지역적인 수용성에서 볼 때 농촌보다는 도시가, 불교가 흥한 지역보다는 덜 한 곳이, 미신이 많은 곳보다는 교육 수준이 높은 곳이 더 수용성이 높은 것을 알 수 있다.

교회가 성장하는 전략으로 호감적, 순응적인 사람들을 발견하는 것이다. 첫째로 교회들이 이미 성장하고 있는 곳에서 찾아 볼 수 있다. 이런 지역은 이미 많은 교회가 있음에도 더 많은 사람들이 여전히 불신자로 복음을 수용할 가능성이 있다. 둘째로 수용성의 가능성이 높은 영역은 사람들이 중요한 변화를 겪을 때이다. 즉 사회적 변화, 정치적 변화, 경제적 변화, 심리적 변화, 이 변화를 겪는 그룹은 어떤 그룹보다 변화와 변동의 시기 동안 그리스도의 제자가 되는데 수용적이다. 셋째로 공통적인 일을 하는 사람들과 가난한 사람들이다.[120]

릭 워렌은 전도전략을 세우는데 복음의 수용성을 제시하고 있다. 전도를 좀 더 효율적으로 하는 방안을 제시한다.

첫째, 교회를 두 번째 방문하는 사람들이다.
둘째, 새로 결신한 사람의 가까운 친구나 친척이다.
셋째, 부부관계가 이혼 등으로 심각한 어려움에 있는 사람들이다.
넷째, 술이나 마약이나 각종 중독증에 시달리는 사람들이다.
다섯째, 자녀를 최근에 임신 했거나 낳은 부모들이다.

여섯째, 불치의 병에 걸린 사람들과 가족들이다.

일곱째, 심각한 결혼 문제에 직면한 사람들이다.

여덟째, 문제 자녀를 둔 부모들이다.

아홉째, 최근 들어 실직했거나 경제적인 어려움을 겪는 사람들이다.

열 번째, 지역에 새로 이사 온 사람들이다.121)

교회는 지역사회에 있는 사람들 중에 복음에 수용적인 사람들을 위한 특별한 프로그램이나 전도 행사 등을 개발하는 것이다. 반대 의견도 있을 수 있는데 기존의 신자를 더 잘 돌봐야 한다는 것이다. 그러나 교회가 쇠퇴하는 지름길이다. 불만에 차고 육에 속한 교인들을 재충전하는 것은 수용적인 태도를 가진 불신자를 전도하는 것보다 다섯 배의 에너지가 소모된다.122)

하나님이 목회자를 부르신 이유는 양을 치고 먹이기 위해서이지 우리 안에 염소를 가두어 두기 위해서가 아니다. 교회가 성장하려면 수용적인 사람들을 접근하고 이 일에 집중하는 것이다.

개척과정에서 개척팀이나 일시적 편함 때문에 헌신된 성도들 위주의 목회를 하려는 경향이 있다. 건강한 교회로 성장하기 위해서는 진실로 복음이 필요한 사람 위주의 목회로 방향을 정해야 한다. 개인전도와 양육의 기회를 제공하고 예배와 설교의 개발을 통해 복음에 수용적인 사람들에게 은혜의 메시지를 주도록 최선을 다해야 한다.

제15장 교회성장과 건축

교회성장은 효율적이고 쉼이 있는 시설이 필요하다. 물질적 시설이 교회 운명을 좌우할 수 없으나, 물질적 시설들은 항상 교회의 가장 큰 재정 투자를 의미한다. 이 분야에서의 실수는 재정을 재난으로 이끌 수 있고, 교회를 손상시킬 수도 있다. 그러나 시설들은 다른 요소들과 결합하여 교회를 효과적으로 성장하게 하고 지역에 뿌리내린 교회가 되고, 고난이 오더라도 좀 더 능동적으로 인내하고 회복할 수 있는 교회가 된다.

교회 성장학에서 알려진 원리는 시설의 80%가 사용될 바로 그 때가 더 많은 공간이 필요하다는 것이다.123) 첫째, 주차공간의 확보이다. 많은 가족이 한 대 이상의 자동차로 교회에 출석하게 된다. 둘째, 주일학교를 위한 교육시설 장소이다. 자녀가 두 명 이하의 시대이기에 본인의 교회 출석보다 자녀의 교육에 먼저 마음을 두는 시대이다. 셋째, 젊은 가족들을 위한 유치부실 공간이 필수적이다. 넷째, 이부 삼부 예배를 통하여 현재의 욕구에 맞추어 나가야 한다.

교회의 외적 모습도 불신자에게 질적으로 호감이 가도록 해야 한다. 교회의 모든 면에서 단정함이 필요하다. 교회성장에서 그 교회

화장실만 보아도 한 교회의 문제를 볼 수 있다고 한다. 외부 청소, 페인트 칠, 화단, 벽 종이 등 손님의 시선에 좋은 인상을 주어야 한다. 조명과 음향, 출석교인들이 안락함과 불신자에 대한 친절함이 필요하다. 교회의 주차장 위치 중 제일 좋은 곳이 손님(불신자) 용으로 되어 있는 교회는 건강한 교회이다.

교회가 영구적인 시설에 관해 결정을 내려야 할 성숙 단계의 시기는 2년에서 5년 사이이다.124) 이때쯤 목회자는 교회의 궁극적 성장 가능성에 대해 몇 가지 아이디어를 가져야 한다. 교회의 성장을 천천히 하든지 여전히 빨리 성장할 것인가를 결정해야 한다. 또 그것은 교회의 일생에서 중요한 결정인데 교회의 궁극적 크기가 그 결정에 의해 영향을 받게 된다. 이 결정은 세 가지로 결정된다.

1) 임시시설이냐 영구시설이냐
2) 새 시설이냐 중고시설이냐
3) 지리적으로 대도시 혹은 소도시 어디에 자리를 잡느냐

위의 세 가지 모두 다 장점이 있고, 단점들이 꼭 같이 있다. 만약 영구시설을 선호한다면 그 장점들을 생각하면서 몇 년 만에 그 새 시설을 꾸며야 하는가를 생각해야 한다. 목표지역사회에 교회의 터를 잡을 때 다양한 요소 중에 어떤 요소가 가장 중요한가를 파악해야 한다. 릭 워렌은 영구시설 교회의 궁극적 크기를 이렇게 말한다. "시설은 발에 맞는 신발크기이다."125) 영구시설은 장점들이 많이 있다. 첫째, 영구시설은 목표지역사회에 있는 주민들에게 영구성과 안정성을 인식 시킬 수가 있다. 둘째, 교회시설은 보호된다. 셋째, 영구시설은 매주 임시시설을 설치하던 일에서 자유롭게 하고 안정

감을 준다.126) 영구시설의 단점은 시설비용이 많이 들고, 성장하는 지역은 땅 값이 매우 비싸다. 영구시설을 지으면 다시 짓기가 힘든 단점이 있다.

토의문제

1. 10년 후에 개척하기 바라는 교회의 모습을 생각하고 어떤 교회인가를 생각나는 대로 말해보자.
2. 당신은 개척교회에서 혹은 후임교회에서 당신의 생명을 다 받쳐 일할 핵심가치들은 무엇인가? 그리고 교회의 원리들을 기록하고 10년 20년 후에 어떤 영향을 미칠까를 기록하라.
3. 임시시설과 영구시설의 장점과 단점을 기록하고 본인의 구상을 정리해보자. 영구시설을 선택할 때에 준비할 일과 닥칠 고난과 미래의 교회를 생각하는 계획을 작성해보자.

제16장 교회성장과 꿈이 담긴 교회요람

예수님은 망대를 세울 때에 계획을 세워해야 함을 말씀하셨다(눅 14:28-30). 우리가 하는 일이 영적 전투이기에 목회자는 대적과 싸울 계획이 필요하다(엡6:11-12).

성경은 목회자의 준비성과 실천 계획을 요구하며, 의도적이고 창의적인 목회를 위해 먼저 치밀한 계획을 세우고 그 계획에 따라 실천하는 목회가 필요하다. 전쟁에 나가는 왕이 그 결과를 생각하지 않고 싸울 수 없고, 작전을 위해서 정보와 지혜를 다 쏟아 계획을 세우고 준비하며, 무엇보다 뛰어난 전술을 수립해야 한다. 그렇지 않고는 영적 싸움에서 이길 수가 없다.

중형교회들(출석성도 250명)은 비교적 작성된 장기 계획들이 있다. 매년 목회 계획이 있고, 장기 계획이 있는 교회들은 보다 더 효과적인 사역을 하고, 장기계획을 수립하지 않은 교회보다 두 배의 성장이 있다.[127]

1. 목회계획

교회요람에는 예수님의 소원과 교회의 꿈이 담겨야 한다. 건강하고 아름다운 교회는 교회의 기능이 교회를 잘 이끌어 가야 한다. 이 교회의 기능을 구체적으로 실행하게 하는 것이 목회계획이고 교회의 요람이다. 교회의 비전과 실행과정이 잘 부각되어야 한다. 교회의 사명선언은 교회의 목적 진술이기도 하며 교회의 목적을 담아한 교회의 행동할 약도를 보여 준다.

제임스 민즈(James Means)는 그의 책 "목회자가 변해야 교회도 변한다"에서 목회사역의 균형 있는 표준을 제시한다.128) 영향력 있는 목회사역은 목회자의 인격과 기량을 전제로 하지만 그 결과는 하나님의 절대적인 은혜에 좌우한다. 목회자는 반드시 영적 권위가 있어야하며, 신학적으로 충실해야 하고, 목회에 열정이 있어야 한다.129) 이런 것들을 지도력의 무능, 운영의 나태, 관계 형성의 서투름으로 돌릴 수 없다. 훌륭한 목회자는 성령님의 은혜로 영적인 전쟁을 준비하고 기도, 설교, 교육을 포함한 전문 기술 등도 최대한 활용해야 한다.130) 영적 지도자는 미래에 대한 전략으로 그리고 전체적으로 사고해야 하고, 개인에 대해 사려 깊고, 세밀한 면까지 함께 고통을 나누어야 한다. 계획을 세우는 것으로 되지 않는다. 영향력 있는 목회자는 교인들로 하여금 생활 현장에 복음을 침투시키도록 인도하며, 교인을 훈련시키고 준비시키는 일을 한다. 영향력 있는 목사는 교회의 선교적 영역, 공동체적 영역, 그리고 유기체적 영역이 최고가 되도록 일하고 기도하는 사람이다.131)

연중목회계획은 예배계획, 행사계획, 교육계획, 재정계획, 전도계획으로 나눌 수 있다. 목회계획을 담은 교회요람은 목회자의 비전과 전략을 세워 교인과 공유하고, 요람을 통해 교회의 모든 것을 알게 하고, 새신자와 불신자들에게도 교회를 선택할 수 있는 자료를 제공한다.

　교회요람은 교회의 목적(목적 진술)이 있고, 교회가 무엇을 해야 하는 세부적인 목적과 목표가 있어야 하고, 그에 따라 전략을 세우고, 세부적인 프로그램들을 실행하는 것이다.132)

2. S교회요람의 예

1) S교회 창립 이념
전도, 교육, 봉사

2) 교회 비전
　우리 교회는 예수 그리스도의 위대한 선교사명(마28:19-20)과 위대한 사랑 계명(마22:37-39)에 순종하여 복음으로 민족과 열방을 섬기는 제자공동체(행2:42-47)가 되고자 한다.

3) 표어
건강한 교회 아름다운 생활(살전1:6-8)

4) 신앙공동체의 모습(행2:24-47)
예배 - 하나님을 사랑하여 뜨겁게 예배하는 예배공동체
나눔 - 이웃을 사랑하여 섬기고 나누는 나눔 공동체
훈련 - 성도를 사랑하여 평신도 사역자를 세우는 훈련공동체
선교 - 민족과 열방을 사랑하여 땅 끝까지 복음을 전하는 선교공동체

5) 목회의 핵심 가치들

(1) 선교

교회의 설립 목적이 복음 선포를 통한 하나님의 나라 확장임을 믿고 선교(지역전도와 해외선교)를 사역의 최우선으로 두는 목회

(2) 성령

성령 안에서 교회를 향한 하나님의 뜻을 분별하고 성령충만의 목회

(3) 사람

성도를 양육하여 은사를 따라 사역할 수 있는 사역자(전임, 평신도)로 키우는 목회

(4) 균형

전도, 선교, 말씀, 기도, 진리, 사랑, 능력의 균형과 조화

교회, 가정, 직장의 균형과 조화/전임, 평신도 사역의 균형과 조화

6) 200( )년의 주제 및 전략적 5대 질적 목표

너는 주의 말씀을 새기고 가르치라(신명기6:1-9)

전략적 5대 질적 목표

  (1) 전 성도의 평신도 훈련참여

  (2) 전 성도의 일대일 양육화

  (3) 전 성도의 전도 생활화

  (4) 전 성도의 경건생활화

  (5) 전 성도의 목장 참여

7) 장기 비전 "2012 Vision"

(1) 미전도 종족 두 족속을 입양하여 책임지고 복음화 한다.

(2) 전략적 선교지역을 5곳 이상 집중 개발 선교사역 한다.

(3) 새 생명 사회봉사센터를 설립한다(가정사역, 긍휼사역, 상담 사역, 의료사역 고아/양노원 등)

(4) 새 생명 선교원, 초등, 중/고등학교를 설립하여 신앙에 입각한 전인교육을 실시한다.

(5) 새 생명 은퇴센터를 구비하여 선교사와 교우 및 사역자의 노후를 돕는다(교회 묘지 등).

3. R교회 요람의 예

표어 세상을 향해 아름다운 복음의 빛이 되는 교회

◆ 교회의 핵심 목표

> 가서 모든 족속으로 제자를 삼고 주님의 지상명령을 성취하는 역동적인 교회(마28:18-20)

◆ 사명선언문

우리 교회는 세상의 많은 사람들에게 그리스도를 전하여 하나님과 화목하게 하고, 사랑가운데서 서로를 돌아보며 섬기게 하고, 날마다 그리스도를 닮아 성숙한 삶을 살아가며 하나님을 예배하게 한다.

◆ 핵심 가치

" 바로 그 교회 "

우리 교회의 모델은 사도행전 속에 나오는 초대교회와 같은 교회이며, 다음과 같은 핵심가치를 추구한다.

(1) 선교하는 교회

세상의 잃어버린 영혼들에게 복음을 전하는 교회가 된다. 특별히 미전도 종족을 향해 평신도 전문인 선교사/풀타임 선교사를 파송하는 교회가 된다. 모든 성도가 선교사가 되든 후원선교사가 된다.

(2) 성령 공동체

초대교회의 가장 큰 특징 중에 하나는 성령공동체였다. 교회의 모든 사역과 프로그램속에서 성령께서 주도권을 가지고 일하실 수 있도록 모든 것을 성령충만함과 성령의 인도하심에 따라 사역하는 교회가 되게 한다.

(3) 교제 공동체

주님의 몸 된 교회로서 공동체내의 모든 가족들이 서로를 돌아보며 사랑을 섬기게 하고, 어떠한 사회적인 학벌, 빈부귀천이 영향을 미치지 못하는 교회가 되게 한다.

(4) 기적이 나타나는 공동체

사도행전 속에 나오는 기적의 역사들이 매일 매일 교회 속에서 일어날 수 있게 한다. 성경 속에 나오는 기적들이 먼 옛날의 일, 남의 이야기가 아니라 바로 오늘 날 각자가 처한 환경 속에서 하나님의 기적들을 경험할 수 있는 공동체로 세운다.

(5) 고난 받는 교회

양지에서 빛을 받는 교회가 아니라 음지에서 하나님의 영광을 위해서 그리스도의 남은 고난을 채우는 교회가 되게 하며, 세상 속에서 고난 받는 사람들과 함께 고난 받을 수 있는 그러한 공동체로 세운다.

(6) 거룩한 공동체

서로의 허물을 용서하며, 죄를 버리게 하여서 하나님의 거룩하심을 좇아 각 자의 삶 속에서 하나님께서 기뻐하시는 거룩한 삶을 추구하게 한다.

(7) 리더십 공동체

한 사람의 사역자나 소수의 사역자들만 움직이는 교회가 아니라 평신도 전부를 리더로 세워 건강한 리더인 동시에 섬기는 자가 되게 하며, 각자가 맡은 부분에서 좋은 영향력을 발휘하도록 한다.

(8) 순교하는 교회

세상 속에서 살지만 세상을 따라 가지 아니하며 세상을 변화시키는 삶을 살아가게 하며, 그리스도 안에서 내가 죽고 내 안에 그리스도가 사시는 삶을 살도록 한다.

(9) 예배가 살아 있는 교회

맹목적이고 무의미한 교회가 아니라 모든 예배 속에서 성령의 임재와 기름 부으심이 있고, 하나님을 만나는 감격적인 체험의 예배가 되게 한다.

(10) 교회를 재생산하는 교회

하나의 대형교회를 추구하지 않고, 끊임없이 일정 규모의 교회를 계속 세워나가게 한다. 국내와 국외에서 지속적인 교회의 개척을 통해 주님의 복음전파에 힘을 쓰고, 개척된 교회들이 자립할 수 있을 때까지 돕는 역할을 하게 한다.

◆ 담임 목회자의 중점 사항

1) 기도와 말씀 : 다른 어떤 것보다도 주님과의 개인적인 교제에 중점을 두게 함으로써 먼저 건강하게 주님께 붙어있는 사람으로 세운다.

2) 성령 충만: 자신의 의지와 계획이 아닌 성령이 인도하시는 삶을 살 수 있도록 늘 성령 하나님께 순종하는 사람으로 세운다.

3) 전도와 양육: 모든 사람들이 개인적으로 복음을 증거 하는 삶을 살게 하고, 예수 그리스도를 영접한 사람들을 양육하여 다시 건강한 제자로 세운다.

4) 선교: 국내외 선교를 통해 지속적인 복음을 증거 하게 한다. 특별히 국내의 복음화가 낮은 지역과 해외의 미전도 지역 선교에 집중하게 한다.

5) 구제: 교회의 전체 예산의 10%를 사회로 환원하여 구제 금액으로 사용하여 지역과 세상을 향해 선한 영향력을 미치게 한다.

6) 공동체: 최고의 영성인 공동체성을 지향하게 한다. 그리스도의 몸 된 지체로서 교회관을 확립하게 한다.

7) 예배: 각 개인의 모든 삶과 사역에 있어서 예배가 중심이 되게 한다. 삶이 예배가 되고 예배가 삶이 되는 삶을 추구한다.

8) 가정: 각 성도들의 가정을 말씀위에 굳게 서게 하며, 세상에 선한 영향력을 끼치며, 세상 속에서 본이 되는 성경적인 가정을 세우도록 한다.

◆ 교회 각 부서

1) 새신자부(양육부)

새롭게 그리스도를 영접한 사람들을 총 6주간에 걸쳐서 양육하게 하는 부서이다. 새 신자 성경 공부 교재도 지속적으로 계발하는 부서이다.

2) 국내 선교부

특별히 국내의 복음화가 낮은 지역을 선택하여 집중공략하게 하는 국내 선교부이다.

3) 해외 선교부

국외의 미전도 종족에 대한 선교를 목적으로 운영이 되며, 매년 2회(여름과 겨울) 단기선교를 실시하며, 장기선교사 발굴, 교육 및 파송, 후원, 관리에까지 담당하게 한다. 특별히 등록 교인의 10%의 선교 자원화를 위한 구체적인 계획을 수립하고 진행한다.

4) 교육부

교회학교 각 부서의 성경공부에 적절한 교재를 계발하여, 모든 성도들이 양질의 성경공부를 받을 수 있도록 한다. 획일적인 전달 방식의 성경공부가 아닌 토론식의 교재, 귀납법적인 교재의 계발에 초점을 맞춘다.

5) 예배 음악부

예배를 통해서 하나님의 임재와 성령의 기름 부으심이 있는 그런 예배가 되게 한다. 모든 성도들이 예배를 통해 은혜 받을 수 있게 한다. 교회의 각종 예배에 대한 순서와 진행에 대한 전반적인 계획을 수립할 수 있고, 담임 사역자와의 협의를 통해 예배의 다양한 포맷을 계발하게 한다. 불신자 초청예배, 열린 예배 등.

6) 구제부

교회 전체 예산의 (   )%를 지역 사회의 구제를 위해서 사용하기 위해서 이 일을 계획하고 진행하게 한다. 교회의 구제사업이 연말연시에 집중되는 기이한 현상이 사라지게 하고, 1년 365일 지역과 주변, 국내와 국외의 구제 대상자들을 선정하여 구제를 실시하게 한다.

7) 교회학교

어린이, 청소년, 청년, 장년, 노인층에 이르기까지 모든 교인들을 총망라함.

8) 교회협의회

교회 주요 사업이나 일들을 처리하게 하기 위해 담임 사역자를 비롯한 10인 이내의 협의회를 구성하여 교회의 주요 안건들을 처리하게 한다. 담임 사역자가 안건의 최종 결정권자임을 분명히 하되, 다양한 의견을 수렴하고 토론을 거치게 한다.

◆ 건강한 셀 사역

최대 10인 이내의 셀을 구성하여 건강한 소그룹 중심의 사역이 일어나게 하며, 그 셀 내에서 또 다른 리더를 세워서 다른 셀로 분리되어 나가게 하는 방식으로 셀을 운영한다. 셀 모임은 매주 1차례 실시하게 하며, 셀 리더들을 위한 교육 및 점검도 매주 1차례 실시하여 건강한 셀 사역으로 유도한다.

◆ 교회 내의 동아리 활동

교인들이 자발적으로 관심 있는 동아리를 조직하여 매월 2차례 정도의 모임을 가지게 한다. 체육 동아리, 음악 동아리, 독서 동아리, 등산 동아리, 꽃꽂이 동아리 등. 동아리 모임은 셀 모임과는 또 다른 형태이며, 이 동아리 모임을 통해서 성도들 간의 건강한 교제를 유도하여 건강한 그리스도의 몸으로서의 교회를 이루게 한다.

◆ 교회 연중 계획표

◆ 예배 시간 안내

◆ 교회학교 예배 안내

◆ 설날 예배 순서

설날 예배는 온 가족들이 모여서 지난 한 해를 돌아보며 새해를 다짐하는 시간으로 지금까지 보살펴주신 하나님의 은혜에 감사함으로 드리는 예배입니다.

▷ 묵 도 : 다같이
▷ 찬 송 : 296장 (오늘까지 복과 은혜)
▷ 기 도 : 가족 중 한 사람
▷ 성경 말씀 : 가장이 준비한 말씀
▷ 헌 금 :
▷ 주기도문 : 다같이

◆ 추석 예배 순서

우리 조상들은 옛날부터 종교심이 많아 좋은 일이 있으면 조상님의 도우심이라 생각하여 제사를 드렸습니다. 그러나 이제 바로 알고 보면 오곡백화가 무르익는 것은 창조주 하나님께서 주신 복이라는 것을 알게 됩니다. 그리하여 추석을 맞이하여 감사 예배를 드려야 할 것입니다.

▷ 묵 도 : 다같이
▷ 찬 송 : 308장 (넓은 들에 익은 곡식)
▷ 기 도 : 가족 중 한 사람
▷ 성경 말씀 : 가장이 준비한 말씀
▷ 헌 금 :
▷ 주기도문 : 다같이

◆ 추도 예배 순서

추도 예배는 고인의 사진이 있으면 상위에 올려놓고 또 촛불이나 꽃으로 장식합니다. 꼭 그렇게 하지 않아도 되며, 가족들의 복장은 화려하지 않게 단정하게 차려입습니다. 주례자는 교회의 교역자를 모시는 것이 좋으나 그렇지 못할 경우에는 가족이나 친지 중에 인도할 어른이 집례를 하면 됩니다.

▷ 시작하는 말
오늘은 고 ○○○ 씨(권사, 집사, 어른, 자매)의 기일이므로 이제부터 추도예배를 하나님께 드리겠습니다.

  ▷ 찬 송 : 543장(저 높은 곳을 향하여)
  ▷ 기 도 : 가족 중 한 사람
  ▷ 성경 말씀 : 가장이 준비한 말씀
  ▷ 고인의 약력 소개 :
  ▷ 고인을 생각하며 잠시 묵념 :
  ▷ 주기도문 : 다같이

제17장 교회성장과 새신자 양육

　사람이 거듭나는 것은 하나님의 은혜이고 기적이다. 그리고 하나님은 모든 기적적인 새생명이 그리스도의 충만에 이르기까지 성장하기를 원하신다. 새신자 양육은 교회성장에 중요한 활력소이다. 미국교회의 경우 결신자의 반만이 침례를 받는다. 각 교회의 실정 중에는 등록한 신자 수가 많은데도 교인 수가 증가하지 않는 것은 일차적으로 새신자 양육의 문제이다.133)
　새신자를 새가족이라 부르는 것이 좋은 어휘이나, 이곳에서는 새신자 양육 때문에 새신자라는 단어를 사용한다. 새신자를 정착시키기 위해서는 그들의 필요와 문제를 파악하고 지속적으로 지원하는 새가족위원회가 필요하다.
　새신자가 정착하기 위해 자기 교회라는 인식을 심어주고 은혜와 사랑을 느끼게 해야 한다. 새신자가 교회에 정착하기까지는 6-7명의 도움이 필요하고 이들과 함께하는 하는 새신자는 교회를 떠나지 않는다.

1. 교회에서 새신자를 놓치게 되는 이유들

최근 들어 한국 교회의 정체 현상이 더욱 심해지고 있다. 왜 이런 현상이 일어나고 있는가? 먼저 외부 환경의 변화를 지적할 수 있다. 경제적 안락과 함께 찾아온 여가혁명, 즉 각종 오락, 스포츠, 레저 산업의 팽창은 사람들을 하나님으로부터 멀어지게 했다.

또한 과학문명에 대한 맹신과 무종교 의식의 확산은 사람들을 더욱 세속적인 방향으로 이끌었다. 한국교회가 변화되는 사회에 창조적으로 대응하지 못한 책임이 있다. 그러나 외부적인 요인만으로 교회성장 둔화 현상을 전부 설명할 수 없다. 교회성장의 정체는 교회 내부적으로 '효과적인 새신자 사역'이 이루어지지 못했기 때문이다. 교회에 많은 사람들이 왔지만, 그들은 하나님을 체험하지 못하고 기존 성도들의 환영을 받지 못한 채 교회를 떠나갔다. 한국교회에 영혼 사랑의 열정과 영혼 구원의 전략적 사고가 부족했다. 영혼 사랑의 열정은 교회 정체성의 본질이다. 그러한 열의가 사라지니 자연적으로 교회의 분위기는 냉랭해지고 교회를 찾아온 사람조차 제대로 받아들이지 못하거나 양육하지 못하는 안타까운 현상이 나타난 것이다.

첫째, 새신자를 교회에서 제대로 초청하지 않는 경우이다. 처음에 왔을 때에 당황하지 않게 해야 하지만 너무 조심스러워서 무관심한 태도는 큰 문제이다.

둘째, 조직적인 전도전략이 없이 막연히 전도하기 때문이다. 전도, 영접, 양육, 훈련과 재생산의 과정을 가지고 있어야 한다.

셋째, 예배 중에 듣는 설교가 새신자에게 감동을 주지 못하기 때문이다. 새신자가 정착하는 큰 부분은 목사님의 인품과 설교에 있다.

넷째, 교회에서 진심으로 자신을 반기지 않기 때문이다. 처음에는 새신자를 환영하나 친교의 한계에 부딛치는 경우가 있다.

2. 새신자관리를 위해 교회에서 점검할 일들

새신자 목회는 가장 중요하다고 말하면서 가장 실천되고 있지 못하는 사역 중의 하나이다. 교회 성장은 누가 뭐라고 해도 전도와 양육에 달려 있다. 비신자를 전도하고, 전도된 새신자를 양육하여 교회에 정착시키고, 더 나아가 양육된 신자가 또 다른 사람을 전도 하기까지 책임져 준다면 어떤 교회도 성장하고 부흥할 것이다. 먼저 교회 내부의 상황을 점검하는데서 시작해야 한다.

첫째, 다른 교회로 옮겨가는 성도의 비율과 그 이유는 무엇인가?
둘째, 교회의 어떠한 일에도 참여하지 아니하는 성도들은 얼마나 되는가?
셋째, 재적 성도와 출석 성도의 차이가 얼마나 되는가?
넷째, 구역이나 소그룹에 참여하지 않은 성도는 얼마나 되는가?
다섯째, 소속감이 결여되고 소외감을 갖는 교인은 얼마나 되는가?
여섯째, 봉사를 하다가 열심이 식어진 성도는 얼마나 되는가?

3. MJ교회 새신자 프로그램의 예

교회에 처음 나온 사람이 정착할 수 있도록 하기 위해서는 교회에 대한 첫인상이 가장 중요하다고 할 수 있다. 보통 사람들이 어떤 사물이나 사람에 대해서 받은 첫인상은 그 후의 모든 후속 이미지에 영향을 미친다. 그래서 새신자가 교회에 처음 나왔을 때 감동을 주기 위해서 먼저 준비되어야 할 것들이 있다.

1) 새신자를 환영하기 위해 필요한 준비

첫째, 주차안내이다. 주차장에서 새신자를 위한 주차장소를 가장 편리한 곳으로 지정해 놓아야 한다. 새신자만을 위한 능숙한 안내위원을 따로 두어야 한다.

둘째, 출입구와 예배실을 분명하게 하라. 교회에 도착한 후 어느 곳으로, 어느 문을 통해 들어가야 하는지를 안내위원이나 안내판을 통해 분명히 알려주어야 한다.

셋째, 훈련받은 환영위원을 배치해야 한다. 미소와 친절, 신앙과 품격을 갖춘 환영위원을 두어야 한다. 환영위원의 환영이 좋아서 다시 교회에 나오고 싶다는 마음이 들 정도가 되어야 한다.

넷째, 예배 직후에 환영시간을 갖도록 한다. 예배가 끝난 후에 새신자를 위한 시간으로 바로 인도될 수 있도록 한다.

다섯째, 안내 표시를 명확히 한다. 예배실이나 사무실, 주일 학교반, 화장실이나 유아실 등 기타 장소를 명확하게 안내해서 새신자들이 불편을 겪는 일이 없어야 한다.

여섯째, 새신자 담당위원들을 훈련해야 한다. 새신자의 필요와 상태에 민감하여 신속하게 대처할 수 있도록 지속적인 교육과 모임이 필요하다.

일곱째, 등록카드를 작성하도록 한다. 새신자들이 자연스러운 분위기에서 등록카드를 작성하게 해서 연락처를 알아두도록 한다.

여덟째, 전화심방은 필수이다. 다음 주가 되기 전에 반드시 전화를 하여 안부와 다음주 예배 참석을 권유하는 것이 필요하다.

아홉째, 주보를 재정비한다. 첫 방문자들이 혼란 없이 예배에 참여할 수 있도록 주보에 충분한 안내내용을 담고 있는지 확인해야 한다.

2) 첫 일주일

이러한 준비가 되었다면 먼저 목회자가 새신자에게 관심을 갖아야 한다. 새신자는 교회의 대표적인 목회자로부터 사랑과 지원을 받고 있다는 느낌을 받을 필요가 있다. 그렇게 목회자의 관심을 받은 새신자는 첫 주에 교회 안에서 감동을 주어야 한다. 새신자를 첫 주에 사로잡으려면 우선 교회의 분위기가 좋아야 한다. 교회에 들어섰을 때 교회의 분위기가 사람들을 끌어당기는 매력적인 것이 되어야 한다. 신앙생활을 하고 싶은 곳이 되어야 한다. 그래서 밝은 교회 분위기를 통해 새신자가 기분 좋게 느낄 수 있도록 해야 한다. 조명이라든지 음향, 좌석, 공간, 실내온도, 깨끗한 화장실까지 섬세하게 다루어야 한다.

이러한 외적인 분위기를 준비하는 것과 함께 성도들이 새신자를 따뜻하게 맞이하는 것은 말할 필요도 없이 중요하다. 담임목회자는 첫 주에 꼭 심방해야 한다.

3) 새신자에게 소속감을 가지게 하는 방법

새신자가 예배에 참석하는 것에서 발전해서 교회에 대한 소속감을 갖는 것으로 나아가야 한다. 소속감을 느끼게 하는 것은 새신자로 하여금 교회 사역에 대한 어느 정도의 책임과 주인의식을 갖도록 하는 것이다.

그러므로 새신자반에서는 기독교 신앙에 관한 오리엔테이션 뿐만 아니라 교회에 대한 소개도 확실하게 해야 한다. 교회의 역사, 교회 리더에 대한 소개, 교회의 목적과 사명에 대한 소개가 있어야 한다. 새신자반을 거친 새신자들이 이 교회가 어떤 교회이고, 담임목사는 어떤 목회철학이 있는지 확실히 파악하도록 해야 한다. 그런 의미에서 새신자반의 운영은 교회의 대표적인 담임목사가 직접 인도할 때 더 효과적일 수 있다. 소속감을 심어주기 위해서는 소그룹에 배치되어야 한다.

소그룹에 배치되어서 인간관계를 맺기 어려워하는 새신자들이 진정한 친구 관계를 맺을 수 있도록 도와주어야 한다. 그래서 새신자에게 6개월에서 12개월 사이에 반드시 친구를 만들어 주는 일에 초점을 맞추어야 한다.

새신자는 소그룹 뿐 아니라 선교회나 각종 모임에 참석하여 봉사할 수 있도록 도와주어야 한다. 새신자로 하여금 자신에게 맞는 그룹에 들어가서 일을 하도록 도와주는 것이 소속감을 심어주는 열쇠이다. 새신자가 사역에 참여할 수 있도록 할 때는 그의 은사를 활용하여 봉사할 수 있도록 하는 것이 중요하다. 성도들의 만족감은 자신의 은사를 활용하느냐 그렇지 못하느냐에 달려 있다. 은사에 대한 무지는 교회를 정체시키며 새신자 정착에 좋지 않은 영향을 미친다. 새신자가 들어오면 그의 은사를 발견하여 그가 할 수 있는 일을 맞겨주어야 한다. 그래서 새신자가 교회에서 일을 하면서 "나는 행복하고 만족스러운 사람이다." 라는 느낌을 가질 수 있도록 해야 한다.

이렇게 소속감을 갖은 새신자들 교회는 지속적으로 관심을 갖고 관리를 해 주어야 한다. 그러기 위해서는 새신자를 돌볼 수 있는 양육위원회 제도가 필수적이다. 소그룹을 통한 양육도 좋지만 새신자에게 일대일의 양육위원을 붙여주는 것이 가장 효과적이다. 양육위원은 다음과 같은 일을 수행하며 새신자의 정착을 도와야 한다.

첫째, 교회에 출석하는 새신자와 곧바로 접촉한다. 둘째, 최소한 석달 동안 새신자와 매주 만난다. 셋째, 예배때에 새신자와 함께 앉는다. 넷째, 새신자와 함께 다니면서 교회 건물을 소상하게 안내한다. 다섯째, 새신자를 다른 교인에게 소개한다. 여섯째, 교회에서 사용하는 전문 용어들과 교회의 전통을 새신자에게 설명해 준다. 일곱째, 새신자를 위해 기도한다. 여덟째, 1년 후에 양육위원회는 새신자의 정착을 다시 확인한다.

4) MJ교회 새신자 정착 프로그램

이러한 새신자 정착 프로그램을 가지고 교회에서 실제로 목회하고 있는 교회를 통하여 구체적으로 알아보고자 한다.

교회는 이름대로 평신도를 제자화하는 사역을 중심으로 교회를 운영하고 있다. 교회의 새신자 사역은 세 가지 중요한 단계로 이루어진다. 첫째, 전도이다. 교회는 언제나 전도해서 비신자들을 주님께로 인도한다. 둘째, 정착과 양육이다. 새신자들이 교회에 오면 그들이 교회에 정착하도록 해야 하고 양육해야 한다. 셋째, 사역자로 훈련시키는 것이다. 일정 정도의 양육이 되면 사람들을 훈련하고 무장시켜야 한다. 그래서 그들이 하나님께 쓰임 받고 사역할 수 있도록 세워주는 것이다. 이렇게 평신도 사역자를 세워서 일하게 하는 것이 필요하다.

(1) 새가족이 처음 왔을 때의 양육

새가족이 등록하면 '바나바 사역'이라고 하는 과정에서 훈련을 받는다. 훈련된 평신도들이 새신자들에게 3주간 교회를 소개하는 것이다. 그것을 마치고 나면 교회의 목회 철학과 비전을 소개하는 시간을 갖는다. 이른바 '좋은 교회의 좋은 교인되기'라는 프로그램으로 한 달에 한번 정도 실시한다.

(2) 그 이후 과정은 4주간의 확신반이다.

여기서는 새신자의 신앙을 다시 한 번 점검하는 데 목적이 있다. 확신반 과정은 필수 과정으로써 교회에 등록한 사람은 누구나 다 반드시 이수하게 한다. 이 과정을 수료한 분들 중에서 침례를 받지 못한 분들은 침례를 받도록 하고 있다.

(3) 그 다음 과정은 성장반이다.

14주 과정으로 주로 주님과의 관계, 자신과의 관계, 이웃과의 관계 등 관계성을 중심으로 공부를 한다. 성장반 과정을 마친 사람들 중 성경을 더 공부하고 싶은 분들은 1년 내지 2년간 성경공부를 하게 한다. 그런 이후에 준비된 분들을 1년 동안 제자훈련 과정에서 참여시킨다. 성경공부 과정은 모두 다 참여하는 것이 아니라 기초가 튼튼하지 않은 분들이 하도록 인도하고 그렇지 않은 분들은 성경공부 없이 제자 훈련 과정에 들어가도록 한다. 보통 제자훈련은 1년, 사역자 훈련은 6개월을 시행한다. 그렇게 훈련된 사람은 셀 교회의 목자로 임명된다.

교회에 처음 나온 새신자가 교회에 정착할 수 있도록 바나바 과정에서는 새신자가 오면 바나바 사역자가 한사람씩 붙어서 3주 동안 교회에 친근감을 갖게 하고 계속해서 다니게 하는 촉매 역할을 한다. 그렇게 바나바 역할을 하기 위해서는 바나바를 훈련시키는 사역이 필요하다. 그러기 위해서 바나바들을 교육하는 기본적인 교재가 있다. 교재의 중심 내용은 교회의 소개와 복음을 제시하는 것에 관한 것이다. 그런데 바나바 사역에서 가장 중요하게 생각하는 것은 관계성이다. 새신자가 교회에 등록하면 교회에 대해 알고 싶어하고 이 교회가 어떤 교회인지 불안해하기도 한다. 그 외에 여러 가지로 새신자는 두려워하는 것도 많고 궁금해 하는 것도 많다. 그런 것을 빠른 시간 안에 충족시켜야 장착과 양육이 효과적으로 이뤄질 수 있다. 바나바들에게는 복음을 전하는 훈련과 교회를 적절히 소개하는 훈련을 시키고 있다.

그러한 바나바들을 교회에서 70명 정도를 준비하고 있다. 그리고 만약 70명 이상의 새신자가 오게 되면 한 바나바가 두 명의 새신자를 맡기도 한다.

바나바로부터 3주간 교육을 받으면 이제 확신반으로 간다. 확신반은 담임목사님 사모님이 인도하는데 25~30명의 중그룹으로 모임이 이루어진다. 바나바들은 계속 새신자를 돌보고 보살피는 역할을 한다. 확신반은 다른 교회에서의 새신자반과 비슷하다. 확신반을 거치면 침례식을 하는데 침례는 예수를 믿고 교회의 한 가족이 되는 것이기 때문에 환영을 해야 할 일이다. 그리고 본인에게 영광스러운 경험이다. 그렇기 때문에 침례식은 의미있게 치러져야 한다. 의미 있는 행사가 되려면 의식이 중요한 것이 아니라 본인이 감격과 감동을 느껴야 한다. 그렇게 하려면 주님과의 만남이 분명해야 한다. 그래서 새신자들이 주님을 어떻게 만났으며 앞으로 어떻게 살 것인지에 대해 3분 정도 간증하는 시간을 갖는다. 실제 교인들 앞에 나와서 간증을 할 때 감격하여 우는 새신자들도 있고 치유를 받는 일도 일어난다. 또 교인들은 간증을 들음으로 이전에 구원받았던 때를 생각하며 기뻐한다. 이렇게 침례식이 자리를 잡으면서 기존 성도들에게도 격려가 되고 전도를 위한 좋은 동기부여가 된다.

침례식은 확신반이 끝나면 빠른 시간 안에 한다. 그 시간은 수요일 저녁이나 주일 저녁 때와 같은 공예배 시간을 이용한다. 그렇게 침례식이 마치면 결혼식과 같은 대대적인 환영을 해준다. 그래서 전도하고 기도하던 분들과 같은 목장에 있는 성도들은 책도 사주고 꽃다발을 갖다 주면서 축하해 준다. 그러면 감격한 새신자들은 울음바다가 되기도 하고 동시에 기쁨의 장이 된다. 이렇게 확신반이 끝나면 성장반으로 보내진다. 성장반은 12명 정도가 모이는 소그룹이다. 이러한 과정들을 거치면 새신자 정착율이 97.5%나 된다.

5) MJ교회의 새신자 훈련 핵심 사항

교회 새신자 목회의 요점은 세 가지로 정리할 수 있다.

첫째, 교회는 내적 변화를 추구하는 실질적인 양육을 제공한다.

교회의 새신자 양육 과정은 탄탄하다. 새신자들은 바나바, 확신반, 성장반, 성경공부, 제자훈련, 사역자 훈련 등을 단계별로 거친다. 훈련과정이 매우 체계적이지만 그렇다고 시스템 자체에만 의존하는 것도 아니다. 훈련 시스템만 돌리면 양육이 되는 것으로 생각하지 않는다. 교회는 외형적인 교육체계보다 새신자의 내면에 더 집중한다. 새신자들이 진정으로 변화되고 있는지가 가장 중요한 문제이다. 무엇보다도 주님과의 만남을 확실히 갖고 있는지를 점검하는 것이다. 목사님 자신이 구원의 확신이 없이 오랜 기간을 신앙생활을 한 경험이 있기 때문에 더욱 그런 부분의 주의를 기울인다고 볼 수 있다.

주님과의 만남을 확인하기 위한 방법 중 하나기 침례식이다. 침례식이 하나의 의례적인 행사로만 전락한 교회도 많이 있다. 하지만 MJ교회의 침례식은 침례의 의미를 뚜렷이 부각시키고자 한다. 예수 그리스도와 함께 죽고 부활하는 감격을 느끼는 일종의 축제이다. 침례직후에 간증을 하게 하는데, 이 시간은 새신자가 신앙을 새롭게 다짐하는 계시가 된다. 이 모든 과정의 초점은 새신자들이 주님을 만나도록 하는 것이다. 교회가 수업 중심의 양육에 만족해서는 곤란하다. 침례식, 수련회, 기도회 등을 통해 주님을 체험할 수 있도록 전력을 기울여야 한다. 주님과 만나는 감격이야말로 양육을 촉진하는 촉매임을 명심해야 한다.

둘째, 교회는 평신도 자원을 적극 활용하고 있다.

교회는 교회 전체가 사역 공동체이다. 담임목사로부터 평신도에 이르기까지 새신자 사역 중심으로 뭉쳐 있다. 담임목사는 쉬운 설교로 새신자들에게 접근하고, 평신도들은 바나바와 목장 리더로 새신자 정착에 헌신한다. 이것은 양육의 비전이 전교인에게 공유되었기 때문에 가능한 것이다. 새신자 사역 공동체를 만들기 위해서는 비전

공유가 선행되어야 한다.

  셋째, 교회는 새신자를 사역자로 양성하고 있다.

  교회는 교회의 이름이 말해주듯이 새신자를 제자로 훈련시키는 교회이다. MJ교회는 주로 아파트 주민의 지적인 특성에 호소하는 교육목회로 성장했다. 하지만 지적인 목회, 가르치고 배운 목회에 만족하지 않았다. 새신자를 교육한 후에는 선교하는 목장으로 내보내서 사역하게 했다. 성경 지식을 가르치는 것에 그치지 않고 봉사하고 사역하는 제자로 키워내고 있는 것이다. 특히 가정교회로 전환한 후에는 신자를 훈련시켜 목장 리더로 파송하는 유기적인 구조를 갖추었다.

4. HS교회의 새 신자 교육과정

교육과정의 목표

1. 구원의 확신을 얻는다.
2. 성경을 읽고 스스로 이해하는 능력을 배양한다.
3. 신앙적인 의문에 대한 답을 얻는다.

기간 : 13주 (휴강일 빼고)

등록금:(　　　)원 (교재대 및 졸업 시상용), 재수강 하시는 분은
　　　　(　　　)원

교재 : 표준 새번역 성경전서

과제 :

1. 새신자 훈련 총서에서 그날에 배울 과의 답을 미리 적어서 다음 주에 갖고 오십시오.

2. 진도표에 있는 대로 그 주일에 해당하는 성경을 읽고 그 내용을 2-3 페이지 정도로 요약해 오십시오.

재수강 : 다음의 경우가 되면 다음 기에 재수강 해주십시오(등록도 다시 하셔야 합니다).

1. 첫 4번의 강의 중 두개를 놓치시는 경우
2. 결석 일수가 4번 되는 경우
3. 요약 숙제 4주일 것이 밀린 경우

졸업 :

1. 최종 성적이 60점 이상이고(출석:25%, 숙제:25%, 시험: 50%)
2. 결석 일수가 3번 이하이고
3. 성경 요약을 다 하신 분

시험 : 기말고사(마지막 화요일)

50% 단답형(문제와 답을 미리 가르쳐 드립니다)

25% 성경 구절 암기(성경 구절은 반에서 같이 암기합니다)

25% O, X 문제(교재와 강의 내용 중에서 출제됩니다)

부탁사항 :

1. 가능하면 5분 전에 도착해 주십시오. 강의 첫 5분이 가장 중요합니다.
2. 부득이한 사정으로 늦어야 하시면 아무리 늦어도 오십시오. 부득이한 사정으로 일찍 가셔야 하면 수업시간 전에 들리기만이라도 하십시오. 출석하신 것으로 간주해 드립니다.

3. 명찰은 반드시 남이 볼 수 있게 부착해 주십시오.

<생명의 삶 진도표> (다시 수강하시는 분은 사도행전과 고린도전서를 요약하십시오)

1. 주 서론
2. 주 1-1 죄, 1-2 하나님의 사랑-요한복음 1-4장 (행1-4)
3. 주 1-3 회개, 1-4 신앙-요한복음 5-8장 (행5-8)
4. 주 2-1 중생, 2-2 구원의 확신-요한복음 9-12장 (행 9-12)
5. 주 2-3 그리스도인의 생활, 3-1 믿음의 성장-요한복음 13-16장 (행13-16)
6. 주 3-2 성경, 3-3 하나님-요한복음 17-21장 (행17-20)
7. 주 3-4 그리스도, 3-5 성령-야고보서 1-5장 (행21-24)
8. 주 4-1 교회, 4-2 침례교회-로마서 1-4장 (행25-28)
9. 주 4-3 교회 회원, 4-4 교회 생활-로마서 5-8장 (고전 1-4)
10. 주 5-1 그리스도인의 신분, 5-2 그리스도인의 행실, 5-3 승리의 생활-로마서 9-12장 (고전5-8)
11. 주 6-1 헌신의 동기, 6-2 헌신의 방법-로마서 13-16장 (고전9-12)
12. 주 6-3 헌신의 결심, 6-4 헌신의 보상-요한1서 1-5장(고전13-16)
13. 주 시험

5. 새신자 교육 뒤의 후속 교육들

(1) 새로운 삶

목적 : 새로운 삶에 맞는 성경적인 가치관을 형성한다. 신앙생활에 필요한 기본적인 성서적 개념들을 이해한다. QT의 첫 걸음

대상 : 예수님을 믿는 HS교회 교인이어야 하며, 생명의 삶을 이미 수강하신 분.

기간 : 13주(휴강일 제외, 일정표 참조)

교재 : 새로운 삶의 실천(랄프 네이버 지음, 도서 출판 NCD 편찬)

〈새로운 삶 진도표〉

1. 주 개강 - 새로운 삶이란?
2. 주1과 하나님 나라의 삶 - 나의 새 가족
3. 주2과 하나님 나라의 삶 - 함께 여행해 봅시다
4. 주3과 이세상 나라들 - 낡은 것들?
5. 주4과 이세상 나라들 - 무엇이 새로운가?
6. 주5과 종의 삶 - 섬김의 준비
7. 주6과 종의 삶 - 하나님을 가까이 함
8. 주7과 나의 삶 - 견고한 진을 다루는 법
9. 주8과 나의 삶 - 태도를 다루는 방법
10. 주9과 권세를 대면함 - 영적 전쟁
11. 주10과 권세를 대면함 - 씨름하기
12. 주11과 다음 단계 - 여행
13. 주종강 - 시험 및 정리

(2) 경건의 삶

마태복음 22장 37~40절에 있는 예수님의 계명을 좇아 경건의 훈련을 통하여 하나님과의 긴밀한 관계를 형성하고 이웃들과의 사랑의 관계를 배양하는 연습을 한다.

목표 :

1. 규칙적인 경건의 시간을 매일 갖는다.
2. 여러 가지 경건의 훈련을 한 번씩 실천해 본다.
3. 자아 중심에서 타아 중심으로 사고방식을 변화한다.
4. 신앙생활에 방해되는 한 가지 결점을 보완하고 새로운 습관을 들인다.

(i) 이것을 영적과제라 부른다.
(ii) 영적과제는 "경건의 삶"을 통해 자연히 형성되는 기도나 말씀 읽는 습관 등은 가능하면 제외한다.
iii) 영적과제는 관계, 습관 혹은 성품에 관한 것으로 선택할 것을 권장한다.
(iv) 영적과제는 "경건의 삶"이 끝난 후 달성이 되었는지 안 되었는지 알 수 있도록 가능하면 구체화시키는 것이 좋다.

학습진행 :

1. 모임의 진행은 정해진 규칙이 없다. 성령의 인도하심을 따라 반원의 적극적인 참여에 의하여 진행된다.
2. 방관자가 되지 않도록 한다. 모임 중 꼭 한 번 이상 발언을 한다.
3. 남에게 충고를 줄 때에는 간증이나 질문만을 사용한다. 체험

에서 우러나온 조언만을 주도록 노력한다.
4. 비밀을 지켜준다. 모임에서 얘기된 것은 본인의 허락 없이 절대 모임 밖에서 얘기하지 않는다.

과제장:
1. 1번의 문제에서는 자신이 옳다고 생각하는 답을 쓰지 말고 포스터가 얘기하는 내용을 적는다.
2. 2번은 그 전 주일 과제장 3번의 (3)"생활적용"을 어떻게 실천하였는지를 적는 것이다.
3. 3번을 쓸 때에는 뒷면을 다 채워야 한다. (1)내용, (3)생활적용, (4)기도는 두 세줄 정도로 적고 (2)번의 내용으로 뒷면의 대부분을 채운다.
4. 4번에 있는 경건의 시간을 매일 30분 내의 비슷한 시간에 시작했으면 5점의 보너스가 있다.
5. 경건의 시간을 가질 때에 묵상구절을 자신의 말로 옮겨 적는다.
  교재 : 리차드 포스터 저, 영적 훈련과 성장(권달천 역, 생명의 말씀사)

<경건의 삶 진도표>
  1. 주 1과 및 서론
  2. 주 3과-기도의 훈련
  3. 주 11과-예배의 훈련
  4. 주 4과-금식의 훈련
  5. 주 10과-고백의 훈련
  6. 주 5과-학습의 훈련

7. 주 6과-단순성의 훈련
8. 주 12과-인도하심을 받는 훈련
9. 주 2과-명상의 훈련
10. 주 8과-종의 훈련
11. 주 7과-홀로 있기의 훈련
12. 주 9과-봉사의 훈련
13. 주 9과-찬양의 훈련

6. N교회 새가족 안내서

새가족 행복안내서1
남원주교회는 행복한 교회입니다.[134]

인간은 누구나 행복하기를 원합니다. 그러나 많은 사람들이 그토록 원하는 행복을 찾지 못하고 오히려 고통 속에 있습니다. 가족문제, 건강문제, 경제문제, 장래문제, 정신문제 등으로 끊임없이 고통 당하고 있습니다. 행복의 파랑새를 찾아 헤매지만 찰나적인 쾌락은 있어도 행복은 없습니다. 그 이유는 무엇일까요? 그것은 인간이 범죄하여 하나님을 떠났기 때문입니다.

1. 인간이 범죄하여 하나님을 떠남으로 어떤 일들이 일어났습니까?
   1) 하나님은 인간을 자기 형상대로 창조하시고 행복한 삶을 살도록 모든 것을 주셨습니다(창1:27-28).
   2) 그러나 인간이 범죄 함으로 하나님을 떠났습니다(창3:1-5).

3) 그래서 하나님의 축복을 잃어버렸습니다(롬3:23).

4) 인간의 삶 자체가 고난과 고통의 연속입니다(창3:16-19).

2. 하나님을 떠남으로 인간은 고통과 불행의 늪 속에 갇혀버렸습니다.

1) 진정한 평안과 안식이 없습니다(마11:28).

2) 사는 것이 무의미하여 허무하게 느껴집니다(전1:2).

3) 정신적인 고통과 육체적인 질병에 시달리며 삽니다(마9:36).

4) 환경의 저주 속에서 방황하고 있습니다(마8:1-8).

5) 죽음에 대한 두려움으로 비통에 빠집니다(히9:27).

6) 이 모든 원인이 영적인데 있음을 모르고 있습니다(고후4:4).

3. 하나님을 떠난 사람들은 자신의 고통을 해결 받고자 미신이나 종교를 찾습니다. 그 모습은 어떠합니까?

1) 헛수고만 할 뿐입니다(마12:43-44).

2) 스스로 해결할 힘이 전혀 없습니다(마12:28-29).

3) 열심히 종교생활 한다고 해서 행복해지는 것은 아닙니다(마11:28).

4) 또 다른 고통만 더해 갈 뿐입니다(마15:22).

5) 하나님을 만나기 전에는 참 행복이 없습니다(마15:28).

4. 예수 그리스도만이 유일한 해결책입니다. 그 이유는 무엇일까요?

1) 예수는 하나님을 만나는 길입니다(요14:6).

2) 우리의 모든 문제에서 건져내십니다(행10:38).

3) 풍성한 삶과 행복한 삶을 주십니다(요10:10).

4) 마음의 주인으로, 구원자로 모셔 들이면 됩니다(요1:12-13).

5) 지금 결단하십시오(잠27:1).

영접기도

사랑의 주 예수님 저는 죄인입니다.

이 시간 예수님을 나의 구원자 또 주님으로 내 마음에 모시기를 원합니다. 주 예수님, 지금 내 마음에 들어와 주십시오. 나의 모든 죄를 십자가 위에서 다 해결해 주신 하나님 나를 용서하시고 내게도 영생을 주옵소서. 이제 예수님은 나의 구원자 또 주님이십니다. 하나님은 나의 아버지가 되시고 나는 하나님의 자녀가 되었습니다. 나를 구원해 주시니 감사합니다. 지금부터 영원토록 나와 함께 하옵소서. 예수님의 이름으로 기도 합니다.

5. 예수 그리스도를 영접한 후 누리는 축복은 무엇입니까?
   1) 신분이 변하여 하나님 자녀가 되었습니다(요1:12).
   2) 모든 죄와 저주로부터 지금 즉시 해방되었습니다(롬8:2).
   3) 기도응답을 받을 자격이 주어졌습니다(요16:24).
   4) 참된 안식과 평안과 행복을 누립니다(마11:28).
   5) 예수이름의 권세와 능력으로 날마다 승리하십시오(행3:6-8).

6. 구원받은 사람은 어떻게 해야 합니까?
   1) 예배에 정기적으로 참석하십시오.
   2) 순간순간 하나님께 기도하십시오.
   3) 정기적으로 하나님 말씀인 성경을 읽으십시오.
   4) 목장예배에 참석하십시오.
   5) 열린 모임에 참석하십시오.

우리교회에서 알면 좋은 세분을 소개하겠습니다.

이번주간 식사하기

새가족 행복안내서2
남원주교회는 건강한 교회입니다.

1. 우리 교회를 소개합니다.

　남원주교회는 세계에서 제일 큰 개신교 교파인 미국 남침례회와 같은 믿음을 가지고 있으며, 빌리그레함 목사, 마틴루터킹 목사, 지미카터 대통령, "기쁘다 구주오셨네"의 작사자 아이작 왓트 등을 배출한 가장 복음적이고 신약 교회를 이상으로 삼고 있는 교회입니다. 한국에는 1889년 카나다 선교사인 말콤C, 펜윅에 의해서 전파되어 2008년 현재 2700개 교회가 있습니다.

　남원주교회는 1969년 9월에 시작되었으며 기독교 한국침례회 소속된 교회입니다. 남원주교회는 말씀과 성령의 능력으로 주님의 제자가 되어 이땅의 영혼들을 구원하기 위하여 1백 1천 1만 세계 비전을 품고 달려가고 있습니다.

2. 담임목사님을 소개합니다.

3. 예배 시간을 알려 드립니다.

예 배	시 간	예 배	시 간
새벽기도회	매일 오전 5:00	유아부 예배	주일 오전 11:00
주일축제예배	1부 오전 9:00 2부 오전 11:00	교회학교 예배	주일 오전 9:00
		학생회 예배	주일 오전 10:00
주일찬양예배	주일 오후 2:00	청년회 예배	주일 오후 3:30
수요저녁예배	수요일 오후 7:30	금야철야기도회	금요일 오후 10:00

4. 목장 모임을 소개합니다.

목장 모임이란 예수 그리스도의 임재와 능력과 목적을 체험하며 전도, 정착, 양육, 훈련, 번식이 지속적으로 일어나 1백1천1만 세계 비전을 이루는 예수 생명의 사랑의 공동체 가족 같은 모임입니다.

5. 하나님이 기뻐하시는 교회생활

시편1편을 보면 우리를 시냇가에 심은 나무라고 말씀하십니다. 시냇가에 뿌리를 깊이 내린 나무는 가뭄에도 마르지 않고 푸른 잎사귀와 좋은 열매를 맺습니다. 하나님은 우리를 은혜가 풍성한 시냇가에 심으셨습니다.

이제 우리는 남원주교회에 다음과 같은 뿌리를 깊이 내려 잎사귀와 열매가 무성하며 사시사철 형통한 축복을 누려야겠습니다.

1) 교회 중심의 뿌리를 내려야 합니다.

기쁘거나 슬퍼도, 어려움이 닥치거나 고통가운데서도 교회를 찾는 자를 하나님이 기뻐하시며 축복하십니다.

성도의 삶의 우선은 개인과 사업, 가정이 아니라 교회입니다. 마태복음 6:33 "너희는 먼저 그의 나라와 그의 의를 구하라 그리하면

이 모든 것을 너희에게 더하시리라"고 하나님은 말씀하십니다. 교회 중심의 삶이 곧 그의 나라와 의를 구하는 것이며 그러할 때 하나님은 모든 우리의 삶을 책임지십니다.

2) 예배의 뿌리를 내려야 합니다.

하나님은 "신령과 진정으로 예배하는 자를 찾는"고 하십니다(요 4:24). 예배를 통하여 우리는 세상을 정복할 신령한 힘을 상급 받습니다. 예배의 성공이 곧 인생의 성공입니다.

3) 기도의 뿌리를 내려야 합니다.

기도는 하나님과의 대화요 우리의 모든 필요를 공급받는 통로입니다. 기도는 인생의 막힌 문들을 여는 만능열쇠입니다. 특히 하나님은 성전에서 기도할 것에 대해 말씀 하고 계십니다.

4) 말씀의 뿌리를 내려야 합니다.

말씀은 영의 양식입니다. 살아있고 능력 있는 생명의 말씀인 영의 양식을 규칙적으로 섭취해야 우리의 신앙은 건강하게 성장 할 수 있습니다.

5) 물질의 뿌리를 내려야 합니다.

십일조, 감사헌금 등의 헌금생활은 하나님이 우리 삶의 주인 되심을 인정하는 것이며 물질 축복을 받는 비결입니다. 주님은 심은 대로 거두며 최소한 30배 60배 100배로 축복하시겠다고 약속하셨습니다(막4:20).

6. 기타 안내

1) 교회 생활에 불편한 점이 있을 경우 새가족 섬김이를 통해 언제든지 말씀해 주시면 최선을 다해 편의를 제공해 드리겠습니다.

2) 교회전화는 몇 번입니다.

3) 전교인 전화번호를 알고 싶으면 사무실을 통해 전화번호부를 구할 수 있습니다.

4) 장례, 결혼, 입원 등 경조사는 소속 목장의 목자를 통해 담당자에게 연락주시면 됩니다.

우리교회에서 알면 좋은 세분을 소개하겠습니다.

이번주간 식사하기

새가족 행복안내서3
남원주교회는 영광스러운 주님의 교회입니다.

성경에서는 교회를 "영광스러운 교회"라고 말씀하고 있습니다(엡 5:27). 교회의 머리는 예수그리스도시며(엡5:23), 자신의 생명을 내어 주시기까지 교회를 사랑하신다고 하셨습니다. 그러므로 우리 역시 주를 사랑하듯 그리스도의 몸이요, 주님의 영광스러운 신분인 교회를 사랑하는 것이 마땅합니다.

1. 교회는 하나님이 임재하시는 거룩한 곳입니다.
구약시대에는 성막에 하나님의 임재가 있었으며 솔로몬이 성전을 건축한 이후에는 성전에 하나님께서 임재 하셨습니다. 오늘날에는 교회가 하나님의 집이며 하나님의 영광과 은혜를 체험하는 곳입니다.

1) 교회는 하나님을 만나는 곳입니다.

2) 교회는 천국의 모형입니다.

3) 교회는 택한 받은 자들의 모임입니다.

4) 교회에는 천국열쇠가 있습니다.

5) 성도의 축복은 교회를 통해서 이뤄집니다.

2. 교회는 예배하는 곳입니다.

1) 예배는 가장 가치 있는 것을 드리는 것입니다.

① 몸을 드리십시오.

② 마음을 드리십시오.

③ 시간을 드리십시오.

④ 물질을 드리십시오.

2) 예배는 하나님과의 만나는 축제의 장입니다.

① 주일 축제 예배

② 주일 찬양 예배

③ 수요 기도 예배

④ 목장 가족 예배

3. 하나님은 이 시대 참된 예배자를 찾고 계십니다.

1) 예배에 성공하는 자가 형통한 축복을 누립니다.

2) 예배 10분전 까지 오셔서 기도로 준비해야 합니다.

3) 복장은 단정히 하고 예배도중 잡담을 삼가야 합니다.

4) 예배가 시작되면 화장실을 간다거나 자리를 옮기면 안 됩니다.

5) 휴대폰을 미리 꺼서 예배에 방해가 되지 않도록 해야 합니다.
   6) 아이를 데리고 오신 분은 유아반에 맡기시거나 유아실을 이용해야 합니다.
   7) 마음과 정성을 다해 예배를 드리도록 해야 합니다.

4. 하나님은 주일을 거룩히 지키라고 명령하셨습니다.
   1) 하나님께서는 천지 창조 후 안식하셨습니다.
   2) 주일의 주인은 하나님이십니다.
   3) 사도들은 초대교회 때부터 일요일을 주일날로 지켜왔습니다.
   4) 주일은 성도와 교제하며 주안에서 경건하게 안식하는 것입니다.
   5) 주일을 거룩히 지키기 위하여 필요한 물건을 전날까지 준비하여야 하며 상거래는 삼가야 합니다.

5. 교회에는 하나님이 주신 질서가 있습니다.
   1) 담임목사님과의 관계
   담임목사님은 하나님이 주신 사명을 이루기 위하여 하나님이 세우신 거룩한 사역자입니다. 그러므로 성도들은 목사님을 대할 때 주님을 가르치는 자로 존경하며 순종해야겠습니다. 또한 늘 담임목사님을 위해 기도해야 합니다.
   2) 목자와의 관계
   목자는 주님이 세우신 우리의 영적인 보호자입니다. 어려운 일이 있거나 문제가 생겼을 경우 함께 의논하고 기도할 수 있습니다.
   3) 성도들과의 관계

"형제를 사랑하며 서로 우애하고 존경하기를 서로 먼저하며"(롬 12:10) 서로 섬기며 말씀 안에서 교제해야 합니다. 서로의 덕을 세우도록 하며 말로 인한 분쟁이 없도록 조심해야 합니다. 특히 금전 거래로 인한 피해가 없도록 성도들간의 돈 거래, 보증 등은 삼가야 합니다.

새가족 반에서 담임목사님과의 귀한 만남을 가지시고 새가족반 과정을 꼭 수료하시기 바랍니다.

우리교회에서 알면 좋은 세분을 소개하겠습니다.

새가족반

새가족 행복안내서4
남원주교회는 두 날개로 날아오르는 교회입니다.

남원주교회는 하나님이 디자인 하신 사도행전의 교회처럼 세계비전을 품은 두 날개를 가진 교회입니다.
한 날개는 대그룹의 축제이며, 다른 한 날개는 소그룹으로 모이는 목장 가족 모임입니다. 남원주교회는 주님께서 12명의 제자를 훈련시켜 소그룹으로 복음을 확장 시키셨듯이 모든 성도가 제자가 되고, 또 자신의 12명의 소그룹 리더를 세워 1백 1천 1만 세계비전을 이루기 위해 달려가고 있습니다.

1. 남원주교회 비전
 1) 남원주교회 7대비전
   ① 선교사 파송과 자녀들의 안식처를 제공하는 교회
   ② 지역주민과 함께하는 사랑의 공동체 가족 같은 교회
   ③ 날마다 구원받은 감격과 뜨거운 간증이 풍성한 교회
   ④ 영감있는 말씀과 찬양, 기도응답과 치유가 있는 교회
   ⑤ 일천번제 장학금으로 하나님의 일꾼을 양성하는 교회
   ⑥ 사랑하며 섬기고 전도하는 목장들이 모여 하나 된 교회
   ⑦ 성도들이 평안한 노후를 위해 실버타운을 운영하는 교회
 2) 1백 1천 1만 세계비전
 1백명의 선교사를 각 민족과 열방에 파송하며 1천명의 목자를 세워 지역과 민족을 감당하고 1만명의 성도를 구원하여 천국의 빈자리를 채워 하나님께 영광 돌리는 비전입니다.

2. 남원주교회 사명
 1) 사명선언문
 말씀과 성령의 능력으로 제자가 되어 1백 1천 1만 세계비전을 이루는 삶의 기쁨이 넘치는 사랑과 생명의 공동체 가족 같은 교회를 이루리라(마28:18-20).
 2) 7대목표
 ① 가족같이 하나 되는 교회 ② 필요 중심적 전도 ③ 전인적인 소그룹모임 ④ 변화되는 훈련 ⑤ 열매 맺는 1만 성도 ⑥ 헌신하는 1천목자 ⑦ 선교하는 1백선교사

3. 두 날개로 날아오르는 남원주 교회

 1) 대그룹 날개 : 축제예배

예배는 하나님께 드리는 축제의 장입니다. 우리는 예배를 통해 하나님의 전능하심과 초월성의 임재를 경험합니다. 또한 우리는 예배를 통해 하늘의 능력을 상급 받으며 새힘을 얻습니다. 예배의 성공이 곧 인생의 성공입니다.

 2) 소그룹 날개 : 목장가족모임

목장가족이란 예수 생명으로 하나 된 영적 가족 모임입니다. 이곳에는 육신의 가족보다 더 친밀한 교제와 돌봄과 사랑이 있습니다. 우리는 하나님 나라의 한 가족입니다. 가족은 모이기에 힘써야 하며 서로를 돌봅니다. 그리스도인이 한 가족으로 모일 때 세상을 이길 수 있으며, 그 안에 임재하는 예수그리스도의 사랑으로 세상을 정복합니다. 목장가족모임은 영적인 삶의 출발입니다.

4. 성장해야할 책임과 권리가 우리에게 있습니다.

생명은 반드시 성장해야 합니다. 생각해 보십시오. 만약 당신의 자녀가 출생한 뒤 1,2년이 지나도 성장하지 않는다면 당신의 마음은 어떻겠습니까? 하나님 아버지의 마음도 마찬가지입니다. 당신 안에 예수생명이 있으며, 그 생명은 반드시 성장해야 합니다. 올바르게 성장할 때 그리스도인으로서의 축복과 삶을 누릴 수 있습니다. 성장은 양육과 훈련으로 이루어집니다. 양육반에 입학하여 신앙성장의 축복을 누리십시오.

5. 어떻게 양육과정에 참여할 수 있습니까?
 1) 교회서약서를 작성하여 제출하십시오.
 2) 양육반 신청서를 자세히 작성하여 제출하십시오.
 3) 약 1개월 안에 양육반 담당자가 여러분에게 결정된 양육반 시간과 장소 등에 대해 통보할 것입니다.
 4) 양육반은 총 12주 과정이며, 개강 수양회로 전인적인 치유 수양회를 가집니다.
 5) 전인적 치유 수양회는 양육을 위한 첫걸음이며 필수 과정입니다.

6. 전인적 치유 수양회에 초대합니다.
 전인적 치유 수양회는 당신이 한번도 경험하지 못한 세계로 안내합니다. 하나님이 당신의 삶에 직접적으로 개입을 하시고 상하고 깨어진 마음을 치유하실 것입니다. 당신 안에 있는 쓴 뿌리들과 견고한 진이 무너지며 당신을 향한 하나님의 사랑을 확신하는 시간이 될 것입니다. 당신의 인생을 변화시킬 가장 행복한 시간인 전인적 치유 수양회에 당신을 진심으로 초대합니다!
 남원주교회 가족이 되신 것을 진심으로 축하합니다.

제18장 교회성장과 태신자 찾기

　태신자 찾기 즉 지상 최대명령인 '가라'는 전도 방법은 사람을 찾는 데서 시작한다. 전도대상자인 태신자를 찾는 7가지 방법은 먼저 교회가 계획해서 추진하는 방법, 관계형성, 공동체 파고들기, 특별행사들, 마케팅(물건사기), 새로운 주민들을 찾음, 종교인구조사를 통한 가능성 파악이다.
　전도는 열정인데, 이 열정은 기도를 통해서 생기고, 기도는 전도에 불을 붙입니다. 열정은 기도 외에는 다른 방법이 없다. 아무리 좋은 프로그램을 도입하더라도 성도의 열정이 없으면 그 프로그램은 진행이 되지 않는다. 그러므로 태신자 운동 즉 사람을 찾는 일은 첫째 단계로 기도에 불을 붙여야 한다. 필자의 경험에 보면 첫 번째 단계가 중요함을 알 수 있다.
　둘째는 성도들을 교육하는 일이다. 설교와 교육으로 준비되어야한다. 마지막으로 준비 할 일은 전략을 세우는 일이다. 기도로 열정적인 힘을 가지게 하고, 성도들을 일꾼으로 만들기 위해 메시지를 교육시키고, 영혼을 깨우기 위한 전략이 필요합니다.

1) 태신자 전도 과정

태신자 전도는 평소에 기도를 통하여 대상자를 정하고 집중적으로 기도하는 것이다. 태신자 운동은 평소 전도운동이며 총동원 연합 운동이다. 태신자 운동을 위한 단계적 작전을 6단계로 소개한다.135)

첫째, 예비 단계인 준비이다. 4주간의 기간을 가진다. 년간 계획과 준비기도와 설교 등을 통한 준비이다.

둘째, 집중 단계이다. 태신자 운동은 과정을 중요시하므로 길게 잡는다(6개월). 이 기간동안 대상자와 접촉하고 사랑의 일들이 시작되어야 한다.

셋째, 총력 단계이다. 총동원 주일을 포함하여 4주에서 6주 동안의 기간이다.

넷째, 다지기 단계인 결실단계이다. 대상자의 반응에 대한 분류와 심방을 포함한 가까워진 단계이다. 4주가량의 기간으로 편성한다.

다섯째, 새신자의 양육 단계이다. 교회는 새신자를 교육에 편입 교육하여 4주 혹은 6주의 교육기간을 가진다.

여섯째, 성장 단계이다. (a)기신자는 평신도 교육에 편입시키거나 봉사할 수 있도록 인도한다. (b)기신자는 평신도 성경교육으로 진급시킨다.

2) 태신자 인도 10단계

사랑의 교회에서 행한 태신자 인도 10단계와 태신자에 대한 사랑 베풀기 방법을 소개하고자 한다.

(1) 기도하는 가운데 태신자를 정하라.
(2) 작성한 태신자 명단을 교회에 제출하라.
(3) 태신자를 위해 매일 기도하라.
(4) 인격적인 인간관계를 맺으라.
(5) 사랑을 지속적으로 베풀라(식사, 선물, 만남).
(6) 전도자료를 적절한 때에 보내라(사랑의 엽서 5종, 전도지5종, 설교소책자, 테이프).
(7) 전화로 반응을 살피며 관계를 유지하라.
(8) 새 생명 축제 초청장을 전달하라.
(9) 태신자와 함께 새 생명 축제에 참석하라.
(10) 교회에 등록시키라.

3) 태신자에게 사랑 베풀기

태신자에게 사랑을 지속적으로 베푸는 일에 있어서 중요한 것은 주님의 사랑으로 하는 것이다. 나중에 전도가 되지 않았을 때에도 감사할 수 있는 자세이면 전도를 통해 영적으로 성숙해지는 계기가 될 것이다.

1) 베푸는 사랑. (1)음식나누기 (2)선물(책, 테이프) (3)축하(생일, 졸업) (4)도와주기
2) 띄우는 사랑. (1)사랑의 편지 (2)전도지 (3)전도테이프 (4)초청장
3) 만나는 사랑. (1)식사초대 (2)반상회 (3)취미활동 (4)구

역목장

　전도는 예수님이 명령하신 일이다. 전도하는 가운데 하나님의 말씀에 순종하는 훈련을 받게 되며, 성령 충만한 사건이 일어난다. 복음전도의 실천을 통하여 기쁨이 있고 영적으로 성숙하는 계기가 된다. 전도는 교회성장의 기초이다.

제19장 교회성장과 영성

1. 한국교회 현황

한국교회는 영성 훈련에 매우 높은 관심을 가지고 있고, 목회자들 뿐 만 아니라 평신도에 이르기까지 전도와 영적 성숙의 과정으로 기독교 영성과 영적 훈련에 깊은 갈급함을 가지고 있다. 한국교회는 지난 십여 년 넘게 성장 침체와 영적 각성의 세월을 경험하고 있다. 교회의 형성과 자라남은 하나님의 은혜이고, 하나님의 도우심이 없으면 우리는 영혼 구령이 불가능함을 안다. 교회는 오직 하나님의 권능에 의해 세워지고 성장해 간다. 그리고 하나님은 그의 교회를 세우시고 대리자를 선택해서 그의 교회를 맡아 목회 하게 하신다.

기독교 영성은 산의 골짜기와 같다. 조금 씩 조금 씩 패인 골짜기를 따라 물이 흐른다. 처음에는 작은 계곡이나 점차 큰 강물이 되어 흐른다. 영성은 하나님께 나아가는 큰 강과 같다. 새 시대를 맞이하여 현실을 치유하며 새 생명을 부여해 줄 수 있는 목회의 대책을 강구하여야 한다. 하나님의 은혜 속에서 속사람이 성장하며, 하나님 나라가 확장되고, 지역사회가 복음화 되며, 세속 문화의 장벽을 뚫고 나아가 그 문화의 영향을 감소시키며 정복하여 지배하는 적극적 사역이 필요한 시점이다.

영적 지도자들의 영성은 곧바로 교인들에게 전달된다. 영적 지도자의 각성은 오늘날만의 문제가 아니나, 교회 역사에서 볼 때 오늘날은 영적 성장의 방해물들이 다른 어느 세대보다 많다. 죄와 세상과 사단은 우리의 성장을 싫어할 뿐만 아니라 온갖 수단을 통하여 방해한다. 인간 중심, 이기주의, 인간의 욕정, 무속정신, 물질주의, 성장주의, 진보적인 쾌락주의와 이상주의, 정치 제도, 사회 제도와 경제 구조 등이다.

교회의 목회는 복음 전도적이며, 사회봉사 적인 양면을 요구한다. 복음전도와 사회봉사는 대립되는 문제가 아니다. 믿음과 행함은 함께 한다. 교회 목회에서 한국교회는 각 교회가 위치한 지역에서 지역교회의 임무를 감당해야 한다. 지역교회의 임무를 담당하지 못하고 지역에 뿌리를 내리지 못하면 한계에 부딛치게 된다. 지역교회가 지역에서 제 역할을 감당할 때 계속적인 선교사역을 할 수 있고 장차 통일 한국을 대비하는 기초가 될 것이다.

기독교 영성과 건강한 목회를 다루면서, 본인은 한국교회가 나아가야 할 여러 사역 중에 한 방향을 제시하고자 한다. 기독교 영성은 예수 그리스도가 삶의 중심에 오셔서 인격적 교제를 통하여 하나님의 형상을 본받는 삶이다. 기독교 영성은 교리가 예배와 행위로 되어 있다. 즉 신학과 기도와 생활이다. 그 중 어느 것이 결핍되든지 다른 것을 무시하고 그 어느 것에 편중한다면 필연적으로 영성은 왜곡되고, 결국 거짓 종교로 변질될 것이다. 영성훈련도 사람이 창조한 하나님 사랑 방식이 아니라, 삼위일체 신관에 입각한 성령님의 사역을 통한 균형 잡힌 훈련이 되어야한다. 이런 영성과 훈련은 그리스도를 뜨겁게 사랑하는 훈련이며 한국교회를 성숙의 길로 가게 할 것이다.

예수님은 두 가지 뚜렷한 영성을 가지고 있다. 하나님 사랑의 영성과 이웃을 사랑하는 영성이다.136) 예수님은 소수를 택하여 목회를 했고 공적인 목회와 개인적인 영적 시간을 가졌고 그의 삶과 목회에 중요한 여섯 가지 영성적인 예를 보여 주셨다. 기도, 금식, 주님의 만찬, 성경, 영적인 대화와 예배이다.137) 성령의 아홉 가지 열매도 두 가지로 분류하면 하나님을 사랑하며 전도하는 것과 이웃을 사랑하며 섬기는 것으로 나눌 수 있다.138) 기독교 영성은 예수 그리스도의 영성이며, 이 영성을 가지고 교회를 교회 되게 하는 목회를 하는 것이다. 목회자는 첫째 하나님의 음성을 들으며 하나님의 계획을 듣고 깨닫는 영성의 현장 속에 있어야 하고, 둘째 교회의 본질과 사명에 따라 교회가 교회되기 위해 충성해야 하며, 셋째 구체적인 현장 속에서 하나님의 일을 실천하는 섬김의 삶이다. 한국교회가 위의 세 가지를 인식하고 실천할 때에 하나님은 한국교회를 부흥하게 하실 것이다.

2. 기독교 영성

영성이란 용어는 그 의미에 있어서 분명하기도 하면서 사람의 개성만큼 잘 이해할 수 없는 면을 지니고 있다. 영성이란 용어는 인간의 영역에서 한 개인이나 그룹의 삶의 존재방식을 지칭하는 넓은 의미로 사용되는 단어이다.139)

프랑스인들은 이 용어를 삶에 대한 보다 뛰어난 인식을 가리키는 말로 사용하였으며, 미국의 선험주의자들은 초월적인 지성을 가리키는 말로 사용하였다. 이것은 종종 죽은 자들의 영들이 이 땅에 살아 있는 사람들과 의사소통을 하게 되는 매체를 가리키는 말이기도 했다.140)

보수주의 기독교인들은 종교적 감정을 지칭하기 위한 말로 사용했다. 그러나 일반적 의미에 있어서 영성이란 사람의 정신을 말한다. 그 사람을 움직이는 정신적 지주가 되는 사상을 의미한다. 마르크스와 레닌의 사상을 가지고 살면 공산주의의 영성을 가졌고, 공자의 가르침을 따르는 덕을 인생의 최고의 미덕으로 삼고 살면 그의 영성을 가진 것이다.141)

스토아의 영성을 요약하면 소크라테스의 정신을 본받아 자기 속에 소크라테스의 성품을 형성하는 것이요, 소크라테스의 삶의 스타일을 자신의 것으로 본받아 살아가는 삶이다. 그리고 스토아주의는 자기들 나름대로 다른 사상이나 종교들과 독특한 인간 이해를 가지고 있다. 그들이 지닌 영성에 따라 인생이 무엇이냐 할 때 그에 대한 답이 달라질 수밖에 없다. 그러므로 스토아의 영성은 성서가 말하는 영성과는 다를 수밖에 없다.

기독교 영성은 예수 그리스도의 사상을 소유한 것이며 성경의 말씀이 능력으로 이 땅과 하나님의 나라에서 실현되는 것을 말한다.

3. 영에 대한 신학적 고찰

영(spirit)이란 낱말의 성서적 어원은 신학적으로 사용하는데 있어 그 뜻이 아주 분명하다. 히브리어 영(ruach)과 헬라어 영(pneuma), 둘 다(라틴어 animus, anima, spritus 까지) 대기의 운동을 나타낸다. 문맥에 따라서는 그것들이 "바람", "폭풍", "미풍" 등으로 번역되기도 한다. 그러나 그 보다 더 자주 숨(breath)으로 말미암아 대기 운동을 가리키는 숨(breath)에서 더 상징적으로는 생명의 근원(principle of life) 혹은 활기(vitality)라는 뜻이다.142)

창세기 2:7 "여호와 하나님이 흙으로 사람을 지으시고 생기를 그 코에 불어넣으시니 사람이 생령이 된지라."

창세기 1:27 "하나님이 자기 형상 곧 하나님의 형상대로 사람을 창조하시되 남자와 여자를 창조하시고"

창세기 3:19 "네가 얼굴에 땀이 흘러야 식물을 먹고 필경은 흙으로 돌아가리니 그 속에서 네가 취함을 입었음이라 너는 흙이니 흙으로 돌아갈 것이니라 하시니라."

하나님은 영이시기에 영적 특성(요4:24)을 가지고 계시며, 인간의 물질과 현상 세계와는 질적으로 다른 영과 진리의 특징과 성격을 가진다. 동시에 인간도 영적인 요소가 있다. 인간이 성령을 통하여 하나님을 알게 되고 사귐을 가지게 된다. 인간과 다른 동물과의 근본적인 차이점이다.

사람은 영과 육신으로 되어 있는데, 예수님을 구세주로 믿고 고백할 때 생명의 근원인 영이 사는 것이다. 영생은 곧 유일하신 참 하나님과 그의 보내신 자 예수 그리스도를 아는 것이다(요17:3). 영혼이 구원받을 때 사람은 영원한 생명을 소유하게 된다. 예수님은 부활하신 후 제자들에게 처음 나타나셔서 평안을 빌면서 성령을 받으라고 하신다(요20:22). 성령님은 예수를 주님으로 믿고 고백한 사람 안에 계시며 우리 몸은 그의 성전이 된다(고전6:19). 성령님은 우리를 위해 말할 수 없는 탄식으로 기도하실 뿐 아니라 우리의 육체인 장막 집이 무너지면 예수님이 준비하신 영원한 집으로 인도하신다(고후5:1). 예수님을 믿지 않아 영이 구원받지 못하면 심판대 앞에 서게 되며, 영원히 죽지 않는 지옥에 가게 된다(히9:27).

오늘날 초월을 인정하지 않는 과학적인 인간관에 따르면 영은 단순히 수평적인 가치에 응답하는 인간의 능력으로 해석한다. 신의 부름을 응답하고, 아름다움에 감격하며, 미를 창조하고, 자유로운 선택을 할 수 있는 인간의 능력을 포함한다.143)

히브리/헬라어적인 영의 개념에 가까운 영의 개념이다. 과학적이요, 수평적인 영의 개념은 점점 그 자리를 잃어가고 있다.144) 현대 영의 개념 중에 잘못된 것은 현대 과학이 이 세상을 이끌고 하나님은 하늘에 있다는 개념이다. 영은 탄생, 죽음, 고난, 기쁨, 아름다움, 자연, 비극 등의 인간 경험에 응답하고 성찰하면서 초월적인 의미에 응답하는 능력이다.

영의 개념은 하나님의 연합을 갈망하는 인간의 속성을 지칭한다. 영은 궁극적인 실재와 하나로 연합을 경험하고자 추구하는 인간의 속성이다.145)

기독교적인 영의 개념을 한마디로 요약하면 하나님과 연합 가운데 인간적인 삶을 사는 것이다. 21세기 한국교회는 전인적인 그리스도인의 삶을 분명히 제시해야 할 위치에 와있다. 기독교 영성은 성경의 모든 것을 이루는 의미가 있다. 기독교 영성은 예수 그리스도의 생각과 의견을 분명히 가지는 것이며, 다양한 경험 가운데서도 성경의 진리가 권능과 능력으로 실현되게 해야 한다. 예수님이 전도하셨던 이유도 기독교는 교리신조의 합리적 이상을 의미한다.146) 한사람이 예수님을 그의 삶에 영접하면 그는 하나님과 하나가되는 회심 경험을 가지게 된다.147)

4. 기독교 영성은 예수님을 닮아가는 것이다

영성이란 용어는 여러 종교에 걸쳐 광범위하게 사용된다. 동방의 종교는 영적인 사람은 인간의 정상적인 모든 욕망을 거부해 버리고 엄격한 수도생활을 통하여 자신의 개인적인 주체성을 상실하려고 노력하는 사람으로 생각한다. 가톨릭의 전통은 영성이란 은둔하여 명상과 예배에 전념하여 하나님과 연합을 끊임없이 거룩하게 체험하는 것에서 정점을 이루는 것과 관련되어 있다. 개신교의 전통 가운데는 영적인 사람은 웃지도 아니하고 거룩하지 않은 사람들에 대해서는 냉소만 짓는 완고한 전통주의자라고 생각되어 왔다.

그러나 우리들 대부분은 그 의미를 분명히 파악하지 못할지라도 활기찬 영적 생활을 동경한다. 대부분의 그리스도인들은 생기가 넘치는 영적 삶을 누리는 것이야말로 매우 매력적인 일임에 동의 할 것이다. 기독교 영성에 대한 몇 가지 견해를 밝혀 기독교적 영성을 분명하게 하고자 한다.

진정한 영성은 예수 그리스도로 말미암아 하나님과 개인적인 관계를 맺는 데에 근거를 둔 기독교적인 영성이라야 한다. 이를 확신할 때라야 우리는 평안을 얻는다.

예수님의 영성은 그가 하나님과 연합한 것에 근거를 두고 있으며 그가 언제나 하나님을 기쁘시게 할 수 있는 능력을 받았다.

기독교인에게 있어서 영성이란 하나님과 연합하여 인간으로서의 삶을 사는 것이다. 기독교인의 영성은 우리가 예수님과 연합한 것에 근거를 두고 있으며, 우리가 그를 기쁘게 하는 일들만 선택할 때에라야 체험을 할 수 있다. 우리는 성령에 의해 하나님을 기쁘시게 할 수 있는 힘과 권능을 부여받는다.

기독교 영성은 예수님의 성품을 닮아 성령의 열매를 맺는 삶이고(갈5:22-24), 주님과의 교제를 하는 삶이다(고전1:9; 요일1:3; 창5:24). 예수님의 영성은 하나님의 사랑을 가지고 공동체 속에서 실천하는 삶의 과정이다(행2:44-46).

기독교 영성은 예수 그리스도의 사상을 소유한 것이며, 성경의 말씀이 능력으로 이 땅과 하나님의 나라에서 실현되는 것을 말한다.

영성생활의 모범이신 예수님은 하나님의 뜻을 이루는 철저한 복종이었고(빌2:6-8; 눅22:42), 성령의 충만으로 이루어진 영성을 가지고 계신다(막1:10, 11; 요7:38). 예수님은 온유와 겸손으로 사랑을 이룬 영성이고(마11:29; 막10:45), 기도와 말씀 속에 나타내신 영성을 가지고 계신다(막1:35; 눅6:12).

5. A교회- 강조되어야 할 영성

오늘날 기독교가 부흥하기 위하여는 그리스도인들의 개개인의 기도와 말씀과 예배의 영성이 회복되어야 한다고 한다. A교회는 21세기에 회복되어야 할 영성을 다음과 같이 분류하고 있다.

1) 소명의 영성

하나님께서 우리를 불러주신 사실에 감격하여 감동과 열정으로 이글거리는 마음 밭이 소명의 영성이다. 소명감이 충만하면 하나님의 사랑에 언제나 강권 당하게 되고, 하나님이 자신을 부르셨다는 자부심을 갖게 된다. 그리고 하나님이 자신과 함께 하신다는 확신을 소유하게 된다. 뜨거운 사명정신을 낳게 되고, 뜨겁고 영롱한 비전을 소유하게 된다. 거룩한 열정과 욕망을 소유하게 하고, 성결한 신앙을 열망하게 한다. 21세기는 바로 이러한 소명의 영성을 회복해야 한다. 이러한 영성을 회복해야만 우리의 영혼이 살고 교회가 살 수 있다.148)

2) 사랑과 섬김의 공동체적 영성

개인주의와 이기주의를 타파하고 갈등과 대립을 해결하기 위해서 우리는 아가페적 사랑과 섬김의 공동체적 영성을 소유해야 한다. 그래야 나 자신이 힘 있는 성도가 되고 A교회를 살리는 주체가 된다. 하나님 나라는 섬기는 자가 큰 사람이고 힘 있는 사람이고, 결국은 이런 사람이 교회를 살리는 참된 일꾼이다.

3) 감성의 영성

감성의 영성이란 한마디로 하나님의 은혜에 감동을 잘 받는 감성이 뭉클해져 있는 마음 밭을 말한다. 예수 그리스도의 십자가, 하나님의 사랑을 생각만 해도 금방 감동이 되고 가슴이 뭉클하고 가슴이 뜨거워지도록 훈련된 성령 안에서의 마음 밭이라고 할 수 있다.

이 마음 밭은 하나님의 말씀과 은혜에 대해 수용적인 태도라고 할 수 있고, 지성에서 감성으로, 이성적이고 지적인 신앙에서 감성적이고 체험적인 신앙으로 전환되어 가고 있다. 그러므로 우리는 감성의 영성을 회복해야 합니다.

4) 십자가 영성

십자가의 기본 진리를 이해하는 십자가의 영성을 회복해야 하는데, 십자가의 진리를 반복해서 발견하고 믿는 것입니다. 우리는 우리의 죄가 십자가에서 죽었다는 사실을 믿음으로 반복해서 고백하고 선포해야 한다. 날마다 십자가에 자신을 못 박는 삶을 살아야 한다. 즉 우리는 날마다 죽는 연습을 해야 한다.

5) 내세를 사모하는 영성

우리는 내세를 소망하는 영성을 회복해야 한다. 내세의 소망은 순교까지도 넉넉히 가능케 하는 능력이 있다.

정리해 본다면 한 뿌리에서 다양한 가지가 나오듯이 다양한 영성이 있을 수 있다. 그러나 모든 영성은 하나님의 말씀과 성령의 한 뿌리에서 나오는 통일성이 이루어져야 한다.

6) 풍성한 영성을 소유하기 위한 훈련

우리 영혼이 하나님만을 갈망하도록 하기 위해서 영적인 훈련이 우리에게 필요하다. 풍성한 영성생활을 하려면 우리가 실제적인 훈련을 받아야 하고 또 스스로 훈련해야 하는데, 이것은 영적 침체를 예방하는 차원에서 영성관리를 말하는 것입니다. 초대교회의 영성훈련은 사도행전 2장에서 볼 수 있는데 정리해보면, 1)말씀 공부 2)합심기도 3)교제 4)청빈 구제봉사 훈련 5)금식훈련 6)복음전도 7)섬김 훈련 8)병자들을 위한 봉사 등이 있다. 149)

(1) 예수님의 영성관리

예수님은 두 가지 뚜렷한 영성을 가지고 있었는데 하나님 사랑의 영성과 이웃을 사랑하는 영성이다.150) 하루를 시작하기 전 먼저 하나님의 음성을 들으셨고, 항상 우선순위를 정하셨고, 사역을 집중해서 하셨다. 사람들의 인기를 따라 살지 않고 하나님의 뜻을 따라 사셨다. 지칠 줄 모르는 사역의 능력과 지혜를 하나님에게서 힘입으셨고, 성취와 성공 뒤에 오는 유혹을 독거와 명상을 통해 극복하였다. 세상을 정복하기 전에 먼저 자신을 정복하였다.

(2) 그리스도인의 영성 관리와 훈련의 실제

자신의 내면세계를 들여다보는 시간을 가져야 한다. 회개를 잘 할 수 있어야 한다. 자신의 약점을 알아야 한다. 약점을 주님께 내어놓고 주님을 의지하고 기도해야 한다. 장점을 발견하고 그것을 더욱 연마해야 합니다. 영성관리의 장애물을 제거해야 합니다. 장애물 1)너무나 분주한 것 2)인격보다는 사람들의 평판에 더 관심을 갖는 것 3)공적인 삶을 사적인 삶보다 더 중요시 하는 것, 영적 체질화를 위해 자기 훈련을 계속해야 한다. 1)십자가에 자기를 못 박는 훈련, 우리가 예수 그리스도와 함께 십자가에 못 박혔다는 것, 이제는 우리가 산 것이 아니라 우리 안에 예수님이 사신다는 것, 이제 우리의 삶은 이 믿음 안에서 사는 것입니다. 2)모든 가치와 생각의 기준을 예수 그리스도에 두십시오. 3)모든 사건마다 깨달음을 갖고 의미를 부여하라. 4)말씀 묵상훈련(Q.T)을 꾸준히 하라. 5)거룩한 상상력을 품으라. 6)영석으로 유익한 환경을 만들어 보아라. 7)새벽기도나 규칙적인 기도를 꾸준히 드려라. 8)스스로 혼자 있는 고독한 시간을 가져라. 9)생명나무를 선택하라. 10)첫 사랑 첫 열정을 기억하라. 11)영적 멘토와 친구를 잘 두라. 12)실제로 죽는 연습과 훈련을 하는 것도 좋습니다.

21세기를 영성의 시대라고 말할 수 있다. 그러므로 풍성한 영성을 소유한 자는 거룩한 영향력을 행사할 수밖에 없다. 사막과 같은 21세기, 가상공간, 사이버 공간이 판치는 인터넷 시대에 우리 그리스도인의 영적 승부수는 역시 풍성한 영성 소유에 달려 있다. 영성이 풍성해야 영적으로 성공을 할 수 있다. 21세기 모든 그리스도인의 승부수는 오직 풍성한 영성에 달려 있다.151)

6. A교회의 부흥과 영성 훈련

A교회는 3M(맨발, 맨손, 맨땅)으로 1990년 서울 지하에서 교회를 시작하여 4년 만에 땅을 사고 7년 만에 1,500여명의 교인과 1,030평의 교회 건축, 12년 만에 현재의 경기도에 3,500명의 성도와 8,500평의 교회를 건축하고, 200( ). 10. 22. 입당예배를 드릴 정도로 부흥해왔다. 담임목사는 어려운 환경 속에 있었지만 하나님께서 자신에게 주신 불붙는 영성이 있었기 때문에 A교회가 부흥할 수 있었다고 고백을 하고 있다. 그러므로 A교회의 비전과 영성훈련

을 위한 프로그램 등을 알아보고자 한다.

1) 교회의 비전

① 사랑과 봉사정신으로 지역사회를 섬기는 교회

교회의 영원한 표어는 '사랑하며 섬기는 교회'이다. 지역주민들을 위해서 문화예술 행사들을 준비하여 제공하고, 주민들의 교육과 여가생활을 위한 문화센터를 운영하고, 헬스장, 째즈댄스 연습장 등 교회 문화공간과 체육시설을 외부에 개방하여 지역 사랑방의 역할을 하고 있다.

② 다양한 내용과 시설로 자녀교육에 힘쓰는 교회

③ 말씀과 영성 훈련으로 통일한국의 지도자를 키우는 교회

④ 헌신된 선교자 육성으로 세계복음화를 선도하는 교회

2) 영성 훈련을 위한 프로그램들

① 기도 훈련

영성을 위한 훈련은 기도훈련이 먼저이다. 교회는 가락동에서 개척 후 성도들과 100일 작정 기도를 하였다. 기도를 드려야 할 시간을 정해놓고 기도를 드렸다. 매일 기도 밤 8시 기도, 매일 각 교구별 릴레이 기도를 하고, 기도실 24시간 개방해서 언제든지 교인들이 와서 개인 기도를 할 수 있도록 한다.

② 전도 훈련

전도요원을 훈련시키고, 총동원 주일에 전력을 다한다. 전도 특공대를 만들어 아파트 호호방문을 전도 한다. 전도 폭발 훈련을 통하

여 1:1 방문시 보다 분명하고 단호하게 전도할 수 있고 전도에 대한 자신감을 갖도록 훈련을 시킨다. 한 해에 두 사람 이상 의무 전도하도록 전도 대상자 이름을 부르며 매일 기도하고, 전도한 사람이 세례교인이 될 때까지 지도 육성한 후 자신이 할 수 있는 분야에 달란트대로 봉사하도록 한다.

전도 훈련은 주 1회 현장 전도하는 것을 기본으로 하며, 총 13주 훈련기간 동안 팀 전도 8회, 개인전도 4회 이상을 해야 수료할 수 있다. 한 팀이 된 훈련자 한 사람과 훈련생 두 사람은 함께 실제 삶의 현장에 나가서 잃어버린 사람들에게 복음제시를 하게 된다. 이 현장실습이야말로 전도폭발훈련의 가장 핵심적인 부분이요, 감동적인 부분이다. 수영을 강의로만 배울 수가 없듯이 전도폭발훈련도 강의로만 배우지 않고 반드시 현장전도실습을 하도록 고안되어 있다.

처음에는 훈련자가 전도대상자를 접촉하여 복음을 제시하는 동안 훈련생은 보고, 듣고, 깨닫고, 기도만 하게 된다. 그러다가 교과 과정이 진행되면서 훈련생은 점진적으로 복음제시 내용을 익히게 되고 복음제시를 부분적으로 참여하다가 실력이 향상되면 더 많은 분량의 내용을 훈련생에게 넘겨주게 된다. 훈련자는 점점 복음제시 분량을 줄여 나가고 훈련생은 점점 복음제시 분량을 늘여 나가서 훈련 하반기쯤에는 훈련생 혼자서 복음제시 전체를 다 할 수 있게 된다.

③ 말씀 훈련

성숙한 신앙생활을 위하여 말씀 훈련을 시켰는데, 구원의 확신을 시작으로 하여 우리 신앙생활에 기초가 되는 성도가 마땅히 알아야 하는 10가지 주제를 명확하게 알 수 있도록 하는 확신반 성경공부와 성장반 성경공부, 생명나무 학교, 구약의 파노라마, 신약의 파노라마, 교사 ST교육 등 여러 가지 성경공부 과정을 만들어 신앙성장 속도에 맞추어 말씀훈련을 시킨다.

④ 예배훈련

하나님의 왕국이 최종적으로 나타날 때까지 언제나 하나님과 천국을 지향하는 것이다. 이러한 예배가 각 개인에게 이르면 생활 예배로 확장되어야 한다. 생활예배란 한마디로 우리의 모든 삶이 예배가 되어야 한다는 것이다. 모든 성도들에게 주일 예배와 각종 집회에 적극 참여토록 하고 예배와 봉사(성가대, 교사, 기도, 헌금, 안내)에 책임을 완수하도록 한다.

예배는 주일 낮 예배 1부 오전 7:30 / 2부 9:30 / 3부 11:00 / 4부 오후 2:00(젊은이들을 위한 열린예배), 주일 밤 찬양예배 저녁 7:00, 수요 예배 1부 오전 10:30, 2부 저녁 7:30, 새벽기도회 1부 오전 5:00, 2부 오전 6:00, 금요 심야기도회 저녁 9:30이 있다.

제20장 교회성장과 조직

교회는 하나님의 생명체이면서 인간의 조직체이다. 교회는 영적 생명과 인간적 조직을 가지고 있는 기관이다. 교회성장형 목사는 영혼을 살리는 영적 사역과 조직을 이끄는 행정사역을 잘 감당해야 한다. 목사는 목사역할로 양육, 성숙과 행정의 일을 효과적으로 수행해야 한다. 현대 목회자는 목양자와 설교자의 역할에 지도자와 경영자의 역할을 하는 시대가 되었다.

교회 조직은 "하나님을 위한 선한 목적을 달성하기 위해 성도들이 합력하여 헌신 할 수 있도록 필요한 활동들을 분류하고 배분하는 구조 및 그 구조가 창출되고 유지 변화하는 과정"이다.152) 교회는 단순한 조직이 아니라 생명을 담은 조직이고 하나님의 생명을 나누어 주는 기관이다. 교회는 이제 선한 목적을 위하여 조직을 움직이는 것을 배우고, 부정이 없이 정확히 계산하고, 경영하는 것을 실행해야 한다.

한국교회의 성장을 보면 뚜렷이 구분할 수 있는 요소들이 있는데 이를 나누면 첫째, 교회가 성장하려면 모든 자원이 총동원되어야 한다. 성령의 초자연적인 역사와 인간적인 요소가 그것이다. 무엇보다 교회성장은 성령께서 하시는 일이다. 이는 기도로 연결된다. 인간적인 요소는 의사소통, 경제적 요소, 지도력을 들 수 있다. 신약교회의 성장하는 모습을 보면, 전도하는 교회, 가르치는 교회, 섬기는 교회, 찬양하는 교회, 그리스도 안에서 친교 하는 교회, 봉사하는 교회, 예배를 장려하는 교회, 교회행정과 조직과 질서에 무리 없이 수행하는 교회이다.153) 둘째, 교회가 성장하려면 사역의 효율성을 극대화해야 한다. 먼저 뚜렷한 목표를 설정하고, 그 목표는 교회의 조직, 제자훈련, 영적사역으로 나눌 수가 있다. 교회의 조직과 일꾼의 수급, 위치와 효율적인 교회시설을 돌봐야 한다.

교회가 성장하기 위해 조직의 중요성을 인식해야 한다. 목회자는 행정적으로 바쁜 일을 무시하거나 화내는 태도, 행정에 대해 무시하여 일반 성도에게 일임하는 태도, 주위의 압력과 요구에 그대로 응하여 행정적으로 조직을 운영하지 못하는 태도는 시정하고 버려야 한다.

이 시대에 교회는 교회가 기본적으로 할 일에 힘쓰고 영적으로 성장시켜야 하며 진실한 교제와 필요한 봉사가 있어야 한다. 교회의 모든 부서는 질서 있고 알맞게 조정해야 하고, 교회는 유기체로 조직임을 명심해야 한다.

선한 목적을 위한 조직체로서 교회는 경영의 원리를 도입해야 한다. 교회성장을 위한

조직 경영원리를 다음과 같은 내용으로 요약한다.154)

1) 목회를 거룩한 경영으로 이해하라.
2) 생명을 위한 조직이 되게 하라.

3) 노동자 목회에서 지도자 목회로 전환하라.
4) 팀사역으로 승부를 걸라.
5) 교인을 사역자로 만들라.
6) 갈등을 최소화시키라.
7) 변화를 두려워하지 말라.

제21장 교회성장과 성장장애 극복

교회가 성장하는데 성장했느냐 안했느냐는 인구증가율을 기준으로 삼는다. 10년간에 25%이면 매년 2.5%성장으로 성장학적 측면에서 보면 형편없는 성장(poor)이고, 50%이면 좀 나은 성장(fair)이고, 100%이면 양호한(good) 성장이고, 200%이면 훌륭한(excellent) 성장이고, 300%이면 우수한(outstanding) 성장이고, 10년간에 500%이면 엄청난(incredible) 성장이다.155)

교회가 성장하는데 중요한 중심축은 4가지가 있다. 목회자, 교인, 전도, 교회의 건강한 환경이다.156) 첫째, 목회자가 교회성장을 바라고 대가를 지불하는 것이다. 목사는 열심히 일해야 하고, 기꺼이 훈련을 받아야 하고, 기꺼이 사역을 나누어야 하고, 개인적으로 목양할 수 있는 교인들을 끌어안아야 한다. 둘째, 교인들이 기꺼이 교회성장을 바라고 대가를 지불해야 한다. 교인들은 목사의 지도력을 받아드려야 하고, 성장을 위한 자금을 기꺼이 지불해야 하고, 성장을 위해 지금까지 사귀던 사귐을 포기하고 새로운 신자들을 받아드리는 힘들고 어려운 헌신이 필요하다. 셋째, 교회는 전도목표가 제자들을 삼는 것임을 동의해야 한다. 목사가 성장을 위해 일하고 성도들이 한 마음이 되고 예산도 넉넉하지만 성장이 일어나지 않는 경우가 있다. 전도도 열심히 하지만 전도가 제자 삼는 일과 연결되지 않을 때 전도가 행사가 되고 결단의 행사로 화하면 부흥하지 않는다. 그리스도에 헌신하는 각 사람은 그리스도의 몸인 교회에 헌신하고 실천하도록 해야 한다. 넷째, 교회는 임종적 질병을 갖지 말아야 한다. 성장하지 못하고 죽을 수 있는 임종 질병을 가지고 있는 교회가 있다.157) 힘들게 죽어가고 있는 것이다. 본 주제인 성장장애 극복을 위해 먼저 활력 있는 교회를 소개하면서 방향을 제시하고자 한다.

1. 활력적인 교회의 특징

건강한 사람이 제 모습으로 역할을 할 때에 활동적인 징표는 여러 가지로 나타난다.158) 건강한 사람과 질병이 있는 사람과의 차이를 알 수 있듯이 건강하고 성장하는 교회에서는 활력적인 징표를 가지고 있다. 먼저 교회의 성장의 질병을 다루기전에 활력적인 징표를 알게 되면 질병치료에 예방적인 치료와 면역체계를 갖출 수 있다. 건강한 교회들의 활력적인 7가지 특징들이 있다.159)

1) **긍정적인 목사가 있어야 한다.** 건강한 교회의 활력적인 증표는 적극적 사고를 가진 목사이다. 목회자의 역동적인 행동은 온 교회를 성장하게 하는 촉매가 될 수 있다.

2) **잘 동원된 평신도가 있어야 한다.** 평신도들이 영적 은사를 발견하고, 발전시키고, 사용하는 경우이다. 그리스도인들은 그리스도의 몸의 역할을 해야 하며, 그를 위해 평신도들은 자신의 은사에 맞는 사역을 감당해야 한다.

피터 왜그너는 27가지 영적은사를 개발하여 교재를 만들고 교인들이 교회성장의 동력이 되게 해야 한다고 주장한다.160)

3) **교인들의 욕구를 채워주어야 한다.** 건강한 교회의 세 번째 활력적인 증표는 교인들의 욕구와 희망사항을 이룰 수 있는 섬김(봉사)이 있는 교회이다. 교회가 새로 오는 사람들에게 매력적이려면 새로 나온 교인들을 잘 섬겨야 한다.161) 비교적 큰 교회는 어떤 일이든 이룰 수 있는데, 전도, 사귐, 돌봄, 제자훈련 청소년 봉사, 미혼사역 등 다양한 일을 할 수 있다. 한 교회가 주위의 요구를 들어 적절히 실행하기까지 욕들을 충족시키고 성장시킬 계획을 짜는 목회철학이 필요하다. 교회의 규모에 따라 사역의 범위가 다를 수 있다. 더 큰 교회가 더 작은 교회보다 주변의 욕구를 더 잘 수행할 수 있다.

4) **그리스도의 몸인 교회기관이 역동적인 관계와 균형을 가져야 한다.** 축하, 회중, 셀구조 간의 관계가 교회성장과 큰 관계가 있다. 피터 왜그너는 교회를 세 그룹으로 나누는데 첫째 가장 큰 교회그룹(membership group. 150명이상이면 가능), 둘째 중간 그룹인 친교그룹(fellowship group, 35-80), 셋째는 가장 작은 영적 친족그룹(spiritual kinship group, 8-12)이다. 그는 이 세 가지 조직을 축하, 회중, 셀 구조라고 부른다. 교회가 200명 선에 머무는 이유는 내적 친교 그룹이 회중이든, 셀이든 배가하지 못하기 때문이다.162)

5) **활력 있는 교회는 일반적으로 한 집단 그룹, 동형집단이다.** 이는 교회성장학에서 많은 논란이 있는 주제이다. 폐쇄적이고 차별적이라는 의미가 아닌데도 교인들의 구성원들이 동형집단 구성이 많다. 이는 한 교회가 모든 집단의 욕구를 다 충족시키기에 부족함이

있다는 의미이다. 이와 같은 일이 나중에 교회의 질병 중에 민족색 및 지방색과 소경병(문화적인 차이)을 가져온다.

6) **활력 있는 교회는 효과적인 전도 방법이다.** 전도방법은 다양하나 그 교회에 가장 효과적인 전도방법을 가진 교회가 성장한다.

7) **성경적인 우선순위가 있다.** 교회는 교회를 세우신 예수님의 우선순위를 따라야 한다. 피터 왜그너는 교단 기관들이나 교회가 전도보다 사회사역을 우선으로 두기 시작한 1965년 이 후에 교단적인 교인 상실에 가장 큰 영향을 받았다고 주장한다.163)

2. 대표적인 교회질병 9가지

피터 왜그너 교수는 그의 책 「건강한 교회성장을 방해하는 9가지 요인들」에서 교회의 일생과 건강과 성장을 연구하던 30년을 정리하면서 교회질병 9가지 처방전을 내놓고 있다.164) 처음에 그는 교회 성장 방해 요인들을 8가지로 진단하였으나 첨가된 다른 한 가지는 비정상적으로 낮은 차원의 영력인 '성령저조병'이다.165) 이전에 그는 성령의 약한 신학 렌즈를 끼고 교회를 쳐다보고 있었다고 고백한다.166)

단 크로포드(Dan R. Crawford)는 피터 왜그너의 전의 책을 인용하여 교회성장 장애요인들을 다음과 같이 8가지로 요약하고 있다.167) 그것들은 1)민족색 혹은 지방색 2)유령마을 질병(지역사회 퇴보) 3)사람들에 대한 소경병 4)극단적인 협력주의 5)친교병 6)사회적인 교살(시설의 비좁음) 7)침체된 영적 발달 8)요한 증후군(명목상 교인)이다.

1) 민족색 혹은 지방색. 민족색 혹은 지방색은 미국교회에서 치명적인 질병이다. 백인 마을에 흑인들이 한 두명 들어와 거주하고 흑인 인구가 늘어나다 보면 백인들이 서서히 마을을 떠나고 교회도 서서히 죽어가는 현상이다. 미국도시의 도심지에서 심각하게 일어났고 인종과 지역에 따라 교회가 쇠퇴하는 경우이다. 한국교회의 경우에는 사람들의 이동이 잦은 곳에서 일어난다. 아파트 지역의 경우에 3-4년에 한 번씩 이사하는 현상은 교회들을 매우 어렵게 만든다.

2) 유령마을 질병(지역사회퇴보). 유령마을 질병은 교인들은 나이가 많아 늙어가고 세상을 떠나는데 전입하여 오는 사람이 없는 질병이다. 사람들은 교회를 떠나는데 들어가는 교인들이 없는 교회이다. 농촌 교회가 그 대표적인 예들이고, 교회에 문제가 발생하여 교인들이 거의 떠나고 얼마의 사람들만 교회 건물을 지키는 경우이다.

3) 사람들에 대한 소경병(문화적인 차이). 사람들에 대한 소경병은 불신자들의 문화를 이해하지 못하고 전도대상자에 대해 알지 못하고 효과적인 전도를 하지 못하는 경우이다. 불신자들의 필요가 무엇인지 그들에게 맞는 전도 방법과 접근방법을 가지지 못하는 병이다.

4) 극단적인 협력주의. 지역 안에서 극단적인 협력주의는 교회성장에 역행할 수 있다. 연합 사업으로 전도한다고 하는 교단들은 교인들이 줄고 있으며, 그 증거는 설득적이다. 교회성장과 협력사역은 조화도지 않는다.168)

5) 친교병. 친교병은 극단적인 협력 사역과 같이 아름다운 것이 많아서 야기된 질병이다. 친교는 성경적인 용어이고 초대교회의 부흥의 기본에는 친교가 있었다. 친교는 교회성장에 필수적이다. 그러

나 친교가 지나쳐 교회성장의 방해가 되는 친교병은 두 가지 영역이 있는데 친교 염증과 친교 침투이다. 친교염증은 친교그룹의 질의 문제이고, 친교침투는 양의 문제다. 성결교단 같이 성결을 강조하는 교단이 쇠퇴하고 있다. 친교염증은 자기들의 모임이 좋아 만족하고 배타적이 되는 것이다.169) 친교침투병은 회중, 중그룹, 소그룹을 확장하지 못하게 하는 병이다.

6) 사회적인 교살(시설의 비좁음. Sociological Strangulation). 시설 비좁음은 특별히 성장하는 교회의 유일한 질병이다. 성장하는 교회는 사회적 교살을 경계하며 방심하지 않는 교회이다. 이 시설의 비좁음 병은 항상 눈에 보이기 오래전부터 예상할 수 있다. 사회적 교살은 두 가지 특별한 위험 영역은 주차영역170)과 대예배실 공간에서 교회성장에 영향을 미친다.171)

7) 침체된 영적 발달. 행함이 없는 것이 죽은 것이지만 그 순서는 믿음이 먼저이고 그 다음이 행함이어야지 그 반대 순서는 아니다. 영적으로 낮은 상태와 낮은 양육 수준을 말한다. 영적성숙을 점검하고, 목회철학과 목회지도력과 강한 성경적 확신을 통해 극복해야 한다.

8) 요한 증후군(명목상 교인). 요한 증후군은 명목상의 그리스도인 문제이다. 교회에 소속하는 것이 가족의 전통과 사회명분 뿐일 때 요한 증후군은 일어난다. 남침례교단이 요한 증후군을 극복한 방법은 전도를 제일 순위로 두었고, 다 민족교회를 인정하여 소경병에 걸리지 않았고, 주일학교를 통해 모든 삶에게 성경진리를 가르쳤기 때문이다.172)

9) 성령저조병. 성령저조병은 개별적인 그리스도인, 교회, 기타 다른 그리스도인 그룹 가운데서 기형적인 사역을 말한다. 교회의 성장과 감소의 요인들은 상황적 요인들, 제도적 요인들, 영적 요인들로 말할 수 있다. 지금까지 말한 친교병과 유령마을 질병은 목회자들이 통제 못하는 상황적인 요소, 즉 사회적 상황에 의해 일어난다. 제도적 요인들은 사람들에 대한 소경병, 극단적인 협력병, 친교병과 사회적 비좁음을 일으킨다. 침체된 영적 발달과 요한 증후군도 제도적 요인들에 근거를 두지만 영적 요인들로 인하여 등장한다.[173]

이와 같은 질병들은 교회가 죽음을 경험하고 있든지 곧 죽어 갈 거라는 표시이거나 아마 곧 없어질 것이라는 표시이다. 교회들이 정말로 죽을 수 있다. 대부분의 교회는 죽음을 선포하지 않거나 장사지내지 않고 견딜 수 있다. 그들은 단지 죽은 목숨을 유지 할 뿐이다.[174]

3. 교회가 죽어가는 5가지 이유

우주적인 교회는 영원히 승리하나 건물인 지역교회는 죽을 수 있다. 홀리스 그린(Hollis L. Green)은 교회가 죽어가는 이유를 5가지로 설명한다.[175]

1) 교회가 프로그램에 강조점을 두기 시작할 때 죽어가기 시작한다. 전도에 중점을 두지 않고 교회시설 관리나 프로그램에 중점을 둘 경우이다.

2) 교회가 직원들을 고용하는데 효과적이지 않은 직원들을 계속적으로 고용하고 사용하는 경우이다. 교회는 목사의 능력이상으로

성장하지 않는다. 만약 목사가 영적으로 죽어 가면, 교회도 영적으로 죽어 간다. 만약 목사가 비 복음적이면, 교인들도 전도하지 않는다.

3) 교회가 조직의 중요성을 깨닫지 못할 때에 죽어간다. 교리가 순수하지 않고 건전한 신학이 아닐 때 교회의 성장을 보장 할 수 없다.

4) 교회는 교회내의 친교가 교회의 목적이 될 때 죽어간다. 성경적인 친교가 없이 인간 사교의 모임은 죽어가게 된다. 친교모임이 이익 집단이 되고 교회 밖의 사람들에 관심 없게 되면 결과적으로 그 친교모임도 죽게 된다.

5) 교회가 영적 갱신과 부흥을 무시할 때 죽어가기 시작한다. 전통적인 방법이 교회에 유효할 때는 좋은 일이다. 그러나 전통적인 방법이 효력이 없게 된다면, 새롭고 혁신적인 방법이 도입되어야 한다. 대부분의 교회들이 세운 프로그램들을 바꾸려하지 않는다.

4. 남침례교단의 교회들 중에 사라지는 교회의 이유

남침례교단은 많은 교단들이 침체되는 같은 사회상황에서도 성장을 계속하는 교단인데, 남침례교단 중에서도 죽어가는 교회들이 있다. 매년 대략 235개 남침례교단의 교회들이 사라진다.176)

1) 교회들이 빈번한 인구이동지역에 있을 때이다.
2) 교회가 전도하지 않고 전도에 실패한 경우이다.
3) 교회들이 교회재정을 유지하지 못하는 경우이다.
4) 평신도 지도력이 약한 경우이다.
5) 교회들이 내부적으로 싸움한 경우이다.
6) 목회지도력이 약한 경우이다.

7) 교회가 전도지역을 좁게 잡은 경우이다.

5. 200명, 300명, 1000명 성장 장벽 돌파하기

한국교회의 성장 한계에서 목회자들은 교인이 50명, 100명, 200명이 될 때에 성장 장벽이 생기고 어려움이 있다고 고백한다. 엘머 타운즈, 피터 왜그너, 톰 레이너가 쓴 "각 교회 성장 안내서"에서 교회성장의 장벽을 200명 장벽, 300명 장벽, 1000명 장벽으로 나누고 있다. 모든 장벽을 돌파하는데 중점적인 역할은 목회자의 역할이다. 그들은 목회자의 역할이 중요하다고 역설한다.177)

1) 목사가 먼저 성장해야 성장하는 교회를 이룬다.
2) 목사가 자신의 고집을 탈피해야 성장하는 교회를 이룬다.
3) 목사가 목회 지도력을 개발해야 성장하는 교회를 이룬다.

주(註)

1) 교회성장연구소,「불신자에게 호감가는 교회」(서울: 교회성장연구소, 2005), 117-24.
2) Ibid., 117.
3) Ibid., 118.
4) Ibid., 119.
5) Ibid., 120.
6) Ibid., 121.
7) Ibid., 121-2.
8) Ibid., 123.
9) William Evans,「개인전도학」, 윤무길 역, 27.
10) 행11:5,12.
11) 고전 3:6.
12) 엡1:16-20; 빌1:4,5; 골1:3,4.
13) Oswald J, Smith,「구령의 열정」, 박광철 역, 60.
14) Murphrey, 41.
15) Ben Johnson,「복음전도입문」, 전용재 역, 4.
16) Rainer, 262-6.
17) George Barna, *The Frog in the Kettle* (Ventura: Regal, 1990), 39.
18) Ibid., 98.
19) Ibid., 67.
20) 세계목회연구원 편집,「전도전략」(서울: 서로사랑, 1999), 10-5.

21) 나겸일,「전도집중교회로 만들라」(서울: 규장, 2001), 7.

22) 요4:23-4.

23) James Emery White, *Opening the Front Door : Worship and Church Growth* (Nashville : Convention, 1992), 19-20.

24) Rainer, 274-82.

25) Ibid., 107-23.

26) Thom S. Rainer, Giant Awakening (Nashville: Broadman & Holman Publisshers, 1995), 2. The results of my study surprised me: There was virtually no correlation between the growth and outreach of the church and the type - traditional or nontraditional. Actually, the traditional church had a slightly higher conversion rate than the nontraditional church.

27) 최현서,「건강한 교회와 아름다운 목회」(서울:서로사랑, 2003), 285

28) C. Peter Wagner, *Strategies for Church Growth* (Ventura : Regal Books, 1989), 74-86.

29) 최현서,「건강한 교회와 아름다운 목회」, 300-301참고. 교회 봉사 내용을 자세히 소개하고 있음.

30) Ibid., 330.

31) 유의웅,「현대교회와 사회봉사」(서울: 예영, 1997).

32) 신명기7:6; 14:2; 26:19; 28:9.

33) 출19:5; 민11:29; 신9:26.

34) 상하7:26; 시106:8; 렘33:9; 수7:7-9; 신32:27; 시79:9.

35) 창12:3; 18:8; 사40장.

36) 벧전2:9-10; 고후6:16; 히8:10; 계1:6; 21:3.

37) 엡1:22-23; 고전12:27.

38) Millard J. Erickson, *Christian Theology*(Grand Rapids: Baker Books, 1985), 1036-7.

39) 롬6:4-11; 고전12:13; 고전11:17-26; 고전10:6-17.

40) 교회성장연구소,「평신도사역자를 키우라」(서울: 교회성장연구소), 9-15.

41) 옥한흠,「다시쓰는 평신도를 깨운다」(서울: 국제제자훈련원, 1998), 17.

42) Ibid., 18.

43) C. Peter Wagner, *Your Church Can Grow*(Nashville : Regal Books, 1984), 80.

44) Greg Ogden, *The New Reformation : Returning the Ministry to the People of God* (Grand Rapids : Zondervan, 1990), 13-25.

45) Rainer, *The Book of Church Growth*, 214.

46) 옥한흠,「다시쓰는 평신도를 깨운다」, 34.

47) Elmer Towns, C Peter Wagner, Thom Rainer, *The Everychurch Guide to Growth*(Nashville: Broadman, 1998), 5-8.

48) Elmer Towns, *Understanding the Deeper Life*(Old Tappen: Revell, 1988), 189.

49) Ibid.

50) C. Peter. Wagner,「교회성장학 개론」, 이재범 역(서울: 나단, 1988), 233.

51) Ibid.

52) Ibid.

53) Ibid., 236.

54) C Peter Wagner, *Your Spiritual Gifts Can Help Your Church Grow*(Glendale: Regal Books, 1979), 158.

55) Peter Wagner, op. cit., 242.

56) Elmer Towns, 195.

57) D. G. McCoury and Bill May, op. cit., 11.

58) Rainer, 364.

59) C. Peter Wagner, *The Third Wave of the Holy Spirit*, 16.

60) Ibid.

61) Rainer, 376.

62) 명성훈, 교회성장마인드, 369-70.

63) Ibid., 153.

64) Ibid., 154.

65) Ibid., 154-5.

66) Ibid., 159.

67) C. Peter Wagner, *Wrestling with Dark Angels*(Ventura: Regal, 1990), 9.

68) 교회성장연구소,「교회선택의 조건」(서울: 교회성장연구소, 2004), 125

69) Ibid., 128.

70) Ibid.

71) Ibid.

72) Ibid.

73) 최현서「설교학」, 서울: 서로사랑, 2001, 11-13.

74) Ibid., 12.

75) Ibid., 4.

76) Ibid., 50.

77) 최현서, 「설교학」, 44-8.

78) Ibid., 49-51.

79) Ibid., 225-33.

80) Ibid., 169.

81) Ibid.

82) Ibid., 53.

83) R. A. Torrey,「기도와 영력」, 임성택 역(서울 : 생명의 말씀사, 1993), 15.

84) Ibid., 16.

85) R. A. Torrey, 20.

86) Ibid.

87) Ibid., 21.

88) Ibid., 23.

89) Ibid., 24.

90) Ibid., 25.

91) 더글라스 캄스트라지,「기도아이디어종합자료집」, 김유태 옮김 (서울 : 베다니출사, 2004), 28.

92) Ibid., 35-8.

93) 더글라스 캄스트라,「기도아이디어 종합자료집」, 김유태 올김 (서울 : 베다니출판사, 2004), 40-57.

94) R. A. Torrey, op. cit., 203-241.

95) 홍성주, 119-20.

96) R. A. Torrey, 63.

97) Ibid., 189-195.

98) 김성곤,「두 날개로 날아오르는 건강한 교회」(경기도: 도서출판 NCD, 2004), 211

99) Ibid., 209-10

100) Ibid., 206-09

101) 김남준,『기도마스터』(서울: 규장, 1999), 205.

102) C. Peter Wager, *Leading Your Church To Growth*, 92.

103) James D. Berkley, *Leadership Handbook of Practical Theology*, 145.

104) Ibid.

105) John C. MaxWell, *Developing the Leader Within You*, 24.

106) 박형렬,「탁월한 목회 지도력」, 33.

107) James D. Berkly, 149.

108) Ibid., 154-5.

109) 최현서, "목회에서 기독교 지도력에 대한 바른 이해"「실천하는 신학」, 141-6.

110) Ibid.

111) Elmer Towns, *A Practical Encyclopedia of Evangelism and Church Growth*(Ventura : Regal Books, 1995), 286.

112) C. Peter Wagner, 185-7.

113) J. Oswald Sanders, *Spiritual Leadership*, 이동원역(서울: 생명의 말씀사, 1989), 77-130.

114) 빌립보서4:14.

115) 명성훈,「리더쉽 성장 마인드」, 230-44.

116) Rainer, 348.

117) Ibid.

118) Ralph W. Neighbour, *Where Do We Go From Here? : A Guidebook For the Cell Group Church*(Houston: Touch, 1990), 60.

119) George G. Hunter III, *The Contagious Congregation: Frontiers in Evangelism and Church Growth*(Nashville: Abingdon, 1979), 104.

120) C. Peter Wagner, *Strategies for Church Growth* (Ventura : Regal Books, 1989), 74-86.

121) Rick Warren,「새들백교회 이야기」, 김현희 역(서울: 디모데, 1996), 208.

122) Ibid.

123) Rainer, 328-30.

124) Aubrey Malphurs,「21세기 교회개척과 성장과정」, 홍용표 역(서울: 예찬사, 1996), 516.

125) Ibid., 516.

126) Ibid., 518-9.

127) R. Henry Migliore, Robert E. Stevens and David L. Loudon, *Church Ministry Strategic Planning From Concept to Success*(New York: The Haworth Press, 1994), 2.

128) James Means,「목회자가 변해야 교회도 변한다」, 배헌석, 김용국 역(서울: 나침반, 1997), 9-10.

129) Ibid., 10.

130) Ibid., 12.

131) Ibid.

132) 김점옥,「목회비전을 교회요람에 담아라」(서울: 기독교신문사, 2001), 10-45.

133) 최현서,「건강한 교회와 아름다운 목회」, 358.

134) 남원주교회는 새신자 양육뿐만 아니라 교회가 건강하고 균형있게 성장하는 교회이다. 곽목사님은 부흥사이지만 교회의 교육과 행정에 이론과 실천을 모범적으로 적용하고 있다. 출석 성도 300명을 넘어선 교회가 새신자 양육을 위해 만든 교재를 일부분 수정하여 소개한다. 본 저서에서

교회의 이름을 밝히는 교회는 교회의 허락을 받은 경우이다. 학생들과 함께 현장을 조사하여 파악한 내용을 일부분만 첨가했거나 독자들에게 아이디어를 제공하기 위해 저자의 의견이 첨가된 경우는 인용 허락을 받았으나 교회의 이름을 첫글자로 처리했다. S(사랑의 교회), J(지구촌교회), MS(목산교회), HS(서울교회), O(온누리교회), DJ(중문교회)이다.

135) 세계목회연구원편,「전도전략」(서울: 서로사랑, 1999), 19.

136) 마22:37-40.

137) Norman Shawchuck & Roger Heuser, *Leading the Congregation*(Nashville: Abingdon Press, 1993), 46-48.

138) 갈5:22-23 "오직 성령의 열매는 사랑과 희락과 화평과 오래 참음과 자비와 양선과 충성과 온유와 절제니 이 같은 것을 금지할 법이 없느니라." 타인에 대한 신성한 관심인 사랑과 내적 확신인 희락과 확신과 안정인 화평은 하나님을 사랑하는 전도로 연결되며, 인내하는 오래 참음과 친절한 자비와 행동으로 나타나는 사랑인 양선과 보이지 않는 믿음인 충성과 절제되어 강한 온유와 자기 통제인 절제는 이웃을 사랑하는 섬김으로 나타난다.

139) Nelson S. Thayer, *Spirituality and Pastoral Care*, 이윤복 역, "영성과 현대 목회"(서울: 성광출판사, 1992), 37.

140) 염세천,「영성신학」(서울 : 경희대학교 동목회), 11.

141) Ibid., 11.

142) Hendrikus Berkhof, *The Doctrine of the Holy Spirit*, 황승룡 역, "성령론" (서울: 성광문화사, 1985), 17.

143) 오성춘, "영성과 목회"(서울 : 장로회 신학대학 출판부, 1990), 182.

144) Ibid., 183.

145) Ibid.

146) 눅4:43,44.

147) Elmer Towns, *Understanding The Deeper Life*, 15.

148) 소강석,「불붙는 영성을 회복하라」(서울: 쿰란출판사, 2002), 71.

149) 최현서,「깊은 영성과 아름다운 생활」(대전: 침례신학대학교출판부, 2007), 125.

150) Ibid., 180.

151) 소강석, Ibid., 245.

152) 명성훈, op.cit. 340.

153) 최현서,「건강한 교회와 아름다운 목회」, 339.

154) 명성훈,「교회성장 마인드」, 341-64.

155) Ibid., 75.

156) Ibid., 26-32.

157) Ibid., 31. 미국에 대략 300,000개 교회들 중에 남침례교회가 40,000교회이다. 남침례교회의 3%-6%가 임종질병교회로 선고되고 있는데, 이를 종합하면 미국교회의 18,000교회가 문을 닫아야 한다는 의미이다.

158) Peter Wagner, *The Healthy Church*(서울: 서로사랑, 1997), 20.

159) Ibid.

160) Ibid., 21.

161) Ibid., 22.

162) Ibid., 24.

163) Ibid., 26.

164) Peter Wagner, *The Healthy Church*, 홍용표 역(서울: 서로사랑, 1997). 5-6.

165) Ibid., 8.

166) Ibid., 9.

167) Dan R. Crawford, *Church Growth from the Risen Lord*(Nashville: Broadman Press, 1990), 34-5.

168) 피터 왜그너는 협력 사역의 필요를 알고 있고 반대하지 않지만 지나친 협력은 성장을 둔화시키고 있음을 라일 샬러의 연구를 예로 들어 결론을 내고 있다. Peter Wagner, 116.

169) 미국 성결교회퇴보통계(1980-1990미국, 캐나다 연감)는 감소율을 발표했다. 구세군교회 64.7%, 나사렛교회 3%, 퀘이커교회 5.0%, 자유감리교회 10.3%, 하나님의 교회 56.5%, 형제단교회 10.3%, 형제단교회(오하이오측) 11.1%이다.

170) 주차공간은 방문자를 위해 비워두어야 한다. 주차시설을 확보하는 것이나, 먼 곳에 주차하게 하든지하는 방안과 임대하는 방안이 있다. 대 예배

실은 여러 번 예배시간을 나누어 드린다.

171) 피터 왜그너는 80% 좌석 수용원리를 제시하고 있다. 80%가 넘게 되면 시설의 확충이 필하는 원리이다. 그리고 교회성장형 수치는 점유율이 50%이하가 되어서는 안 된다고 주장한다. Ibid., 165.

172) Ibid., 212-4.

173) Ibid., 217.

174) Dan Crawford, op. cit., 35.

175) Hollis L. Green, *Why Churches Die*(Minneapolis: Bethany Fellowship, 1972), 14.

176) D. G. McCoury and Bill May, *The Southern Baptist Church Growth Plan*(Nashville: Convention Press, 1991), 20.

177) Elmer Towns, C Peter Wagner, Thom Rainer, *The Everychurch Guide to Growth*(Nashville: Broadman, 1998), 5-8.

제3부
교회개척과 교회성장훈련

제1장 _ 교회개척의 중요성
제2장 _ 교회개척의 원리
제3장 _ 교회개척의 본질적 요소들
제4장 _ 개척교회성장 이론들
제5장 _ 성장형 교회개척자
제6장 _ 교회개척 과정
제7장 _ 교회개척과 교회를 성장시키는 모든 것
제8장 _ 교회개척과 기도
제9장 _ 교회개척과 비전
제10장 _ 핵심가치와 사명선언
제11장 _ 교회개척과 전도
제12장 _ 교회개척과 팀 사역
제13장 _ 교회개척과 예배
제14장 _ 교회개척과 재정
제15장 _ 교회개척과 전략

제3부 교회개척과 교회성장훈련

　교회성장은 전적으로 하나님께서 해주시는 은혜의 결과요 사도행전의 초대교회에서 보여주는 것처럼 성령님께서 활동하는 현재의 표적이다. 지상의 교회는 지역에 따라 교회성장이 계속되다가 잠시 침체할 수 있으나 성령의 역사는 계속되기에 주님의 지상명령에 민감하고 헌신하는 열정이 늘 필요하다.

　한국교회가 직면하고 있는 두 가지 문제는 전도와 성숙으로 요약할 수 있다. 아직도 백명 중에 25명만 전도한 상태이고 영적으로 전 인구의 75%는 지옥에 갈 사람들이다(교회통계를 인용한 경우임). 25%의 성도가 예수 그리스도의 성품을 드러낼 수 있는 성숙의 문제이다. 1900년 대 초에 인구의 1%인 기독교의 영향력이 지금보다 컸다고 평가한다. 목회자들의 목숨을 건 희생 목회와 교회의 헌신과 기대 그리고 역사를 창조하는 일에 참여하는 역동성이 있었다. 로마가 초기 복음화 될 때처럼 소수의 사람들이 진정으로 예수 그리스도의 사랑을 보여 준 일들이다.

　한국교회는 외적인 도전과 내적인 부패에 직면해 있다. 물질만능주의는 물질 중심의 사고로 깊은 이해 없이 무조건 기독교를 공격하고 교회 내부의 부패는 외부의 공격의 목표가 되고 있다. 복음의 핵심에서 벗어난 교인들의 생활과 교회 지도층의 분열과 빛과 소금의 역할을 다하지 못하는 어두컴컴한 환경들은 우리의 마음을 무겁게 한다. 치료하기 힘든 병을 진단 받은 환자처럼 한국교회는 살아날 가망성이 있는가?

한국교회의 미래에 대해 성장의 측면에서 우려를 보내지만 한국교회는 생존할 뿐 아니라 다시 부흥의 정신이 살아나 번성할 것을 고대한다. 한국교회의 소망은 역사적으로 많은 박해를 이겨왔고 순교자들의 순교와 참된 복음을 가져왔기 때문이다. 예수님은 "내가 이 반석 위에 내 교회를 세우리니 음부의 권세가 이기지 못하리라"(마16:18)라고 선포하고 있기에 우리는 과감히 예수님의 약속을 선포해야 한다.

미국 100대 교회 중에 매우 흥미로운 것은 그들 중에 10%가 10년 미만의 개척교회들이다.[1] 21세기에 번창할 교회들은 어디서 오는가? 많은 수의 교회가 개척 될 것이다. 죽어가고 침체된 교회를 살리는 것보다 잘 준비 된 개척교회가 훨씬 더 복음을 쉽고 속히 전파할 수 있다. 피터 왜그너는 "하늘 아래 유일하게 가장 효과적인 전도 방법은 새로운 교회를 개척하는 것이다"라고 말한다.[2] 교회개척은 기성교회에 자극을 주고, 그리스도의 복음을 집중적으로 전할 수 있고, 교회성장의 정체와 수적 감소에 활력을 불어 넣을 수 있다.[3]

교회개척은 기도와 눈물로 이루어진다. 열성, 용기, 기도, 헌신, 놀라운 능력으로 교회를 개척하는 수많은 목회자들을 보아왔다. 교회개척은 하나님의 말씀, 분명한 대상, 관계 조성, 큰 믿음과 비전기도, 대담한 전도 열, 구령에 대한 불타는 사랑, 팀 목회, 장기 계획의 교회 건축 등이 필요하다. 교회 개척 초창기에 기도 부흥, 팀원 구성, 지역설정, 사람의 동원과 훈련, 전도전략, 예배 프로그램, 성장전략, 치유 접근법, 모든 것들이 소중하다.

　이 본문의 내용은 신학생들이 교회를 개척할 때에 시행착오를 줄이고, 목회자들이 개척교회에 대한 이해를 새롭게 하고 우선순위를 가지게 하기 위함이다. 또한 한국교회가 과거의 영광에서 미래로 나아 가기위해 성장의 한계를 극복하는 방법을 제시하고, 교회설립에 필요한 방법들과 도구들을 제공하고자 한다.

제1장 교회개척의 중요성

1. 지상최대의 명령은 순종할 일이고 영혼 구령에 초점이 있다

예수님께서 지상사역을 마치고 승천하시면서 우리에게 주신 임무를 지상 최대의 명령이라고 부른다(마28:19, 20; 막16:15; 눅26:46, 47; 행1:8). 예수님은 이 땅위에 자신의 교회를 세우시고 제자들에게 "나는 전도하기 위해 왔다"고 하셨다(눅4:44). 주님은 제자들을 부르시고, 훈련시키시고, 파송하시고, 교회를 세우시고, 마지막으로 주신 지상명령을 주의 깊게 받아들여 분석하면 다음 세 가지로 요약 할 수 있다.

1) 잃어버린 영혼을 의도적으로 찾아 가는 것이다

마28장 19, 20절 "그러므로 너희는 가서 모든 족속으로 제자를 삼아 아버지와 아들과 성령의 이름으로 침례를 주고, 내가 너희에게 분부한 모든 것을 가르쳐 지키게 하라 볼찌어다 내가 세상 끝 날까지 너희와 항상 함께 있으리라 하시니라" 지상 최대의 말씀은 "가라"는 명령으로 시작되고 있다. 예수님은 "찾아 가라"는 의도로 말씀하신다(눅5:27-32; 15:1-10; 19:1-10). 한국교회가 침체되기 시작하는 1990년 중엽에 많은 교회들이 잃어버린 영혼들이 찾아오기를 기다리고 있었다. 국민소득이 미화 만 불이 넘으면서 사회는 변화되었는데 교회는 예수님의 명령에 둔감해 있다. 21세기 교회는 다양한 방법으로 잃어버린 영혼들을 찾아 나가야 한다.

2) 지상명령의 중요한 요소는 전도이다

지상명령에 순종하는 일이 중요하고, 주님의 심정을 가진 사람이면, 지상명령이 전도에 있음을 알게 된다. 주님의 지상 명령을 수행하는 교회는 우선순위를 전도에 두는 교회이다. 낚시꾼이 물고기를 낚을 때 과정과 환경을 보면 치밀하고 다양한 방법을 동원한다. 낚시꾼은 낚시 도구를 물고기의 종류와 고기에 따라 다르게 준비한다. 물고기의 분포에 따라 낚시 밥도 다르게 하고 위치도 다양하다. 물기가 다니는 길을 알고 좋아하는 먹이도 알고 관찰하고 시간을 끈질기게 기다린다. 밤에 무는 고기도 있고 새벽에 입질하는 물고기도 있고, 깊은 곳에 있는 것과 물가에 나오는 물고기에 따라 잡는 방법도 다르다.

전도는 하나님의 사랑을 전하는 것이며 생명을 드리는 작업이다. 그러기에 전도는 성령의 도우심이 필요하고, 전도인의 땀과 눈물이 필요하다. 힘든 여건에도 성장하고 부흥하는 교회는 예수님의 지상최대명령에 뿌리들 두고 있으며, 잃어버린 영혼에 목마름이 있는 교회이고 교회의 목적을 분명히 하는 교회이다.

3) 지상명령의 다음 요소는 교육하여 세우는 일이다

전도하여 교회에 등록하게 했으면, 기초부터 가르쳐 새로운 신자들이 그리스도의 형상을 닮고 그의 삶을 살게 하는 것이다. 교육은 그들의 인생관과 세계관을 변하게 한다. 교육은 성경공부, 교제, 봉사, 영적성장을 하도록 개인적인 헌신을 하게 한다. 교육은 성장과 성숙과 사역자가 되게 하고 영적으로 재생산하는 성도가 되게 한다.

2. 교회개척은 지상명령을 수행하는 방법이다

초대 예루살렘교회를 보면 120명의 제자들이 기도하며 금식하여 약속된 성령을 기다렸다(행2:14-41). 오순절 날이 이르자 성령이 하늘로부터 제자들에게 임했고 성령 충만한 제자들은 복음 선포를 위한 능력을 힘 입었다. 그 중에 베드로는 사도행전 2장에서 설교하고 있는데 복음에 초점을 둔 설교이다. "예수는 성경의 예언대로 이 땅에 오신 그리스도이다. 예수는 우리 죄를 대속하기 위해 십자가를 지셨고 그 보혈의 피로 우리 죄를 속량해 주시기 위해 죽으셨으나 죽음을 이기고 부활하신 분이다. 예수님을 믿음으로 구원을 받을 수 있다. 예수 그리스도를 십자가에 못 박은 죄를 회개해야 한다." 베드로는 하나님 나라의 도래와 성령의 역사를 설명하고 있다. 분명한 복음을 선포하고 있으며 확신 있는 증거와 초청의 메시지를 전하여 3천 명을 회개시키는 역사를 일으키고 있다.

교회개척은 하나님의 나라가 이 땅에 도래하게 하는 사역이다. 교회개척은 인류를 위한 가장 긴급한 사역이다. 복음이 전파되지 않아 하나님의 나라에 대한 놀라운 역사를 체험하지 못한 곳에 하나님의 나라를 확장하는 것은 오직 교회의 개척을 통해 이루어진다. 사도행전에 기록된 선교 여행들을 주의해 보면, 바울은 더베, 루스드라, 이고니온, 안디옥, 빌립보, 데살로니가, 베뢰아, 고린도, 에베소 같은 중요한 도시에 교회를 개척하고 그 교회를 통해 큰 영향을 끼치고 있다. 예수 그리스도가 명령하신 지상명령에 환상을 가진 지도자들에 의해 교회들이 시작되는 것은 필연적이다. 이와 같은 깊은 인식이 필요하고, 교회개척이 21세기 한국교회의 확장의 밑거름이 될 것이다.

3. 교회개척의 이유와 반대하는 이유

1) 교회개척을 해야 하는 이유

예수님은 자신이 교회를 세우겠다고 말씀하셨다(마16:18). 또 이 교회가 세워지면 음부의 권세가 이기지 못할 것이라고 하셨다. 예수님이 이 땅에 오신 목적이 교회를 개척하기 위함이고, 12명의 제자를 세우신 목적은 교회를 개척할 3년 반 동안의 사역의 준비이다. 예루살렘교회는 예수님의 죽음과 부활이 있은 후에 12명의 제자들과 120명의 예수님을 따르는 성도들에 의해 세워졌다(행2장). 인간적인 측면에서 볼 때도 결혼을 한 후 10년 사이에 자녀들을 대부분 낳는 것을 볼 수 있다. 교회는 15년에서 18년 될 쯤에 제자리 걸음하거나 퇴보하고 있다. 미남침례교회 지난 200년의 통계를 보면 약 10년 미만의 교회가 가장 많이 침례를 베풀었다. 이러한 사실들은 새로운 교회를 계속 세워야 함을 말하고 있다.

(1) 교회개척의 확신. 교회개척은 쉬운 일이 아니다. 또 함부로 뛰어들 일도 아니다. 개척자는 하나님께서 교회개척을 위해 부르셨다는 확신이 있어야 한다. 이 확신을 주실 때까지 기다려야 한다.

(2) 잃어버린 영혼에 대한 갈급함이 있어야 한다.

(3) 더 많은 다양한 교회가 있어야 한다는 긍정적인 생각이 있어야 한다.

(4) 하나님 나라의 확장에 대한 열망이 있어야 한다.

(5) 어느 특별한 사람이나 지역에 대한 특별한 부르심이 있어야 한다.

교회개척을 할 때에 주의해야 할 일이 있다. 교회개척을 부정적인 면에서 하는 경우이다. 자신의 재능을 뽐내기 위해서나, 자신의 교회를 가지고 마음대로 하겠다거나, 다른 사람과 할 수 없어 내 교회를 세우겠다는 부정적인 동기는 버려야 한다.

교회개척을 하는 일은 가벼운 일이 아니다. 많은 기도와 열심, 또한 개척자의 시간과 열정을 요구하는 일이다. 교회를 개척하고자 하는 순수성과 성령의 인도하심이 필요하다.

2) 피터 왜그너의 교회개척의 5가지 이유

(1) 교회개척은 성경적이다.

(2) 교회개척은 교단의 생존을 의미한다.

(3) 교회개척은 새로운 지도력을 개발한다.

(4) 교회개척은 기존 교회들에게 자극을 준다.

(5) 교회개척은 효과적인 방법이다.4)

이외에 그는 경험적 이유로 새로운 교회는 전도의 열쇠이고, 더욱 빨리 성장하고, 교회에 다니지 않는 사람들에게 더 많은 선택의 기회를 주고, 교회개척은 항상 필요하고, 교단이 생존하도록 도와주고, 기존의 교인들의 욕구를 충족시켜 준다고 한다.

3) 교회개척의 반대 이유

교회개척을 반대하는 의견을 가진 사람들이 있다. 교회를 세우는 일을 거절하는 여러 가지 이유를 들 수 있다. 같은 지역에 많은 교회들이 있고, 먼저 세운 교회를 튼튼히 세워야 한다. 사람이나 자원이 부족하고, 지난날 너무 많은 교회가 실패하는 것을 보았다. 그리고 우리의 목적은 현재의 교회를 성장하게 하는 일이라고 설명할 수 있다.

교회개척과 교회성장을 반대하는 사람들을 보면 복음의 가치성과 삶의 변화에 많은 관심을 가지고 있다. 교회성장의 배경에 질과 양의 균형 성장에 대한 견해보다 양에 치우치려는 경우에 대한 비판이다. 교회개척과 성장에는 부분적으로 인본주의와 상업주의가 포함된 것처럼 보인다. 본질의 문제가 아니라 방법론에서 도입되는 사회과학적인 의견들까지 매도해서는 안 된다. 사회와 현대인을 깊이 이해하는 자세의 일까지 반대하는 일은 교회론에 입각한 바른 교회성장을 이해하지 못하는데서 오는 오해가 많다. 하나님이 세우신 교회의 성장에 학자들 중에는 분명하고 바른 이해가 필요하다. 교회의 주인은 예수님이고 교회는 예수님이 세우셨고 그 분이 운영하신다는 고백이 늘 필요하다(마10:18). 교회성장에 올바른 이해는 교회를 균형 있고 건강하게 한다.

꼭 개척해야 할 곳에, 이와 같은 문제를 지적하는 경우에는 몇 가지를 점검해야 한다. 우리가 교회를 개척하고자 하는 마음이 없고, 영적인 맛을 잃어버렸는지, 하나님이 주신 비전을 상실 했는지, 영적으로 나태해졌는지를 점검해야 한다.

4. 교회개척은 장점이 있다

멀퍼스는 교회개척의 중요성을 말하면서 교회개척의 장점들을 설명하고 있다. 새로운 교회는 기존교회보다 더 빨리 성장하고, 더 잘 복음을 전할 수 있고, 담임목사가 더 신임을 얻을 수 있고, 변화에 더 많이 열려 있다.[5]

1) 오래되고 안정된 교회들보다 더 빨리 성장한다

윈 안(Win Arn)은 이 장점의 증거로 미남침례교회의 보고를 인용한다.[6] 1986년을 기준으로 하여 1972년에서 1982년 사이에 시작된 교회들이 거의 다 60-80%의 성장률로 자란 것이다. 1971년 이전에 시작된 교회들은 20-60%의 성장률로 자랐는데, 전통 있고 큰 교회들이 29% 안팎의 성장률을 나타낸 것과는 대조할 만하다. 라일 샬러(Lyle E. Schaller)는 교회개척을 희생시켜 가면서 기성 교회들을 갱신하려는 것은 잘못된 것임을 지적한다.

2) 새로운 교회들이 오래되고 터를 잡은 교회들보다 더 잘 복음을 전할 수 있다

한국교회의 대형 교회들은 회심성장보다는 전입으로 성장하는 시대에 접어들었다. 회심성장을 원하는 각 교회의 몸부림이 필요한 시점에 와 있다. 멀퍼스는 다음과 같이 설명한다.7) 3년 된 교회들은 1년에 교인 100명 당 10명을 그리스도에게 인도한다. 3년에서 15년 안 된 교회들은 교인 100명 당 5명을 인도한다. 다소 차이는 있으나 15년 된 교회는 1년에 교인 100명 당 3명을 인도하는데도 교인이 감소된다. 그리고 소형교회들이 전도에서 대형교회들보다 효과적이다. 3천교인 한 교회보다 3백명교인 10교회가 전도를 더 많이 한다.

3) 개척교회 목회자들은 전통교회 목회자들보다 더 빨리 신임을 얻는다

목사가 목회를 할 때, 교인들에 꼭 같은 신임을 얻는 것이 아니다. 준켈(Zunkel)은 교회 지도자의 세 단계를 언급한다.8) 교육자급 지도자, 목회자급 지도자, 영향력 있는 지도자이다. 1단계는 1년에서 3년 사이로 목사로 부르지만 교육자적 지도자로 설교하고 목회적 돌봄을 하나 큰 영향력이 없는 단계이다. 2단계는 목회자 단계로 3년에서 5년까지 지속된다. 신임과 신뢰가 증가하고 우리 목사라고 부르는 단계이다. 3단계는 지도자 단계인데 목사로서 큰 영향력을 행사할 수 있는 단계이다. 비전을 행사할 수 있는 입지에 오른 단계이다. 개척교회에서 가능한 패턴이다.

4) 교회개척에 참여하는 사람들이 전통 있는 교회에 있는 사람들보다 변화에 더 열려 있다

이것은 성경에서 말하는 낡은 부대와 새 부대 간의 차이 이다. 교회개척의 장점은 사람들이 낡은 가죽 부대를 과감히 버리고 열려있는 새로운 상황에 용기 있게 뛰어 드는 것이다.

토의 문제

1. 예수님은 자신의 교회를 세우겠다고 하셨다. 피터 왜그너의 원리를 참고하여, 당신이 교회를 개척하고자 하는 이유가 무엇인지 기록해 보자.
2. 미국교회의 100대 교회중에 10년 미만의 교회가 10%이다. 나를 통해 역사하실 하나님의 은혜를 생각하면서, 교회개척의 중요성과 필요성을 무엇이라고 생각합니까?(크리스챤 투데이, 2006년 9월 13일, 6)
3. 예수님이 원하시는 건강한 교회는 어떤 교회이고 어떤 교회 성장 원리를 가지고 있다고 생각하는가?

제2장 교회개척의 원리

　교회개척은 개척교회만이 아니라, 또한 기성교회들을 위하여 갱신과 실험의 기회를 준다. 교회개척은 개척교회의 신학적 목적뿐만 아니라 교회의 지역사회의 관계, 교회에서 행하여 온 역사적 전통, 사람들이 교회에서 하나님을 만나야 할 기본적인 욕구를 다시 생각하게 한다.

1. 교회개척에 대한 비전을 가져라

　개척자는 주님이 주신 비전을 분명히 가져야 한다. 개척교회 목회자는 주님께서 그에게 주신 꿈을 언제나 가슴 속에 품고 살아야 한다. 목회는 나의 비전이 아니라 주님이 주신 비전을 가지고 하는 것이다. 예수님은 물고기를 잡던 베드로를 불러 사람을 낚는 어부의 비전을 주셨다. 베드로는 하루에 삼천 명, 오천 명을 주님 앞으로 인도하는 위대한 종이 되었다. 하나님의 일은 학력과 능력 못지않게 중요한 것으로 나에게 주신 분명한 비전이다. 비전이 있는 사람은 어떠한 어려운 고난도 참고 인내하여 결국 승리하게 된다.

　교회개척은 주님이 주신 비전의 결과이다. 그 이유는 하나님이 시키신 일이요 개척교회를 하는 것은 하나님이 시키신 내용이기 때문이다. 목회자들 중에 개척교회를 성장시킨 목회자들을 보면 그들은 한결 같이 자신들이 왜 교회를 개척하고 어떤 교회를 개척할지를 명확히 알고 있다. 교회개척자에게는 사람이나 건물 재정이나 행사들보다 교회의 비전을 분명하고 구체적으로 하는 것이 중요하다.

2. 교회개척을 성경적으로 하라

예수님은 제자들을 향하여 이 반석 위에 내 교회를 세우리라고 말씀하셨다(마16:18). 이 반석은 예수님 자신을 가르키고 있다(고전10:4). 또 예수님의 말씀(요1:1, 14)을 언급하고 있다. 그러므로 교회는 반드시 예수님과 그의 말씀인 성경 66권에 기초하여 세워져야 한다. 예수님과 말씀을 떠나서 교회를 세울 수 없다. 목회자는 교회를 세울 때에 누가 세우라고 하던지 도움을 주기에 하는 것이 아니라, 교회를 세우는 분명한 목적과 방향을 말씀에서 시작해야 합니다. 어떤 분은 "양을 먹이라"는 말씀에 거역할 수 없어 교회를 세웠고 어떤 분은 "그가 우리를 위해 목숨을 버리셨으니 우리가 이로서 사랑을 알고 우리도 형제들을 위해 목숨을 버리는 것이 마땅하니라(요일3:16)."라는 말씀 때문에 교회를 개척했다고 한다. 개척자는 주님이 주시는 어떤 성경말씀이 뚜렷하고 강력하게 역사하여 개척자의 마음에 불이 되어 닥아 온다. 그 말씀이 개척자의 삶과 마음을 사로잡아 깨어있던 잠을 자든 떠나지 않는다. 교회를 세우고자하는 당신의 마음을 사로잡는 결정적인 말씀이 무엇인가를 알고 있어야 한다. 그것이 성경적이다.

3. 교회개척팀을 확보하라

예수님은 혼자서 일하지 아니하시고 제자들과 함께 일하셨다. 예수님은 제자들과 팀사역을 이루신 분이다. 전도 사역, 치유사역, 침례사역, 재정, 여러 분야에서 팀을 이루어 사역하고 계시다. 하나님은 한 분이지만, 세 분으로 또한 존재하신다. 하나님은 혼자 일하지 아니하시고, 세 분이 함께 일하신다(창1:1-2; 마28:18-20). 모세는 혼자 일하지 않고, 십부장, 오십부장, 백부장과 천부장들과 함께 일하였다(출17장).

팀 사역에는 대체로 개척팀, 중보팀, 후원팀으로 구성된다. 더 자세히 나누면 협력팀, 개척 시작 팀과 핵심 멤버 팀이 있다. 후원팀(협력팀)은 교회 개척에 불러도 좋은 사람들이다. 교회개척에 자원봉사자들이며 다른 교회 교인인 경우도 있다. 이들은 교회가 형성될 때까지 모든 어려운 일을 도와서 개척하는 팀이다. 개척 시작팀은 교회개척에 함께 고난을 나눌 각오가 되어 있는 봉사자들이다. 이들 중에는 이중 교회 멤버십을 가질 수도 있다. 핵심멤버는 개척교회를 시작할 때 개척자와 함께 개척교회를 이루면서 중요한 멤버가 될 사람들이다. 이들은 개척교회 목회자와 함께할 사람들이다.

개척목회자는 팀 사역자의 역할을 정하는데 교회의 비전, 교회의 핵심가치, 목회철학에 따라 팀 사역자들의 역할이 다를 수 있다. 팀 사역에 봉사할 영역들은 전도 사역, 찬양과 예배 사역, 어린이 사역, 청소년 사역, 행정 관리사역, 재정담당, 주일학교 교사사역, 목장 구역사역 등이 있을 수 있다.

팀 사역을 하면서 유의 할 점은 역할을 확실하게 하고, 가능하면

역할을 유인물로 기록하고, 교육이나 훈련이 필요하면 시켜주고, 교사인 경우에 1년인 경우에 기간을 분명히 해야 한다. 협력사역은 자기 일을 하지만 서로 협력하여 함을 알게 하고 자리를 채울 자격이 있는 사람을 예비하고 교회비전을 마음에 가지게 하며 유급인지 무급인지를 확실히 해야 한다. 질서의 하나님은 나중에 갈등과 오해의 소지가 없이 건강하게 교회가 성장하기를 원하신다.

4. 교회의 유형을 생각하라

대도시, 중소도시와 농촌 지역은 많은 점에 있어서 다르고 신중을 기해야 할 일들이 많다. 대도시더라도 도시 중심부와 변두리 지역이 생활과 문화가 다르고, 아파트지역과 단독 주택지역이 다르다. 가족이 세운교회, 성경공부를 하다 이념이 같아 세운 교회, 분파되어 세운 교회가 있고, 건물이 있는 경우, 없는 경우, 전세나 혹은 빈 시설을 활용하는 경우이다.

개척교회의 특성은 변화가 빨리 오는 것이다. 개척교회 목회자는 목회자의 특성 때문에 기성 교회 목회자 밑에서보다 변화가 속히 올 수 있다. 사람들이 교회를 선택하는 근거와 이유는 무엇인가? 이런 정보를 가지고 교회는 효과적으로 교회의 모습, 조직, 사역 및 전도를 계획할 수 있고 지역사회의 특성에 맞도록 대처해 갈 수 있다.

교회는 지역 사회에서 형상을 가지고 있다. 이 외부의 평가는 목회자, 교회사업, 교회 외부 모습, 교인들과 같이 전체의 모습을 종합한 내용들로 구성된다. 그 교회하면 지역사회에서 떠오르는 현상, 즉 부르는 모습이 있다. 좋은 교회, 아 그 교회, 모습이 멋진 교회,

전도를 잘하는 교회, 화목한 교회, 구제를 잘하는 교회 등과 같은 모양이 형성된다.

이 형상은 옳게 반영될 수도 있고, 그 못지않을 수도 있다. 그런 유형은 그리한 것을 바라는 사람들을 끌어들인다.

교회의 유형을 나눌 때 다음 6가지로 분류할 수 있다.9)

1) **옛 도심지에 있는 교회.** 정부 청사, 상가지역, 소매상가 지역인 도시의 중심가에 있다.

2) **주택지역의 교회.** 도시 혹은 변두리 주택지역의 성장하는 곳에 위치한다. 주택지역이 성장할 때에 성장한다.

3) **도심지 교회.** 도심지 교회는 전략적으로 도시경제지역, 혹은 도시주변 지역, 도심지역의 성장하는 지역에 위치한다.

4) **중소도시교회.** 인구 3만 내외의 도시로 이 교회는 상가지역에 일반적으로 위치한다. 다양한 행정을 하는 도심지 교회와 유사하다.

5) **농촌지역교회.** 농촌지역교회로 마을들로 이루어진다.

6) **특수목적교회.** 신학적인 강조, 특수한 은사 활용, 독특한 목회방법이다. 한정적 지역 사회보다 광범위한 지역을 포함한다.

5. 교회개척지역과 위치를 정하라

개척자는 교회지역과 위치를 정하는데 비둘기처럼 순결하되 뱀처럼 지혜로워야 한다. 오늘날과 20년 30년 전의 의식구조가 많이 변하고 있다. 오래전의 절대적인 직업이 변하고 30년 전의 100대 대기업이 지금 생존한 경우는 몇 개가 되지 않는다. 어떤 면에서 의식

구조가 상당히 변화되었다. 도시중심의 문화가 되었고, 자기를 극대화하는 개인 중심의 사회가 되었고, 과거중심에서 미래중심으로, 교회를 키우는데서 교회가 세상을 변화시키기를 원하는 시대로, 봉사하는 지도력으로, 성서적인 지식의 교육에서 삶을 다루는 교육으로, 배움 중심에서 훈련 중심으로 의식 구조가 바뀌고 있다.

1) 개척을 위한 지역진단

(1)도시 지역 명 (2)도시의 일반 역사와 특징들 (3)도시지역 지도와 도시계획 확인서 (4)주요 관공서 주소 및 전화 (5)인구(현재 인구 분포 1Km이내, 4Km이내, 10Km이내, 20Km이내. 인구 성장 상황) (6)교회(교단별 교회 숫자와 위치. 독립 교회와 이단 종교들 파악) (7)고용인원(고용수준, 산업형태와 공장 등) (8)부지 구입 가능성 (9)교통 (10)학교 (11)미디어 (12)은행, 병원, 호텔 등 (13)그 밖의 참고 자료: 전화번호부, 지역신문, 지적도, 통계표, 도시 안내지 등이다.

2) 개척지역 선정하기

(1) 교회개척 지역선정은 개척자와 관련이 있는 지역을 선택하는 방법이다. 개척자가 자신은 어느 지역에 맞는가를 먼저 찾는 방법이다. 대도시인가 소도시인가? 도시인가 농촌인가를 정하는 방식이다. 목회자의 문화에 따른 문화에 따르는 방식이다.

(2) 정부가 신도시 계획을 발표하는 지역을 찾아가는 방식이다. 지역을 알지 못하지만 정부주도 개발지역을 자세히 연구하여

정하는 방법이다.

(3) 모교회와 지방회의 추천을 받는 방법이다. 어느 지역을 선정하고 여러 해 기도하고 있는 지역이 있다.

(4) 개척팀이 자연스럽게 모여 교회를 이룰 수 있는 지역이다.

(5) 교단총회에서 교회가 약한 지역을 소개할 때 응답하는 경우이다.

(6) 가장 단순한 방법은 인구가 많은 지역으로 가는 경우이다.

(7) 지금은 사람이 많지 않지만 향후 몇 년 안에 새로 개발이 예상되는 지역이다.

(8) 문화 혹은 특수 사역을 위해 필요한 지역이다.

3) 개척 가능한 지역

2008년 현재 정부는 국토개발의 축을 5대광역권 2개 특별구역으로 나누고 있다. 서울과 경기도를 중심한 수도권, 충청권 전라권 경북권과 경남권으로 나누고, 제주도와 강원도를 특별 구역으로 나누고 있다. 서울에서 계속 개발지역은 재개발지역이다. 길음 뉴타운지역은 상당부분 진척이 되고 있고, 은평 뉴타운지역은 대단위로 개발이 되고 있다. 강북지역이 광범위하게 새로운 도시가 건설되고 있다. 수도권의 규제가 상황에 맞게 풀리면서 수도권 경기도 지역이 상대적으로 발전해 갈 수 있다. 아직도 개발 중인 고양, 김포, 파주 지역과 양주 지역을 중심한 옥정지구는 동두천까지 끝없이 확장되고 있다. 하남, 시흥, 용인, 수지, 구리, 의정부, 이천 등이 발전하고 있다. 전철이 동두천, 덕소까지 개통이 되었고 춘천과 이천이 연결

되게 된다. 경기도 분당지역을 지나 오산의 동탄지역이 다시 서동탄 남동탄으로 개발이 진행되고 있다. 고속기차(KTX)는 서울 역 주변과 용산 역 주변을 변화시키고 있고 수원, 천안과 복합행정도시가 들어설 주변 도시인 조치원 지역과 대전 지역을 바꾸어 놓고 있다. 대구와 광주 지역은 수도권과 2시간 거리에 놓이게 된다. 서울 외곽 순환 도로가 개통되어 인터체인지 부근의 새로운 유동인구 집중지역은 개척교회를 세우기에 좋은 위치이다. 경부대운하와 호남운하의 사업이 시작되면 충주, 문경, 낙동강부근, 금강, 군산 등 선착장과 물류센터가 건설되는 곳이 활력을 얻을 수 있는 지역이 되고 특히 인천 송도특구와 새만금 개발에 따른 지역의 성장도 기대 된다.

   교회개척자는 정부가 주도하는 국토개발에 대해 민감해야하며 기도하는 중에 성령의 음성을 듣는 열린 마음이 있어야 한다.

4) 개척교회 위치

   교회 지역선정도 중요하지만 교회의 위치 선정이 더 중요할 수 있다. 사업을 하는 사람들이 성공의 제일의 요인을 위치로 생각하고 있다. 교회는 예외일까? 대형교회와는 다르게 개척교회는 위치에 대해 신중하게 접근해야 한다. 대형교회는 찾아오는 성도들이 많지만 개척교회는 주차장도 없고 걸어서 오는 주민들을 상대해야 하기에 가시성과 접근성이 좋아야 한다. 사람들이 가기를 꺼려하는 위치는 피해야 한다. 은행과 맥도날드의 위치 선정을 눈여겨 보아야 한다.

   존스는 교회위치 선정을 열 가지로 말하고 있다.

(1) 위치 : 잘 보이고 쉽게 찾아 갈 수 있는 접근성이 좋아야 한다.

(2) 크기 : 목회비전과 재정 상태에 따라 적어도 3년 이상 목회해서 뿌리내릴 수 있어야 한다.

(3) 모양 : 처음부터 건축하는 것이 아니라면 상가형을 택할 수밖에 없으나 교회분위기를 가진 것을 택하라.

(4) 지형도 : 하천이나 언덕 혹은 철도같이 막힌 곳은 피하라. 낮은 곳보다는 조금 높은 곳이 유리하다.

(5) 사용가능 시설물 : 주차장이나 대형집회를 할 수 있는 공공 건물, 혹은 공원이나 놀이터와 가까운 곳을 택하라.

(6) 제한구역의 확인 : 사람들이 접근하지 못하거나 제한되어 있는 지역은 가급적 피하라.

(7) 소용 경비 : 건물 임대비 외에 적어도 1년 이상 버틸 수 있는 재정한도 내에서 정하라.

(8) 소유권 : 건물에 대한 각종 법규를 확실히 하라.

(9) 대중교통의 활용도 : 버스나 전철을 이용할 수 있는 곳으로 정하라.

(10) 다른 교회와의 거리 : 현실적으로 어렵더라도 반경 300미터 이내에 교회가 없는 곳을 택하라.10)

6. 교회로 활용할 건물을 정하라

현대는 건물을 단순한 주거공간이나 모임장소가 아니라 생활과 문화의 장소로 보는 경향이 커지고 있다. 교회의 건물과 시설이 점차 중요한 가치를 지니게 된다. 편의성을 추구하는 현대인들에게 불편하고 부담스러운 개척교회는 불리해지고 있다.

    교회는 건물이 아니고 구원받은 사람이다. 교회가 장소를 초월할 수 있으나 교회건물은 목회자의 비전과 목회자보다 앞설 수는 없다. 건물이 목회에 중요한 것은 사실이다. 건물은 사람을 얻는 도구가 될 수 있으나 건물이 사람을 접촉하지 못한다. 오직 사람이 사람을 접촉하는 것이다.

    건물 없이 교회를 개척하는 경우를 본다. 개척초기에는 영구적인 건물을 얻을 생각보다는 적절한 임대건물을 전세나 월세를 확보하는 방안도 있다. 최소한 1년 이내에 재정자립을 하고 3년 내에 두 배로 늘린다는 배수진도 필요하다.[11]

7. 교회설립에 관한 법규를 숙지하라

    교회에 관련된 법적 규제를 정확하게 알아야 한다. 교회를 신축 증축 할 때에 용도지역별로 지방자치 단체의 조례에 따라 다를 수 있다. 시에 따라서는 주택개발 촉진법의 적용을 받게 되면 주택지역에 어느 종교 시설도 들어설 수 없다. 상가의 경우에는 연건평 백평 이상인 경우에는 교회로 사용할 수 없는 지역도 있다.

    교단에 따라서는 교회와 교회의 위치를 고려해야 한다. 거리 제한이 있는 것이 원칙이다. 다른 교단이라 하더라도 윤리적인 문제를 고려하여 주위의 비웃음이 되지 않아야 한다. 1층과 2층에 각각의 교회가 있는 경우에 하나님께 영광을 돌리기보다는 근심을 끼칠 수 있다.

    개척교회가 전세로 계약을 할 경우에 등기부상의 소유주와 실제

소유주가 동일한지를 확인하고 담보나 경매에 넘어갔는지를 확실히 파악해야 한다. 일반 건물인 경우 전세권 등기를 해야 한다. 주택과 달리 일반건물은 전세권 등기나 임차권 등기를 마친 자에게 일차적인 권리가 주어진다.

교회를 세우면 구청 지적과에 가서 종교단체로 등록을 해야 한다. 교회소유의 부동산 매시에 반드시 필요하기 때문이다. 교회등록을 위해서는 교회의 규약과 정관, 교회의 대표자, 교회의 임원명단, 부동산등기, 교회 직인 증명서, 대표자 소속과 재직 증명서, 정관 통과 시 회의록 등의 서류를 제출해야 한다. 교단에 소속한 경우에는 교단의 정관이나 자료의 도움을 받으면 편리하다. 교회의 내규는 등록을 한 것 외에는 가급적 천천히 완성하는 것이 바람직하다. 너무 일찍 내규 혹은 정관을 확정하면 그 틀에 갇혀 대형교회로의 성장에 방해를 받을 수도 있기 때문이다.12)

토의 문제

1. 나는 성령의 충만을 받은 경험이 있는가? 어느 때이며 어떤 일을 할 때인가?
2. 성령충만 받는 방법은 무엇이고, 성령이 임할 때에 내게 어떤 비전을 가져다주는가?
3. 개척 지역을 선정하고, 지역을 진단하라. 교회를 개척하고자 하는 지역의 진단 방법은 무엇이 있으며, 지역진단에 도움을 받을 수 있는 사람들은 누구인가?

제3장 교회개척의 본질적인 요소들

　어느 사람은 역동적인 힘을 가지고 활발하게 활동하고, 어느 사람은 정적이고 사색적이고 조용히 사역한다. 행동을 먼저 하는 사람이나 혹은 행동을 느리게 하는 사람이나, 교회를 개척하는데 최선의 방법은 먼저 계획하는 시간을 갖는 것이다. 계획 자체가 목적이 될 수 있으나 적절한 계획은 일의 효과를 높이고 자신감을 준다. 개척교회를 시작하기 전에 두 가지 중요한 일은 영적인 측면과 기술적인 측면이다.

1. 영적인 요소들

　영적인 면은 아무리 강조해도 지나침이 없다. 피터 왜그너는 기도에 중점을 두고 있다. 교회개척은 기도와의 씨름이며 육체와의 씨름이다. 기도는 한없는 영적 자원을 공급 받는 통로이고 먼저 하나님의 부르심과 사명을 확인하고 실천하게 하는 열정의 통로이다. 교회개척은 무엇보다 기도에 중점을 두어야 한다. 기도는 약속의 창고를 여는 열쇠이고 자신의 부족을 채우는 저수지가 된다.

　교회성장에 비판을 가하는 사람들의 옳은 충고를 들어보면, 성장

지지자들은 예외 없이 인간적인 요소들만을 강조하고 신적 요인은 간과했다는 말을 한다.13) 이런 비판을 고치려다 보니 이번에는 은사주의가 되었다고 한다.14) 신유사역은 새로운 사역을 시작할 때 적절한 수단이 될 수도 있고, 않을 수도 있다. 타이밍이 대단히 중요하다. 더욱 보편적이고 즉각적인 영적 측면은 기도이다. 교회성장 원리를 깊이 연구하고 교회의 현장을 볼 때 진정한 전투는 영적 전투이다. 우리의 영적 전투에서 주된 무기는 기도와 말씀이다. 기도는 영적 전투에서 주된 무기임을 더욱 철저히 확신해야 한다.

지도자들은 개척하기 전에 기도의 개선이 필요하다. 그룹기도의 습관을 개발하고, 교회개척자들과 다른 지도자들을 위한 개인 중보기도 후원자들을 모집하고, 영적 전쟁에 대한 철저한 인식이 필요하다.

교회개척자들은 대상과 지역과 위치에 따라 철저한 분석과 준비가 필요하다. 교회가 균형적인 성장에 초점을 맞추고 교회의 임무를 처음부터 철저히 수행하게 해야 한다. 교회는 예배, 선포와 전도, 새신자 양육과 교육, 봉사의 일을 성장 원리로 가져야 한다.15)

본질적인 요인들은 기도, 영적 은사들의 활용, 지도력, 친교, 교회의 태도, 분석과 처방, 목적 정하기, 조직, 전도, 선교와 철저한 성경적인 교리와 정책이다.16)

2. 기술적인 요소들

기술적인 측면은 교회개척자, 준비된 교인들, 목회철학과 연구자세 등이다.17)

교회개척자는 성장형 목회자가 되어야 한다. 교회를 개척하고자

할 때 먼저 개인 생활이 하나님과 깊은 만남이 있어야 한다. 교회개척자는 음식조절, 운동과 휴식을 통해 건강을 유지 하면서 아내와 자녀들을 잘 돌보고 양육해야 한다. 교회개척자는 주위 사람들과 친분을 배양하고, 영적이고 지성적이고, 감성이 있는 자세가 되도록 노력해야 한다.

성장형 목회자는 아래와 같은 요소들에 확신과 실천이 필요하다. 미래를 바라보는 눈과 기도의 사람이 되어야 한다. 개척자는 효과적인 리더십을 연구하며, 훌륭한 목회 철학을 가져야 한다. 예배를 축제 분위기와 마음에 파고드는 예배가 되게 하고, 성장하고 실행하는 제자 훈련이 되도록 해야 한다. 은사를 가진 것을 활용하고 은사에 따라 성도들을 활성화 시키고, 적합하고 생산적인 훈련을 통해 재생산하는 전도의 사람들이 되게 해야 한다.

교회는 사회변화의 과정 중에 있는 교회임을 알아야 한다. 개척교회는 정부의 주도적인 정책이나 환경보호 등 많은 변화를 예상해야 한다. 그리고 교회는 생활 주기의 조직적인 성장주기가 있다.[18] 교회성장은 전적인 하나님의 은혜이다. 그러나 그 은혜를 받는 시기를 적절히 활용해야 한다.

교회개척은 환경을 조성해야 한다. 개척교회가 세워지면 새로운 환경이 나타나고, 협력할 사람들이 나타나 그 지역을 변화시키고 닫쳐진 사회를 변화시키는 단체로 있게 된다. 그러므로 개척교회는 계획성 있는 지도자, 활동과 봉사, 가난하고 소외된 자들에 대한 개별 접촉과 관심이 필요하다. 예배는 신자 뿐만 아니라 구도자를 위해 찬양, 고백, 감사, 헌금 순서 등이 잘 준비되어야 한다.

교회개척은 교회의 존재 목적에 대한 새로운 인식과 교회의 임무인 섬김의 확장에 대해 바른 대답을 준다. 교회는 존재하는 자체가 하나님이 살아계심을 나타내는 것이고 교회 개척자가 있는 자체가 교회의 살아 있음을 증명하는 실체가 된다. 개척교회는 교회의 임무인 섬김의 일에 대해 다시 한 번 깊게 인식하는 계기가 된다. 교회개척은 기성교회들에게 교회의 존재 목적과 교회의 연속성을 위해 할 일을 깊이 깨닫는 계기가 된다.

교회가 개척기간을 벗어나면 교회는 동질집단의 모임이 활발히 이루어지게 된다. 개척교회는 교회구성원의 성분을 미리 생각해야 한다. 사회 신분 계층에 의해 분류될 수 있고, 연령, 스포츠, 독신자들, 지역 특성 등에 의해 나눌 수 있다.

토의문제
1. 소명은 내적 확신과 외적 확신이 있다. 하나님이 언제 나를 부르셨고, 내게 맡긴 사명은 무엇인가를 확인해 본다.
2. 존경하는 목사님들이 교회를 성장시킨 교회성장 요인들을 기록하고, 면담하고, 본인이 가질 특징적인 사역은 무엇이 될 것인가를 서로 옆 사람과 이야기해 보자.

제4장 개척교회성장 이론들

교회성장 학자들이 성장요인들을 말할 때에 공통된 점들을 발견할 수 있다. 몇 가지 요인이 달라는 이유는 어떤 학자는 청지기 사역을 은사 사역에 포함시키고, 어떤 학자는 구조적인 면을 생략하고 있기 때문이다.19)

조지 바나(George Barna)와 칼리안(Cannon L. Callahan)은 지도력, 구조, 예배, 전도, 관계와 청지기를 성장요인으로 보았고, 레이너(Thom S. Rainer)는 슈바르츠(Christian Schwarz)의 8가지 요인들(지도력, 은사, 영성, 구조, 예배, 전도, 관계)에 청지기직을 더하고 있다. 슈바르츠의 부족한 부분은 사회봉사와 선교의 성장요인들을 생략하고 있다.

멀퍼스는 교회개척 성장 원리를 7가지로 언급한다.

지상 최대 명령에 대한 비전이 있어야 한다. 강한 섬기는 지도력이 필요하다. 잘 동원된 평신도 그룹이 필요하다. 목회자와 문화적으로 상관된 교역이 필요하다. 총체적이고 권위있는 예배가 필요하다. 열정적으로 잃어버린 사람을 찾아가는 성경적, 문화적인 상관된 전도가 필요하다. 소그룹들의 강한 조직망이 필요하다.20)

한국교회 형편에서 교회개척을 한 후 목회자들이 개척교회 성장 원리를 제시하는 것을 정리하고자 한다. 대도시 5년된 임대교회, 중소도시에 세워진 10년된 교회와 중형도시에 세워진 20년된 대형교회들을 방문하고 대화하고 문서를 조사한 내용을 요약한 이론들이다.21)

1. 대도시 5년된 임대교회

1) 목회자는 자신의 직분이 의의 직분임을 자각해야 한다. 목회자는 자신의 직분에 대하여 소명의식과 같은 자존감을 가지고 있어야 한다. 목회자의 직분은 의의 직분이요 영광의 직분이며 위대한 직분이다.

2) 목회자는 주님이 주신 분명한 비전을 가져야 한다. 주님께서 주신 비전을 언제나 가슴에 품고 있어야 한다. 목회는 나의 야심을 채우는 비전이 아니라 주님이 원하고 주신 비전을 가지고 하는 것이다.

3) 목회자 가정은 날마다 행복해야 한다. 목회는 우리 주님처럼 십자가를 지고 가는 길이다. 목회는 좋은 일만 있는 것이 아니고 어렵고 힘든 일도 있다. 고난과 환란이 있을 때 피해가는 것이 아니라 오히려 적극적으로 수용하고 이기고 나아가는 것이다. 목회는 눈물 흘리며 참고 감내하는 것이 아니라 오히려 감사하고 행복해하고 고난을 다스리고 정복해가는 것이다. 그래야 목회라는 긴 마라톤을 완주하여 승리할 수 있다. 이런 목회를 하기 위해 먼저 목회자의 가정이 날마다 감사와 행복이

넘쳐야 한다.
4) 목회는 자기 관리이다. 목회자는 자기 관리를 잘해야 한다. 목회자는 성도들을 이끄는 지도자이고, 성도들은 목회자를 닮아가게 되어 있다. 목회자는 성도들의 본이 되고 신뢰를 쌓아야 한다. 영적부분과 인격적인 면 모두가 균형과 성숙과 조화를 이루는 본이 되어야 한다.
5) 목회자는 진심으로 하나님을 사랑하고 성도를 사랑해야 한다. 하나님은 사랑이시고, 목회자는 진심으로 영혼을 깊이 사랑해야 한다.
6) 목회자는 말씀선포, 전도와 양육에 전문가가 되어야 한다. 목회자는 교회개척하기 전에 분명한 목회철학과 양육 체제 준비를 해야 한다. 특히 말씀 선포, 전도, 양육 이 세 가지는 목회자에게 꼭 갖추어야 할 핵심무기이다. 교회를 개척할 때 이 세 가지를 반드시 준비해야 하는데 전쟁에 나가는 사람이 총을 가지고 나가는 이유와 같은 것이다. 이 세 분야에 전문가가 되어야 한다.
7) 하나님은 심고 거두는 원리로 축복하신다. 거두기 위해서는 먼저 심어야 한다. 하나님의 백성이 풍성한 복을 받기 위해서는 반드시 심는 원리를 알아야 한다. 특히 목회자가 성도들에게 받기만 해서는 안 된다. 최소한 받는 것만큼 심어야 하고 받기 전에 심으면 더욱 복이 된다. 세상에 공짜는 없다. 대게 공짜를 좋아하는 사람은 물질의 어려움을 당한다. 이는 심은 것이 없으니 거둘 것이 없기 때문이다. 목회자는 먼저 심는 본

을 보이고, 성도들에게도 먼저 심고 거두는 원리를 가르쳐 모두가 풍성한 삶을 누리게 해야 한다.

8) 우리의 사명은 모든 족속으로 제자를 삼아 가르쳐 지키게 하는 것이다. 이는 하나님의 지상명령이다. 교회의 질적 양적 성장의 핵심원리이다. 평신도 지도자를 세우고 또 그들이 가르치게 하는 것이다. 가르치는 자는 배울 때 보다 더 든든히 믿음 안에 세워지게 된다.

9) 21세기 목회는 교육과 훈련이 성패를 좌우한다. 우리나라 성도들은 많이 듣는 편이다. 말씀을 선포하고 전할 훈련을 거의 받지 못하고 있다. 믿음이 성숙하려면 듣는 것만으로 부족하고, 입으로 말씀을 선포하고 증거하고 기도하는 훈련이 필요하다. 훈련하지 않으면 변하지 않고 행동하지 않는다. 훈련위주의 양육이 필요하고, 훈련의 핵심은 반복이다.

10) 목회는 공평하게 해야 한다. 하나님은 공의의 하나님이시다. 편협된 분이 아니다. 공짜는 없으며 모든 일에는 합당한 대가를 지불해야 한다. 고난과 환경은 피해가라고 허락하신 것이 아니라 그것을 딛고 일어서라는 것이다. 교회 개척자는 "주님께서 이 일을 처리해주시면 제가 하겠습니다"가 아니고 "주님 제가 이 일을 하겠습니다. 지혜주시고 힘주세요" 라고 해야 한다. 심고 값을 지불한 만큼 열매가 맺어 진다. 그러므로 힘 닿는데 까지 열심히 해야 한다. 예수님도 십자가를 지셨고, 목회자들도 주님처럼 할당된 몫을 지고 가야 한다. 세상 사업도 살아남기 위해 혼신의 노력을 다 한다. 목회는 목숨을 걸고 하는 일이다.

2. 중소도시에 세워진 10년된 중형교회

1) 목회는 무릎으로 해야 한다. 목회는 주님과 사랑의 관계를 가지는 것이다. 신본주의 목회를 해야 한다. 인본주의 목회의 한계를 벗어나야 한다. 그 길은 주님 앞에 무릎 꿇는 목회이다. 진정한 기도만이 교회를 세우게 된다.
2) 목회는 사랑으로 해야 한다. 사랑할 수 없는 사람까지 사랑하는 목회가 되어야 한다. 정말로 사랑할 때에 부흥의 일들이 시작된다. 책망하고 받을 수 있는 깊은 목회가 필요하다.
3) 목회는 달란트대로 해야 한다. 자신의 은사를 파악하고 받은 은사대로 해야 한다. 시기하고 시샘하지 않아야 한다.
4) 목회는 주는 목회가 되어야 한다. 교회는 주는 곳이라는 소문이 나야 한다. 믿음을 주고, 사랑을 주고, 빵을 주어야 한다.
5) 목회는 건축을 통해 새로워진다. 임대교회는 진정한 목회가 이루어지기 쉽지 않다. 어려움과 환란의 경우에 교인들이 흩어질 수 있다. 교회건축은 교회가 든든히 서기에 중요한 일을 한다.
6) 목회는 전심전력을 다하는 일이다. 목회는 작은 예수가 되는 일이다. 예수님을 닮고 그의 사역에 미쳐있어야 한다.
7) 목회는 심는 것이다. 하나님의 법칙은 심는 대로 거두는 것이다. 많이 심은 자는 많이 거두고 적게 심은 자는 적게 거둔다.
8) 목회는 이 세상의 일에 죽는 것이다. 별세 목회가 필요하다. 목회자는 이겨도 이기는 것이 아니다. 목회자는 손해 보는 목회, 인내, 참는 목회가 필요하다.
9) 목회는 성령의 사역이다. 영성목회는 주님이 주시는 대로 하

는 목회이다. 성령은 부흥의 파도를 일으키시고 목회자는 성령의 인도를 받으며 사역하는 것이다.
10) 현대목회는 듣는 목회에서 보는 목회로 나가야 한다. 현 세대는 라디오 세대를 지나 멀티미디어 시대가 되었다. 드럼, 액정 화면, 스크린 등 영상 음향 조명과 같은 기구를 도입해서 성도들의 눈높이에 맞게 해야 한다.
11) 목회는 확신을 가지고 해야 한다. 예수님은 제자들에게 나를 따르라고 하셨다. 목회의 확신, 소명의 확신이 필요하다.
12) 목회는 주님이 주인이고 목회자는 사도바울처럼 종이라는 자세가 필요하다. 사도바울은 종보다 더 자신을 노예에 가까운 표현으로 쓰고 있다. 주님의 명령에 절대 순종하고, 내 목회가 아니라 주님의 목회라는 자세가 늘 있어야 한다.

3. 중형 도시에 세워진 20년된 대형교회

1) 교회개척은 부르심에 대한 확신이 있어야 한다.
2) 교회개척의 핵심은 성경의 기본에 충실하는 것이지 장소가 아니다.
3) 교회개척에서 전도는 재정문제보다 우선해야 한다.
4) 교회개척에서 동역자는 스스로 양육해야 한다.
5) 개척자는 개척때 부터 배우는 자세로 사역에 임해야 한다.
6) 개척자는 한 영혼을 중요하게 여겨야 하며 전도심방과 병원양육도 해야 한다.
7) 개척교회의 어려움은 개척설교와 강해설교로 극복해야 한다.

8) 개척교회에서 가정을 돌보는 사역이 소홀할 수 있으나 자녀 축복기도는 소홀히 하지 말라.
9) 개척 목회자는 시간관리 원칙, 기도 원칙, 건강 원칙, 설교 원칙, 지도력 원칙을 가져야 한다.
10) 개척자들은 예수님의 심정으로 사랑의 목회를 해야 한다.

토의문제

1. 목회자가 교회성장원리를 발견할 때까지 교회는 성장하지 않습니다. 개척교회 성장원리 10가지를 선정하고 그 이유를 설명하시오.
2. 중형교회 성장원리와 대형교회 성장원리 중에 한 가지만 골라 성장원리를 기록하고, 이유를 옆 사람과 나누시오.
3. 이번학기 본인이 개척교회, 중형교회, 대형교회의 사역에 대한 꿈을 가지는 시간이 되도록 집중 기도하십시오. 교회개척전략을 세우는데 위 세 가지 경우 중에 하나를 선택하여 작성하시오.

제5장 성장형 교회개척자

농부는 농사를 짓기 위해 봄부터 부지런히 일을 한다. 씨앗을 뿌리고, 잡초를 제거하고, 거름을 주고, 물을 적당히 대주고, 보살핀다. 건기와 우기, 천재지변이 있더라도 최선을 다해 가꾸는 농부는 때에 따라 실망도 있지만 좋은 결실을 가지게 된다. 좋은 개척자는 좋은 농부와 같이 하나님의 일을 성실하고 부지런히 수행한다.

1. 개척자의 5가지 자격

알버트 개미지는 5가지로 일꾼의 자격을 제시한다.[22]
첫째, 복음적인 신앙을 가지고 있는 자여야 한다.
둘째, 교회개척의 소명과 은사가 있어야 한다.
셋째, 좋은 건강을 가지고 있어야 한다.
넷째, 올바른 교육과 훈련을 받은 자이야 한다.
다섯째, 교회 사역의 경험이 있는 사람이어야 한다.

2. 교회개척자의 자기 점검 항목들

멜퍼스는 개척자의 평가를 5가지 영역으로 나누어 개척자가 자기 점검을 하도록 하고 있다.[23]

첫째, 영적 은사가 있는가? 가르침, 봉사, 권면, 구제, 인도함, 행정, 목양의 은사가 있는가?

둘째, 열정을 가지고 있는가? 열정은 열심을 포함하고 목적을 갖고 장기간 일을 할 수 있으며 가난에도 견딜 수 있게 한다.

셋째, 기질이 개척자에 맞는가? 없다면 개선할 가능성은 있는가?

넷째, 좋은 지도력이 있는가? 역경을 이길 개척정신이 있는가?

다섯째, 개척하기에 적기인 나이인가? 교역의 생명주기에 가장 잘 어울리는가? 생명은 탄생하고, 걷고, 자라고, 활동하고, 늙고, 죽는다.

3. 한국교회 개척자의 자격

명성훈목사는 그의 책 '교회개척의 원리와 실제'에서 개척자의 자화상은 믿음과 열정의 사람, 사람을 좋아하는 사랑의 성품, 목회의 은사, 사람을 키우는 리더십, 복음과 교회성장의 확신, 사생결단의 기도, 가족과 함께 부르심을 받은 것을 말하고 있다.

한국교회의 상황을 고려해 보면 몇 가지 측면에서 공통분모를 찾을 수 있다. 두 가지 내용으로 분류하고자 한다.

1) 개척정신

첫째, 개척정신이 투철한 인물이다. 개척자로 만족하고 사명의식이 투철해야 한다.

둘째, 선한 목자다운 사랑으로 충실해야 한다.

셋째, 사람에게 기대를 걸어서는 안 되고, 하나님만 의지해야 한다.

2) 사명의식

첫째, 사명의식이 투철해야 한다.

둘째, 성령에 의한 증인이 되어야 한다.

셋째, 개척 전도에 적성이 맞는 인물이다.

넷째, 노동 정신과 활약이 있는 사람이다.

다섯째, 깨끗한 그릇이다.

여섯째, 위대한 신앙과 넓은 사랑의 소유자이다.

일곱째, 기도의 사람이다.

4. 개척자의 인간관계

개척자의 인간관계를 언급하기 전에 개척자들은 전반적인 관계에서 자신을 살펴야 한다. 개척자는 개척자의 개인생활이 하나님과의 깊은 만남이 있어야 하고, 건강을 유지해야 하고, 아내와 자녀를 잘 양육해야 하고, 영적으로 감정적으로 균형이 있어야 하고, 주위 사람들과 개인적인 친분을 배양해야 한다.

하나님은 사람이 이 땅을 살아 갈 때에 인간관계의 중요성을 "철이 철을 날카롭게 하는 것 같이 사람이 그 친구의 얼굴을 빛나게 하느니라"(잠27:17)라고 설명하고 계신다. 일반 직장에서 80%에 해당하는 사람들이 자신이 일하는 직장에서 실패하는 것은 다른 사람과의 관계를 잘못 가지기 때문이다.[24]

교회개척에도 인간관계는 중요하다. 개척교회 목회자와 개척멤버들, 특히 리더들과의 관계가 수직관계보다는 예수님의 방법대로 수

평적인 관계가 되어야 한다. 수직관계는 지시하고 권위를 가지고 일방적으로 결정하고 단독 결정한다. 수평관계는 상의하고 지도하고 의견을 수렴하고 삶을 나누고 비전을 공유하고 사랑의 관계가 되고 신뢰의 관계가 되는 것이다. 예수님과 제자들의 관계는 수평관계의 삶이었다.25) 목회자가 자신도 모르게 서서히 부패해지는 이유는 강해지고 높아지고 많아야 한다는 으뜸주의에서 나온다.

인관관계에서 성숙한 목회자는 4가지에서 주의할 내용들이 있다.26) 자기 개방성을 가지고, 남을 탓하지 않고, 자기 이기심이 없고, 교주 심리를 버리는 것이다.

인간관계의 기초는 사랑이다(고전13장). 인간관계는 장기간의 시간이 걸리고 단기간에 이루어지지 않는다. 개척교회의 비전, 목회 사명, 사역의 핵심가치, 목회 방향 등에 대해 대화하고 상호간 일치를 이루도록 노력해야 한다.

개척자의 인간관계 수립은 목회방향을 중심 리더들과 먼저 나누고, 교인들과 나누며, 원칙을 합의하고, 합의한 원칙을 기록으로 보관하고, 실행하는 사역을 평가하는 것이다.

인간관계는 갈등이 있기에 문제 해결을 위해 먼저 원칙을 정해야 한다. 서로 서로 나누어진 문제를 모으고, 문제를 함께 해결해 나가고, 해결된 문제를 알리는 방법이다.

5. 교회개척자가 관계를 가져야 할 사람들

1) 개척교회 핵심의 사람들. 개척교회 핵심 사람들은 중심 리더들과 개척교회를 돕는 교회 성도들로 되어 있다. 전도사들, 주

일학교 교사들, 목장 사역자들, 재정, 선교, 교육, 예배 및 전도 담당요원들이다.

2) 개척교회를 돕는 지원교회 목회자들. 지원교회 담임목사님, 지원교회 선교담당자, 지원교회 리더들이다.

3) 개척교회를 돕는 지방회 사람들. 지방회 회장, 총무, 지방회 임원들이다. 전임 지방회 회장들이 주로 하는 안수위원들과 고문들이 있다.

4) 개척교회를 돕는 총회 사람들. 총회장, 총무, 임원들, 재단사무국장, 국내선교회 총무, 그리고 총회 산하 기관들이 있다.

5) 개척교회를 돕는 기타 사람들. 동료목회자, 평신도 선교단체, 전도 단체, 교회 건축 후원단체 등이 있다.

6. 교회개척 후원자의 약정서 받기

교회를 개척하면서 개척하는 목회자는 후원자들과 동의된 약정서가 필요하다. 서로 한 부씩을 보관하고, 봉사내용, 후원내용, 기간 등을 기록에 남기지 않으면 서로 간에 문제가 생길 수 있다. 대화 방법, 환경변화, 성격 차이, 문화 차이로 인한 오해가 있을 수 있기에 약정서를 구체적으로 받아야 한다. 모든 일은 기도하며 주님의 인도하심에 맡기고, 교회를 임대할 경우는 반드시 계약서를 받고, 지원교회의 후원내용을 약정서로 받고, 후원 성도들에게도 본인이 서명한 약정서를 받는 것이 좋다. 개척교회를 돕는 모든 관계자들과도 문서화 된 약정이 필요하다. 시간이 지나면 구체적인 내용을 잊어버리거나 후원 목적을 잊어버릴 수도 있기 때문이다.

토의문제

1. 사람의 일은 인간관계에 달려있습니다. 좋은 관계를 맺기 위한 지침을 구체적으로 작성하십시오. 개척자로서의 인간관계 중심을 두고 작성하시오. 교회는 전도와 설교와 사랑으로 됩니다. 교회는 영혼 구령과 말씀사역과 예수님의 사랑으로 완성됩니다.
2. 교회개척을 위해 본인이 관계를 가질 사람들을 기록하고, 평상시나 교회개척시에 연락하고 초대할 200명의 명단을 만드시오.
3. 개척교회를 위한 본인의 계획서를 유인물로 기록하십시오. 그리고 재정과 기도 후원을 위한 교회개척 약정서를 A4용지에 작성하고 약정을 받기 위한 좋은 방법들을 서로 상의 하십시오. 추후에 한 번 더 상의를 합니다.

제6장 교회개척과정

1. 교회개척방법

교회를 개척하는 데는 목회자의 목회관, 후원교회 상황, 재정, 후원성도들의 관계, 지역 등과 같이 여러 요인들이 있다. 몇 가지 개척방법을 찾아보고자 한다.

1) 엘머 타운즈교수의 교회개척 6가지 방법들

첫째, 모-자 교회관계에서의 지교회 개척. 지교회 개척은 모 교회에서 약간 명의 지원이 가능하고 재정과 기도의 후원이 가능하다. 지역에 신뢰도 얻을 수 있고 알려지는데 도움이 된다. 개척교회를 시작하는데 영적인 면, 교회행사와 재정적인 면에서 도움이 된다.

둘째, 선교팀 혹은 주교팀이 세우는 개척. 약간의 인력동원, 재정, 기도 등에 도움이 되고 전도를 활발히 할 수 있다.

셋째, 성경공부로 시작하는 개척. 성경공부 모임이란 대체로 교회를 개척하는 데는 약하다. 성경공부와 교회는 다르기 때문에 성경공부에 참석해서 시작하더라도 개척교회에 다 참석하기는 어려움이 있다. 교회성도와는 달리 그냥 성경공부와 친교를 위해 온 것이지, 교회의 양육, 출석, 재정 부담에 대해 부담스러울 수 있다. 개척하는 데 진척이 늦을 수 있다.

넷째, 연합개척. 교단이나 지방회, 혹은 몇 교회가 합하여 교회 개척을 계획하고 실행하는 경우이다. 인적 지원은 적으나 상당한 보조가 있고, 독자적 결정보다는 연합회의 결정에 의해 움직여진다.

다섯째, 분리개척(갈라져 나와서 개척하는 형태). 한 교회가 교회를 둘로 나누어 교회를 개척하는 교회는 진정으로 하나님께 영광을 돌리는 개척이다. 대부분은 교회에 문제가 있어 갈려져 나오는 경우이다. 재정에 유리하고 상호관계가 유리하나 고질적인 상처와 윤리적인 문제가 발생할 수 있다.

여섯째, 개척자적 개척. 독자적인 개척으로 전무상태에서 개척자가 가족만 데리고 홀로 하는 개척이다. 매우 힘든 일이나 보람이 많음도 사실이다.

2) 피터 왜그너의 교회개척 12가지 방법

첫째, 분봉(Hiving off). 분봉은 개척교회를 세우는 가장 흔한 방법이다. 모교회의 멤버들이 새로운 교회의 핵심멤버가 되라는 격려를 받고 모교회를 떠나 새로운 교회의 창설멤버가 되는 방법을 말한다. 미국의 경우는 평균 43명이다. 핵심멤버의 선출은 무작위로 하는 경우, 지역적으로 하는 경우, 서울의 M교회 같은 경우는 교인 등록 순으로 하고 있다. 한국의 경우에 5,000명의 교인과 기금을 준예가 있다.[27]

둘째, 식민지화(Colonization). 식민지화는 분봉보다 철저한 형태로, 다른 지역에 새로운 교회를 세우기 위해 핵심 멤버들이 이사하여 교회를 세우는 방법이다. 핵심멤버들이 이사하여 새로운 직업, 새로운 집, 새로운 학교를 찾아야함을 의미한다.28)

셋째, 입양(Adaption). 사람들이 입양하는 것과 같은 방법으로 다른 사람이 낳았으나 그 자녀가 당신의 가족이 되는 것을 의미한다.29) 죽어가는 교회가 한 교회를 모 교회처럼 받아드려 영적, 재정적 지원을 통해 살아나는 방법이다.

넷째, 우연한 경우에 모교회가 되는 경우(Accidental aprenthood). 위의 세 가지 경우는 모두다 계획적인 것이다. 사람들이 가족계획을 하지만 우연히 태어나는 경우가 있는 것처럼 교회 내에서도 우연한 일이 일어난다.30)

다섯째, 인공위성 모델(The Satellite model). 위의 네 가지 방법은 결과적으로 모교회와는 독립하여 자율적인 운영을 하는 교회이다. 그러나 인공위성 모델 교회는 모교회에 예속되는 것이 다르다. 그런 교회들은 대부분 모교회가 위성교회의 담임목사의 역할을 한다.31)

여섯째, 다중교회들(Multicongregational churches). 다중교회는 몇 개의 서로 다른 인종그룹들에게 사역하는 교회이다. 시간을 조절하여 다른 시간대에 모임을 가지므로 시설을 효율적으로 쓸 수 있고, 각자 자율성을 유지할 수 있다. 그 반면에 어떤 교회들은 교회 행정 전체를 공유하는 곳도 있다.32)

일곱째, 복수 캠퍼스 모델(The multiple campus model). 대학의 캠퍼스가 두 개, 세 개로 되어 있는 것 같은 모델이다. 엄밀히

개척이라고 보기 어려우나 나중에 자연스럽게 나뉘는 것을 본다. 한 교회의 교회 명부와 예산 하에 두 건물을 소유한 교회를 말한다.33)

여덟째, 선교팀(The mission team). 교회를 개척하는 기관이 새로운 교회들을 개척하는 방법들 중에서 매우 흔한 방법은 개척지원자들을 모집하여 훈련시키고 재정을 지원해주는 방법이다. 남침례교회 선교부는 신학생들 중에 개척 지원자들을 뽑아 10주 동안 개척훈련을 시킨 후에 개척팀을 통해 큰 성과를 거두었다.34)

아홉째, 촉매적 교회개척자(The catalytic church planter). 하나님께서 특별한 은사를 가진 사람들을 불러서 교회개척을 하게 하는 방법이다. 촉매적 교회개척자들은 개척의 은사를 가지고 새로운 지역으로 들어가서 교회 핵심 멤버들을 양성하고 교회를 세우고 또 다른 지역으로 이주하여 그 일을 계속하는 사람들이다. 사도 바울은 하나님의 은혜를 따라 교회를 개척했으며 한 곳에 머물지 않고 계속하여 교회를 개척했다. 촉매적 개척자들이 총회와 협력사역을 할 때 큰 성과를 낼 수 있으며 어떤 사람은 500교회를 개척했고 또 개인적으로 개척과정을 감독했다.35)

열 번째, 설립목사(The founding pastors). 설립목사는 핵심 멤버를 구성할 뿐 아니라 정해지지 않은 동안 목회하기 위해 기관에서 파송되기도 한다. 잠깐 있을 수도 있고 일생 자신의 사명으로 받아 들릴 수가 있다. 처음은 이 중 직업을 가지고 교회개척에 임할 수 있으나 장기목회할 경우에는 직업을 버리고 목회에 전념하기를 바란다.36)

열 한번째, 독립적인 교회 개척자(The independent church planter).

독립적인 교회개척자들은 자기 자신의 힘으로 새로운 교회를 세우는 사람들이다.

열 두번째, 사도적 교회개척자(The apostolic church planter). 사도적 교회개척은 은사운동 내부에서 발견된다. 이 방법을 사용하는 경우는 대개 설립목사들로 자기 교회가 교회설립의 기지가 되게 하여 소명자들을 부르고, 훈련시키고, 안수하여 파송하여 교회를 개척하게 한다. 한 사람의 사도 아래에 있는 교회들의 수가 증가함 따라 마치 교단처럼 운영되나 자율성을 주고 교파용어 보다는 오직 성령의 권위 하에서 교제의 방법을 선호한다.37)

2. 교회개척의 발달단계

교회개척은 한 부부가 가정을 시작하는 것과 같으며, 잉태로부터 시작한다. 잉태단계는 한 교회를 개척하는 개념의 탄생에서 시작한다. 교회개척의 잉태단계는 비전을 발전시키는 것이고, 팀을 양성하고, 전략을 계획하는 것이다. 길을 가다 교회건물만 보아도 반가워 기도하게 되고, 십자가를 보면 나도 모르게 눈물이 나고, 교회세우기를 사모하기 시작한다.

교회는 사람과 함께 시작한다. 발달 단계는 새 교회를 시작하는데 관심 있는 핵심그룹을 모으는데서 시작한다. 아내와 자녀들의 동의가 제일 먼저 시작되어야 한다. 우리는 교회를 개척할 때에 완전히 백지 상태에서 시작할 수 있다. 어떤 경우는 교회개척팀이 이미 거주하여 더불어 사람을 모으고 시작하는 방법도 있다.

소그룹과 성경공부반에서 교회개척의 필요를 느끼고 개척을 권하는 경우이다. 개척팀은 가능한 네 명이 있으면 좋고, 이는 개척 사인방이라고 부른다. 예배, 전도, 조직, 양육이 가능하기 때문이다. 찰스 챤니는 5-8가정이 교회개척팀으로 이상적인 규모라고 보았다.38) 단 몇 명이라도 하나님께 헌신한다면 지역사회에 엄청난 영향을 줄 것이다.

3. 실제적 준비

개척의 최소 준비기간은 1년이 필요하다. 6개월은 개인 준비기간, 3개월은 위치선정, 나머지 3개월은 창립예배 보기 전에 실제 사역으로 이루어지는 경우이다. 개척한 후에 정착기간을 3년에서 5년으로 보고 많은 준비와 인내가 필요하다.

1) 교회 이름 정하기. 지역 이름이나 개척자가 성경 말씀을 묵상하는 동안에 떠오른 내용이 좋고, 교회관이나 목회내용을 닮는 이름도 권장할 수 있다. 이름은 부르기가 쉽고 편해야 하며 다른 이상한 내용을 떠올리지 안토록 해야 한다.
2) 교회장소. 지역진단은 사전조사보다 중요하다. 교통량, 주민인구, 인구이동상태, 도시계획, 타 교회의 위치 및 지역 특징을 파악해야 한다.
3) 목회자의 태도. 교회개척은 목회자의 은사, 하나님의 인도하심에 따라 결정되나, 목회자는 개척단계부터 교회의 종류, 즉 목표로 삼을 사람과 위치와 규모를 결정해야 한다.
4) 재정. 재정은 월세로 하지 말라. 더 준비하면서 기다리라.
5) 기자재. 기자재들은 준비할 목록을 만들라. 소요기재 목록 표

는 물품명, 소요수량, 단가, 총액, 해결여부를 파악하라.
6) 팀 사역자의 결정.
7) 교회의 주보와 기처 안내서.
8) 목회방향의 준비.
9) 예산과 결산. 아직 재정은 없어도 예산과 결산을 작성하라.
10) 계약과 건물 준비. 계약과 건물준비는 등기부등본, 주민등록증, 근저당, 가등기, 가압류 확인, 도시계획확인서, 토지대장, 건축물대장, 계약조건 등이다.

4. 교회창립시 필요한 비품들

1)강대상 2)강대상의자 3)화분대 4)사회상 5)장의자 6)헌금함 7)강단 만들기 재료 및 인건비 8)강단 조명 등 5개 전기 재료 및 인건비 9)교회 내부 모노륨 공사 10)강단 커텐 11)강대상 의자 방석 12)옥외 십자가 설치 13)전기 5Kw 증설 14)냉 온풍기 15)냉장고 16)그랜드 피아노(중고) 17)가스렌지 18)보온 밥, 19)음향기기(앰프, 스피카2개, 마이크 4개) 20)찬양 스탠드 21)씽크대 22)신발장 23)실내화 24)썬팅 25)주물간판 26)진공 청소기 27)실내 커텐 28)쓰레기 통, 톱, 못, 마포걸레, 빗자루 등 29)공구(드릴, 사다리) 30)어깨띠 31)교패 32)헌금 바구니, 봉투, 방명록 등 성물 33)기념품 34)교재비 및 잡비 34)떡 4말 및 과일.

창립예배에 들어 올 수 있는 찬조 예물들은 다음과 같은 것일 수 있다.

1)주물 간판 2)진공청소기 3)커텐 4)강단커텐 6)앰프 7)냉장고 8)그랜드 피아노 9)찬양 반주기 10)사회상 12)창립예배 감사헌금 등이다.

5. 창립예배

창립예배는 지금까지 준비한 일의 공식 출발이기에 영적 분위기가 적절해야 한다. 창립예배는 지금까지 준비한 비전, 개척팀, 후원팀, 지역, 전략, 교회 건물 등이 드러나게 해야 한다. 하나님의 교회는 반드시 성장한다는 안목과 확신이 필요하다.

1) 충분히 준비하라.
2) 세부 계획을 세우라.
3) 적극적으로 홍보하라.
4) 초청자를 확보하라.
5) 동역자들의 협력을 구하라
6) 예배를 예행 연습하라.
7) 예배를 은혜롭게 드려라.

토의 문제
1. 개척교회의 이름을 정하고 본인이 선호하는 개척방법을 말하시오.
2. 교회비품 목록을 작성하고 예산을 가능한 한 세우시오. 교회비품은 헌물로 받도록 하고, 개척시에 예산이 부족하나 하나님은 교회를 세울 때에 도와주십니다.
3. 은혜로운 창립예배를 위해 준비할 내용들을 구체적으로 기록하시오. 다른 창립교회 순서지를 참고하여 창립예배 순서지를 작성하시오.

제7장 교회개척과 교회를 성장시키는 모든 것

엘머 타운즈교수는 교회개척과 성장을 요약하고 있다 한국의 실정에 맞게 순서대로 작성하고 보안하고자 한다.39)

1) 목회자는 교회의 비전을 마음속에 가져야 한다. 목회자는 하나님이 원하시는 일을 마음에 품은 자가 되어야 한다. 그렇게 해야 자기의 야망을 실현하는 사람이 아니고 믿음의 사람이 된다.

2) 개척자는 하나님의 부르심을 확실히 하라. 소명은 하나님께로 오는 것이고 거역할 수 없는 것이다. 소명은 내적 증거로 영혼에 대한 열정, 진정한 기쁨, 진정한 감사가 있는 것이고 외적 증거로 타인의 인정과 효과적으로 사역할 수 있는가와 은사가 있는가이다.40)

3) 개척자 부인의 확신이 필요하다. 사탄은 개척자의 가장 아픈 부분이 어디인가를 알기에 개척전과 과정에서 아내의 적극적인 지지가 필요하다.

4) 설교, 성경공부 과정을 준비하라. 설교에 은혜를 주고 최소한 팀 사역자들과 새신자들을 양육할 교재를 준비해야 한다.

5) 교회의 목적을 확실히 알아야 한다. 교회는 영혼 구령의 일을

하는 곳이고 교회의 목적은 예배, 전도, 교육 친교, 봉사하는 기관이다.

6) 목양에 성경적 철학을 가지라. 교회 사명과 목회자의 목회관을 확실히 해야 한다. 소경이 소경을 인도할 수 없다.

7) 지역선정에 신중 하라. 개척자에게 맞는 지역을 선정하라.

8) 최상의 것을 선택하라. 급한 마음을 가지지 말고 하라. 부족하면 부족한대로, 간절히 기도하면서 최상의 지역과 건물과 시설이 되도록 해야 한다.

9) 개척자는 긍정적인 자세를 가져야 한다. 무엇보다 믿음의 사람이 되어야 한다.

10) 개척교회는 한 사람이 이끌도록 해야 한다. 누가 개척자인지 지도자인지 구별을 해야 한다.

11) 개척자는 하나님과 동행해야 한다. 개척자는 기도의 사람이며 말씀의 사람이다. 개척기간 내내 하나님과 동행하는 훈련기간이다. 매일 조금씩 성경말씀을 묵상하면서 하나님의 음성을 듣고 동행하는 훈련을 해야 한다.

12) 영적 승리자가 되라. 성경적으로 행하고 공짜를 좋아 하지 말고 영적으로 승리하는 자가 되어야 한다.

13) 일꾼들의 영적 기준에 성경적 기준을 정하라. 교회가 성장하면서 성경적 기준을 정확히 해야 성도들이 성장한다. 처음에 잘못하면 나중에 사람을 바꾸기는 힘들다.

14) 보다 위대한 인물들로부터 배우라. 목회자의 목표는 예수님을 닮는 것이나 목회의 어느 부분까지는 멘토가 되는 분의 지적 혹

은 간접지도가 필요하다. 보다 위대한 인물로부터 배워야 한다.
15) 재정은 성경적으로 사용하는 방법을 배우라. 청지기 직분임을 늘 깨닫고 청지기로 살면서 청지기 직분을 확실히 가르쳐야 한다.
16) 돈으로 짐 되게 말라. 돈을 중요시 하지 말고 신앙으로 하라. 재정으로 성도들이 낙심하면 다시 교회로 돌아오기 어렵고 철저히 교회를 반대하는 비기독교적 인물이 되기 싶다.
17) 재정은 공개적으로 집행하라. 침례 받은 교인들이 참석한 사무처리회에서 분명히 공개하라. 대표자들이 운영위원회를 만들어 처리할 수 있으나 오래가지 못한다.
18) 교회 운영기준이 될 정관을 첫해에 만들라(개척교회는 너무 상세히 하지 말고 점차 확대 되도록 상황을 여유 있게 하라).
19) 청지기 훈련을 1년에 1회를 가지라.
20) 성경대로 첫 것을 드리게 하라. 신약의 물질관은 모든 물질이 하나님의 영광을 위해 쓰일 수 있도록 하는 것이다.
21) 재정보고를 잘하라.
22) 재정을 지불하기 쉽게 하라.
23) 지역을 연구하라.
24) 교회의 이름을 선정하라.
25) 홍보용 교회 그림 혹은 로고를 만들라.
26) 살집준비
27) 은행계좌개설
28) 기본 재정준비
29) 후원자들의 명단을 연락하기 좋게 작성하고 알리기 시작하라.

30) 우편물 활용

31) 찬송가와 헌금 통 준비하기

32) 지역을 침투할 전도 방법 익히기

33) 복사기, 인쇄기와 마이크

34) 사역의 목표와 표어 선정

35) 교회간판 혹은 임시교회 표시

36) 내부표시

38) 유인물 인쇄

39) 방문하기 및 방문 동조자

40) 기도모임

41) 헌금 봉투, 방문자 카드

42) 케이블 TV 사용

43) 공공광고

44) 편지 띠우기

45) 타교회와 좋은 관계 유지하기

46) 새교회의 자부심을 심기

47) 성공은 말하고, 실패는 잊어지게 하라.

48) 비전을 사람들과 나누라.

49) 예배를 잘 계획하라.

50) 자발적으로 봉사하게 하라.

51) 첫 예배에는 헌금하게 하라.

52) 주일학교를 시작하라(교인의 자녀들부터 점진적으로 하라).

53) 방문자도 서신으로 양육하라.

54) 교회조직을 만들라.

55) 교인들의 주지 사항 및 교회의 입장을 정리하여 만들라.

56) 양질의 중진을 모으라.

58) 건물을 위해 헌금을 시작하라.

59) 심방계획을 수립하라. 교인이 적을 때는 교회를 중심으로 지역을 자세히 나누고 모든 가정을 전도 방문하여 불신자와 믿을 수 있는 자를 파악하고 집중 전도하라.

60) 개인 훈련을 위해 영적승리 훈련계획을 시작하라.

61) 새 교회의 권위와 신뢰도를 세우라.

62) 라디오 사용

63) 12명이 넘으면 조직된 예배를 드려라.

64) 선교에 동참하라.

65) 집사를 기다려 임명하라.

66) 영구 건물을 위한 대지를 찾으라. 그리고 건축은 속히 끝내라.

토의문제

1. 교회성장의 원동력은 무엇이라고 생각하십니까?
2. 한국교회의 성장의 전망과 대안은 무엇이라고 생각합니까? 교회성장학의 역사를 참고하십시오.
3. 교회성장과 성장목표설정을 기초적으로 작성해 보십시오.

제8장 교회개척과 기도

1. 기도의 필요성

교회개척을 성공적으로 만들기 위해 기도는 절대적으로 필요한 것이다.

1) 하나님은 당신의 교회를 세우셨습니다(마16:18; 고전3:6). 사도행전에서 하나님의 나라를 넓히는 일은 사람의 일이 아니라 성령님의 일이라고 말한다. 우리는 하나님께 기도해야 하고 기도하면 성령님은 우리를 도와주신다.

마 16;18 "이 반석위에 내 교회를 세우리니 음부의 권세가 이기지 못하리니 I will build my church"

고전 3:6 "나는 심었고 아볼로는 물을 주었으되 오직 하나님은 자라게 하셨나니. I planted the seed, Apollos watered it but God made it grow."

2) 기도는 하나님과 기도 개척자 사이에 매우 중요 요소이다.

기도는 해도 되고 아니해도 되는 것이 아니라, 기도는 절대적이다. 우리의 기도를 통해 하나님은 자기의 뜻을 이루어 가신다. 성경은 우리가 기도해야 한다고 말한다.

요 15:5. 포도나무 비유. 나는 포도나무요 너희는 가지니 저가 내 안에 내가 저 안에 있으면 이 사람은 과실을 많이 맺나니 나를 떠나서는 너희가 아무것도 할 수 없음이라

눅 11:1-13. 주기도문 기도(2절-4절). 5절-8절 벗을 위한 간청 기도

11: 9 내가 또 너희에게 이르노니 구하라 그러면 너희에게 주실 것이요 찾으라 그러면 찾을 것이요 문을 두드리라 그리하면 너희에게 열릴 것이요

10 구하는 이마다 받을 것이요 찾는 이가 찾을 것이요 두드리는 이에게 열릴 것이니라

11 너희 중에 아비 된 자 누가 아들이 생선을 달라 하면 생선 대신에 뱀을 주며

12 알을 달라 하면 전갈을 주겠느냐

13(중요함) 너희가 악할 찌라도 좋은 것을 자식에게 줄줄 알 거든 하물며 너희 천부께서 구하는 자에게 (성령)을 주시지 않겠느냐 하시니라.

마 7:7 구하라 그러면 주실 것이요 찾으라 그러면 찾을 것이요 문을 두드리라 너희에게 열릴 것이니

21-22 나더러 주여 주여 하는 자마다 천국에 다 들어갈 것이 아니요 다만 하늘에 계신 내 아버지의 뜻대로 행하는 자라야 들어가리라

22 그날에 많은 사람이 나더러 이르되 우리가 주의 이름으로 선지자 노릇하며 주의 이름으로 귀신을 좇아내며 주의 이름으로 많은 권능을 행치 아니하였나이까 하리니

23 그 때에 내가 저희에게 밝히 말하되 내가 너희를 도무지 알지 못하니 불법을 행하는 자들아 내게서 떠나가라 하리니

3) 우리는 영적 전쟁을 하기 위해 기도해야 합니다(엡6:18-20).

엡 6:18 모든 기도와 간구로 하되 무시로 성령 안에서 기도하고 이를 위하여 깨어 구하기를 항상 힘쓰라 여러 성도를 위하여 구하고

19 또 나를 위하여 구할 것은 내게 말씀을 주사 나로 입을 벌려 복음의 비밀을 담대히 알리게 하옵소서 할 것이니
20 이 일을 위하여 내가 쇠사슬에 매인 사신이 된 것은 나로 이 일에 당연히 할 말을 담대히 하게 하려 하심이라

4) 기도는 빌립보 교회가 개척하기 위해 필수적이었음을 알 수 있습니다(행16:13, 16기도하는 곳에 가다가, 25밤중 쯤되어 바울과 실라가 기도하고 하나님을 찬미하매 죄수들이 듣더라).

13절 안식일에 우리가 기도처가 있는가하여 문밖 강가에 나가 거기 앉아서 모인 여자들에게(루디아)

2. 개인 기도생활

교회를 개척하는 사람은 먼저 사도 바울처럼 기도를 부탁해야 합니다(엡6:19).

기도 지원을 받기 위해 받기 위해 기도팀을 구성해야 합니다.

개인적으로 기도지원을 받기 위해 전략을 짜야 합니다. 먼저 개인적인 기도 시간을 만들고, 개인적인 기도 그룹을 만드는 방법입니다. 그 다음 기도 동역자를 만들고, 개인들과 기도시간 만들기를 하는 방법이다. 가족과 함께 기도시간을 만들고 기도 수첩을 만들어

활용한다.
1) 개인의 기도시간은 언제인가?
2) 기도 동역자는 누구이고, 언제 기도시간을 함께 가지는가?
3) 가족과 자녀들과 함께 언제 기도시간을 가지는가?
4) 교회개척 그룹과 기도시간이 있으며 언제 기도시간을 가지는가?
5) 기도수첩이 있는가? 기도가 이루어졌을 때 승리의 축하를 드리는가?

3. 기도팀의 구성

먼저 중보기도를 드리기 위해 수고해 줄 수 있는 사람들의 명단을 작성해야 한다.

소속교회 교회인들, 타 교회 회원들, 친구들과 가족들이 있을 수 있다.

중보 기도팀이 정해졌으면, 정기적으로 계절적으로 기도제목을 나누어야 한다.

응답받은 기도제목을 나누고, 감사한 일도 나누어야 한다.

4. 교회의 기도생활

개척교회를 시작한다면 먼저 기도 전략을 세워야 한다. 기도가 교회개척의 중요한 전략이 되게 하고, 연쇄기도 사역을 시작해야 한다. 교회가 기도할 때 많은 효과적인 사역을 감당할 수 있기 때문이다. 기도 세미나를 가지고 기도 수양회를 가지며 특별 기도시간을 가지고 기도 사역자를 세워야 한다.

토의 내용

1. 본인의 1년 기도제목을 유인물로 제시하시오.
2. 나의기도 동역자는 누구입인가? 기도 부탁내용을 기록하고 응답된 내용에 대해 서로 승리의 축하를 한 일을 말하시오.
3. 교회를 성장시킨 목사님들의 기도를 연구하고, 교회성장과 기도의 관계를 설명하고, 기도시간 확보를 위한 경험을 말하시오.

제9장 교회개척과 비전

예수님은 자신의 교회를 가지시기 위해 12명의 제자들을 양성하는 비전을 가지셨다(마16:18). 교회를 개척하고자 하는 당신은 어떤 비전을 가지고 있는가? 비전들을 적어보는데서 시작하라. 예수님은 자기 백성을 저의 죄에서 구원하시기 위해 오셨다. 예수님이 교회를 세우신 목적은 자기 백성을 구원하고, 풍성한 삶을 주시기 위함이다(요10:10). 예수님은 교회사역의 목적을 예배, 교육, 전도, 친교, 봉사에 두시고 이를 통해 교회를 확장해 나가신다.

1. 비전이란 무엇인가?

교회의 비전은 교회 개척자가 어떤 교회를 만들어 보겠다는 그림을 말한다. 어떤 교회를 만들어 보겠다는 그림이 비전이라면 그 비전은 하나님으로부터 나와야 하고 교회의 목적에 따라 나와야 한다. 교회의 비전은 미래의 확실한 도전적인 그림이 되어야 하고 개척자는 그것이 되어 질 수 있다는 사실을 믿어야 한다. 교회는 음부의 권세가 이기지 못하는 기관이다(마16:18).

2. 비전의 중요성

교회를 개척하고자 하는 사람은 나름대로 비전을 가져야 한다. 비전이 없으면 교회를 개척해 나갈 수 없다. 교회를 성장하게 하는 것은 목회자나 개척자의 개인적인 비전이며 또한 그 비전을 전달하는 능력이다.

비전은 미래 교회에 중점을 두고, 이미지고 그림이며, 하나님의 구원 사역의 목적에서 나와야 하고 자기 백성을 축복하고자 하는 하나님의 열망에서 나와야 한다. 비전은 교회를 개척하는 사람에게 힘과 자원이고, 사역의 방향을 결정하고, 교회를 하나 되게 하고, 교회의 중요한 일에 대한 우선순위를 두게 한다.

특별한 사람과 보통 사람의 차이는 그들이 가진 지식, 재능의 유무가 아니라 어떤 비전을 갖느냐에 따라서 결정된다. 아무리 어려워도 비전이 있으면 다시 시작할 수 있다는 마음을 가지며 성도들을 섬기는 깊은 목회철학이 될 수 있다. 비전을 갖는데 세금을 내지 않는다.[41]

3. 비전의 개발

목회자들이 교회를 위해 하고자 하는 모든 일들은 비전에 의해 결정이 되고, 비전이 분명하지 않으면 사역도 분명해지지 않고 지도력도 흔들리게 된다.

목회자는 성경적 기초 하에 분명한 소신을 가져야 하고, 목회자와 교회 리더들은 교인들과 함께 교회전체가 공통된 비전을 가져야 한다.

목회자는 중요한 비전을 리더들과 시간시간 나누어야 리더들이 목회자의 비전을 이해하고 따르기 때문이다. 목회자는 리더들과 비전을 나눌 때에 서로 공유하고 힘을 모을 수 있도록 해야 한다. 목회자가 혼자 독백하는 듯이 해서는 안 된다.

목회자는 리더뿐 아니라 전교인들과도 자신의 비전을 나누어야 한다. 교인들이 목회자가 제시한 비전을 이해하지 못한다면 그 비전은 현실적으로 중요한 내용이 아닐 수 있다.

4. 비전의 구체적 작업

1) 기도와 묵상의 시간을 가집니까?
2) 하나님께 마음을 다한 기도를 하십니까?
3) 죄를 회개하고, 성령충만한 생활입니까?
4) 하나님께 마음이 준비되도록 집중 기도하십시오.
5) 당신 자신의 필요에 맞추십시오.
6) 다른 사람들과 함께 계획하십시오. 당신은 개척자로서 당신의 비전을 정리하고 옆 사람과 비전을 나누어라.

5. 비전에 대한 평가

비전에 대해 평가 할 때에 여러 가지 기준이 있으나 예수님이 오신 목적과 교회의 목적에 입각해 평가하도록 하고자 한다.

1) 당신이 만든 비전은 하나님께 영광이 되는가?
2) 당신이 만든 비전은 영혼 구원에 목적을 두고 있는가?
3) 당신이 만든 비전은 예수님이 사람을 사랑하는 것처럼 사람들에 맞추어져 있는가?

4) 당신의 비전은 두려움보다는 믿음에 근거하는가?
5) 당신의 비전은 교회의 목적을 이룰 수 있는가?

토의내용

1. 본인이 비전을 가진 교회는 어떤 교회이고 핵심가치는 어디에 두고 있는가?
2. 지금까지 비전이 이루어지고 있는 일을 돌아보고 비전을 품은 내용을 구체적으로 기록하시오.
3. 교회성장원리들을 살펴보고 목회자들이 어떻게 비전들을 구체화했는지 살펴보시오.

제10장 핵심가치와 사명선언

　교회의 핵심가치는 교회의 목적에서 나온다. 목회의 핵심가치는 교회의 핵심가치이며 교회의 목적에서 나와야 한다. 목회자는 예수님이 원하는 일을 하는 사람들이고 교회의 기능들을 수행하는 사람이 되어야 한다. 자신의 철학이나 인생의 실현을 위한 사역이 아니라 교회의 목적을 위한 목회가 되어야 한다. 예수님이 아시고 칭찬하고 기뻐하는 목회를 해야지, 책망 받고 모른다 하시고 불법을 행했다고 심판받는 사역을 해서는 안 된다. 교회의 목적은 영혼구령에 있고, 예배 교육 전도 친교 봉사를 통해 사명을 감당해 가는 것이다.

　목회에서 목회자들이 자신의 생명을 드려 할 사역들이 있는가? 이 일을 위해 하나님이 자신을 사용하시고 있는 임무들이 있는가? 이것이 핵심 가치이고 이 핵심 가치들은 교회의 목적에서 나와야 한다. 목회자들 중에는 핵심 가치와 방법과 혼동하는 경우가 있다. 몇 교회의 예들을 설명하면서 꼭 같지는 않지만 예배, 전도, 교육, 친교, 봉사에서 나온 핵심 가치들을 살피고 본인의 사역 핵심 가치들을 점검할 수 있기 바란다. 이는 자신의 목회관과도 깊은 연관이 있게 된다.

1. 핵심 가치

자신의 핵심 가치에 따라 자신의 말과 행동이 결정되고, 자신의 핵심 가치에 따라 자신이 누구이고 무엇을 하는 사람인가를 결정한다. 핵심 가치는 이런 목회를 하다가 죽겠다는 가치이고 자신의 일생을 드려 할 목회를 말한다. 개척자가 가지는 핵심 가치에 따라 목회 방향과 사역 전략의 기초를 세우게 된다. 교회의 핵심 가치는 교회의 운영에 대한 확신과 목회신학이 되게 된다.

핵심 가치는 사역에 대한 전망을 가지게 하며 전략을 세우고 목회의 사명을 세우고 알리게 한다. 핵심 가치를 전도, 성경공부, 선교에 둔다고 가정하자. 전도를 예로 들어 설명해 보자. 교회가 전도를 핵심가치로 삼으면 설교시에 전도에 대해 언급하고 교회전도를 위해 성도를 모으고 전도훈련을 실시하고 전도팀을 만들어 매주일 활동하게 한다. 교회핵심 가치를 이루기 위해 예산을 세울 때에 전도 예산을 편성하게 된다. 핵심 가치에 따라 사역의 결과가 생기고 평가도 이루어지게 된다. 나머지 사역도 전도에 준한 과정을 거치게 된다. 핵심 가치는 목회의 방향을 확실히 한다.

교회개척에서 세운 교회가 진정으로 할 핵심 가치는 예배, 전도, 교육, 친교, 봉사이다(행1:8; 2:42-47; 5:42; 마28:18-20). 어느 분야에 자신의 에너지를 투자해야 할, 가장 자신을 열정적으로 하게 할 사역을 찾는 것이다. 교회의 목적에서 우리는 수 십 가지의 핵심 가치 요인들을 찾을 수 있다.

2. 각 교회의 핵심 가치들

다음에 각 교회들의 핵심 가치들과 목회 방향들을 소개하고자 한다. 각 교회의 현실을 그대로 소개하는 것은 본받을 점도 있지만 아직도 미숙한 면을 고쳐 나가기 위함이기도 하다.

A교회

비전적 미래를 열어 가는 교회

"○○"--아 그 교회

1. 영원한 생명을 생산하는 교회 2. 구원의 감동을 생산하는 교회
3. 영적인 인재를 생산하는 교회 4. 행복한 가정을 생산하는 교회
5. 비전적 미래를 생산하는 교회

K중앙교회

네 지경을 넓혀라. 하나님을 기쁘시게 하는 교회.
땅 끝까지 주님의 증인이 되는 K중앙교회

W중앙교회

교회의 비전. (젊은이 전도, 전교인 사역자화, 미전도 종족전도)
사명선언
쉼이 있는 교회, 꿈을 꾸는 제자, 힘이 있는 군사 되어 세상을 충만하게 하는 교회

K중앙교회

2007년 교회의 비전. 환상을 보고 꿈을 꾸는 교회

실천사항

1. 성령의 부으심을 체험하자. 2. 큰 성전의 비전을 세우자.
3. 구역의 세계화를 이루자.

D교회

2007년 D교회비전: 민족을 살리는 교회(눅4:18-19)

가정이 행복한 교회, 지역사회에 봉사하는 교회, 한국교회의 모델이 되는 교회

D교회의 핵심가치는

1. 성숙한 믿음으로 열매 맺는 교회--평신도 운동.
2. 성령의 열정으로 일어나는 교회--성령운동.
3. 은혜로운 말씀, 가족 같은 교회--사랑운동.
4. 영혼구령의 열정이 넘치는 교회--전도운동.

D교회의 핵심사역은

가르치고 전파하는 고치는 "예수님의 사역을 실천하는 교회"

D교회 목회철학은

1. 성령으로 약동하는 교회 2. 민족복음화에 앞장서는 교회
3. 평신도들이 능동적으로 움직이는 교회 4. 세상의 빛과 소금이 되는 교회

목회관

1. 영광의 주님을 대변하는 목자 2. 사랑으로 돌보고 사랑으로 권면하는 상담자 3. 승리와 시련을 통해 신뢰받는 지도자 4. 가정을 사랑하는 목회자 5. 하나님과 동행하는 사역자 6. 21세기에도 능력

있게 복음 전하는 목사

(1) M교회의 핵심 가치들
 1. 오직 예수신앙의 복음 2. 섬김 문화 창조 3. 한 영혼의 소중한 가치 4. 양을 돌보는 목양 우선 5. 과정의 중요성 6. 평신도 사역 개발 7. 교회와 사랑방의 두 날개 8. 본질과 비본질의 조화 9. 내면과 외면이 일치라는 신앙 10. 은혜의 문화 이루기.

(2) 목회 핵심 가치 훈련
 새들백교회의 핵심 가치들은 찬미, 선교, 소속, 성숙, 사역이다. 이를 위해 새들백교회는 다음과 같은 핵심 가치를 통해 성도들이 이해 할 수 있는 내용을 만들고 있다. 우리는 예배에서 하나님의 임재를 찬양한다. 우리는 전도를 통해 하나님의 말씀을 전한다. 우리는 하나님의 가족을 통해 하나님의 백성을 교육한다. 우리는 봉사를 통해 하나님의 사랑을 나타낸다.
 핵심 가치 훈련에서 개척자들은 관심 사역들과 그 이유들을 분명히 해야 한다. 핵심 가치 1번에 대한 뒷받침할 내용들을 그리고 가치 2번, 3번, 등등 그 후의 내용들을 뒷받침 할 일들을 구체적으로 적어 보아야 한다.
 위의 내용을 통해 새들백 교회의 사명 선언을 하고 있다. 새들백 교회의 목적을 교인들이 잘 알도록 짧은 문장으로 설명하고 있다. "사람들을 그리스도께로 인도하여 그의 가족에 소속하게 하고, 그들을 그리스도를 본받는 성숙에 이르도록 개발하고, 그들을 교회에서 사역하고, 세상에서 선교하도록 준비시킴으로써 우리는 하나님의 이름을 찬미한다."42)

교회의 사명선언은 교회의 목적을 설명해 줍니다. 교회의 사명선언은 목회 사명과 목적을 선언하는 일이다. 교회의 사명선언은 교회의 비전, 핵심가치와 사역들의 명령을 반영한다. 목회의 목적선언은 반드시 성경에 기초해야 한다.

목회의 사명선언은 몇 가지 중요한 요소들이 있다. 첫째는 핵심 사역이고, 둘째는 어떤 대상이고, 셋째는 장소, 넷째는 어떤 방향이 포함되어야 한다. 교회의 사명선언은 교회를 개척하는 사람이 이미 가진 사실을 기초하여 장차 어떤 교회가 되고 싶다는 내용을 간단히 진술한 목회 사명선언이기도 하다.

교회비전과 교회 사명선언은 비슷하다. 이는 목회비전과 목회 사명선언과 같은 내용의 말이다. 둘 다 성경에 기초하나, 미래의 방향과 목표에 초점을 맞추어야 한다.

비전은 목회를 담은 한 장의 사진이면, 사명선언은 정의이다. 비전이 대화라면, 사명선언은 말 그대로 계획이다. 비전은 영감을 준다면, 사명선언은 사실을 알리는 것이다. 비전은 보는 것이라면, 사명선언은 행동하는 것이다. 비전은 마음으로부터 나오고, 사명선언은 머리로부터 나온다. 비전은 도전적이지만, 사명선언은 구체적이다.

3. 교회의 사명선언

위의 내용과 다음의 내용을 통해 교회의 사명선언문을 훈련하도록 해야 한다. 교회(목회) 사명 선언에 목회핵심 사역들이 있는가?

교회 사명선언이 하고자 하는 사역을 정확히 알려주고 있는가? 교회 사명선언에 몇 가지 사역들이 있는가?

G교회의 사명 선언

1. 교회의 비전

모든 신자가 사역자로 섬기는 사랑의 공동체 되어 세상을 변화시키는 교회

2. 교회의 사명

모든 성도들은 하나님 나라에 대한 거룩한 비전을 가지고 세상을 향해 나아가 사람들에게 복음을 증거하고 그들을 공동체 안에서 훈련하고 세워서 가정과 직장, 나아가 지역사회와 세상 속에서 주님의 사역자로서 공헌하는 축복된 삶을 살게 한다.

3. 4대 목표

 1) 성령 안에서 말씀을 배우고 가르치는 교회
 2) 가정과 민족을 치유하고 회복하는 공동체
 3) 모든 성도가 부름 받은 사역자로 일하는 공동체
 4) 미래를 앞서가며 세상에 그리스도의 영향력을 끼치는 공동체

S교회의 사명선언문

"초대교회의 능력으로 예수의 제자가 되고 예수의 제자를 삼아 21세기를 섬긴다."

국내선교회 사명선언과 핵심가치

1. 사명선언
기독교한국침례회 국내선교회는 대한민국을 중심으로 동북아시아에 침례교회를 지원함으로 주님의 지상명령을 수행한다. 침례교회가 건강하고 전략적으로 세워지도록 기금과 선교비를 지원하고 목회자와 성도를 훈련하며 자료와 정보를 제공한다.

2. 핵심가치
1) 주님의 몸인 교회를 중심으로 복음을 전한다.
2) 협동선교 정신으로 기금과 선교비를 모금한다.
3) 공평과 정직으로 기금과 선교비를 모금한다.
4) 건강한 교회 성장을 위한 프로그램과 자료들을 제공한다.
5) 다음세대를 위한 지도자 양성에 힘쓴다.

토의문제
1. 본인이 존경하는 목사님들이 가진 목회 비전과 목회관은 무엇인가?
2. 담임 교회의 사명선언은 무엇입니까? 배운 형식과 같이 않을 수 있습니다. 예문의 내용을 참고하여 핵심가치들을 파악하고 작성하시오.
3. 목회관은 본인이 교회와 성도들을 향한 예수님의 마음입니다. 본인의 목회관은 무엇인가?

제11장 교회개척과 전도

　불신자들에게 복음을 받아드리게 하는 일은 시간이 걸린다. 복음을 듣자마자 받아들이는 경우는 쉽지 않다. 열매를 맺기 위해 시간이 필요하듯이 여러 번의 접촉을 통해 전도가 이루어진다. 농부가 봄에 씨앗을 뿌려야 가을에 거둘 수 있는 것처럼 개척교회는 많은 씨앗을 심어야 한다.

　전도는 예수님의 사랑을 전하는 통로이다. 전도는 하나님의 섭리와 은혜이고, 하늘 보좌를 떠나 인간이 되신 예수님의 마음이며, 성령의 불같은 열정으로 이루어진다. 하나님은 불신자의 삶에 역사하시고, 우리가 그의 역사에 참여하기를 원하신다. 불신자들은 영적인 갈급함이 있고 하나님을 찾기 원하나 길을 알지 못한다. 불신자들은 복음을 받아들이는데 방해물을 제거해야 마음이 열리며 이를 위해 다양한 전도 방법에 익숙해야 한다.

　전도에서 전도자가 꼭 기억할 일은 전도는 성공과 실패가 없는 일이며, 사명 자에게는 오직 순종이 있을 뿐이다. 성령께서 행하실 때에 우리는 순종하는 것이다. 성령님은 믿지 않는 자의 마음을 두드리시고 계시고, 전도자의 말을 듣고 믿게 하시는 분이다.

1. 개인전도의 중요성

1) 개인전도는 예수님의 최대 사업이다[43]

예수 그리스도가 이 땅에 오신 목적은 자기 백성을 저희 죄에서 구원하기 위함이다(마1:21). 온 세상 사람들을 구하기 위해 오신 주님은 일생을 복음 전도를 위해 사셨고, 끝내 자신의 몸까지 십자가에서 주셨다. 그리고 이 복음 사역을 위하여 제자들을 부르셨고, 그들을 3년 간 훈련 시키셨다. 이것은 실제적인 훈련이었다(눅 19:10; 눅 10장).

2) 전도의 원동력은 성령과 평신도들에게 있다

성령이 전도의 원동력이면 평신도들은 전도의 팔이요 다리의 역할을 한다. 20세기 말에 들어와 교회의 새로운 빛을 던진 각성이 있다면 평신도 운동을 그 하나로 꼽을 수 있다.[44] 교회는 99%이상이 평신도로 구성된다. 교회가 성도들을 개발하고 훈련하여 전도에 힘쓴다면 보다 많은 전도의 효과를 얻을 수 있다. 그러므로 교회의 전도 활동에 있어 평신도의 역할은 실로 큰 것이다.

3) 개인전도 훈련은 목회의 중요한 한 부분이다

목회자는 전심전력으로 평신도들을 교육하고 훈련을 시켜야 한다. 이는 목회자들이 마땅히 해야 할 일이나 교회의 가장 중요한 사업이 등한히 될 경우가 있다. 평신도들은 최일선의 전투병처럼 세상이란 전쟁터에 살고 있다. 이들은 좋은 무기로 준비되어야 한다. 십자

가의 군병이 훈련받지 못하면 영적 싸움에서 백전백승하는 제자가 되지 못한다.45)

4) 개인전도 훈련은 반드시 실제적인 훈련을 겸해야 한다

많은 사람을 전도하는 것만큼 전도자를 훈련시키는 것이 중요하다. 중생한 교인 95%가 훈련받지 못했기에 한 영혼도 그리스도에게 인도하지 못하고 있다.46)

효과적으로 전도할 수 있도록 한 사람을 훈련시킨다는 것은 단순히 한 영혼을 그리스도에게 인도하는 것보다 더 중요하고 의미 있는 일이다. 오늘날 많은 목회자들이 전도를 강조하고 있으며 전도에 대해 교육시키고 있다. 많은 시간을 교육시켜 내보내고 있다. 그러나 별로 좋은 성과를 거두지 못하고 있다. 그 이유는 실제적인 훈련은 하지 않고 교회에서 설교나 강의를 통해 교육하기 때문이다.

예수님은 제자들을 그렇게 훈련시키시지 않았다. 예수님은 제자들을 데리고 나가 하시는 일을 친히 보여주시며 제자들이 눈으로 보고 귀로 듣고 체험하도록 가르치셨다. 목회자들이 앞장서서 평신도들을 데리고 나가야 한다.

2. 교회개척의 전도전략의 1단계

1) 개척지역 파악

(1) 어디에 교회도 가지 않고 믿지 않는 사람이 있는가?
(2) 왜 그들은 교회도 가지 않고 믿지도 아니하는가?
(3) 그들은 무엇이 필요한가?

(4) 개척교회는 교회도 가지 않고 믿지 않는 사람들을 위해 무엇을 할 수 있는가?

2) 개척지역에 교회의 이미지 심기
(1) 모든 자료를 믿지 않는 사람들에게 초점을 맞춘다.
(2) 불신자에게 방해가 되는 방해물을 제거하라.
(3) 불신자들과 관계를 수립하라.
(4) 사람들이 복음을 받아 들일 수 있는 기회들을 포착하라.
(5) 불신자들이 희망을 가지고 느낄 일을 하라.
(6) 불신자들에게 교회의 소개장을 만들어 우송할 준비를 하십시오.

3. 교회개척의 전도전략 2단계
1) 인적 연결 전략
불신자를 교회로 이끌 수 있는 전도전략을 세우고, 이를 연결시킬 수 있는 인적 구성을 만들어야 한다.
(1) 믿지 않는 사람의 명단을 만든다.
(2) 믿지 않는 사람의 명단을 놓고 기도한다.
(3) 불신자의 중요한 관심사가 무엇인지 찾는다.
(4) 믿지 않는 사람과 관계를 수립 한다(시장, 점포를 돌며 전도지 배부, 취미 모임, 노인학교, 경로당, 병원, 공원 등).
(5) 믿지 않는 사람과 믿는 사람과 연결하도록 노력한다.
(6) 현재 전도를 위해 중보기도하고 있는 가정을 적어 보십시오.

2) 지역 사회에 신용 쌓기

섬김을 통해 친절함을 보여 주고 어떤 대가를 생각하지 아니하고 겸손하게 섬기는 것을 말 한다.

3) 전도를 위한 관계성 개발

(1) 영적인 것에 대해 나눌 기회를 만들라(장례식, 등에 참석).
(2) 예수 그리스도가 내게 누구신가를 간증할 기회를 가져라.
(3) 성경의 중요한 구절을 적당한 때에 나누라.
(4) 마음에 결정할 수 있도록 여유를 두어라.

4. 교회개척 전도전략 3단계

전도된 사람들을 제자로 양육하고, 먼저 모범을 보여야 한다. 전도 훈련을 시킬 때는 모범이 되어야 하고 시범을 보이고 예수님이 제자훈련을 시킨 것 같이 기도하고 가르치고 실습하고 지켜보아야 한다. 그리고 다른 사람을 양육 받은 대로 양육하도록 도와야 한다.

토의문제

1. 전도하다가 성공한 경우와 실패한 예들을 이야기 하십시오.
2. 지역 주민들에게 보낼 개척교회의 소개장을 만들어 보십시오. 전도용지 내용에 들어갈 내용과 연관시키십시오.
3. 개척교회에서 불신자들을 교회로 연결시킬 수 있는 사람들은 어떤 사람들인가?
4. 전도방법 중에 노방전도의 원고를 3분 이내로 작성하고, 연습하

고, 전도팀을 구성하라. 부흥사가 되고 본 교회 부흥회를 이끌 재목이 된다.

제12장 교회개척과 팀사역

하나님은 한 분이시지만 세분으로 존재하신다. 하나님은 혼자 일하지 아니하시고 세 분이 함께 일하신다(창1:11; 마28:18-20). 모세는 혼자 일하지 않고 십부장, 오십부장, 백부장과 천부장을 두어 함께 일했다(출17장). 예수님은 팀 사역을 이루셔서 일하셨는데 어느 때는 3명, 12명, 70명과 함께 사역하셨다.

1. 개척자와 팀 사역자들의 관계

첫째, 교회개척자는 팀 사역자들과 같은 비전, 같은 핵심가치, 같은 사명선언을 가져야 한다.

둘째, 교회개척자는 팀 사역자들을 자주 만나 교회의 비전, 핵심가치, 사명선언에 대해 대화해야 한다.

셋째, 교회개척자는 서로서로 자신의 의견을 다른 동역자들과 나누어야 한다.

넷째, 교회개척자는 팀 사역자들 속에 목사의 사모나 사역자들의 부인들을 참여시켜야 한다.

다섯째, 교회개척자는 자신이 지킬 수 없는 약속은 해서는 안 된다.

2. 팀 사역자들의 업무 분담

첫째, 팀 사역자들은 자주 만나야 하고, 은사를 가진 새로운 사람들을 영입해야 한다.

둘째, 팀 사역에 들어오는 사람들은 개척자의 목회를 이해하는 사람이어야 한다.

셋째, 담임개척자와 팀 사역자 간에는 3개월 정도 견습 기간이 필요하고, 견습이 끝났으면 1년 혹은 2년의 기간을 정하고 팀 사역자가 되거나 혹은 헤어질 수도 있다.

넷째, 팀 사역자를 영입할 때는 분명한 업무 분담을 주어야 한다.

3. 팀 사역자들의 역할

첫째, 전도 사역자들
둘째, 찬양과 예배사역자들
셋째, 어린이 사역자들
넷째, 청소년 사역자들
다섯째, 행정관리자들
여섯째, 재정 담당자들
일곱째, 주일학교 교사 사역자들
여덟째, 목장 리더들
아홉째, 목장 혹은 구역 담당자들

4. 팀 사역자 선정시에 질문할 내용들

첫째, 당신이 가지고 있는 은사들은 무엇인가?

둘째, 우리교회에 오면 어떤 일을 할 수 있는가?
셋째, 내가 당신을 믿을 수 있는가?
넷째, 당신은 나를 도와 줄 수 있는가?
다섯째, 당신은 이 일에 헌신할 수 있는가?
일곱째, 당신의 장점과 단점은 무엇인가?
여덟째, 당신은 경건의 시간을 가지고 있는가?
아홉째, 윤리적인 문제는 없는가?

토의 문제
1. 우리 교회에 꼭 필요한 사역 팀은 무엇인가?
2. 속담에 백지장도 맞들면 낫다고 합니다. 사역에서 개척자의 단점을 보완해 줄 수 있는 이런 종류의 예를 들어 보시오.
3. 예수님이 하신 팀 사역을 구체적으로 기록해 보시오.

제13장 교회개척과 예배

1. 예배의 의미

예배란 우리의 마음과 뜻, 그리고 몸과 시간 등 우리의 삶 전체를 하나님 앞에 드리는 것이다. 예배는 하나님의 거룩하심에 의하여 양심을 각성시키고, 하나님의 진리로서 지성을 기르는 것이며, 하나님의 아름다움에 의하여 상상력을 맑게 하고, 하나님의 사랑에 마음을 여는 것이다.

교회의 주된 활동은 하나님께 예배드리는 것이다. 기독교는 자기 생각대로 하나님을 예배하는 것이 아니다. 성경말씀의 진리에 따라 예배해야 한다. 만족스러운 예배는 교회성장과 유익을 위하여 절대적인 위치를 차지한다.47)

예배란 하나님의 인격과 그의 사역에 대한 적극적인 반응이며, 하나님 앞에서 자기가 죄인임을 깨닫고 하나님 앞에 나아가는 행위이다. 또한 예배는 어떤 특정한 시간, 공간에서만 드려지는 행위가 아니라 하나님을 만나는 감격을 갖는 것이다.

2. 예배의 신학적 본질

기독교 예배는 기독교인 생활과 교회생활에 너무나 중요하기에 예배의 본질에 대한 이해가 필요하다. 기독교 예배는 공리주의적인 것이 아니라 신학적인 것이다. 성경에서 나온 신학이 없는 예배는 감상적이고 예배 없는 신학은 냉냉하고 죽은 것이다.

오늘날 한국교회는 예배가 본질적으로 갖추어야 할 것들에 대한 정확한 이해를 해야 한다.48) 예배의 본질에 대한 이해는 예배의 정신을 활력 있게 하고, 무의미한 형식주의에서 벗어나게 하고, 순수한 복음을 어느 상황에서라도 고수할 수 있다.

1) 기독교 예배는 하나님 중심이어야 한다. 예배의 대상이 하나님이라는 것이 예배자 마음 속에 깊이 이해되고 확신이 있어야 한다.
2) 기독교 예배는 하나님을 아버지라 부르고 예배의 현장에 설 수 있도록 해주신 예수 그리스도에 대한 이해가 전제 되어야 한다.
3) 기독교 예배는 역동적으로 움직여 우리를 하나님과 개인적인 관계를 가지게 하는 성령에 대한 이해가 전제되어야 한다. 예배는 하나님과 사람 사이의 친밀한 관계이다. 하나님은 우리의 삶과 멀리 떨어져 있고 막연하고 알지 못하는 분이 아니라, 성령을 통해 각 사람과 관계하신다.
4) 기독교 예배는 진실해야 한다. 진실함이 진정한 예배의 첫째 필수 요소이다.
5) 기독교 예배는 겸손해야 한다. 그 자신의 덕을 앞세우고 자만과 자기 의로 가득한 예배는 하나님이 받아 주지 않으신다.
6) 기독교 예배는 영적이다. 성령은 영으로 역사하시며 예배하는

자의 마음에 내적인 경험을 하게 하신다.

7) 기독교 예배는 자유롭고 자발적이다. 예배는 성령이 채우시고 성령이 지시하신다.

8) 기독교 예배는 생활로 나타나야 한다. 예배의 교훈과 영감은 하나님을 기쁘게 하는 윤리적인 삶에서 나타난다. 예수님은 "나더러 주여 주여 하는 자마다 천국에 다 들어갈 것이 아니요 하늘에 계신 내 아버지의 뜻대로 행하는 자라야 들어가리라"(마 7:21)고 하셨다.49)

3. 예배의 원칙

예배는 성도들의 마음에서부터 드려져야 하고, 그 중심에 하나님을 향한 사모함이 있어야 한다.

예배는 인도자들이 모델이 되어야 한다. 예배 인도자는 집례 하는 자가 아니라 먼저 경배자의 자세로 예배에 임해야한다.

예배는 명확한 주제가 있어야 하고, 성도들의 반응에 대한 목표가 있어야 한다. 예배는 참석한 모든 사람들이 최선의 노력을 다한 최상의 결과여야 한다.

예배는 창의적이고, 교회의 분위기에 맞추어서 드려야 하고, 세대의 차이에 따라 삶의 스타일에 따라 예배의 접근 방법이 달라져야 한다. 예배는 전형적인 예배와 불신자들을 예배가 있으며, 불신자이 민감할 수 있는 예배는 일 년에 두 세 번은 드려야 한다.

불신자에 초점을 두는 예배는 믿지 않는 사람의 욕구에 초점이 있고 예배 형식을 믿지 않는 사람에게 맞추고 신자들이 믿지 않는 친구들을 인도하도록 하는 예배이다.

4. 효과적인 예배를 위한 준비

성령님은 우리를 감동 시키신다. 예수 그리스도의 말씀이 선포되는 곳에 성령님은 역사하시어 죄에 대해 의에 대해 심판에 대해 깨닫게 하신다. 우리가 예배를 준비하는 과정이 성령의 불이 붙는 예배가 되도록 해야 한다. 예배의 모든 부분, 즉 교회의 출입, 자리에 앉는 것, 음악, 기도, 간증, 찬양, 설교에 이르기까지 성령의 역사가 있어야 한다. 우리의 예배가 성도들에게 감동을 주는 예배인지를 점검하고 그렇지 않으면 예배의 내용과 틀을 새롭게 해야 한다.

1) 예배 준비 위원회를 발족시켜라. 위원들이 먼저 철저히 헌신하게 하라.
2) 영적 예배를 드리고 있는 다른 교회를 방문하라. 감격이 줄지 않게 하라.
3) 설교가 사람들에게 감동을 줄 수 있는지를 평가하라. 철저히 세밀히 평가하라.
4) 음악을 평가하고 더 많은 감동을 주는 음악을 찾으라. 찬송은 곡이 있는 기도이다.
5) 가능한 많은 사람을 참석시켜라.
6) 예배에 참석한 사람을 거져 보내지 말라. 마음 것 웃든지 울든지 하게 하라.
7) 예배를 드린 후 결과에 대한 반응을 모으라.
8) 예배가 효과적으로 진행되는지 살피라.50)

토의문제

1. 당신이 드리는 예배는 어디에 초점을 맞추는 예배가 되어야 한다고 생각하는가?
2. 전통예배와 열린예배에 대해 생각하고, 열린예배를 드리는 교회를 방문하고 불신자에게 초점을 둔 예배를 어떻게 교회에 적용할까를 연구하시오. 예) 총동원 주일 예배 등.
3. 당신은 감사, 감격으로 예배를 드린 일이 있는가? 언제이고 어떻게 드렸는가?

사람을 사로잡는 예배 만들기에 대해 10가지 이상의 내용을 작성하시오.

제14장 교회개척과 재정

　교회개척에서 가장 큰 애로는 재정문제이다. 교단이나 대교회에서 개척을 지원하는 경우는 비교적 문제가 덜하지만 개인이 단독으로 개척하게 될 때에 지속적인 후원이 없으면 2-3년을 견디기가 많이 힘이 든다.
　예수님은 제자들이 때때로 먹을 것, 입을 것, 마실 것에 대한 염려를 이해하셨다. 예수님은 하나님의 나라에서 이런 것들을 염려하게 되면 아무것도 성취하지 못하게 됨을 말씀하신다(마6:26-30). 대신에 제자들은 하나님께서 공중의 새를 먹이시고 들의 백합화를 아름답게 하는 것처럼 그들을 먹이시고 입히실 것을 이해해야 한다. 그러나 이 모든 일은 조건이 있는데 하나님의 나라와 의를 구하는 조건이다(요6:33). 이 조건이 이루어질 때 그분께서는 자기 제자들의 필요와 욕구를 들어 주신다.
　개척자는 하나님이 우리의 필요를 채워주시고 공급해주시는 책임이 있음을 깨달아야 한다. 하나님은 우리의 필요를 책임지신다. 개척자들은 우리의 필요와 우리가 원하는 것의 차이를 분명히 해야 한다. 먹을 것이 필요하냐 혹은 원하느냐, 입을 것이 필요하냐 혹은 원하는냐, 마실 것이 필요하냐 혹은 원하느냐의 구별이 있어야 한다.

개척자가 하나님의 나라와 의를 구하는데 두 가지 문제가 있다. 믿음의 문제와 개척자 감정의 문제이다. 성경의 말씀을 굳게 잡는 믿음의 문제인데, 이는 예수님을 구세주로 믿는 냉정하고 엄연한 문제이다. 다른 하나는 현재 나의 생활방식을 책임지게 하고 고수하겠다는 태도의 문제이다. 엄연하고 죄책을 유발하는 문제는 "당신이 사역을 추구하고 있느냐, 기존 생활방식을 추구하고 있느냐"하는 질문이다. 이에 대한 질문은 사역에 임하면서 그리스도를 첫째 자리에 모시는 기본 마음에서 시작해야 한다.

1. 재정 후원팀을 확보하라

1) 모교회로부터의 지원이다.
2) 교회개척 핵심 그룹으로부터의 후원이다.
3) 관심있는 친구들과 친척들로부터의 후원이다.
4) 대형교회나 독지가로부터의 후원이다.
5) 지방회나 개인의 기념 교회개척 후원이다.
6) 교단의 기금 위원회나 교단 기관 단체의 지원이다.
7) 별도 직업을 가지고 시작하는 경우이다.
8) 개척예배 때까지 기도 후원 그룹과 재정 후원 그룹을 확보하라. 1년 동안 매월 1-2만원의 후원 약정을 받는 경우이다. 150명의 후원이면 일 년을 견딜 수 있고 자립의 계기가 된다.

2. 교회개척의 기금조성의 원리

오브리 말퍼스는 교회개척자들의 기금조성을 도울 몇 가지 재정원리를 제시한다. 5가지 중에 처음 세 가지는 부정적인 면이고, 마지막 두 가시 새정원리는 긍정적이고 가망성 있는 후원자를 모집하는 방법이다.51)

1) 기부자들은 지불 요청을 좋아하지 않는다. 마치 고지서를 받는 것 같은 형식은 피하고, 교회의 시설이나 비품을 헌물로 드리도록 유도하는 것이 효과적이다.
2) 기부자들은 강제적이나 부정적인 태도에 잘 응답하지 않는다. 하나님도 즐겨내는 자를 사랑하듯이 억지로나 강압적인 기부금 모금은 효과가 적다.
3) 기부자들은 단순한 필요를 채우거나 성공의 가능성이 보이지 않는 일에 투자하지 않는다. 사람들은 긍정적이고 가능성 있는 일을 좋아 한다.
4) 기부자들은 역동적인 비전에 응답하기를 좋아한다. 그러므로 돈 자체보다는 비전을 침투시키는 과정에 더 신경을 써야 한다.
5) 기부자들은 큰 비전에 더 크게 응답한다. 그러므로 교회개척자들은 자신을 통하여 큰일을 이루시기 원하는 위대하신 하나님을 모신 사역자로 크게 생각하고 크게 요구하는 믿음의 사람이 되어야 한다.

3. 기부금 모금의 10단계

칼톤 하비는 다음과 같이 기부금 모금의 10단계를 소개하고 있다. 교회개척의 자금 마련을 위해 가장 효과적인 방법은 대형교회나 독지가로부터의 기부이다. 섬김의 은사를 가진 사람들을 적극적으로 발굴하는 방법이다.

   1) 대의명분을 가지고 성서적인 확신을 가져라.
   2) 정확한 목표를 정하라.
   3) 사람들이 목표를 이해할 수 있도록 노력하라.
   4) 사람들의 생각을 움직이도록 선전하고 홍보하라.
   5) 기부금을 책임있게 쓸 것이라는 확신을 가지게 하라.
   6) 호감과 열의를 가지도록 최선을 다하라.
   7) 기적이 일어날 것을 기대하라.
   8) 구체적으로 끈질기게 기도하라.
   9) 믿음으로 추진하라.
   10) 목표달성의 축하의식을 계획하라.[52]

4. 개척교회 재정의 원천

   1) 청지기와 십일조 교육을 교인들에게 가르쳐야 한다.
   2) 매 모임에 헌금을 드리게 한다.
   3) 더 많은 사람이 참여하면 더 많은 도움을 받을 수 있다.
   4) 모이는 장소는 가정집, 지방회 사무실, 후원교회, 마을회관이 될 수 있다.

5. 청지기교육

성도들은 물질의 관계에서 청지기임을 깨달아야 한다. 신약 시대의 교회는 십일조를 넘어 우리의 삶이 하나님의 축복이며 하나님의 영광을 위해 드려야 함을 가르치고 있다. 청지기직은 기독교의 실천운동이다. 교회의 재정을 충당하기 위한 방편이 아니고 하나님이 그의 자녀들을 키우시고 축복하시는 근원의 일이다.53) 기독교인은 시간, 재능, 물질로 하나님을 섬길 의무가 있다.54)

1) 청지기의 의미. 신자의 청지기 봉사는 신자의 개인이나 권력이나 소유물에 대한 하나님의 소유를 말한다. 그리고 이 세상에서 예수 그리스도의 나라를 확장하기 위해 이것들을 충실하게 사용하는 것을 말한다(마20:8-16).

2) 청지기의 개념. 청지기는 주인의 구약의 요셉처럼 소유물을 맡는 사람을 말한다. 인간은 청지기이고 관리자이며 그리고 하나님으로부터 특별한 임무를 맡은 사람이다(눅12:37-48). 물질은 하나님의 선한 일과 하나님의 영광을 위해 사용되어지는 것이어야 한다. 신자들의 헌금은 하나님의 은혜 때문에 드리는 것이 되어야 하고(고후8:3), 주님께 헌신하는 일은 충실한 청지기의 열쇠이다(고후6:5).

청지기의 요소는 책임감이고(창41:41-57; 눅13:6-9; 19:11-26; 고후 8:1-4), 기회의 포착이고(삼상3:11-18; 4:1-11; 마25:14-30; 막11:20-25; 12:1-9), 주님 나라를 위해 사용되어야 한다(창6:5-22; 14:1-6; 18:17-23; 수2:1-22; 룻1:1-19; 에4:1-17; 마20:30-34; 막1:13-21; 행8:26-39).

3) 드리는 방법. 소유를 드리고, 마음을 드리고, 이를 얻은 대로 드리고, 기쁨으로 드리고, 희생적으로 드리고, 예수 그리스도를

사랑하는 마음으로 드리는 것이다.

6. 물질관리하기

1) 믿을 수 있는 회계를 두어야 한다.
2) 목사 자신이나 사모가 교회의 회계를 보지 않도록 하라.
3) 회계는 반드시 두 사람이 계산하게 하라. 회계와 서기를 따로 두어야 한다.
4) 교회는 부족해도 간단한 예산을 세우라.
5) 회계는 월말에 한번씩 재정을 보고하게 하라.

토의문제

1. 개척자들의 필요와 원하는 것의 차이점에 대해 논하고 자신의 필요를 채울 수 있는 후원 방법을 선정하라.
2. 기부금을 모을 때 대부분의 사람들이 경험하는 것은 자존심의 문제와 두려움의 문제이다. 칼톤 하비의 방법을 가지고 자존심과 두려움을 극하는 방법을 생각해보자.
3. 전에 작성한 교회개척을 위한 후원 약정서를 다시 구체적으로 만들고, 후원자와 대화하는 방법을 서로 논의해 보자. 위대하신 하나님께 크게 기도하고, 위대한 후원을 얻도록 계획하라.

제15장 교회개척과 전략

교회개척은 중요하고 어려운 일이기에 구체적인 준비와 전략이 필요하다. 교회개척과목을 마치면서 교회개척의 기본준비, 구체적 준비, 개척교회의 기본 사역과 개척 단계 전략을 요약하여 제시하고자 한다.

1. 교회개척의 기본 준비

1) 정신적 준비
첫째, 하나님이 부르신 소명의식을 확인한다.
둘째, 영혼구원에 대한 열정이 뜨거워야 한다.
셋째, 교회개척자로 역경을 돌파하고 인내해야 한다.
넷째, 목회에 대한 비전을 가지고 있어야 한다.
다섯째, 배우자와 가족의 적극적인 협조가 필요하다.

2) 영적준비
첫째, 말씀을 통한 준비. 성경은 하나님이 모든 사람이 구원을 받으며 하나님의 말씀을 아는데 이르기를 원하고 계신다(딤전2:4; 벧후3:9). 또한 예수님은 그의 제자들에게 온 천하에 다니면서 복음을 전할 것을 명령하고 계신다. 우리는 모든 족속에게 가서 복음을 전하며 모든 믿는 자에게 그리스도께서 명령하신 모든 것을 가르쳐야 한다(마28:18-20; 막13:10; 눅24:46-48; 요20:21-23; 행1:8). 모든 사람이 듣게 하려면 먼저 그들이 살고 있는 공동체 속에 교회를 세워야 한다는 것이 하나님의 섭리이심을 성경이 증거하고 있다(마16:18; 행2:41-47; 딤전3:15; 고전3:5-6).

둘째, 기도를 통한 준비. 기도한 후에는 더 큰 일을 할 수 있지만, 기도하기 전에는 큰 일을 할 수 없다는 것을 우리는 알고 있다. 이것은 교회개척에서 예외가 아니다. 우리는 지역교회, 지방회와 총회의 교회 개척 사역을 위하여 정기적으로 기도해야 한다. 매우 정기적으로 모이는 교회의 기도 모임에서 교회 개척 사역을 위하여 기도해야 한다. 또한 이를 위하여 특별 기도시간을 마련할 수도 있어야 한다. 기도를 통한 준비만이 성령의 역사를 감당할 수 있다. 우리는 성령을 움직일 수 없으나 기도는 성령의 일을 하게 하는 통로이다. 성령은 기도를 하게 하시고 능력을 주시고 함께 사역하게 하신다. 기도만이 성령을 움직일 수 있다는 확신을 가져야 한다.

셋째, 은사를 통한 준비. 불가능한 것도 가능한 것으로 믿을 수 있는 믿음의 은사, 영혼 구원에 대한 열정 있는 사랑의 은사가 기본적으로 필요하다. 어떤 환경과 여건에도 좌절하지 않는 인내의 은사, 기도의 은사와 성령께서 주시는 은사들과 함께 하나님의 나라에 대한 소망으로 가득한 은사가 필요하다.

3) 비전과 목표설정

교회를 개척함에는 비전과 목표설정이 너무나 중요하다. 왜냐하면 하나님께서는 비전 있는 사람을 사용하시기 때문이다. 비전과 목표가 없다면 하나님의 일을 하지 말아야 한다. 비전이 없으면 하나님을 기쁘게 해드리지도, 사람을 만족시키지도 못한다. 그리고 무엇보다 비전과 목적이 없으면 자신의 목회에 방향이 없고 자신이 없어지기 때문에 반듯이 비전과 목표를 설정해야 한다.

4) 물질적 준비

교회개척을 위해 지역교회, 지방회 그리고 총회가 교회개척 사역을 위해 재정적 지원을 제공한다는 정보를 입수하고 지원을 받도록 준비한다. 또한 후원자들을 통한 기도와 물질의 후원을 구체화 한다.

5) 장소 및 지역 선정

성공한 교회개척자들은 교회개척을 위해 수년간을 기도 했으며 개척 1년 전부터 계획을 수립하고 개척지를 찾아 6개월 이상을 다녔다고 한다. 교회개척의 성공여부는 개척지에 달려 있다고 해도 과언이 아니다. 가급적 교회가 들어가지 못한 곳이나, 기존에 교회가 있더라도 그 지역의 인구를 다 포용하지 못하는 장소를 선정한다. 개척교회를 할 수 있는 곳의 주거, 교통, 도로, 도시계획, 주차 문제 등을 고려해 선정해야 한다.

6) 교회개척의 유형

개척 전에 개척자는 어떤 지역, 어떤 대상을 위한 교회인가를 생각해야 한다.

2. 교회개척의 구체적인 준비

1) 교회의 사명선언

우리 교회는 각자가 성령 받고 하나님의 말씀을 가지고 십자가의 복음을 전 세계에 전파하는 교회로 안으로는 온전한 그리스도인이 되고 밖으로는 소외된 이웃을 돌보며 이웃사랑을 실천하는 교회이다.

2) 전도 집중 대상자 선정

청소년 및 대학생과 20-30대의 직장인을 주축으로 비교적 젊은 층들을 통해 젊고 패기 넘치며 새 시대에 걸맞게 새로운 도약을 할 수 있는 세대로 10년 후에는 교회가 온전하게 성장할 수 있도록 한다.

3) 교회 이름, 주보 및 전도지 제작

다른 모든 사람이 공감할 수 있는 이름으로 한다. 주보는 산뜻하고 깔끔하며 실용적인 주보가 되게 한다. 전도지는 가급적 화려하고 깔끔하게 하여 쉽게 버리지 못하게 하고 죄와 구원과 은혜의 말씀과 예화 그리고 간단한 교회 소개를 한다.

4) 말씀준비

평소에 말씀을 삶 속에서 실천하도록 노력해야 한다. 성경은 영감된 하나님의 말씀이라는 확신을 갖고 진리를 하나님이 주신 그대로 전달한다. 설교준비를 위해 정선된 다량의 책들을 읽도록 한다. 한 편의 설교도 소홀하지 말고 최선을 다하는 자세로 준비한다. 설교에 목숨을 걸 생각으로 전한다.

5) 지역조사

지역조사는 실제적이고 개척에 많은 도움을 준다. 그렇기 때문에 자세하게 조사하는 것이 좋다. 조사를 위해 관공서나 단체 지역의 유지들의 도움을 받는다.

3. 교회개척의 기본 사역

1) 예배

예배는 가급적 축제분위기 속에서 하되 성령 충만함이 넘칠 수 있도록 한다. 설교는 예배마다 특색을 주되, 주일예배는 주제중심으로, 수요일은 교리나 성경공부 식으로 새벽예배는 강해설교 중심으로 하되 특별한 절기나 기간 동안은 변화를 준다.

순서는 질서 있도록 하되 순서나 고정관념에 사로잡히지 않도록 변화를 주며 마지막에 하나님의 임재와 회개의 시간을 주어 구원의 확신과 성령의 도우심을 간구할 수 있게 한다. 시작은 정시에 하고 끝나는 시간은 여유를 두지만 질질 끄는 것을 삼가한다.

2) 성경공부

첫째, 새신자반. 새신자용 교재를 활용한다.

둘째, 교회학교. 교회학년별 특색을 가지게 하되, 가급적 교단 교재를 활용한다.

셋째, 교사, 구역장. 지도자를 위한 제자훈련 교재를 교육한다.

넷째, 전도반. 전도를 자연스럽게 할 수 있도록 쉽게 가르친다.

3) 기도회 모임

매 예배시에 예배 후에 기도회를 가진다. 매일 저녁과 새벽에 자유롭게 기도할 수 있는 시간을 준다. 상황에 따라 중보기도, 금식기도, 연합기도를 한다.

4) 전도의 활성화

첫째, 전도에 관한 교재를 각자 수준에 맞도록 교육한다(CWT, 사영리, 전도폭발).

둘째, 전도에 관한 사명의식과 주님의 지상 명령을 깨닫게 한다.

셋째, 전도왕들의 간증집회나 전도 사례를 간증을 통해 서로 나누도록 한다.

넷째, 새신자들과 새로운 대상자들은 매주일 심방한다.

5) 행정운영의 체계화

첫째, 교회의 전반적 서류나 행정문서는 전산화한다.

둘째, 문서보관과 자료실을 운영한다.

셋째, 침례받은 교인을 중심으로 회중제도로 운영한다.

넷째, 각종 은사와 직분, 목자 중심 등 상황에 맞게 적용한다.

4. 교회개척의 단계적 준비

1) 개척 1년전

① 자신의 소명 및 비전 그리고 목회관을 점검한다.

첫째, 하나님이 나를 목회자로 부르신 소명(딤후4:2,5)을 점검한다.

둘째, 비전없는 교회는 방향 없는 배와 같다.(딤후3:17)

셋째, 목회관을 통해 올바른 목회철학을 세우고 늘 상기하도록 한다.
- 구원의 확신을 가지고 십자가만을 자랑하는 목회
- 영혼 구원을 최우선으로 하는 교회
- 기도와 말씀을 생활화하는 목회
- 사랑을 실천하는 목회
- 예수님의 교회를 만드는 목회
- 예수님의 제자를 양육하는 목회
- 섬김의 자세를 보이는 교회

② 일꾼선택과 훈련을 계획한다.

첫째, 일꾼선택은 침례를 받은 자를 주축으로 선정한다.

둘째, 제자훈련과 전도훈련을 위한 교재와 교육을 계획한다.

③ 새신자를 전도하고 양육하는 방법을 익힌다.

첫째, 새신자를 전도하기 위한 교제(사영리, 꿀벌전도, CWT)를 배운다.

둘째, 새신자의 양육을 위해 알파코스나 새신자 교육총서 등을 배운다.

④ 교회 개척을 시도할 장소를 정한다.
첫째, 지역조사서를 바탕으로 지역을 조사한다.
둘째, 그 지역의 특색 및 교통을 조사한다.
셋째, 건물이나 상가의 전세금 및 시세를 조사한다.
넷째, 차량을 많이 주차할 수 있는 공간이 있는 곳으로 한다.
⑤ 필요한 비품 및 자료의 목록을 작성하고 계획을 세운다.
첫째, 목록표에는 물품명, 소요수량, 단가, 총액, 해결여부를 파악한다.
둘째, 1, 2, 3 단계로 나누어 꼭 필요한 물품순으로 순서를 매긴다.
셋째, 물품목록 – (강단, 강단의자, 성찬기, 성찬단, 피아노, 올겐, 엠프, 마이크, 개인의자, 교회의자, 식탁, 주방시설, 에어콘, 환풍기, 공기청정기, 온풍기, 차량, 헌금함, 복사기, 목양실 사무기기, 소파, OHP, 케비넷, 커텐, 전화기, 십자가, 간판, 전도지, 시계, 거울, 성가대 가운, 전기 트랜스, 컴퓨터 등)
⑥ 개척시 들어갈 비용에 대한 예산을 선정한다.
첫째, 건물 임대 및 시설비, 전세비, 자제비, 인건비, 식대비…
둘째, 비품 및 기자재비, 물품목록 참조
셋째, 부대비용 및 교통비, 인쇄비, 전도지비, 차량, 유료비…

2) 개척 6개월전
① 교회명 – 섬김의 교회
　예수께서 오신 것은 섬김을 받으려 함이 아니라 오히려 섬기고 목숨을 많은 사람의 대속물로 주려고 오셨기에 섬김을 통해서 서로

가 예수의 섬김을 배우고 섬김을 통해 사랑을 실천하는 교회가 되자는 의미에서 섬김의 교회로 칭하였다(마20:28).
  ② 교회 표어. 예수의 사랑이 넘치는 교회(마22:37-39)
  ③ 교회 목표
    - 불신자들을 구원받게 한다.
    - 새신자를 가르치기를 한다.
    - 신약교회들을 세우려고 노력한다.
    - 사랑과 협동이 있는 교회로 이끈다.
    - 은혜로운 찬양과 성령의 임재로 치유가 일어나는 예배를 드린다.
    - 서로 돌봄과 격려로 양육하는 한가족 같은 교회로 만든다.
    - 세계와 민족과 이웃을 위해 기도하는 중보기도 사역을 한다.
  ④ 교회의 비전
    - 청소년들이 쉴만한 장소를 제공하고 프로그램을 개발한다.
    - 인구수가 아직은 작은편이지만 교통의 중심지인데다 인근지역에 대학교와 고등학생 그리고 젊은 직장인들이 많이 살고 있어 전망이 밝다.
    - 양노원과 고아원시설 및 어려운 이웃을 위한 시설을 세운다.
    - 찬양을 활성화해서 찬양이 살아있는 교회로 이끈다.
  ⑤ 교회 예배모임 및 시간

새벽 기도회	(매) 05:00	유 치 부	(일) 09:00
주일낮 예배	(일) 11:00	유,초등부	(일) 09:00
주일밤 예배	(일) 19:00	중, 고등부	(토) 16:00
삼일 기도회	(수) 19:00	청 년 부	(토) 19:00

⑥ 교회를 알리기 위한 홍보 및 전도

첫째, 교회 개척팀을 통해 서로가 한마음으로 전도한다.

둘째, 관공서나 주요기관 또는 사람이 많이 모이는 공공장소에서 전도한다.

셋째, 병원전도나 전도지를 통한 아픈 사람들과 마음을 같이한다.

넷째, 대학가에 있는 젊은이들을 찾아가 교회를 소개하고 전도한다.

3) 개척 3개월 전

① 재정확보 및 건물임대 - 그 동안 개척교회를 위해 기도해주던 기도 동역자들과 후원회 그리고 지방회 및 국내선교회등 재정을 지원 받을 수 있는 곳을 통해 제정을 확보해 건물을 임대하고 계약을 완료한다.

② 교회 내부 시설(강단, 조명, 페인트, 유아실, 칸막이, 사무실, 식당, 보일러 시공) - 교회 내부시설은 가급적 비용이 적게 들면서도 실용적으로 꾸미도록 하고 동역자들이나 기도회원들과 함께 공사하며 공감대를 형성한다(단, 전문을 요하는 것은 전문가에게 맡긴다).

③ 교회 외부 시설(십자가, 간판, 주차장, 안내판) - 모교회나 지방회등의 도움으로 교회를 잘 알릴 수 있는 안내판과 십자가, 간판 등을 설치후 주차장으로 쓸 만한 곳을 미리 선정해 예약해 둔다.

4) 개척 1개월 전

① 교회 비품준비(강대상, 의자, 헌금함, 피아노, 음향시설, 유아실, 커텐 등)

② 교회 초청장 발송 – 알릴 수 있는 모든 곳으로 초청장을 발송하고 전화를 통해 부탁을 한다. 그리고 인터넷을 통한 교회 초청과 알림도 한다.

5) 개척 1주일 전

현수막 설치, 전단지 배포, 창립선물 준비, 창립예배 주보인쇄, 식사계획, 지역주민 홍보, 예배 예행연습, 동역자들의 협력을 통한 홍보, 예배를 도울 인원 확보를 한다.

6) 개척 하루 전

지역주민 초청, 전체적으로 점검, 초청인사 전화 확인, 기도를 통해 하나님께 의지한다.

7) 개척 예배당일

아침 일찍 주변청소, 손님맞이, 예배 2시간 전부터 길 안내 및 준비물 점검, 예배 후 식사 및 기념품 증정, 기념 사진촬영 및 기도회 모임, 뒷정리 정돈.

8) 본인의 3년, 5년의 목회 계획 첨부

개척교회의 전략과 준비과정을 통해 교회의 개척이 쉽지만은 않은 것을 발견했다. 그리고 그 모든 것이 성령의 도움 없이는 불가능하다는 것을 깨닫게 한다. 빌립보서 2장 13절에 하나님께서는 어떤 일을 두고, 그 소원을 현실로 이루어 가신다고 하셨다. 그러므로 우리들의 마음속에 교회 개척에 대한 불타는 소원만 가득 채운다면 교회 개척은 현실화 되는 것이다. 이제 우리는 교회 개척의 사명을 안고 주님의 명령에 순종하면서 착실하게 개척을 위한 기도와 준비를 해야겠다.

토의내용

1. 특정한 교회나, 지방회 혹은 총회가 전략 개척으로 지원자를 뽑을 때 제출할 수 있는 완전한 교회개척 계획서를 작성하시오. 예문의 계획서에 본인이 개척 후에 3년, 5년 목회할 목회내용을 첨부하시오.

주(註)

1) 크리스챤 투데이, 2006년 9월 13일, 384호. 6.

2) C. Peter Wagner, *Church Planting for a Greater Harvest* (Venture, Calif.: Regal Books, 1990), 11.

3) Charles L. *Church Planting at the end for the twentieth century* (Wheaton: Tyndale House Publishers, 1982), 18.

4) C. Peter Wanger, *Church Planting for a Greater Harvest*, 20-2.

5) Aubrey Malphurs, *Planting Growing Churches for the Twenty-first Century* (Grand Rapids Baker Book House, 1992), 61-66.:

6) Ibid., 62.

7) Ibid., 63.

8) G. Wayne Zunkel, *Growing The Small Church* (Elgin, Ill: David Cook, 1982), 10-11.

9) Ezra Earl Jones, *Strategies for New Churches* (San Francisco: Harper & Row, 1976), 51-55.

10) 명성훈,「교회개척의 원리와 전략」(서울: 국민일보사, 1997), 157.

11) Ibid., 170.

12) 명성훈, Ibid., 178.

13) J. Herbert Kane, *The Christian World Mission Today and Tomorrow* (Grand Rapids: Baker Book House, 1981), 210.

14) 피터 왜그너는 오순절 은사주의를 극복하기 위해 복음주의의 은사 운동을 제3의 물결이라고 부른다. 그의 책 "영적 치유"에 잘 설명되어 있다.

15) D. G. McCoury and Bill May, *The Southern Baptist Church Growth Plan* (Nashvill: Convention Press, 1991), 4.

16) Ibid., 10-21.

17) C. Peter Wagner, 58.

18) 많은 교회들이 15년에서 18년 될 때쯤에 성장하지 않고 인구 증가율에 밑돌며, 느릿느릿 퇴보한다.

19) 석정문,「당신의 교회를 그린 오션으로 가게 하라」(서울: NCD, 2006), 78-9.

20) Aubrey Malphurs, 167-322.

21) 어부교회 윤인규목사, 엘찬양교회 최재식목사, 새동산교회 김인중목사 교회의 내용을 요약한 내용이다.

22) Albert W. Gammage,「교회개척론」, 고용남 역(서울: 요단서적, 1993), 32-3.

23) Murphurs, Ibid., 124-9.

24) James E. Means,「목회자가 변해야 교회도 변한다」, 318.

25) 요13:34 "새 계명을 주노니 서로 사랑하라. 내가 너희를 사랑한 것 같이 너희도 사랑하라." 요15:15 "이제부터는 너희를 종이라 하지 아니하리니 종은 주인의 하는 것을 알지 못함이라 너희를 친구라 하였노니 내가 내 아버지께 들은 것을 다 알게 하였음이라.."

26) James E. Means, Ibid., 318-30.

27) C. Peter Wagner,「교회개척가이드」, 홍원팔 역(서울: 서로사랑, 197), 72.

28) Ibid., 73.

29) Ibid., 75.

30) Ibid., 76.

31) Ibid., 77.

32) Ibid., 79.

33) Ibid., 80.

34) Ibid., 81.

35) Ibid., 83.

36) Ibid., 83-4.

37) Ibid., 85-6.

38) 명성훈,「교회개척의 원리와 전략」(서울: 국민일보, 1997), 143.

39) Elmer Towns, *Getting a New Church Started*, 20-25; 209-233.

40) 최현서,「건강한 교회와 아름다운 목회」, 107.

41) 오정현,「목회트렌드」, 107.

42) Rick Warren,「새들백교회 이야기」, 김현회, 박경범 역 (서울: 디모데, 1996), 125.

43) 최현서,「건강한 교회와 아름다운 목회」, 268-70.

44) Ibid., 269.

45) Ibid.

46) Ibid., 270.

47) 최현서,「건강한 교회와 아름다운 목회」, 236-7.

48) Ibid., 240.

49) Ibid., 241-6.

50) 최현서,「건강한 교회와 아름다운 목회」, 263.

51) Aubrey Malphurs,「21세기 교회개척과 성장과정」, 홍용표 역(서울: 예찬사, 1996). 78-79.

52) 명성훈,「교회개척의 원리와 실제」, 148.

53) 최현서,「건강한 교회와 아름다운 목회」, 444-54.

54) 청지기의 일을 기억하기 쉽게 5T's라고 한다. Tithe(십일조), Time(시간), Treasure(재물), Talent(재능), Testimony(삶의 간증)이다.

••• 현대교회성장의 이해

제4부
교회성장과 전략

제1장 _ 전도중심교회 만들기
제2장 _ 교회개척 사례보고서
제3장 _ 300명교인 교회성장 계획 전략

제1장 전도중심교회 만들기

다음에 소개하는 전도중심의 교회 만들기는 복음전도에 최선을 다하는 교회들을 소개하는 내용들이다. 예수님이 원하시는 교회의 기능들을 균형 있게 활발히 하면서도 전도에 목회의 생명을 걸만큼 주님의 명령에 충성하는 교회들이다.1)

1. 전도중심의 Y교회

1) 교회성장과 리더십

교회성장과 부흥의 가장 중요한 원인은 목회자의 리더십이다. 목회자의 비전만큼 교회는 성장한다. 믿음이 곧 하나님의 영광을 이루게 된다.

2) 교회의 정체성

교회가 중요하게 생각하는 핵심가치들은 다음과 같다. 교회의 핵심가치들은 기도하는 교회, 하나님의 말씀에 순종하는 교회, 성령 충만한 교회, 믿음으로 사는 교회, 주의 일에 충성하는 교회, 영혼구령에 힘쓰는 교회와 감사를 생활화하는 교회이다.

3) 성도들의 신앙 자세

이 땅에 불신자가 있는 한 우리 교회는 영원한 개척교회라는 정신으로 전도하는 교회이다. 초대교회 성도들이 이 세상보다 천국의 소망으로 살았음을 본받아 성도의 삶의 중심을 육의 것보다 영의 것들에 두고자 하는 마음가짐을 가진다(딛3:7). 예수님의 신부의 믿음 같은 정결한 삶을 산다(마25장). 열 처녀 비유처럼 신랑을 맞이하는 자들의 준비를 말씀하심에 따라 다시 오실 주님을 맞을 준비함과 사모함의 신부와 같이 정직하고 정결한 삶의 자세를 가진다.

4) 건강한 교회성장

예배의 생활화이다. 주일예배, 수요예배, 금요철야예배를 성도가 지킬 공적 예배로 정하고 예배를 가장 중요시하고 있다.

기도의 생활화이다. 새벽기도, 저녁기도, 중보기도를 정하고 자발적으로 참여하고 있다.

전도의 생활화이다. 교회 표어가 "지상 명령 실천의 해"인 경우의 예를 들어본다. 1인 2명 책임정착. 매주 한 사람 초청하기, 교회의 모든 행사가 이웃의 구원에 초점이 맞춰 있다.

충성의 생활화이다. 교단과 교회가 진행하는 모든 행사에 개인의 시간, 물질, 노력으로 참여한다.

5) 예수사랑 큰 잔치(진행 순서)

(1)조직 발표 (2)기도모임; 저녁 8시 50분-10시, 주일 4시-5시 전교인 기도 한마당 (3)태신자 작성(관계전도); 각 기관별 전도 계획 수립; 각 기관별 목표제출(각 기관별, 부서별, 소그룹별) (4)초청 단계; 관계전도 초청확인; 노방전도 (5)예배 초청 및 결신; 당일 좌석배정 및 등록절차; 새신자부서 - 주간 전화 및 방문심방

6) 새신자부 활동 현황
(1) 교회등록 후 기관별 새신자 부서에 배속
(2) 전화 및 방문심방
(3) 교육(단계별 적응과정 이수)
(4) 정회원 환영식
(5) 부서배정(관계별, 달란트별, 연령별, 기타 순으로 확정)

7) 새신자 단계별 교육과정(요약)
1주차 - 예배에 관하여
2주차 - 성경에 관하여
3주차 - 죄에 관하여
4주차 - 구원에 관하여
5주차 - 성령에 관하여
6주차 - 영적 전쟁에 관하여

2. 전도중심의 K교회

전도중심교회를 만들기 위해서는 그 목적과 방향이 중요하다. 아무리 좋은 프로그램이 있다고 하더라도 방향이 틀리면 안 된다. 속도보다도 방향이 중요하다.

1) 목적, 비전과 사명선언

목적: 하나님의 말씀을 온 천하에 전파하고 나아가 그들을 세워서 하나님의 일꾼이 되게 한다.

비전: 모든 성도들이 하나님을 섬기는 사랑의 공동체가 되어 세상을 변화시키는 교회.

사명선언: 모든 성도들이 하나님의 제자로 세움을 받아 세상에 나아가 하나님을 전하고 서로 돕고 사랑하며 하나님을 기쁘게 한다.

사역목적: (1)모든 성도들을 하나님 나라의 사역자로 세우는 공동체. (2)모든 성도들이 거룩한 하나님의 비전을 가지고 세상을 치유하는 교회. (3)모든 성도들이 세상을 섬기며 영향력을 끼치는 공동체.

이렇게 세워진 비전과 목표는 모든 교회 회중들에게 선포되어야 한다. 모든 성도들이 이런 비전과 목표를 함께 공유하지 못하고 자기의 것으로 만들지 못한다고 한다면 이런 비전은 담임목사 한 사람의 비전에 불과하다. 설교를 통하여 여러 모임을 통하여 모든 성도들이 자신의 비전이 되도록 해야 한다. 이렇게 교회의 목적과 비전이 정해졌다면 그에 상응하는 프로그램이 필요하다. 이 프로그램이 실행되기 전에 이에 상응한 교육이 필요하다.

2) 프로그램: 사명이 이끄는 30일 캠페인(K교회의 실례)

이 기간동안에 매주간 연령별에 맞는 맞춤 전도를 실시했다. 총 5주가 진행되었는데 2주 동안은 전도 대상자 파악과 함께 사전 작업을 했다. 특히 성도들을 위하여 수요예배 후에는 각 연령, 성별에 맞는 특성을 파워포인트로 제작해서 모든 교인들이 볼 수 있도록 했다. 이렇게 2주 동안 준비하고 3, 4주는 남성을 위한 맞춤전도, 여성을 위한 맞춤전도를 했으며 마지막 주에는 부활주일로 축제예배를 드렸다.

(1)1차 간증집회(수요일). 전도교육(30일 캠페인 전도법). (2)포스터 부착(토요일). (3)캠페인 시작(주일). 릴레이 금식기도. (4)책 읽기(월요일. 1달 분량). (5)영성집회(수요일), 전도교육2. 전도대상자명단 파악. (6)중보기도회(금요일). (7)남성을 위한 특수 전도팀 활동(주일). (8)수요일 전도교육3 (30,40대 남성이해). (9)중보기도회(금요일). (10)맞춤예배 리허설(토요일). (11)30/40대 남자전도 브라보 70/80(주일). (12)여성을 위한 전도팀 활동(월요일, 7일간). (13)수요일 전도교육4 (30,40대 여성이해). (14)중보기도(금요일). (15)리허설(토요일). (16)40/50대 여성 맞춤전도(주일) "그대를 위한 프로포즈." (17)전교인특별전도(월요일, 7일간). (18)수요일 전도교육5 (예비신자 이해와 접근). (19)중보기도(금요일). (20)열린예배 리허설(토요일). (21)열린예배(부활절 총동원 주일). 30일 전도프로그램을 만들 때 위의 내용을 달력에 맞도록 응용하면 된다.

이 프로그램을 예로해서 맞춤 전도예배를 기획할 수 있다. 가령

어린이의 경우에 Dream Festival로 아이들에 맞추어 진행할 수 있으며 청소년(중고)을 위한 프로그램으로 Fighting Festival 1318 프로그램으로 할 수 있다. 여성을 위해서는 "그 여자의 선택," 남성을 위해서 "나도야 간다," 직장인을 위한 "스마일 어게인," 결혼 대상자들만을 위한 "101번째 프로포즈"가 있다. 맞춤 전도의 경우 그 연령대에만 집중할 수 있는 장점이 있기 때문에 최고의 전도 효과를 누릴 수 있다. 또한 그 연령대에 맞는 전도교육을 실시할 수 있기 때문에 좀더 쉽게 전도에 접할 수 있다. 이런 프로그램을 진행하면서 성도들에게 자연스럽게 사역에 참여할 수 있게 하며 이를 통하여 각자 은사에 맞는 사역팀을 개발할 수도 있다는 장점도 있다.

3) 사회복지 프로그램을 위한 전도 프로그램

현재 많은 교회에서는 사회복지 프로그램을 시행하고 있는데 이는 지역사회에 교회가 자연스럽게 들어갈 수 있는 프로그램이다. 특히 이런 전도법은 이미지 마케팅 면에 강하기 때문에 조심스럽고 완벽한 준비가 필요하다.

4) 평생 교육원

지역민을 위한 성공 세미나, 평생교육(컴퓨터, 사진, 풍선, 등 재생산교육), 실버대학, 주말학교 등이다. 실버대학과 주말학교의 경우 각 교회에서 현시점에 시작하기 가장 좋은 프로그램이라고 생각한다. 고령화 사회를 맞이하여 65세 이상 나이든 분들을 위한 프로그램이 필요하다. 주말학교의 경우는 주 5일제 수업으로 많은 학생들이 교회 밖으로 이탈하는 경우가 많이 생기는데 이 학생들을 잡을 수 있는 새로운 대안으로 떠오르고 있다.

5) 가정사역 프로그램

결혼학교, 부부행복학교, 이혼 전 세미나. 가정사역 프로그램은 상담에 전문가를 필요로 하며 이런 인적 자원이 있을 경우 실시하면 좋은 프로그램이다. 특히 결혼예비학교를 통하여 서로의 갈등을 해결할 수 있는 구심점을 찾아주며 이혼 전 세미나를 통해 이혼을 막을 수 있기 때문에 바람직하다. 또한 이곳에선 성경을 통한 교육이 가능하기 때문에 쉽게 복음으로 다가 설수 있다.

6) 전도교육

많은 프로그램이 있지만 전도의 체계적인 교육이 없으면 안 된다. 이런 전도 교육법을 몇 가지 소개하겠다.

첫 번째로, 관계중심전도법 중 오이코스 전도법이 있는데 이는 반드시 교육이 필요하다. 나와 관계가 있는 사람이라고 해서 너무 편하게 접근할 수 있기 때문이다. 관계가 있는 사람일수록 조심스럽게 접근해야 한다.

두 번째로, 이슬비 전도가 있는데 이는 실시하는 교회마다 작은 소그룹으로 교육을 실시한다. 그리고 엽서를 통해서 예비신자들에게 보내게 된다.

세 번째로, 계획적인 전도훈련이다. 연쇄전도훈련, 전도폭발, 사영리 교육훈련이다.

7) 새신자 교육

이러한 전도 프로그램도 무척 중요하지만 새롭게 온 신자들을 교육하고 정착시키는 것이 반드시 필요하다. 이를 위해서는 소그룹 제도인 셀(Cell)이 좋아 보인다. 특히 새신자가 오면 목장에 편성되기 전 훈련된 멘토 목자들이 그들을 거의 매일 만나며 교회에 대한 안내 및 궁금증을 해소해 준다. 그리고 1년에 2번(혹은 분기) 진행되는 양육을 통하여 모든 성도들이 교회와 성경에 대해 바로 알 수 있도록 도와주어야 한다. 그리고 새신자들을 어떻게 성장시킬까에 대한 목적을 분명히 하는 것이 가장 중요하다. K교회의 변화(성장) 단계와 4가지 단계적 목표와 결론은 다음과 같다.

교육(변화): 참제자, 사역자, 청지기, 가르치는 자(영적코치).
교제(성숙): 멘토, 목자, 리더목자, 지도자(핵심인재).
봉사(헌신): 성공, 목장, 교회, 하나님 나라 (소명자).
전도(증거): 개인증거자, 팀증거자, 직장증거자, 전임전도자(증인).
예배(예배): 공동예배, 개인예배, 구도자예배, 영성(그리스도인).

이러한 확실한 목적이 있을 때에만 반드시 폭발적인 부흥이 일어난다고 본다. 전도중심교회는 다름 아닌 프로그램 중심의 교회가 아니라 말씀과 기도가 살아 있는 건강한 교회로 하나님이 주신 거룩한 비전을 성취해 나가는 교회이다.

3. 건강한 교회성장 전도중심 B교회

"나는 심었고 아볼로는 물을 주었으되 오직 하나님은 자라나게 하셨나니 그런즉 심는 이나 물주는 이는 아무것도 아니로되 오직 자라나게 하시는 하나님뿐이니라"(고전 3:6-7)

교회성장은 하나님의 뜻이다. 하나님 아버지는 교회가 병들거나 위축되기보다는 건강하게 성장하기를 원하신다. 우리 성도들은 하나님이 원하시는 교회로 성장시키기 위한 하나님의 동역자들이다. 아무리 하나님이 원하셔도 우리가 씨를 뿌리지 아니하면 복음의 씨는 싹이 나오지 못하며, 아무리 주님이 원하셔도 우리가 물주지 아니하면 교회의 싹은 자라나지 못한다. 하나님은 우리의 손을 필요로 하신다. 교회성장을 위한 성도의 책임은 막중하다.

교회성장은 주님의 명령에 복종하는 일이다. 예수님은 "너희는 가서 모든 족속으로 제자를 삼아 아버지와 아들과 성령의 이름으로 침례를 주고 내가 너희에게 분부한 모든 것을 가르쳐 지키게 하라."(마28:19-20)라고 말씀하셨다. 이 명령은 성도들이 반드시 지켜야 할 절대적인 명령이다. 교회성장은 이 명령을 충실히 지킴으로써 이루어져야 하고, 또한 이 명령을 지킬 때 자연히 교회는 성장한다. 또한 교회성장은 하나님의 뜻을 이루어드리는 일이며 구속 역사의 최종 목표이다.

1) 건강한 교회 만들기 8가지 전략

(1) 모든 성도를 전도자로 만들라.
(2) 분명한 비전을 제시하라.
(3) 교회 안에서 이뤄지는 모든 영적 정보를 명확하게 전달하라.
(4) 작은 교회인 소그룹을 강화하라.

(5) 영적인 전문가라 되라.

(6) 회중과 지역을 파악하라.

(7) 칭찬을 아끼지 말라.

(8) 핵심지도자를 훈련시켜 키워라.

2) 건강하게 성장하는 교회의 10가지 표적

(1) 건강하게 성장하는 교회는 전도중심형 교회이다.

(2) 건강하게 성장하는 교회에는 강력한 리더십을 가진 목회자가 있다.

(3) 건강하게 성장하는 교회는 기도를 통해 성령의 인도하심을 받는 교회이다.

(4) 건강하게 성장하는 교회는 소그룹과 목장(구역)조직이 활성화 되는 교회이다.

(5) 건강하게 성장하는 교회에는 열정적인 성도가 있다.

(6) 건강하게 성장하는 교회에는 새가족 정착 시스템이 있다.

(7) 건강하게 성장하는 교회는 끊임없는 흥미와 감동을 주는 역동적 예배를 계발한다.

(8) 건강하게 성장하는 교회는 사랑 실천에 앞장선다.

(9) 건강하게 성장하는 교회는 확실한 목적의식이 있다.

(10) 건강하게 성장하는 교회는 조직이 단순하며 체계적이다.

4. 전도중심 〈B교회〉

1) 교회성장과 전도

(1) 전도목회의 특징

첫째, 전도는 최우선 순위로 하라. 전도를 우선시 하는 선교 구조의 교회가 되어야 한다. 전도를 가르치는 교회가 되려면, 목회자부터 전도해야 된다. 예수님은 자신이 먼저 전도하셨다.

둘째, 회심성장을 추구하라. 대상 그룹을 교육하고, 그들이 회심을 통해 성장을 이루게 할 뿐만 아니라, 그 그룹의 사람들이 또 다시 전도할 수 있도록 한다.

셋째, 전도 중심형 교회로 전환하라. 모든 성도를 전도자로 만들기 위해서는 성도들로 하여금 생활전도에 초점을 맞추도록 한다. 전도는 방법이 아니라 생활이다.

넷째, 새가족을 철저하게 정착시키라. 전도 프로그램 못지않게 정착 프로그램이 확실해야 한다. 새가족을 양육하는 전담조직과 새가족을 배려한 예배, 양육 체계, 교제가 있어야 한다.

다섯째, 전도를 위하여 최대한 지원하라. 교회는 전도를 위하여 물심양면으로 최대한 지원해야 한다. 홍보 방법의 다양성을 연구하고 지원하여 다양한 홍보 프로그램을 만들어야 한다.

2) 교회성장과 전도중심형 교회

전도중심형 교회란, 교회의 일부 교인만 전도에 참여하는 것을 지양하고, 대다수 교인이 모두 전도에 참여하는 교회이다.

(1) 전략이 없는 전투

전략이 없는 전투는 실패할 수밖에 없다. 부흥을 위한 충분한 분석과 전략을 가지고 접근해야 한다.

(2) 전도에는 지도자의 전략이 필요하다.

목회자는 영혼 구원에 대한 열정을 가지고 환경과 지역에 따른 전략을 세워야 한다.

(3) 개교회 전도전략

기도의 운동을 일으키고, 모여서 격려하며 간증을 나눌 뿐 아니라 실제 전도 현장으로 나가서 전해야 한다.

(4) 지역전도 기본 전략

① 사회과학적 방법론을 이용하여 전략적으로 접근한다.

② 다양한 전도팀의 개발과 아이디어를 개발한다.

③ 교회조직을 전도조직으로 바꿔간다.

〈참고1〉 43개 B전도대

번호	전도대 이름	담 당 선교회	전도 방법
1	카타쿰		지하상가만을 방문하여 전도
2	아레오비고		시장 전도
3	실로암		아파트 방문 전도
4	샘물		아파트단지에서 차를 나누며 전도
5	한나(60세 이상)		거리에서 전도지를 나누며 전도
6	남성		거리에서 전도지를 나누며 전도
7	아가페		아파트에 주보나 전도지를 꽂기만 하는 전도
8	병원전도대		병원에 가서 환자를 전도
9	로뎀나무		거리에서 차를 나누며 전도
⋮	⋮	⋮	⋮
43	데코전도대		전도용품을 만들어 거리에서 전도

5) 전도중심형 교회를 만들 때 유의사항

① 오직 하나님의 마음만을 생각하라.

② 성공적인 전도의 실례를 계속 배우라.

〈참고2〉 B교회의 1년 전도계획표

년도	200 년	200 년				비고
계절	겨울	봄	여름	가을	겨울	
행사	전도대	전도축제(70일)	전도대	전도축제(70일)	전도대	
기간	12월~	3.20~5.29	5.30~9.17	9.18~11.20	11.21~12.31	
전도대	부광전도대 / 전도선밭대 / 목장소그룹전도	지역전도대 / 부광전도대 / 전도선밭대 / 관계전도	부광전도대 / 전도선밭대 / 목장별전도 / 지역전도	부광전도대 / 전도선밭대 / 관계전도	부광전도대 / 전도선밭대 / 목장소그룹전도	
전도본부 365일 운영						

3) 교회성장과 전도전략 1-효과적인 전도전략

(1) 집중포화 전도운동을 펼친다

집중포화 전도운동이란, 교회 주변에 있는 모든 지역과 문화 공동체에 살고 있는 모든 사람들에게 복음을 전달하기 위하여 모든 유용한 방법들을 사용하는 것을 의미한다.

① 전도의 비전과 전략을 성도들과 함께 나눈다.
② 복음을 집중포화 할 지역을 분석하고, 시간 계획표와 필요한 재원을 확보한다.
③ 복음을 집중포화 할 사역자들을 리스트로 작성한 후, 다양한 방법으로 훈련시킨다.

(2) 지역에 대한 세밀한 조사와 계획이 필요하다
① 지역에 대한 정확한 자료를 만들라.
② 지역을 세밀하게 분석하라.
③ 전교인을 동력화 시키는 전도훈련을 계획하라.
④ 정보를 분석하고 나누라.
⑤ 지역에 전도 거점을 만들라.

(3) 전도대를 통하여 전도 습관을 만든다
(4) 지역 전도를 위한 전도지를 제작한다

4) 교회성장과 전도전략 2-아파트 전도전략

(1) 아파트 전도전략

기다리지 말고 찾아가야 한다. 1단계로 1동에 1구역을 목표로 하고, 2단계는 1통로에서 1구역과 같은 구체적인 목표를 정해서 접근해야 한다.

(2) 아파트 전도의 문제점

입주하는 아파트에 대한 막연한 기대는 가지고 있으나, 충분한 분석과 전략을 가지고 접근하지 못하는 것이 현실이다. 또한 전도할 수 있는 자원을 가지고 있으나 훈련을 통한 일꾼 양성하지 못하는 것도 문제이다.

(3) B교회 아파트 전도전략

① 아파트별로 전도팀을 구성하여 자발적으로 전도한다.
② 구역전도 확인표와 집중 전도카드를 가지고 전도대상자를 구별해내고 효율적으로 접근한다.

〈참고3〉 B교회의 아파트 전도 기본 전략

번호	전도대	아파트 전도 현장
1	요한 전도대	D아파트 1-20
2	갈렙 전도대	D아파트 21-39
3	그리심 전도대	K아파트 1-10
4	에스라 전도대	W아파트 111-117
5	실로암 전도대	W아파트 105-110
6	아가페 전도대	K아파트 111-117
7	누가 전도대	W아파트 101-103
8	에바다 전도대	G아파트 310-314, 501-503

〈참고4〉 B교회의 아파트 전도대 구역전도 확인표(예: D아파트)

기입요령: □안에 /입주, \방문, ∨종교, ∧방문일, >수용도, <연령

종 교: 1 기독교, 2 가족 등 기독교, 3 천주교, 4 불교, 5 무교, 6 기타

수용도: 1 매우 적극적, 2 적극적, 3 미온, 4 부정, 5 매우 부정

층/호	1	2	3	4	5	6
5			3 / 30 / 1	신광		
4		제일	4 / 1 20 / 10.23			
3	4 / 5 30 / 10.27	신광	4 / 4 / 10.23	보광		
2			2 / 1 / 10	제일		
1		1	1 / 30중 / 10.20	새소망		

〈참고5〉 집중전도 기록카드

이름	연령	주 소	세부사항	담당자	거 주 담당자
소영엄마	30중	동아 806-102	어릴적 금마에서 교회 다녔음	최○○권사 이○○집사	장○○집사
재민엄마	20후	동아 806-103	시골교회 출석		
주영엄마	40초	306	무교/반응좋은		
이순민	30중	505	무교/반응좋음		

제2장 교회개척 사례보고서

　교회일각에서는 '교회개척시대는 지났다'라고 주장하는 분들이 많을 정도로 지금의 시대는 교회들이 밀집해 있고 또 한 해에 전국 평균 1,000명 이상의 목회자들이 배출되어 목회자들의 사역지가 하늘의 별따기로 얘기될 정도로 목회실업자들이 어느때 보다 많은 시기이다. 그러나 우리가 교회개척론 시간을 통해서 배웠듯이 교회는 계속 개척되어져야 하고 구원 받아야할 영혼들은 아직 너무 많이 있는 실정이다(최현서교수의 「건강한 교회와 아름다운 목회」 p. 370~ 참조). 그래서 개척에 비전을 가진 신학도들이 많이 배출되어서 더 많은 영혼들을 하나님께로 인도하는 사역을 감당해야 할 줄로 믿는다.[2)]

　이 자리에 계신 분들도 개척에 비전을 가지신 분이라고 생각을 한다. 저는 교회 개척의 숭고한 사명은 어느 누구나 가지는 것이 아니라 하나님을 사랑하고 영혼을 사랑하는 자들만의 특권이라고 생각한다. 하나님의 부름을 받은 우리들은 이 땅에 죽어가는 많은 영혼들에게 복음을 효과적으로 전하고 그들을 살리지 않으면 절대 안된다는 신념으로 개척을 위한 준비와 기도에 착수해야 할 것이다.

　흔히들 교회 개척은 돈이 있어야 한다고 생각하고 금전적인 준비에 많은 시간과 정력을 소비하는 경향이 있다. 저도 물론 그랬고, 돈을 마련하기 위해서 동분서주 뛰어도 다녔고 기도도 하였으며 계획도 세워 보았다. 그러나 돈은 마련되지 않았으며 오히려 개척에 대한 열정만 식어가고 있었다.

하나님은 하나님의 교회를 세우는데 돈을 요구하시지 않는다. 어떤 목사님이 개척은 돈으로 하는 것이 아니라고 저에게 말씀해 주셨는데 그 말을 믿지 않았고, 오히려 그 말씀에 반감만이 생긴 일이 있다. 하지만 막상 해보니 저에게 개척을 위해 준비된 돈이 하나도 없었지만 하나님은 교회를 개척할 수 있도록 하셨고 아름다운 지역 충북 음성군 금왕읍에 교회를 세우게 되었다. 교회 개척을 하면서 돈이 있다고 자신 있게 뛰어든다면 십중팔구는 실패하는데, 교회는 기도와 하나님과의 관계, 그리고 우리의 신앙고백으로 세워지는 것이다.

1. 지역선정

신도시의 아파트 밀집지역과 대도시에 교회를 개척할 수 있으나, 그런 곳은 교회에서 지원 받은 목회자가 건물을 지어서 개척하는 사례가 많다. 요즘 대부분의 기신자들은 상가교회 보다는 단독건물이 있는 교회를 선호하는 경향이 있어 특히 지하나 지상이라고 하더라도 상가건물에서 목회를 하면 많이 고전을 할 것으로 사료되었으며 교회나 지방회로부터 많은 지원을 받지 못한 저로서는 신도시나 아파트 밀집지역에서 지하를 얻어서 목회를 하느니 차라리 중·소도시나 아니면 읍면 지역에서 목회를 하는 편이 낫다고 판단하였다.

개척을 위하여 장소를 물색하고 있던 중 충북중부지방회에서 개척자를 모집한다는 정보를 입수하여 지역조사와 개척지원서를 제출하기에 이르렀다.

충북중부지방회는 음성군, 진천군, 괴산군, 증평군의 지역에 근거를 둔 교회들의 모임인데 총18개 교회가 협력사역하는 지방회 이었다. 제가 개척을 한 금왕지역에 지방회 소속 교회가 없는 관계로 지방회에서 전략적으로 음성군 금왕읍에 교회를 세워야겠다고 결의하고 총회 인터넷에 광고를 냈던 것이다.

2. 개척준비와 추진상황 보고

1) 개척을 위한 구체적인 기도 : 신학교 3학년 때부터
2) 1차시도 : 서천읍에 교회 후임자로 가려고 했으나 이루어지지 못함
3) 담임목사님의 권유 : 시취 후 목사 안수 받고 후임자로 가든지 아니면 그 때가서 개척을 하라고 권유
4) 그러나 주변의 여건과 가족의 연령 구성상 반드시 개척을 해야겠다고 결정.
5) 충북중부지방회 모집광고를 본 후 구체적인 기도
6) 개척지원서를 제출할 것을 결정하고 지역조사 착수

약 5차례에 걸쳐 현장조사와 인터넷, 정보지, 지역소식지 등을 이용하여

    - 인구별 변동추이
    - 연령별 구성비
    - 직업별 구성비

- 기업체 현황(공장증가요인)
- 물가정보
- 종교현황

등을 조사하고, 저의 목회철학과 비전을 제시한 개척계획서를 지방회에 제출하였다.(200( ). 5. 21)

7) 서류접수현황 : 5월 29일 마감한 결과

세 사람의 지원자가 서류를 접수함

8) 면접 : 5월 30일 금천침례교회에서 지방회 개척준비위원회 주관으로 면접 심사 실시함(소명, 준비상황, 비전과 목회철학, 가족의 준비 등 전반적인 것에 대해 면접)

9) 합격자 발표 : 한 사람만 선정하면 두 사람이 상처가 될 것 같아 세 사람 모두에게 기회를 주기로 결정하고 지원금은 일인당 1,000만원씩 월 20만원씩 지원키로 하였는데 양모전도사가 포기함으로 두 사람이 개척합격자로 선정이 됨(내수, 금왕읍).

10) 장소선정

1안 : 저렴한 땅을 사서 조립식이든 슬라브이든 건축하여 시작하는 방법(지방회에서 적극 추천)

2안 : 우선 상가를 임대해서 부흥 한 후에 땅을 사고 건축하는 방법

2안으로 결정하고 상가를 물색하였는데 세가 만만치 않았고 원하는 장소에 빈 곳이 없어 조바심이 났는데 인간의 방법이 아닌 하나님의 도우심이 필요하다고 생각하여 장소선정과 교회개척을 위하여 집중적을 기도하기 위해 부부가 기도원에 감(7월 7

일 ~ 11일)

기도원에서 내려오는 날 원하던 자리에서 계약을 하러 오라고 통보가 왔음.

11) 계약 : 7월 18일 계약을(1,000만원에 월 50만원) 하고 7월 24일 수리에 들어감

3. 개척실제

1) 내부수리현황(PC방을 하던 자리여서 대대적인 수리가 필요했다.)
 - 칸막이 공사
 - 강대상공사
 - 전기공사
 - 내부인테리어(도배, 장판, 페인팅 등)
 - 간판, 썬팅
 - 음향공사 등

약 15일 동안 연 인원 100명 이상이 동원되어 공사를 하였는데 인건비는 거의 지출되지 않을 정도로 도움의 손길들을 통하여 수리가 완료됨.

공사를 하면서 준비된 돈은 없고 들어가는 곳은 많고 해서 상당히 어려웠는데 때마다 일마다 하나님은 사람과 물질을 붙여주셔서 하루도 일손이 없어 쉬지 않았고 자재를 사지 못해 일이 중단되는 일이 없었습니다.

2) 비품 준비 : 교회에서 사용할 비품을 미리 조금씩 준비해 두었으므로 특별히 산 것은 없었는데 김모 목사가 헌금한 것으로 헌

금함과 주보꽂이를 새로 구입을 하였고, 지방회장님(이모 목사)이 강대상(약120만원)을 헌물 해주셔서 사용하고 있음.

장의자, 강대의자, 음향장비, 복합기, 드럼, 키보드, 기타, 책상(사무용, 안내용), 성찬기, OHP, 선풍기, 냉장고, 커튼 등 거의 대부분의 비품은 헌물 받았습니다.

3) 지역유대강화 : 지역교회와 유대강화를 위하여 수리가 끝나는 대로 각 교회를 찾아가 인사를 하려고 계획하였는데 지역의 목사님이 전화가 와서 만났고 그 이후로 지역 모임에 적극 동참 - 매주 화요일 새벽예배 후 기도모임(약 10교회가 참석하여 뜨겁게 기도)

개척하는 교회는 지역의 기존교회와 유대를 좋게 가져야할 필요가 있음 - 특히 지역의 정보를 많이 접할 수 있는 기회가 됨

4) 창립예배 준비 :
☞ 창립예배 1개월전
- 지방회와 예배 순서 작성
- 초청장 제작과 발송
- 교회내 중보기도팀 운영하여 창립에 방해되지 않도록
- 기념품 제작

☞ 창립예배 2주일 전
- 현수막 설치
- 교회 주변 관공서 기관단체 방문
- 창립예배 준비 마무리, 예행연습

- 안내위원, 헌금위원, 특송 등 배치
- 인근주민 가운데 초청할 사람 홍보

☞ 창립예배
- 친절한 안내(읍 내·외곽에 현수막 홍보)
- 찬양팀의 리더로 찬양으로 하나님께 영광
- 교회를 위한 특별기도순서
- 중식과 기념품 제공

☞ 창립예배 후
- 지방회 목사님 및 초청된 내빈들게 감사장 발송
- 초청된 분 가운데 전도 대상자 선정하여 계속 접촉

5) 현재상황 : 지금의 상황은 목회 후 중요 일지인 별지를 참조하시기 바람.

개척사역은 많은 사람들이 시도한다고 해서 쉬운 것만은 아니다. 기도로 준비하고 지역을 조사하고 본인의 목회철학과 지역의 실정에 맞는 목회방향도 설정해야 한다.

세상의 사업을 위해서도 엄청난 준비와 각고의 노력을 기울이는데 하물며 영혼을 구원하는 하나님의 교회를 세우는 일은 세상의 사업보다 몇 배의 열정과 기도와 노력이 필요하다고 본다. 얼마나 기도했고, 얼마나 준비했느냐가 교회를 세우고 성장시키는 척도가 될 것이다. 물론 저는 만족할 만큼 준비하지 못했다. 기도도 부족했고 준비도 소홀한 면이 많이 있었다. 하나님은 준비된 만큼 쓰시는 분이시지만 내가 부족하다고 느끼며 하나님 앞에 무릎을 꿇으면 하나님은 내가 준비된 것 이상으로 부어 주시는 은혜의 하나님이심을 고백한다.

저는 교회를 개척하면서 하나님은 항상 나의 편이 되시고 먼 곳이 아닌 바로 옆에서 나의 일거수일투족을 주관하시는 분이심을 깨달았다. 어리석은 저는 교회의 지원을 받아서 교회를 개척하는 이웃 교회의 목사님을 부러워하였고, 돈 많은 부모, 친지의 도움으로 풍족한 가운데 목회를 하는 목사님을 부러워했다. 제가 처한 상황을 볼 때 너무 힘들어보였고 막막해 보였다. 이 모든 것이 제가 육적인 기준으로 보았기 때문일 것이다. 하나님은 저의 주변 환경을 보시지 않으셨고 제 주변의 사람들을 통해서 하나님의 교회를 세우려고 하시지 않으셨습니다. 있는 그대로, 내 모습 이대로 하나님은 사용하셨고 교회를 세우기 위해서 당신의 종들을 통하여 힘들어하는 제게 힘과 용기를 주시며 교회를 세우게 하셨다.

여러분들이 준비한 만큼 여러분들이 목회할 교회의 모양은 정해진다. 큰 교회를 원하시면 많이 준비하여야 한다. 저는 지금까지 많이 준비하지 못해서 전국에 이름을 날릴 목회자는 되지 못했으나, 그렇지만 제게 맡겨주신 도성에서 구원 받아야할 준비된 영혼들을 위해서 항상 기도와 말씀에 전력을 다하고 신실한 목회를 하기위해 가장 낮은 곳에서 노력할 것이다. 저희 복된 교회를 위해서 기도해 주십시오. 지금은 미약한 가운데 출발하였지만 동역자들의 기도로 인하여 크게 부흥할 것이다.

그리고 여러분 가운데 개척하실 분이 있으면 꼭 연락을 주시면, 저도 최선을 다해 돕겠습니다.

개척 후 주요 목회일지

- 교회 주요행사
  ♣ 김석균·최미 찬양간증집회(약 120명 참석) 200( ). 5. 24~25
  ♣ 새생명의집 설교사역 200( ). 7. 7
  ♣ 지구촌교회 전도팀방문 200( ). 8. 17
  ♣ 창립 1주년 기념예배 드림 200( ). 9. 5
  ♣ 창립 1주년 부흥성회(강사 : 이○○목사) 200( ). 9. 5
  ♣ 목사 안수 200( ). 12. 7
  ♣ 교회건물 매각 200( ). 6.(월세 50만원에서 80만원으로 인상)
  ♣ 교회건축을 위한 위원회 구성
  ♣ 교회부지 매입(200( ). 8. 10) ⇒ 부지매입 후 지역이 혁신도시로 발표되었음
  ♣ 창립 2주년 기념예배 드림(강사 : 최○○교수) 200( ). 9. 4
  ♣ 교회건축 기공예배 200( ). 10. 31
  ♣ 교회건축 착공 200( ). 11. 23
  ♣ 입당예배(대지 58평, 건평 80평) 200( ). 4. 25
  ♣ 사회복지사 2급 자격취득 200( ). 8. 7
  ♣ 새 예배당 부지 구입(140평) 200( ). 8. 7
  ♣ 창립 3주년 기념예배 200( ). 8. 7
  ♣ 2차 건축 착공 200( ). 11. 6

♣ 건축 완공 후 이전 200( ). 1. 21

♣ 리더로 키우기 위한 자녀교육 세미나

(강사 : 김○○교수, 홍○○목사) 200( ). 3. 4, 3. 11

♣ 현재 예배인원

장년부 25명

학생부 5명

주일학교 20명

새생명의집 16명   전체 : 66명

♣ 교회의 기도제목입니다.

- 교회건축을 하였는데 재정적 부족이 있습니다.
- 교회 성도들이 일꾼으로 성장할 수 있도록 기도해 주세요.
- 초대교회 성령의 역사가 일어난 120문도를 허락하옵소서.

끝까지 들어주셔서 감사합니다.

다음에 다시 이런 기회가 있다면 위의 기도제목이 이루어져서 120문도가 섬기는 교회를 이룬 과정을 보고했으면 좋겠습니다.

제3장 300명 교인 교회성장 계획 전략

　우리는 교회성장의 전략을 세우는데, 성경의 원리들을 존중이 여겨야 하고, 성경의 원리들을 철저히 자기 것으로 삼고 인내하며 실천할 때 교회의 부흥과 성장이 있음을 알 수 있다. 교회성장 전략은 하나님의 마음과 뜻이 담긴 성경적인 원리들을 존중하는 곳에서 시작해야한다. 교회는 예수님이 세우신 구원기관이기에 하나님의 목적에 따라 바른 전략을 세워야 한다. 성령의 능력으로만이 교회는 성장하고 능력을 행하고 하나님께 영광을 돌린다.

　예수님은 망대를 세울 때에, 전략을 가질 것을 요구하셨고 그의 제자들에게 비둘기처럼 순결하지만 뱀처럼 지혜롭게 어둠의 자녀들을 전도하도록 교훈하셨다.

1. 성경에 나타난 기본적인 원리들
1) 성경의 절대적인 권위를 인정하라

　모든 설교와 전도는 성경에 근거한 것이고 철저히 성경적이어야 한다. 교회를 부흥시키거나 성장시키거나 성경 안에서 해야 한다.

순종의 열매, 믿음의 성장은 모두 성경을 통해서 이루어져야 한다. 성경을 잘못 이해하여 오류를 범하는 사람들도 있다. 성경을 경하게 여기는 사람들을 보면 성경을 기록할 당시의 문화적 여건과 상황 속에서 당시의 사람들을 대상으로 한 말이므로 그 의미가 현대에 다 적합지 않다고 주장한다. 성경이 그 당시의 문화와 상황에 주어진 것은 사실이지만 그러나 하나님이 성경을 통하여 그 시대뿐만 아니라 모든 시대와 모든 세대에게 진리를 제시하고 있다. 교회의 성장은 성경을 통한 성장이어야 한다.

2) 오직 예수 그리스도를 통한 구원만이 있다

복음이란 예수가 그리스도이며, 죄로 인해 멸망할 인간을 죽음에서 건져주시고 영생을 얻게 하신 기쁜 소식이다. 구원은 오직 예수 그리스도를 구주로 믿을 때 일어나는 사건이다. 인간은 그 누구도 선행이나 수도나 자비나 노력으로 구원을 받지 못하고, 예수님의 유일한 십자가의 길을 전하므로 그 도를 믿는 사람들이 증가해서 교회성장이 이루어져야 한다. 하나님은 인간을 사랑하시고 멸망하지 않기를 바라신다. 목회 사역자들은 하나님의 사랑과 관심이 어디에 있는가를 알기 위해 마음과 뜻을 다한 사람들이 하나님은 어느 누구도 멸망하는 것을 원하지 않는다는 사실을 마음 속 깊이 새겨야 한다.

3) 기도를 통해 역사하시는 성령의 능력을 의지하라

예수님은 인류를 구원하시기 위해 구원 기관인 교회를 세우겠다고 예언하셨다(마16:18). 교회의 탄생은 오순절에 성령 강림으로부터 시작한다. 교회의 탄생은 기도로 시작되었다. 그리고 교회는 기도로 성장하고 유지되고 있다. 교회는 예수님의 교회이기에 성령님의 지시와 말씀과 능력으로 유지되어야 한다. 우리는 성령 받는 것과 성령충만의 차이를 알아야 한다. 우리는 예수님을 구주로 믿을 때에 성령을 받는다. 개울물과 보일러 물은 같은 물이나 능력에는 차이가 있다(행2:4; 엡5:18). 성령충만의 일들이 이루어져야 한다. 예수님을 믿는 사람들이 증가하고 교회가 날로 성장하는 곳에는 한결같은 마음으로 영혼구원과 하나님의 일꾼들을 위해 열심히 기도하는 모습들을 볼 수 있다. 이것이 교회를 성장시키는 힘이다.

2. 교회성장을 위한 점검

1) 교회성장의 요인들

교회성장의 중요한 요인은 회심성장을 기초로 한다. 전체 인구의 많은 사람들이 예수님을 믿지 않는 사람들이다. 회심성장 이외에 생물학적 요인을 들 수 있는데 남녀가 결혼하여 자녀를 낳는 경우 주일학교에 참석하고 신앙고백을 통해 이루어지는 성장이다. 교회 성장요인들은 내적요인, 사회적 요인, 문화적 요인들이 있다. 한국교회는 사회적, 문화적 요인들보다 내적 요인들을 중시해야 하는 시대에 접어들고 있다.

중요한 성장 요인들은 많이 있으나, 대표적인 것들은 기도와 영적 은사들, 지도력, 성장태도, 분석과 전략, 성장의지, 조직과 전도를 말할 수 있다. 교회성장 요인들이 중복될 수 있으나 사역자를 세워주는 지도력, 은사 중심적 사역, 열정적 영성, 기능적 조직, 영감 있는 예배, 전인적인 소그룹, 필요중심적인 전도와 사랑의 관계를 예로 들 수 있다.

2) 성장을 위한 교회진단

목회자들은 교회의 사역을 하면서 정확한 통계를 작성하고 그리고 작성하도록 감독해야 한다. 병원에서 의사들이 환자를 치료할 때 진찰하고 치료를 하는 것처럼 교회지도자들은 분석과 통찰력을 통해 교회의 실정이나 문제점들을 찾아내야 한다.

오늘날 모든 기업체가 기업을 진단하고 개혁과 성장을 추구하듯이 교회지도자들은 주님의 몸된 교회에 대한 올바른 진단과 처방을 내릴 수 있어야한다. 개인과 상황과 지역에 따라 다를 수 있으나 교회진단은 꼭 필요하다. 라일 샬러가 침체된 교회를 성장시키는 교회진단 방법을 예로 일곱 가지로 소개하고자 한다. 각 문항을 질문으로 바꾸어 진단하라.

(1) 이제까지 사용하던 전도방법을 바꾸지 말고 새로운 방법을 추가하여 사용한다. 다양한 전도 방법을 익히는데 시간이 필요하며, 다양한 전도 방법이 필요하다. 훼이스(Faith) 전도방법을 도입하더라도 연쇄전도훈련 방법을 사용한 경우는 계속하고, 알파 전도방법을 도입했더라도 노방전도를 계속해야 하다.

(2) 과거의 실패에서 내일의 가능성과 기회와 잠재력을 바라본다. 진단과 처방을 통해 성장하는 계기를 삼아야 한다.

(3) 침체 상태에 있는 교회의 특색은 교회의 본질에 관심이 집중

되지 않고 변두리사역에 관심이 있다. 자녀교육이나 주변 여건 등의 일에서 복음의 본질에 접하게 해야 한다.

(4) 교인들 속에 있는 작은 소그룹들로 하여금 새신자들을 환영하게 해야 한다. 새신자들이 적응할 수 있도록 교회가 되어야 한다.

(5) 침체상태에 있는 교회는 대부분 부정적 태도, 소극적 사역, 패배의식의 상태에 있다. 성장 분위기를 조성하기 위한 목표설정과 훈련이 필요하다.

(6) 교인 각자의 성령의 은사를 확인시키고 교회 안에서 최대한의 활용과 봉사의 기회를 주도록 한다.

(7) 교회의 목적이 무엇인지 교인들로 하여금 확신하도록 한다. 교회의 목적을 분명히 하는 것은 침체상태를 벗어나 성장의 길로 가는 시작이다.

3) 교회성장을 위한 목표정하기

사회활동, 특히 조직체의 활동은 끊임없이 어떤 목표를 추구하는 움직임이다. 그러므로 목표설정은 목회전략의 핵심이 되는 요소 중의 하나이다. 교회의 활동과 교회성장운동은 그리스도의 지상 명령을 수행하는 말씀을 근거로 한다. 모든 교회는 나름대로의 세부적이고 구체적인 목표를 세울 수 있으나 그러한 모든 것은 예수 그리스도의 명령에 근거를 두고 설정해야 한다. 여기서 생각해 보아야 하는 것은 그 목표가 성경에 타당하고, 본 교회 형편에 맞는 것이어야 하고, 가능한 방법으로 이룰 수 있는 목표인가를 살펴야 한다. 잘못된 목표는 교회를 더욱 혼란스럽게 하고, 교회의 역동적인 힘을 소진시키고 약화시킨다.

목표를 정할 때에 목표를 이룰 수 있는 방법이 있어야 하는데 바울사도의 방법을 보면 질서 정연한 내용을 보게 된다. 바울은 먼저 유대인에게 그리고 이방인에게 전하는 원칙을 가지고, 가는 곳마다 회당에서 유대인 개종자, 경건한 이방인 그리고 그들의 가족과 친척과 친구들에게 복음을 제시하고 있다. 이것은 당시의 정치적, 사회적, 문화적 상황을 주의 깊게 파악한 바울의 방법이었다고 생각한다. 이와 같이 복음전파 또는 교회성장 목표를 이루기 위해서는 그 시대와 사회에 알맞은 전도방법을 사용하는 것이 매우 바람직하고 유용한 방법이다.

4) 목회자와 지도력

목표를 이루는데 있어서 지도자는 매우 중요하다. 한 지도자가 바로서야 그 조직체를 움직여 부흥하고, 한 지도자가 잘못되면 그 조직은 침체하고 서서히 망하게 되는 것을 본다. 그러므로 목회자는 교회를 이끌고 나갈 수 있는 지도력이 있을 때 교회를 성장시킨다. 목회자는 지도력을 발휘하면서 갈등을 일으킬 수 있는데 섬김과 영적 권위를 가지고 이끌어 나가야 한다.

피터 왜그너는 교회성장의 제일 중요한 요인 중의 하나를 효과적인 지도력으로 보고 있다. 목회자가 교회를 성장시키는 지도력을 발휘하는데 있어서 필요한 요건을 다음과 같이 말하고 있다.

(1) 지식과 식견이다. 모든 사태를 바로 볼 수 있는 지식과 식견

이 필요하다.
(2) 지도력이 그 교회에 잘 맞아야 한다.
(3) 지도력은 섬김과 영적 권위로 나타나야 한다.
(4) 지도력은 목자적인 자세이어야 한다.
(5) 지도력은 방향제시가 있어야 한다.
(6) 지도력에는 장기적인 목표와 계획이 있어야 한다.

3. 바람직한 교회성장의 방향

1) 전도중심적인 교회

교회는 모두 복음을 전하기에 색다른 것이 없으나 교회는 열심히 복음을 전하고 외치는 교회가 바르게 성장한다. 모든 성도들과 모든 교회 조직들이 계속적인 복음증거가 중심이 될 때 살아 움직이고 열매를 맺게 된다. 성도들이 복음증거를 통해 구원의 기쁨과 확신을 얻게 되고 새로운 성도들을 통해 새생명의 힘찬 성장을 경험하게 된다. 그러므로 교회는 복음전도를 중단하거나 쉬어서는 안 된다. 나태하고 쉬는 것이 교회성장을 막는 것이고 생명력을 잃게 한다.

2) 말씀중심 교회

성경 말씀은 신앙의 중심이며 교회의 방향을 제시하는 하나님의 방편이기에 성경 말씀이 바르게 가르쳐지고 배우는 곳에서 악한 사회의 영향과 이단사상들을 이길 수 있다. 교회는 성경말씀에 입각한 설교와 성도들의 성장을 위하여 끝임 없는 교육을 통하여 굳건한 신앙을 지닌 그리스도의 군사들을 만들어야 한다. 말씀없이 예화 중심의 설교나 코메디식 설교, 축복만을 최우선으로 하는 설교는 일시적으로 교회의 숫적 증거를 가져올 수 있겠지만 결국 모래성에 지나지 않는다는 것을 자각하고 말씀을 통한 교회성장을 추구해야 한다.

3) 가정치유 교회

현대 사회에 가장 큰 문제 중에 하나가 가정 쇠퇴와 몰락이다. 부부간의 갈등, 청소년들의 가출과 비행, 성범죄의 증가, 도덕적 파괴로 인하여 가정이 흔들리고 그 영향으로 사회가 흔들린다. 가정에서 용납과 사랑을 경험하지 못한 청소년들이 사회에 반항하고 체제에 도전하게 되고, 가정에서 예절을 배우지 못한 십대들이 학교와 공동체에서 무질서를 창출하는 것이다. 교회는 가정에서의 참다운 사랑과 신앙교육을 통하여 올바른 신앙인으로 교육시켜야 한다.

4) 평신도사역 교회

교회의 대부분은 사역자가 아니라 평신도들이다. 평신도들은 하나님의 특별한 부르심을 받아 전임 교역자들과는 다르게 생활 직업을 가지고 부분적으로 사역에 참여 한다. 그들은 전문성을 가지고 있기에 그들을 동원하고 제대로 활용하기만 한다면 사역은 새로운 활력과 효과를 얻을 것이다. 이를 위해 목회자는 성도들의 은사를 개발하고, 무슨 은사가 있는지 어떻게 활용해야 하는지를 교육하고 배치하고 확인해야 한다. 교인들 중에는 은사에 무지하여 본인이 가지고 있는 특별한 은사들을 사장하고 개발하지 않는 경우가 있다. 교회는 적극적으로 평신도를 깨우고 은사를 발전시켜 사역에 동참시켜야 한다. 평신도들을 어떻게 효과적으로 움직이느냐는 교회성장에 매우 중요한 부분이다.

5) 선교지향적 교회

교회는 그리스도의 몸인데 언제나 그리스도가 위임하신 지상명령을 잊어서는 안 된다. 이것은 어느 시대나, 어느 곳이나, 어느 민족에게나 지속되는 명령이다. 초대교회에 주어진 복음은 현재에도 동일한 복음이다. 시대에 따라, 지역과 문화에 따라 다양하게 적용하는 방법의 차이는 있지만 선교적 사명은 계속된다. 내 교회 위주의 성장이 아니라 아시아를 생각하고 세계를 향하여 나아가는 열정적인 교회가 하나님이 보시기에 아름다운 교회이고 올바른 방향으로 나아가는 것이다.

6) 지역사회를 위한 교회

개교회는 지역을 근거로 하고 있다. 이 말은 그 지역에 살고 있는 주민 안에서 있다는 것이다. 교회는 교회로써의 모습을 지역 주민에게 보여주고 하나님께 영광되게 하는데서 교회는 성장한다. 지역 주민에게 인정받지 못하는 교회는 얼마가지 않아서 그곳을 떠나야 하든지, 고립된 교회로 남게 된다. 그러므로 교회는 지역 주민에게 좋은 인식을 주어야 한다. 그 방법으로 교회의 일부 시설인 주차장, 교육시설을 개방하여 일반인들이 쉽게 교회에 들어 올 수 있게 하고 지역 행사에도 교회가 참여하여 거리감을 좁혀나가는 것이 중요하다.

4. 새신자를 위한 준비

주차 안내를 점검하고, 출입구와 예배실을 가는 길을 분명히 해야 한다. 전략적으로 은사 받은 환영위원을 배치하여 이미지를 높이고, 예배 식후에 촬영시간을 두며, 안내 표시를 명확히 하여 새신자가 불편하지 않도록 해야 한다. 새신자 담당위들을 정기적으로 훈련하고, 등록카드를 반드시 작성하도록 한다. 새신자는 다음 주가 되기 전에 반드시 전화 심방을 하여 안부와 다음 주 예배 참석을 권유한다. 새신자가 이해할 수 있는 교회 자료와 사랑의 관심을 가지고 무엇보다 우선순위를 새신자에게 두어야 한다.

5. 새신자 확보 전략

모든 교회는 전도를 강조한다. 그러나 전도되어온 사람들을 교회에 정착시키려는 노력은 충분하지 못한 실정이다. 개척교회를 시작할 때 일차적인 책임은 담임목회자에게 있다. 개척교회에서부터 새신자 양육을 팀으로 조직적으로 해야 한다. 전도와 양육과 관리와 성장의 과정을 구체적으로 해야 한다. 1년에 100명의 새신자가 나오는 교회는 그 중 80%를 교회에 등록시키고, 등록된 사람들의 70%을 정착시킨다면 그 교회는 56명이 증가하게 된다. 자연 감소를 감안하더라도 1년에 40명의 성도가 늘어나는 셈이다. 이런 측면에서 새신자는 교회의 성장에 매우 중요한 위치를 차지한다. 그럼에도 불구하고 많은 교회들은 새신자의 중요성의 인식 부족과 조직적이고 체계적인 전략의 부족으로 성장이 정체 되어 있는 실정이다.

성장하는 교회는 항상 새신자들로 넘쳐 난다. 그리고 새신자들이 넘치는 교회는 역동적이며 항상 새로운 힘으로 가득 차게 된다. 그 이유는 전도와 새신자 관리를 위하여 부지런히 움직이기 때문이다. 새신자와 전도자는 교회를 생명력 있게 이끌어 가는 두 개의 축과 같다. 전도자는 전도자를 낳는다. 전도자가 전도를 통하여 새신자를 채우고 그 채워진 새신자를 통하여 전도열을 강화하고 또한 새신자들을 교육하여 그들을 전도자로 세울 때 교회는 성장한다. 이것이 성장하는 교회의 특징이다.

농촌지역과 특수한 여건에 있는 지역은 예외이지만, 이와 반대로 침체하는 교회와 교회개척한지 3년이 지나도록 성장하지 않는 교회의 특징은 다음과 같다. 교회 성도들이 새로운 사람들로 바뀌나 전체 성도의 숫자는 변함이 없다. 기존 신자들이 새로 나온 사람들에게 별로 관심이 없다. 교회의 모든 활동과 행사에 새신자들을 제외시킨다.

새신자를 통한 교회성장을 이루기 위해서 담임목회자, 전임 사역자, 평신도 헌신자와 교회 전체가 혼연 일체가 되어야 한다.

새신자를 통한 교회성장이 되기 위해서 담임목회자가 먼저 새신자에 대한 깊은 관심을 가지고 있어야 하고, 담임목회자는 새신자 목회의 영적 총사령관임을 명심해야 한다. 작전과 전략을 세우고 명령하는 위치이다. 개척교회나 규모가 작은 교회의 경우에는 담임목회가 직접 관리해야 한다. 담임목회자가 새신자를 위해 늘 기도하며 변치 않는 관심을 기울이는 교회는 반드시 성장한다. 대형교회가 되더라도 담임목회자는 새신자들을 가장 빨리 만나는 최초의 사람이 되어야 한다.

현대 산업사회의 특징 중 하나는 분업화이다. 현대 목회에서도 분업화의 중요성을 깊이 인식해야 한다. 목회자 혼자서 모든 것을 감당하는 비효율적인 목회방식은 지양되어야 한다. 따라서 실제적인 새신자 관리와 교육은 새신자만을 전담하는 전담부서와 전담목회자에게 맡기는 것이 효과적이다. 새신자 전담부서와 전담교역자는 새신자 목회의 고지를 점령하는 필수적으로 필요한 병창기지가 된다. 새신자 목회의 실질적인 업무는 이 병창기지를 통하여 진행시켜나가면 된다. 많은 교회가 새신자 전담 부서와 교역자에 대한 투자가 부족하다. 새신자 전담부서를 운영하는 교회 또한 새신자 전담부서의 활동과 필요성에 대하여 등한시하는 모습을 보이고 있다. 교회는 이 같은 모습을 극복해야 한다.

목회자 혼자서 교회를 성장시키는 시대는 지났다. 현 목회의 성공 여부는 평신도 지도자를 얼마나 잘 육성하느냐에 달려 있다. 때문에 현대목회 사역에서 팀 사역의 중요성이 강조되고 있다. 이와 동시에 그리스도를 위해 훈련되고 헌신된 평신도 지도자들의 역할이 증대되어 가고 있다. 많은 교회가 새신자를 담당하는 평신도들을 잘못 세워 낭패를 당하곤 한다. 훈련된 전도자와 헌신된 평신도들이 새신자들의 교회정착을 위해 노력할 때 교회는 성장한다.

새신자를 통한 교회성장은 결국 교회전체의 참여가 뒤따르는 전도와 교육, 훈련이 효과적으로 이루어질 때 가능하다. 불신자와 새신자들을 위한 보다 적극적이고 창의적이며 구체적이고 조직적인 전략을 세워나갈 때 교회는 성장하게 된다.

주(註)

1) 전도중심교회 만들기는 신학대학원 목회학개론 시간에 학생들 중에 전도중심 교회를 현장조사하고 교회의 내용을 요약하여 발표한 일부 내용과 같은 주제인 기말고사 내용을 일부 인용하였다. 저자가 인용한 부분 중에 부족한 것은 전적으로 저자의 책임이다. 연세중앙교회, 꿈의 교회와 부광교회를 중심으로 했고 학부와 대학원학생들이 보고서를 작성할 때에 참고가 되게 하기 위해 수록했고, 교회들이 전도중심의 교회가 되기 소원하는 저자의 마음이 담겨있다. 참고문헌을 구체적으로 언급하지 않은 것은 일반적인 내용이며 또한 교재내용의 중복을 피하기 위해서이다. 20년 가까이 현장 조사를 함께한 모든 제자들과 특히 김경태전도사, 김준태전도사, 김은정전도사에게 고마운 마음을 표한다.

2) 본 내용은 금왕에 있는 복된교회 윤종원목사가 신학대학원 교회개척론 특강에서 강의한 내용을 그대로 옮긴 것이다. 저자가 교회개척론 시간에 가르친 내용을 적용한 사례이기에 허락을 받아 수록한다. 윤목사는 믿음과 충성의 사람으로 두 번째 교회를 지었고, 수업시간에 배운 내용을 기도와 함께 현장에 적용한 교회개척자이다.

••• 현대교회성장의 이해

부록
침례교단 10년 배가 운동에 대한 전략

침례교단 10년 배가 운동에 대한 전략

　교회성장은 전적으로 하나님의 은혜요 사도행전에서 보여주는 것처럼 성령님께서 활동하시는 표적이다. 건강한 교회는 성장하게 되어있고, 교회 성장은 하나님의 뜻이다. 전도하는 교회만이 부흥한다. 그것은 하나님께서 구원의 역사를 주관하시지만, 전도라는 방법을 통하여 구원의 역사를 이루어가시기 때문이다. 예수님은 내가 전도하기 위해 왔다고 하셨다.[1]

　한국교회는 70, 80년대와 현재와 비교할 때 많이 변화했음을 알 수 있다. 문화적인 면, 교육적인 면, 조직적인 면, 예배 형태에서 변했다. 개인적인 문제나, 직업 형태, 학문 훈련방법, 전도와 선교에서도 엄청난 변화가 일어나고 있다. 한국교회는 대형교회의 개념에서 크든 작든 변화에 적응하는 메타교회의 형태로 변하고 있다.[2]

　하나님은 한국교회를 축복하셔서 세계적인 부흥을 주셨고 세계교회에 모델이 될 수 있는 많은 교회들을 주셨다. 그러나 1990년대 중반부터 한국교회는 성장에서 머뭇거리고 있고, 많은 목회자들이 성장의 고원 현상을 우려하고 있다. 한국통계청은 2006년 5월 26일에 2005년 인구 및 주택 총 조사에 의하면 종교 인구는 10년 전에 비해 10.5% 증가율을 보였지만 개신교 인구는 861만여 명(전인 구의 18.3%)으로 10년 전에 비해 인구 비율로 1.6% 감소했다고 밝혔다.3)

역사적으로 보면 교회에는 교회성장의 도입기, 교회성장의 성장기, 교회성장의 성숙기와 교회성장의 쇠퇴기로 구분할 수 있다. 한국교회는 성숙기에서 침체와 고원 현상을 보이고 있다. 유럽교회와 미국교회는 1950년대 교회성장의 쇠퇴기에 들어섰다. 그러나 미국 교회는 유럽교회와 다르게 1960년대 교회성장의 한계를 교회개척과 교회성장에 대한 연구의 집중을 통하여 쇠퇴기를 극복하였다. 맥가브란의 「하나님의 가교」(1955년)의 출판이후 교회성장의 역사는 미국교회의 교회성장운동을 중심으로 전 세계적으로 확산되었다. 1970년대와 1980년대는 미국교회 중심시대, 1990년대는 세계교회 중심 시대를 걸쳐 21세기는 교회성장의 절정을 이룰 것으로 전망하고 있다.4)

미국교회는 1970년대와 1980년대에 많은 시련을 가진 시기이다. 이 시기에 미국의 수천교회들이 매년 문을 닫았다. 그러나 복음주의 교회들을 중심으로 성장운동이 일어났고 미국교회가 다시 성숙기로 회복되어가고 있다. 이 중에 미남침례교단은 교단적으로 구체적이고 치밀한 계획을 세워 교회성장운동을 지속하고 있다. 미남침례교단은 1991년에서 2000년 까지 10년 계획을 통해 15,000교회 성장계획안을 작성하여 켐페인을 실천하였다.5)

본인은 미남침례교회의 10년 성장 계획서를 소개하고 성장이론과 전략을 제시하고자 한다. 한국교회는 교회성장의 도입기와 성장기를 지나 성숙기의 단계로 들어서고 있다. 이 글이 한국교회 뿐만 아니라 기독교한국 침례교회가 한국교회 성숙기에 교회 성장 침체와 고원 현상에서 벗어나는 작은 도움이 되기 바라고, 주님의 지상 명령을 수행하는 성숙한 교회들이 되기를 소원한다. 이 논문에서는, 첫째, 교회지도자들에게 성장 형 교회 계획을 발견하고, 또는 다시 발견하도록 정보 요인들을 제공하고, 둘째, 신학교 교육이 21세기 한국교회를 침체에서 벗어나게 하고 다시 부흥하는 교회 중심적 성장형 교육이 되어야 함을 강조하고자 한다. 셋째, 한국침례교단이 침체기를 벗어날 필요성과 교단의 중장기적 목표설정을 제시하고자 한다. 본 논문에서는 논문의 분량 한계상 성장을 위한 전략적 요인들을 소개하는데 중점을 두고자 한다. 침례교단이 건강한 교회를 위한 전략과 임무와 프로그램의 평가 등은 다음 논문에서 구체적인 전략 방향을 제시하고자 한다.

I. 기독교 한국 침례교회 현황

21개 교단의 교회수와 교인수의 자세한 통계는 한미준이 발표한 "한국교회 미래리포트"를 참고했고, 교단의 교회 경쟁력 부분은 교회성장연구소의 "한국교회 경쟁력보고서"의 통계를 이용하고 있다.

기독교 한국 침례교회의 교회수는 1997년 2,118교회, 2001년 2,465교회, 2002년도 동일한 2,465교회, 2003년 2,508교회이다.6) 교인수는 1997년 600,000명, 2001년 774,259명, 2002년, 2003년이 2001년과 동일한 774,259명이다.7) 목회자 수는 목사

3,536명, 선교사 481명으로 총 4,017명이다. 이를 1997년과 2003년을 비교해보면 본 교단은 교회수18.4%증가, 교인수 29.0%증가, 목회자수 37.8%증가를 보이고 있다.

"한국교회 미래리포트"가 1997년에서 2003년까지 조사한 21개 교단의 교회수와 교인수와 목회자 수를 보면 뚜렷한 통계를 볼 수 있다. 작은 교단의 교회 수와 교인 수와 사역자 수가 줄어들고 있음을 알 수 있다(그리스도의 교회(그리스도). 그리스도의 교회 협의회(그리스도), 대한예수교장로회(합동보수), 구세군대한본영(구세군), 기독교대한성결교회(기성), 대한기독교나사렛성결교회(나사렛), 대한 성공회(성공회), 예수교대한성결교회(예성). 성결교회는 교회 수는 늘었으나 교인 수는 오히려 줄어들었다).8)

"한국교회 경쟁력보고서"에서 교회성장연구소는 한국교회 11개교단의 경쟁력을 자세히 분석하고 있다. 설문형식으로 조사된 설문은 표본오차 3.1%로 신뢰도 95%로 하고 있다(전국교회 864교회가 참석했고, 기독교 한국 침례교회는 172교회가 설문에 참석했다). 조사 분석한 4가지 중심 항목은 일반현황 12문항(교단, 지역, 설립연도, 교역자 수, 제직자 수, 출석 성도 수, 재정규모, 소그룹 수, 파송한 선교사 수, 중점적인 해외선교국가, 선교예정 국가), 영적 자원요소 100개 문항(목회자의 자질과 리더십, 효과적인 시스템, 평신도 동력화, 하나님 경험, 체계적인 전도, 전문화된 사역, 활성화된 양육, 지역사회 봉사, 선교, 분립개척을 통한 재생산), 물질 자원 요소 44개 문항(부존자원, 수요조건, 관련부분환경, 경영환경), 인적자원 요소 60문항(목회자, 지도사역자, 전문사역자, 일반사역자)이다. 교회성장연구소는 한국교회경쟁력을 파악하기 위하여 4가지 중에서 일반 문항을 제외하고 204개 문항을 만들어 영적 자원요소 49.0%, 물질적 자원 요소 29.4%, 그리고 인적 자원 요소를 21.6%의 조사 비율로 하여 100점으로 환산하고 있다.9)

위의 내용으로 파악한 기독교한국침례회(기침) 172개 교회 중에서 교회경쟁력의 순위를 1위, 10위, 20위로 시작하여 160위까지 10등분으로 조사한 경쟁력은 다음과 같다.10)

기독교한국침례교회(기침)의 경우 평균적으로 볼 때, 목회자의 자질과 리더십은 79점, 효과적인 시스템은 64점, 평신도 동력화는 63점, 영성은 62점, 체계적인 전도는 48점, 전문화된 사역은 51점, 활성화된 양육은 53점, 지역사회봉사는 50점, 선교 51점, 재생산은 34점으로 영적 자원요소는 총 평균 55점이다. 물적 자원요소는 부존자원은 26점, 수요조건은 47점, 관련부분환경은 55점, 경영환경은 46점으로 총 평균은 43점이다. 인적 자원요소는 목회자의 리더십은 69점, 지도 사역자는 57점, 전문 사역자는 53점, 일반 사역자는 60점으로 총 평균이 60점이다. 위의 내용을 종합하면 기독교한국침례회의 교회경쟁력은 총 평균이 54점으로 나타났다.

분석한 옆의 표를 보았을 때 침례교회 내에서 경쟁력 1위(172교회중 상위 10교회) 교회는 영적 자원요소 중에는 목회자의 리더십, 시스템, 평신도 동력화, 영성, 재생산 등이 탁월했고, 물질 자원 중에는 관련부분환경이, 인적 자원요소 중에는 지도사역자, 전문사역자, 일반사역자 등이 탁월했다.

경쟁력 80위의 교회를 살펴보면 영적 자원요소 중에서 시스템,

평신도 동력화, 영성, 전문화된 사역, 선교, 재생산 등이 상대적으로 약했지만 리더십은 탁월한 것으로 드러났다. 물질적 자원요소 중에는 관련부문환경이 높은 점수를 얻었다. 인적 자원요소 중에는 목회자와 전문사역자의 점수가 높게 나타났다.

경쟁력 160위의 교회를 살펴보면 영적 자원 요소 중의 목회자의 리더십을 제외하고는 거의 모든 부분에서 낮은 점수를 기록하고 있다.

이로써 기독교한국침례교회(기침)의 경쟁력을 좌우하는 것은 목회자의 리더십, 시스템, 평신도 동력화, 영성, 재생산, 관련부문환경, 인적 자원요소임을 알 수 있다.

교회의 성장 내용을 분석할 때 5년 동안 인구 성장률을 곱한 것으로 성장하는 교회, 현상유지(고원 현상) 교회와 침체하는 교회로 분석한다. 이로 보면, 한국교회는 5년 동안에 10% 이상을 성장하면 성장하는 교회에 속하고, 10%이상을 성장하지 못한 교회는 침체한 교회로 분류한다. 5년 동안에 교인이 10%이상 줄어든 교회는 쇠퇴하는 교회이다.

교단에서 발표한 통계가 불충분하지만 결과를 보면, 우리교단은 성장하는 교단에 속해있음을 본다. 영적 단체인 하나님의 교회는 영원하고 하나님의 구원을 역사를 이루실 때 까지 사역을 계속하신다. 그러나 인간의 단체인 가시적인 지역교회는 성장과 침체와 쇠퇴가 있을 수 있다. 미남침례교단은 세계에서 영혼 구령의 전도에 모범적인 교단이다. 그러나 이 교단도 성장하는 교회는 50%가 되지 않고, 매년 235교회가 문을 닫는다.11) 미남침례교단이 침체기에도 성장할 수 있는 이유들은 성장하는 교회들이 여러 방법으로 예수님의 지상 명령을 충실히 수행하고 있기 때문이다.

우리 한국교회는 우리 세대에 두 가지 큰 과제를 가지고 있다. 하나는 성숙의 문제이고, 또 다른 하나는 계속적인 성장의 문제이다. 인구 증가율 보다 낮은 교회성장은 유럽교회와 같이 노인들이 교회의 주구성원이 되는 시대가 될 수 있기 때문이다.

기독교인구의 통계에 차이가 있으나, 통계청의 발표대로 아무 종교도 없는 비종교인이 인구의 약 43%를 차지하고 있다. 인구의 25%가 기독교인이라는 교회단체의 발표를 따르더라도 타종교까지 포함하면 우리나라 국민의 최소한 75%가 구원 받아야 할 사람들이고, 전도 대상자들이다. 10년 넘게 한국교회는 교회의 고원현상 단계에 와 있다. 다시 10년 이상 침체기가 계속 되지 않도록 한국교회적인 몸부림과 교단적인 깊은 이해와 전략이 필요하다.

이는 한국교회와 침례교단이 3가지 면에서 이론과 전략을 가질 필요가 있다.

첫째, 목회자들이 건강한 교회를 만들고 그 결과 성장형 교회가 되는 것이다.

둘째, 신학교가 신학과 영성과 실천을 겸비한 교회 중심적인 사역자들을 배출하는데 심혈을 기울여야 한다.

셋째, 교단이 교회개척과 성장에 학문적이고 조직적인 성장운동을 전개해야 한다. 침례교회 2500개 교회가 10년 동안에 1개 교회를 개척하는 10년 성장 이론과 전략이 중장기적으로 실행되어야 한다.

II. 미남침례교단의 10년 성장의 기본 계획서 작성의 배경과 목적

미남침례교회성장계획서(The Southern Baptist Church Growth Plan)는 1991년에서 2000년까지 교단 성장계획을 실천하는데 기본이 된 책이다. 이 책은 112페이지 분량의 작은 책자이다. 이 책은 "교회성장은 사람들의 삶이 변화하는 것"이라는 결론을 가지고 있다. 이 책의 골격은 1)전도(죄인을 찾아내어 하나님의 말을 가르친다) 2)제자훈련(신자들을 성장시키고 지도자를 육성한다) 3)교회 임무(교회의 목적인 사역을 발전시키고 새로운 사역을 수행한다)와 4)행정(과정을 인도하고 친밀한 교제가 되도록 봉사한다)의 4가지 순환 과정들을 통하여, 죄 된 인간이 성령의 사람이 되는 내용이다.12)

1. 교회성장계획서의 작성 배경

본 교회성장계획서는 몇 가지 작성 배경이 있다.13)

첫째, 교회 지도자들에게 교회성장 계획을 발견하게 하고, 또는 다시 발견하게 하도록 정보와 전략적 요인들을 제공한다. 그 계획은 지도자들에게 지도자의 영향력, 책임 전략, 프로그램과 자원관리, 임무와 교인들까지를 포함한 내용이다. 이 교범은 교회성장의 기초적인 내용전반을 다루고 있다. 그 내용은 균형적인 성장이 성서적 관점에서 진행되고 있다. 내용이 성장하는 교회에 강조점을 두었으나, 침체하고 쇠퇴하는 교회에도 강조점을 두고 있다.

둘째, 교회진단, 계획과 평가하는데 사용할 수 있는 정보와 방향을 제시한다.

셋째, 이 교범의 평가 방법은 교회에 도움을 주도록 구성하였다. 내용은 중요한 분야의 참고 자료, 성도들의 필요 발견, 목표설정, 행동계획과 교회 성장에 기여 할 임무와 프로그램 평가이다.

2. 교회성장계획서의 관심분야들과 전략적 목적

1) 성장계획서의 8가지 관심분야들

(1) 남침례교회 교회성장 계획은 교회의 목적인 임무에 초점이 있다.14)

교회는 예수님이 세우신 구원 기관이다(마16:18). 예수님은 교회를 통하여 이 세상을 구원하실 계획을 가지고 계시다. 예수님이 교회를 세우신 목적에 따라 교회가 활동해야 한다. 남침례교 교회 성장 계획은 그 목적을 이루려는데 목적과 초점이 있다. 교회는 구성원들(하나님의 사람들)이 교회의 임무를 수행할 때 교회의 목적을 충분히 이룰 수 있다. 여러 해 동안, 남침례교인들은 "임무를 수행하는 것"은 (a)예배 (b)선포와 증거 (c)양육과 교육 (d)봉사와 같은 이런 기능을 포함한다고 믿어오고 있다. 남침례교 교회성장 계획은 교회의 임무에 초점이 맞추어져 있다. 그 계획은 교회가 예배, 성포와 증거, 양육과 교육, 그리고 봉사를 수행하도록 안내하는 원리들을 강조한다. 이 계획을 사용할 때 전체 교인들이 충분히 자신의 가능성을 준비하는 목적감 있는 성도들이 될 것이다.

(2) 남침례교 교회성장 계획은 교회의 필요에 근거한다.15)

전도는 필요중심의 전도가 되어야 한다. 그 계획은 교회 지도자들에게 교인들과 지역사회에 무엇이 필요한가를 발견하게 한다. 각 교회는 교회의 사역 목표들을 분명히 확정해야 한다. 필요성을 발견하면 성도들은 새로운 가능성에 도전하고 적극적인 참여를 할 수 있다. 교회의 기본 일인 전도는 성도들과 지역사회 안에서 무엇이 필요한가에 기초를 두어야 한다. 남침례교 교회성장 계획은 각 교회가 꼭 같은 교회성장 전략을 발전시켜야 한다고 제안하지 않는다. 오히려, 남침례교 교회성장 계획은 인내해야 할 기본적인 원리들을 제안한다. 방법들은 새롭고 창의적이며 변화할 수 있는 방법들이 되도록 여유를 두어야 한다. 만약 교회들이 내 교회의 필요성을 진단하고자 한다면, 본 계획서가 좋은 자료들을 제공할 것이다.

(3) 남침례교 교회성장 계획은 재생산적이다.16)

"재생산적"이란 용어는 본 교범의 자료가 모든 남침례교단에 의해 사용될 수 있다는 의미이다. 역시, 본 교범에 나오는 방법과 전략은 여러 해를 계속해서 사용할 수 있다는 암시이다. 원리는 적으나 방법은 목회자의 수만큼 많을 수 있다. 성경의 중요한 원리는 재생산되어야 한다.

아리조나 침례교회 본부의 임원였던, 프랭크 포취(Frank Foutch)는 교회성장의 적용을 골프 경기에 비교하고 있다. 만약 골프 치는 사람이 골프를 잘 치려면 스윙 연습을 반복적으로 해야 한다. 실전에서 그대로 되도록 반복 훈련이 체계화 되어야 한다. 그리고 사용하는 골프채도 다양하다. 포취는 각 교회는 다른 교회가 사용하는 방법과는 다르게 접근 방법과 성장 철학을 사용하여 효과적으로 사람들을 이끌어 내야함을 말하고 있다. 골퍼는 여러 종류의 골프채를 사용한다. 멀리 보낼 때, 모래밭에 빠졌을 때, 각각 다른 골프채를 사용한다. 남침례교 교회들은 각 교회의 환경이 다른 것을 발견한다.

남침례교 교회성장 계획은 여러 해를 계속해서 사용할 수 있는 성장전략과 도구들을 공급한다. 그 계획은 다시 이론을 사용할 수 있는 원리 중심이고 각 교회에 적용할 수 있는 재 생산적이다. 각 교회의 독특성에 기초할 수 있는 적용성과 창의적인 여유를 남겨두고 있다.

(4) 남침례교 교회성장 계획은 사업계획보다 추진과정이다.17)

교회성장은 목표달성에 목적이 있는 것이 아니다. 교회성장은 추진과정에서 목적을 인식하고, 교회 성장 분위기를 만들며, 같이 모여 기도하고, 예배드리고, 전도하고, 교육하고, 봉사하고, 친교하는데서 나오는 과정의 축복이다.

목회사업계획은 좋은 것이고 많은 교회가 특별한 목표를 달성하는데 도움을 주고 있다. 교회성장 계획은 사업계획 이상의 일이다. 남침례교 교회성장 계획은 사업계획의 이상의 일이다. 그 계획은 하나의 추진과정이라고 말할 수 있다. 많은 교회들이 단지 행사나 혹은 사업계획을 중요시한다. 이런 교회들은 추진과정을 중요시하여 성장 가능성을 높일 수 있다. 많은 행사와 사업계획이 교회를 성장시킨다고 하지만, 행사의 빈도수가 교회성장을 유지시키지 못한다.

추진과정에 계획이 필요하고, 프로그램, 인적 물적 자원이 포함된다. 추진과정은 융통성이 있고 많은 실천 계획들을 소개한다. 남침례교 교회성장 계획은 추진과정 중심의 원리이다.

(5) 남침례교 교회성장 계획은 다양한 특징이 있다.18)

성경적 교회성장은 질적이며 양적인 성장을 말한다. 즉, 성경적인 교회성장은 "결단"과 "제자훈련"를 포함한다. 남침례교 교회성장은 네 가지 성경적 균형 성장을 강조한다. 전도성장, 제자양육성장, 봉사성장과 행정성장이다. 한국교회는 이 균형성장에 깊은 주의를 기울려야 한다.

(6) 남침례교 교회성장 계획은 프로그램 임무 중심이다.19)

교회성장 계획은 교회목적의 임무 중심이어야 한다. 예수 그리스도의 지상명령을 수행하는 것이 되어야 한다(마28:18-20). 역사적으로, 남침례교인들은 진행중인 프로그램의 가치성과 신뢰성을 깨닫고 있다. 남침례교 교회성장 계획은 프로그램 중심적이다. 그 계획은 교회 프로그램의 중요한 기여를 깨닫도록 교회 프로그램을 조화 있게 한다. 이 접근은 교회 지도자들이 남침례교 프로그램들이 교회의 임무와 목적에 연관되어 있음을 보게 한다. 남침례교 교회성장 계획은 질적이며 양적인 성장으로 균형적인 교회성장을 지원한다.

(7) 남침례교 교회성장 계획은 책임을 할당한다.20)

만약 한 두 교회 지도자나 혹은 프로그램들이 교회성장을 모두 책임진다면, 그 책임은 너무 무거운 것이다. 남침례교 교회성장의 미덕은 많은 교회 지도자들과 프로그램들에 역할과 책임을 할당하는 것이다. 지도력이 교회성장의 중요한 덕목으로 자주 언급되는 이유이다. 교회는 양떼를 위해 행정하고, 가르치고, 땀 흘리는 목사들을 가지고 있다. 그들은 하나님이 주신 책임들을 기꺼이 수행한다

(살전5:12). 그리고 은사가 있는 성도들이 교회성장을 위해 지도력을 가지고 목사와 함께 일한다. 이 교범의 끝에 특별한 프로그램, 그룹들과 개인에 할당된 특별한 관심사들을 다루고자 한다.

(8) 남침례교 교회성장 계획은 결과를 측정한다.[21]

사무처리회 회원들은 프로그램 평가방법들을 사용할 때, 평가 방법들이 결과를 측정할 수 있음을 발견하게 된다. 남침례교 교회성장 계획의 과정은 교회의 프로그램들을 성장방향으로 이끌고 있다. 이 계획은 의도적이며 측정 가능하도록 하고 있다. 그러므로, 그 계획은 몇 가지 기대치를 세울 수 있다. 전략적 계획 제시는 좋은 결과를 가져 올 수 있다. 그 계획은 제시된 교회성장 행동과 교회프로그램의 의미성과 유익성, 둘 다를 평가할 수 있게 한다. 남침례교 교회성장 계획에서 제시된 과정들을 1년 혹은 2년 사용한 후에 각 교회는 어떤 프로그램이 정당했고 혹은 특별한 교회에 유익했는지를 발견할 것이다.

2) 성장계획서의 전략적 목적[22]

(1) 남침례교회들과 그들의 신자들이 교회성장에 관한 신학적 확신들을 새롭게 하기 위함이다. "밭에 추수할 곡식이 희어졌다"라는 믿음과 하나님의 성령이 이 땅위에 역사 하시기에 수많은 사람이 복음에 접할 수 있다는 믿음에 근거해서 전도의 우선순위를 만들기 위함이다.

(2) 실제적인 회중 성장에 기여하는 전도, 제자훈련, 선교와 행정에 주의를 집중케 하기 위함이다.

(3) 전도의 목적이 제자 삼는 것 즉 성서에 뿌리박고 교회인 그리스도인의 몸에 포함된 예수님의 실제적인 추종자가 되는 교회성장 배경을 주장하기 위함이다.

(4) 근거가 있고 균형 잡힌 성서적이고 역사적인 교회 성장의 원리를 설명하고 남침례교회에서 활용할 수 있는 계획을 산출하기 위함이다.

(5) 교회성장을 비난하고 교회성장을 억제하는 태도, 낡은 사고, 막연한 세력과 요인들을 깨닫게 하고 최소화하게 하기 위함이다.

(6) 지역사회의 유형과 교회의 여러 가지 크기와 종류를 포함해서 문화에 공유하면서 효과적인 방법으로 여러 가지 문화와 보조 문화를 말하도록 추구하기 위함이다.

(7) 단편적인 교회성장이 아니라 교회성장이 될 전략과 모형을 제공하기 위함이다. 그와 같은 모형을 교회가 자체적인 목적으로 세우고 목적에 평가 조직을 세우고 목적에 평가 조직을 세우게 하고 통일성과 단순성을 제시하기 위함이다.

(8) 필요성과 자료 발견, 목표 설정, 목표 발전 평가에 있어서 꼭 필요하고 계획된 접근을 하기 위함이고 과거 교회 기록과 현재 상황을 신중히 분석하여 필요한 전략과 도표를 그리기 위함이다.

(9) 새로운 학급에서 새로운 전도 사역, 개척교회에 이르기까지 새로운 사역에 대해 강조하기 위함이다.

(10) 남침례교회가 균형을 이루고 교육프로그램을 사용해서 교회의 임무를 완수하기 위해서 어떻게 방법들을 발전시키고 적용하고 입증 하나를 보여 주기 위함이다.

(11) 지도자들에 의해 소외를 느낄 수 있는 신자들을 조심스럽게 계속적으로 보살필 전략을 제공하기 위함이다. 사람을 보살피는 일은 사역을 행하는 것과 동행하여야 한다. 그러나 사람을 살피는 일은 교회목적을 방해하는 개인적인 관심과는 달라야 한다.

III 남침례교회 성장계획 요약

예수님은 "내가 이 반석 위에 내 교회를 세우리니 음부의 군세가 이기지 못하리라"고 하셨다(마16:18). 예수님은 이 땅위에 그의 교회를 세우셨고, 사역자를 두어 그 교회를 사역하게 하신다(요 21:15-17). 하나님의 교회는 하나님의 목적에 따라 사역해야 한다. 교회의 목적과 기능에 따라 예수님의 목적을 이루는 목회는 크든 작든 칭찬 듣는 사역이다. 우리에게는 달란트가 다르다. 그러나 달란트의 비유에서처럼 주인의 마음과 목적을 헤아려 사역하는 지혜가 필요하다. 그런 사역자를 주님은 오늘날도 선택하시어 부르시고, 훈련시키고, 순종의 사람들이 되게 하고 그들을 통해 그의 뜻을 이루어가고 있다.

예수님이 교회를 세우신 목적은 영혼 구원에 있다. 예수님은 예배, 전도, 교육, 봉사, 친교를 통해 교회의 목적을 충실히 실행하는 교회를 통하여 역사하신다. 교회의 건강과 부흥은 성령님의 역사이다. 인간의 힘과 능으로 되는 것이 아니고 오직 여호와의 신으로 되는 일이다.

1. 남침례교 교회성장 계획서 요약

남침례교 교회성장 계획서의 목적은 다음과 같이 요약 할 수 있다. 각 교회가 교회성장의 강한 의지를 가슴 속 깊이 품기 위함이고, 교회 성장 분야들을 식별하게 하고, 교회 성장의 결과를 얻도록 과정을 통해 성령의 역사를 경험하고, 각 교회가 교회의 목적을 이루도록 인도하고, 성장 계획과 결과들을 평가하는 방법들을 제공하기 위함이다.23)

2. 교재목차 9가지 분야

교재 내용은 9가지 분야로 되어있다.

제1장 무엇이 남침례교 교회성장 계획인가? 제2장 무엇이 교회성장인가? 제3장 무엇이 교회성장에 영향을 미치는 기본 요소들인가? 제4장 왜 남침례교단은 교회성장 전략이 필요한가? 제5장 이 계획이 교회를 성장하게 하는데 도움을 줄 것인가? 제6장 왜 이 교회성장 계획이 교회 목적에 따른 프로그램 임무 중심인가? 제7장 이 계획들이 교회에 사용되기 위한 접근 방법 6단계들은 무엇인가? 제8장 남침례교 교회성장 계획서를 실제로 수행하는 도구들을 사용하는 방법. 제9장 진단, 계획, 평가 도구들.24)

3. 무엇이 교회성장인가?

"교회성장"이란 용어는 우리가 이해하는 내용보다 더 흔히 사용하는 단어이다. 이 용어를 깊이 이해하기 위해 우리는 여러 관점에서 교회성장을 보아야 한다. 네 가지 관점은 성경적, 역사적, 현대적, 종합적 관점이다. 이와 같은 이해를 통해 남침례교 성장계획서는 성장하는 교회의 일반적인 특성을 요약하고 있다. 교회성장 원리 10가지를 제시하고 있다.25)

1) 성도들이 전도에 최우선을 두는 교회
2) 담임목사, 부교역자와 평신도들이 교회 성장에 헌신하고 교회 성장을 위한 계획을 가진 교회
3) 기도 사역에 강조점을 두는 교회
4) 주일학교가 전도와 심방조직에 강한 교회
5) 예배가 부흥정신을 가지며, 즐겁고, 축제적이며, 기대에 넘치는 교회
6) 설교와 교육에 중점을 두고, 설교가 교인 생활에 강하게 적용하는 교회
7) 성도들이 영적 성숙, 개인 전도와 봉사에 준비된 교회
8) 새신자들을 효과적으로 양육하고 돌보는 교회
9) 서로 받아 주고, 관심을 가지며, 사랑으로 교제하는 교회
10) 교인들이 지역사회와 국제사회의 필요에 이해심이 있고, 반응하는 교회

4. 교회성장에 영향을 미치는 기본 요인들

교회성장 계획서는 침체되었던 교회가 다시 성장하기 시작할 때 중요한 요소들을 다음과 같이 밝히고 있다.26) 1)성장하고자 하는 교회 전체의 태도의 변화이다. 2)교회의 기본에 충실한 기본 교회 프로그램이 활성화이다. 3)목회자의 리더십이 성장의 열쇠이다. 4)

전도의 활성화이다. 5)교회의 목표설정이 분명할 때이다.

남침례교회 성장 계획서는 성장하는 교회나, 침체된 교회, 쇠퇴하는 교회 모두에게 교회성장의 영향을 미칠 수 있는 기본 요인들을 8가지로 요약하고 있다. 1)성령님의 지도에 의한 강력한 기도와 영적 은사들 2)교회성장의 만능열쇠인 효과적인 지도력 3)모든 사람을 포용하는 따뜻한 친교 4)구원받은 사람으로서의 긍정적인 태도 5)사역을 평가하고 새로운 방향을 위한 전략적 분석 6)교회성장을 위한 비전을 가진 목표 설정 7)효율적이고 임무를 수행할 수 있는 조직 8)성장하는 교단의 중심을 차지하는 적극적인 전도

IV. 기독교 한국 침례교회 교회성장을 위한 기본 성장 이론과 전략적 방안

침례교단은 침체기에 들어와 있는 교단을 위하여 교단 부흥의 이론과 전략을 가질 필요가 있다.

첫째, 목회자들이 건강한 교회에 대한 열망을 가지고 청지기 직분을 온전히 수행하면 그 결과 성장 형 교회가 되는 것이다. 1970년대 미국교회가 침체할 때, 목회자의 최우선 순위가 현상유지였다. 그러나 남침례교단은 최우선 순위를 주님의 지상명령에 순종하는 전도에 두었기에 성장하는 교단이 되고 있다.

둘째, 신학교가 신학과 영성과 실천을 겸비한 교회 중심적인 사역자들을 배출하는데 심혈을 기울여야 한다. 신학교는 지역교회와 긴밀한 연관이 필요하다. 유능한 목회자들이 강단에 설수 있도록 개방

하고, 교회에 필요한 인재를 양육해야 한다.

셋째, 교단이 교회개척과 성장에 학문적이고 조직적인 성장운동을 전개해야 한다. 개척교회 목회자 혼자 교회개척하기가 힘든 시대가 되었다. 교회가 교회를 개척하는 시대가 벌써 와있다. 침례교회 2500개 교회가 10년 동안에 1개 교회를 개척하는 10년 성장 이론과 전략이 중장기적으로 실행된다면 많은 변화가 있을 수 있다. 남침례교회 같이 성장하는 교단도 실제적으로 성장하는 교회가 반을 넘지 못한다. 성장하는 교회 힘을 합할 때 성령의 불이 되어 개척교회의 증가와 함께 침체된 교회가 다시 성장하는 결과를 가져오고 있다.

1 교회성장 이론들

교회성장은 전적으로 하나님의 은혜이다. 하나님은 한국교회를 축복하셔서 놀라운 성장을 주셨고 부흥케 하셨다. 본인은 현 한국교회의 정체를 하나님께서 한국교회에 인간이 몸을 만들 때에 일시 정지 상태에 있는 것처럼 숨 고르는 기회로 생각한다. 교회지도자의 자만을 회개하고, 전도에 힘쓰며, 신학교가 사명을 충실히 이행하고, 기도의 불을 높이고, 개척교회를 잘 돌보면 다시 하나님은 한국교회에 성장과 성숙을 주실 것을 믿는 소망을 가지고 있다.

1) 교회의 목적에 충실한 교회성장 원리

한국교회가 다시 부흥의 길을 가기 위한 대안은 건전한 교회관에 입각한 교회 기능들의 회복이다. 우리 주님이 하라고 한 교회의 기능들을 충실히 수행할 때, 건강하고 균형 있는 교회가 된다.27) 성장하는 교회와 침체하는 교회는 뚜렷한 차이가 있는데 교회의 기능들, 즉 (1)예배 (2)전도 (3)교육 (4)봉사와 (5)친교에 차이가 있다.28)

하다 웨이는 500개 미남침례교회들을 조사하여 교회의 목적을 충실히 수행하는 교회가 성장하고 있음을 보여 주고 있다. 릭 웨렌목사는 그의 책「목적이 이끄는 교회」에서 교회의 목적을 통해 교회를 성장시켜 전 세계에 영향을 미치고 있다.29)

2) 교회 성장학의 기본 성장원리

맥가브란과 윈 안(Donald A. McGavran and Winfield C. Arn)은 교회성장의 특징을 다음과 같이 요약하고 있다.30) (1)교회는 그 교회가 성장원리를 발견할 때 성장한다. (2)교회는 그 교회가 성경적 성장원리를 존중할 때 성장한다. (3)교회는 그 교회가 하나님의 확고한 목적에 굴복할 때 성장한다. (4)교회는 효과적인 전도에 우선 순위를 둘 때 성장한다. (5)교회는 그 교회가 지역사회에 대해 올바르게 관심을 가질 때 성장한다. (6)교회는 그 교회가 새로운 그룹을 찾아 제자로 삼을 때에 성장한다. (7)교회는 그 교회가 부모의 역할을 통해 재생산 할 때에 성장한다. (8)교회는 성장할 구조를 가질 때에 성장한다. (9)교회는 그 교회가 성장하기 위해 대가를 지불할 때 성장 한다.

3) 미남침례교단 중에서 급성장하는 교회들의 성장 원리[31]

(1)도시의 인구 밀집지역(미국의 경우는 시외각 지역임) (2)인구

가 성장하는 지역 (3)경제적으로 성장하는 지역 (4)자녀들을 가진 결혼한 성년들이 있는 지역 (5)개척 된지 10년이 덜 된 교회 (6)교회 재임기간이 보통보다 긴 목회자(미국의 경우 평균 재임기간이 4.7년이다) (7)담임목사가 이중직이 아니고 전임인 경우 (8)젊은 층이 많은 교회 (9)학력이 비교적 높은 교회 (10)사무직종이 많은 지역 (11)전도와 수적 증가를 강조하는 교회 (12)지역적으로 시 전체를 포용하는 교회(이웃이나 지역에 국한되기보다)

4) 작은 교회와 개척교회의 성장 원리

작은 교회들은 지역의 위치 문제, 사회의 인식문제, 부흥의 "활기찬 정신" 같은 문제를 가지고 있다. 칼 두들리(Carl Dudley)는 소형교회의 문제점을 이렇게 설명한다. "소형 교회는 가장 소중한 친밀함을 벗어나기까지는 회원의 성장을 기대할 수 없다"라고 말한다.32)

크로포드(D. R. Crawford)는 "교회성장의 가장 어려운 한계는 어른 출석 교인 200명을 돌파하는 것이다"라고 한다.33) 그는 전체 세계교회의 80-85%가 어른 출석 인원수가 200명 미만이라고 산정 한다.34)

어떤 성장 원리가 적용되든지 간에, 우리는 네 가지 균형에 특별한 주위를 드려야 한다.35) 첫째, 교회는 말씀 선포와 교육을 통해 영적으로 깊게 성장해야 한다. 둘째, 교회는 교회를 중심으로 하여 지역 사회에 초점을 맞춘 전도 열정이 자라나야 한다. 셋째, 비신자들에게 전도와 봉사를 할 평신도를 준비시켜 성장케 해야 한다. 넷째, 교회는 그들의 교구 밖에 있는 즉 땅 끝까지 있는 사람들에 대한 선교의 꿈을 자라게 해야 한다.

5) 개척교회가 건강한 교회가 되기 위한 10가지 원리들

(1)미래를 바라보는 눈과 기도 (2)효과적인 목회자의 리더쉽 (3)훌륭한 목회자의 목회 철학 (4)축제 분위기와 마음에 파고드는 예배 (5)전 인격적인 제자 훈련. (6)소그룹의 활성화 (7)개발되고, 항상 자료를 찾는 지도자 (8)영적인 은사에 따라서 그들을 동력화 시키는 목회 (9)적합하고 생산적인 프로그램 (10)재생산하는 교회이다.

이상의 내용과 한국교회의 현실을 돌아보며 교회성장의 기본 원리와 전략적 방안을 제시하고자 한다. 본인이 저술한 "건강한 교회와 아름다운 목회"에서도 부분 부분을 참고하고 있다. 건강한 교회가 되는 성장요인들은 하나님의 목적에 따라 예배, 전도, 교육, 봉사, 친교원리와 이외에 지도력, 기도, 평신도 사역, 교회개척, 태신자 찾기와 정착시키기, 조직과 목표 설정, 소그룹, 영적 은사계발과 영적전쟁, 그리고 시설의 원리를 제시하고자 한다.

2 전략적 방안

1) 제1원리는 성령의 지도하에 행하는 강력한 기도 사역이다

기도는 초대교회가 폭발적으로 성장하는 원동력이었다. 오순절 이전에 120명의 작은 무리가 끊임없이 기도하고 있었다.[36] 초대교회의 계속된 성장물결에서의 중요한 요인은 기도하는 신자들의 헌신이었다.[37] 성령의 인도만이 교회 사역을 힘 있게 할 수 있다. 바울 사도처럼, 사역할 때 하나님의 능력의 충만함을 알아야 한다.[38] 건물을 지을 때에 신축을 하든 헌집을 헐어 다시 짓든 강력한 불도저와 같은 강한 도구가 필요하다. 땅을 넓게 파고 헌것을 부수고 퍼내고 치우는 불도저처럼 기도만이 성령의 능력을 가지게 할 수 있다.

기도의 의미를 다섯 가지로 나누고 있다.39)

(1)기도는 하나님과 함께 세상의 운명을 바꾸는 일에 참여하는 것이다. (2)기도는 우리 주 예수님이 우리를 위하여 기도하시는 주님의 기도에 동참하는 것이다. (3)기도는 하나님과의 교제이다. (4)기도하는 동안에 성령은 우리의 기도를 중보하여 하나님의 뜻대로 우리를 위해 기도하신다. (5)기도는 모든 것을 합력하여 선을 이루게 하시는 하나님의 능력이다.

레이너는 교회 성장을 위한 기도의 중요성을 비전 발전과 영적 싸움의 면에서 보고 있다.40) 비전 있는 지도력이 교회 성장의 핵심적인 요소들 중의 하나라면 지도자는 어떻게 비전을 발전시켜나가야 할까를 결정해야 한다. 기도는 하나님의 비전을 이해하는데 필수불가결하다. 우리는 세상의 지혜나 비전이 아닌 하나님께로 오는 지혜와 비전을 구해야한다.41) 우리가 교회를 위한 비전을 놓고 하나님께 기도할 때 하나님은 가능성들에 기적적으로 우리의 눈을 뜨게 하실 것이다.

피터 웨그너는 경험적으로 연구한 내용을 다음과 같이 고백한다. 그는 교회성장의 원리의 표면에서 더 깊이 밑바닥으로 파고 들어가면 갈수록 그는 실제적 싸움이 영적 싸움이고 우리의 무기가 기도임을 더 철저히 확신하게 되었다고 말하고 있다.42) 사탄은 하나님이 복 주시는 어떤 성장 원리도 반대한다. 목회자는 하나님의 전신

갑주를 입어야 한다. 하나님이 자기 교회에 복 주시는 분임을 알고 있는 목회자는 천사와 권세와 이 어두움의 세상 주관자들과 하늘에 있는 악령들을 알아야 하기 때문이다.43) 지역이나 그와 상관없이도 영적 싸움이 오게 된다. 목회자는 기도의 능력으로 무장하여 영적 싸움으로만 반대들을 효과적으로 대처할 수 있다. 사도 야고보는 하나님께 순복하고 마귀를 대적하면 우리를 피하리라고 말하면서 하나님을 가까이하면 하나님이 가까이 하신다고 선언하고 있다.44)

레이너는 "성장하는 교회로 키우기 위해 당신이 취하는 태도는 무엇인가?"라고 질문을 받으면 초지일관하게 "기도사역을 시작하라"고 대답한다고 한다.45) 기도 사역은 목회자가 기도의 용사들일 때만 효과적이다. 역동적인 목회를 하는 첫 번째 단계는 목회자의 기도생활을 평가하는 일이다. 레이너는 교회연구소의 자료를 토대로 평균 미국 목회자가 하루에 기도하는데 15분-20분 정도 보낸다는 것을 보여 준다.46) 목회자는 하나님과 중요한 질적이며 양적인 시간을 확보해야 한다. 그리고 평신도들의 기도 사역에 대해 깊은 이해와 도전이 필요하다. 효과적인 기도 사역의 두 번째 단계는 성경적 기도의 우선순위를 가르치는 것이다. 목회자는 강단 사역을 통해, 구역조직과 소그룹을 통해 기도능력을 효과적으로 배우게 해야 한다. 효과적인 기도 사역의 세 번째는 어느 시점에 가서 가능한 한 많은 사람들이 참여하게 해야 한다. 기도는 프로그램이 아니라 자기의 삶과 자기 교회의 원천이 되게 해야 한다. 교회는 우리의 구체적인 상황에 가장 적합한 종합적인 사역을 위해 하나님께 민감해야 한다. 중보 기도실, 기도카드작성, 연속기도와 새벽기도와 수요

기도회 등을 통해 현장화 되어야 한다.

기도는 하나님이 기도를 명령하셨기 때문에 교회에서 최우선이 되어야 한다. 기도는 교회성장의 원리 이전에 있는 능력이다. 교회성장의 가장 중요한 원리는 기도이다. 초대교회는 모여 기도했고 그 결과 하나님의 능력을 통해 수천 명을 더하였다. 그리고 기도 때문에 연이어 이런 일이 일어났다. 오늘날도 그러한 일은 교회에 일어나고 있다.

2) 제2원리는 사람을 키우고 교회를 성장하게 하는 지도력이다

교회성장의 핵심적인 사람은 목회자이다. 자주, 지도력은 교회성장을 위한 만능열쇠라고 불린다.47) 피터 웨그너는 "미국의 한 교회에서 성장을 위한 제1차적인 촉매는 목회자이다. 나는 모든 성장하고 역동적인 교회에서 하나님이 성장이 일어나도록 쓰시고 있는 핵심적인 사람을 발견하였다."라고 말하고 있다.48) 목회 지도력은 교회의 건강한 목회 요인 중 제일 먼저 오는 증거이다. 필자는 지도력의 문제를 영성의 문제와 함께 다루고 있다. 목회자는 예수님의 지도력을 닮아야 한다. 교회가 건강하고 목회가 아름답기 위해 우리 예수님이 가지셨던 영적 권위와 섬김의 권위가 필요하다. 예수님은 하나님을 사랑하는 영성과 이웃을 내 몸처럼 사랑하는 영성을 가졌다. 오늘날 한국교회에 필요한 지도력은 강한 영적 권위와 섬김의 권위가 되어야 한다고 생각한다.

엘머 타운즈는 10가지로 지도자의 자질을 정리하고 있다.49) 지도자는 비전을 가지고, 헌신하고, 행동하는, 적극적인 생각을 가져야 한다. 지도자는 이웃을 수용하는 자세를 가지고, 지도자는 사람, 환경, 아이디어, 태도 및 밖의 세상을 이해하고, 인내해야 한다. 지도자는 창의적이고, 상호의존적이며, 의사소통을 잘해야 한다.

확신적, 결정적, 낙천적 비전을 가진 목회자는 하나님으로부터 오는 비전을 발전시킬 것이기 때문에 모든 상황에 부딛칠 때 확신과 결단성을 가지고 활동할 수 있다. 비전을 가진 목회자는 하나님께서 자신에게 분명한 미래상을 주셨기 때문에 미래에 대해 낙천적이다. 도달해야 할 목표가 있고 받아야 할 상급이 있기 때문이다.50)

목회 지도자들이 범할 수 있는 공통적인 실수를 몇 가지 지적함으로 목회에서 침체가 올 수 있는 상황을 벗어날 수 있기를 소망한다.51) (1)성장에 대한 무계획 (2)거리감 있는 설교 (3)지루한 예배 (4)어두운 감정의 강조 (5)양도적질 (6)소극적인 정책 (7)불확실한 신학 (8)근시안적인 안목 (9)논쟁적인 강단 (10)과장된 사고방식 (11)식어진 첫 사랑 (12)설비 부족 (13)친교중심의 교회이다

지도력은 지역교회가 성장하는 가장 중요한 요인 중 제일 촉매이다. 왜그너와 교회성장 지도자들은 강한 목회 지도력과 교회성장의 직접적 관계를 밝히고 있다.52) 라일 샬러는 목회자들이 가장 큰 성장을 이루는 기간이 목회임기 5년-8년 사이였음을 말해 준다.53)

3) 제3원리는 복음에 열정적으로 순종하고 훈련된 평신도가 있어야 한다

모든 그리스도인들이 목회사역을 하도록 성경적 명령으로 돌아가

는 것이 필요하다. 교회성장 운동이 시작되면서 이 생동적인 문제에 관심을 가졌다. 한국교회는 성장기 후에 오는 성숙기의 아픔을 가지고 있다. 1990년 중반부터 시작된 교회의 침체현상이다. 우리는 평신도를 예배하는 공동체로만 볼 것이 아니라 평신도가 소명자로서 상호 사역하고, 증거 하는 공동체로 보아야 한다.54) 목회를 하나님의 사람들에게 돌리는 일은 새로운 개혁의 일이다. 평신도 사역은 평신도 계발을 위한 제자훈련의 실제적인 원리와 방법을 말한다.55) 피터 왜그너는 "교회성장에 관한 한 평신도들의 해방은 환상적인 새로운 가능성을 열어 놓았다. 평신도들이 하나님 및 그들의 교회를 위해 행할 수 있는 것에 대해 흥미를 갖는다면 하늘이 한계일 만큼 가능성은 무한하다."라고 말한다.56)

그레그 오그덴은 1960년 이후 평신도들이 어떻게 목회 사역을 도와 오고 있는지 그 변천 도식을 밝히고 있다.57) 첫째로 성령의 역할에 대한 새로운 이해이다. 삼위일체 하나님의 제3인격은 명제적 진리 이상이다. 성령은 하나님의 백성을 직접 만나는 산 하나님이시다. 성령의 사역은 신자의 삶에 하나님의 직접적인 임재를 중재함을 포함한다. 둘째로 기독교는 많은 신자들을 위한 제도적 신앙 이상의 것이다. 그리스도인이 되는 것은 우리 안에 그리스도를 모시는 것, 즉 그리스도께서 우리 삶에 거주하시고, 우리에게 능력을 주시고, 우리를 인도하시고, 우리를 통해 사랑하심을 순간순간 깨닫는 것을 뜻한다. 셋째로 교회는 목회자 중심이라기보다는 사람들 중심이 되는 것이다. 교회는 모든 사람들(목회자와 평신도)이 그리스도의 몸을 함께 꾸려 가는 산 유기체로 이해되고 있다. 소그룹들과 작은 모임의 갱신은 이 심적 구조의 가시적 증표이다. 이러한 상황에서 그리스도인들은 더 이상 청중이 아니고 사역에 기여하는 참여자들이다. 넷째로 모든 하나님의 백성이 사역자들, 즉 만인 제사장이라는 새로운 각성은 영적인 은사들에 대한 발견과 사용에 대한 강조를 하고 있다. 다섯째로 새로운 교회 연합운동은 교파적 충성을 초월하여 진행하고 있다. 이 교회연합운동은 잃어버린 자들을 만나고, 그리스도인들이 하나님이 주신 목회소명에 응답하도록 저들에게 해방을 주는데 관심을 둔다. 여섯째로 예배의 방향에서 변화가 체험되어 어떤 사람들의 심중에서 예배사건은 새로운 개혁 자체이다. 예배는 하나님의 모든 백성이 하나님께 지향하는 참여의 방향으로 변천하고 있다.

목회자가 교회를 건강하고 아름답게 할 때 평신도들이 그들의 사역을 하도록 도와야 한다. 평신도들은 아직 연마되지 않은 연장과 같기 때문이다. 새로운 개혁에 앞장 설 목회자는 평신도를 준비시키는 자의 역할을 해야 한다. 이 변화는 고통스럽다. 목회자는 자신이 필요한 변화의 기원임을 먼저 깨달아야 한다.58) 교회는 목회자의 지도력 없이 새로운 개혁을 시도할 수 없다.

교회성장의 원리 중 평신도들이 사역을 하도록 하는 것은 신약성경의 기초로 돌아가야 한다. 성직자와 평신도로 나누는 이분법이 아니라 종교개혁자들이 열정적으로 싸운 만인 제사장직을 긍정함이 요청된다. 20세기 들어와 교회에 새로운 빛을 던진 각성이 있다면 평신도 운동을 꼽을 수 있다. 일각에서는 20세기의 평신도의 재발견이 그 크기나 박력으로 보아 16세기의 종교개혁과 맞먹을 수 있다고까지 평가하고 있다. 종교개혁이 하나님을 위한 참 교회를 회복하는데 그 의의가 있다면, 평신도 운동은 세상을 위한 참 교회를 회복하는데 그 의의가 있다고 할 수 있다.59) 평신도의 사역은 교회의 질적 양적 성장을 가져 올 수 있다.

4) 제4원리는 필요를 채워 주는 복음 전도가 있어야 한다

레이너는 전도에서 도식변동은 밤사이에 일어나지 않았다고 하더라도, 그 변동은 교회와 교인들이 알아 처리지 못할 만큼 빨리 일어나고 있는 점들을 5가지로 지적하고 있다.60)

(1) 새로운 불신자들. 이들은 성경에 무지하고 성경에 대해 거의 알지 못한다. 오직 교인 장년의 12%만이 성경을 읽는다. 미국인의 삼분의 이 이상의 사람이 "하늘은 스스로 돕는 자가 돕는다" 라는 격언이 성경에 있는 줄로 안다.61) 죄에 대해 무지하다.

(2) 어머니들이 직장 일로 바쁘다. 이제는 시간을 새로운 돈이라고 부른다. 상품개발이나 판매 등 모든 분야가 편리하고 시간을 줄이는 것들이다. 미국의 경우 모든 여성의 반 이상이 가정 밖에서 일한다.62) 전도팀이 가정에 들어간다 하더라도 저항은 이미 발견되었다. 사생활 침해나 시간 도둑질로 생각한다.

(3) 성취된 많은 욕구들. 기업은 소비자의 욕구를 창출하고, 만족시켜주는 일을 한다. 성취를 갈망함을 이해 못하는 전도를 효과적으로 전달하지 못할 것이다.

(4) 관계의 파기 시대. 미국은 이미 결혼한 모든 사람의 60%가 이혼한다는 통계이다.63) 자녀들은 부부의 이혼으로 가장 혹독한 타격을

받는다. 진정한 교회성장은 이 관계에 대한 깊은 이해가 필요하다.

(5) 사회와 상관성의 부족. 대부분의 교회들이 사회와 무관계, 무감각하다. 언어, 방법론, 음악, 조직, 설교내용 등이 대부분의 사람들이 살고 있는 세계를 반영하지 않고 있다.

한국교회는 여러 가지 전도방법을 사용하고 있다. 전도는 예수그리스도를 구주로 영접하도록 말로 전해야 한다. 지역, 지도자, 환경, 학력 등에 따라 전도 방법은 다양 할 수 있다. 이 일을 위해 사용하는 방법들은 태신자 전도 운동, 친구 전도, 신바람 전도, 직장을 통한 전도, 연쇄 전도 훈련, 다리 예화 전도법, 외침전도, 전도를 위한 기도 개발, 능력 전도, 생활 전도가 있다.64) 예를 들어 총동원 전도 같은 경우도 역동적인 예배, 지역사회 봉사, 구체적인 새 신자 양육 프로그램 등으로 구성되어야 한다.65)

5) 제5원리는 주님의 지상 명령에 따르는 교회개척이 있어야 한다

한국교회의 85%이상이 교인수 200명 미만의 교회들이다.66) 원안(Win Arn)은 "오늘날 미국의 약 35만 교회 중에 80%는 제자리걸음을 하거나 퇴보하고 있다"고 주장한다.67) 그는 "교회의 생애주기에는 날 때와 죽을 때가 있다. 많은 교회들이 15년 내지 18년이 될 때쯤 제자리걸음을 하거나 퇴보하고 있다"고 주장한다.68) 미국교회를 예로 들지만, 보수적인 교회가 자유주의적인 교회들에 비할 때 성장하고 있음을 지적하고 있다. 현재 신학적으로 보수적인 교회들이 여전히 자유로운 교회들보다 숫적으로 더 성장하고 있는 경향이 있음을 보여 준다. 예를 들면, 하나님의 성회, 하나님의 교회, 남침례교회는 성장을 경험하고 있다.69)

피터 왜그너는 성장하는 교단은 예외 없이 교회를 개척하는 교단이라고 말한다.70) 남침례교단은 1991년부터 2000년까지 10년간 15,000교회 성장을 위한 켐페인을 전개했다. 그리고 라일 살러는 교회 개척이 어느 교단이든 교단의 성장에 가장 유용하고 생산적인 요소로 남아 있음을 지적한다.71)

다양한 방법으로 다양하게 복음을 전해야 하는데 그 일을 중심적으로 감당할 수 있는 기관이 개척교회들이다. 예를 들면, 한국인구의 57%를 차지하는 20대와 30대를 중심으로 회심시켜 급성장하는 삼일교회, 중산층을 대상으로 한 분당중앙교회, 그리고 빈민을 대상으로 한 다일 공동체 등을 들 수 있다. 천하에서 가장 효과적인 전도방법은 새로운 교회를 개척하는 것이다.72)

왜그너는 교회개척의 이유를 5가지로 요약한다.

(1) 교회개척은 성경적이다.
(2) 교회개척은 교단의 생존을 의미한다.
(3) 교회개척은 새로운 지도력을 개발한다.
(4) 교회개척은 기존 교회들에게 자극을 준다.
(5) 교회개척은 효과적인 방법이다.

이 외에 그는 경험적 이유로 새로운 교회는 전도의 열쇠이고, 더욱 빨리 성장하고, 교회에 다니지 않는 사람에게 더 많은 선택의 기회를 주고, 항상 필요하며, 교단이 생존하도록 도와 주고, 기존의 교인들의 욕구를 충족시켜 준다고 한다.

6) 제6원리는 영성이 살아 있고 영감 있는 예배이다

예배는 우리의 마음과 뜻, 그리고 몸과 시간 등 우리의 삶 전체를 하나님 앞에 드리는 것이다. 예배는 하나님의 거룩하심에 의하여 양심을 각성시키고, 하나님의 진리로서 지성을 기르는 것이며, 하나님의 아름다움에 의하여 상상력을 맑게 하는 것이고, 하나님의 사랑에 마음을 여는 것이다.

교회에 대한 공격이 어느 시대보다 강한 시점에 와있다. 불건전한 시대사조와 퇴폐적인 물질문명은 사람들을 육체적 쾌락과 세속화로 인도하고 있으며, 교회 내부는 안일과 무기력과 분열이 서서히 고개를 들고 있다. 도시교회부터 바르게 예배드리는 성도의 숫자가 현저히 감소하고 있다. 기독교인들은 자기 생각대로 하나님께 예배하는 것이 아니라, 성경 말씀의 진리에 따라 예배해야 한다. 예수님은 신령과 진정으로 하나님께 드리는 예라야 참된 예배라고 말씀하셨다.73)

전도하는데 변화가 일어난 것과 마찬가지로 예배에서도 변화와 그에 따른 고통이 불가피하다. 불신자들을 교회에 오게 하는데 따른 음악의 형태, 예배 시간, 예배 요일, 예배 방법과 순서 양식 등이 변할 수 있다. 비신자들을 교회에 오게 하기 위해 그들이 교회에 출석하지 않는 이유를 조사하였다.74) 비신자들의 대답은 다음과 같다.

(1) 교회들은 항상 돈을 요구하고 있다.
(2) 교회 예배의식은 지루하다.
(3) 교회 예배식들은 예전적이고 반복적이다.
(4) 설교들은 실제적인 일상생활과 동떨어져 있다.
(5) 목사는 나에게 죄책감과 무지를 느끼게 하고, 나는 내가 교

회에 들어갈 때보다 교회를 나쁘게 느낀 채 떠난다.

위의 내용을 다른 말로 말하면, 비신자들은 예배의식이 저희들이 출석하는 교회의 가장 큰 장애물이라고 말한다. 비신자에게는 교회의 어떤 조직보다 예배에 참석함으로 변화를 받게 된다. 때에 다라 어떤 형태의 예배들을 도입할 까는 깊이 생각하며 이루어져야 할 일이다.

레이너는 예배에서 유의해야 할 6가지를 지적한다.75) 예배의 질, 분위기, 새신자 환영, 음악, 다양성과 계획성 그리고 설교이다.

화이트는 성장하는 교회의 설교의 7가지 특성을 밝힌다.76) (a)설교에서 설교의 목표를 분명히 한다. (b)성경적이다. (c)실천적이다. (d)삶과 상관적이다. (e)흥미 있고, 즐겁다. (f)이해하도록 단순하다. (g)설교가 긍정적이고 고무적이다.

7) 제7원리는 사랑의 관계를 통해 전도대상자인 태신자를 가져야 한다

태신자 찾기 즉 지상 최대명령인 '가라'는 전도 방법은 사람을 찾는 데서 시작한다. 전도대상자인 태신자를 찾는 7가지 방법은 먼저 교회가 계획해서 추진하는 방법, 관계형성, 공동체 파고들기, 특별행사들, 마케팅(물건사기), 새로운 주민들을 찾음, 종교인구조사를 통한 가능성 파악이다.

전도는 열정인데, 이 열정은 기도를 통해서 생기고, 기도는 전도에 불을 붙입니다. 열정은 기도 외에는 다른 방법이 없다. 아무리 좋은 프로그램을 도입하더라도 성도의 열정이 없으면 그 프로그램은 진행이 되지 않는다. 그러므로 태신자 운동 즉 사람을 찾는 일은 첫째 단계로 기도에 불을 붙여야 한다. 필자의 경험에 보면 첫 번째 단계가 중요함을 알 수 있다.

둘째는 성도들을 교육하는 일이다. 설교와 교육으로 준비되어야한다. 그리고 마지막으로 준비 할 일은 전략을 세우는 일이다. 기도로 열정적인 힘을 가지게 하고, 성도들을 일꾼으로 만들기 위해 메시지를 교육시키고, 영혼을 깨우기 위한 전략이 필요합니다.

태신자 전도는 평소에 기도를 통하여 작정자를 정하고 집중적으로 기도하는 것이다. 태신자 운동은 평소 전도운동이며 총동원 연합운동이다.

태신자 운동을 위한 단계적 작전을 6단계로 소개한다.[77]

(1) 예비 단계(준비) - 4주

(2) 집중 단계 - 태신자 운동은 과정을 중요시하므로 길게 잡는다(6개월).

(3) 총력 단계 - 총동원 주일 포함 4주 - 6주

(4) 다지기 단계(결실) - 분류, 심방-4주 편성

(5) 양육 단계 - 교회 새신자 교육에 편입 교육(4주 -6주)

(6) 성장 단계 - (a) 기신자는 평신도 교육에 편입시키거나 봉사할 수 있도록 유도

(b) 기신자는 평신도 성경교육으로 진급시킨다. 사랑의 교회에서 행한 태신자 인도 10단계와 태신자에 대한 사랑 베풀기 방법을 소개하고자 한다.

태신자 인도 10단계.
   (1) 기도하는 가운데 태신자를 정하라.
   (2) 작성한 태신자 명단을 교회에 제출하라.
   (3) 태신자를 위해 매일 기도하라.
   (4) 인격적인 인간관계를 맺으라.
   (5) 사랑을 지속적으로 베풀라(식사, 선물, 만남).
   (6) 전도자료를 적절한 때에 보내라(사랑의 엽서 5종, 전도지 5종, 설교소책자, 테이프).
   (7) 전화로 반응을 살피며 관계를 유지하라.
   (8) 새 생명 축제 초청장을 전달하라.
   (9) 태신자와 함께 새 생명 축제에 참석하라.
   (10) 교회에 등록시키라.

태신자에게 사랑을 지속적으로 베푸는 일에 있어서 중요한 것은 주님의 사랑으로 하는 것이다. 나중에 전도가 되지 않았을 때에도 감사할 수 있는 자세이면 전도를 통해 영적으로 성숙해지는 계기가 될 것이다.

사랑 베풀기
   (1) 베푸는 사랑. ①음식나누기 ②선물(책, 테이프)
                  ③축하(생일, 졸업) ④도와주기
   (2) 띄우는 사랑. ①사랑의 편지 ②전도지 ③전도테이프
                  ④초청장
   (3) 만나는 사랑. ①식사초대 ② 반상회 ③취미활동
                  ④구역목장

전도는 예수님이 명령하신 일이다. 전도하는 가운데 하나님의 말씀에 순종하는 훈련을 받게 되며, 성령 충만한 사건이 일어난다. 복음전도의 실천을 통하여 기쁨이 있고 영적으로 성숙하는 계기가 된다. 전도는 교회성장의 기초이다.

8) 제8원리는 세계 선교와 지역사회에 뿌리내린 봉사 사역이다

교회가 성장할 때 단기적으로 볼 때 수용성의 원리를 부차적으로 생각해야 한다. 하나님의 교회는 어느 지역, 어느 세대, 어떤 환경 하에서도 필요하고 성장한다는 고백을 가지고 있다. 앞에서 중요한 내용들을 다루었고 부차적 내용을 다루기로 한다.

기독교가 한국에 들어 올 때 지역적으로 차이가 있었다. 물론 선교지역 배분, 목회자 자질, 교단의 지원 등 여러 가지 이유가 복합적 이유가 있으나, 지역적인 수용성에서 볼 때 농촌보다는 도시가, 불교가 흥한 지역보다는 덜 한 곳이, 미신이 많은 곳보다는 교육 수준이 높은 곳이 더 수용성이 높은 것을 알 수 있다.

교회가 성장하는 전략으로 수용적인(호감적인, 순응적인) 사람들을 발견하는 것이다. 첫째로 교회들이 이미 성장하고 있는 곳에서 찾아 볼 수 있다. 이런 지역은 이미 많은 교회가 있음에도 더 많은 사람들이 여전히 아직도 불신자로 복음을 수용할 가능성이 있다. 둘째로 수용성의 가능성이 높은 영역은 사람들이 중요한 변화를 겪을 때이다. 즉 사회적 변화, 정치적 변화, 경제적 변화, 심리적 변화, 이 변화를 겪는 그룹은 어떤 그룹보다 변화와 변동의 시기 동안 그리

스도의 제자가 되는데 수용적이다. 셋째로 공통적인 일을 하는 사람들과 가난한 사람들이다.78)

선교는 주님의 명령이고 제자이면 해야 할 사역이다. 선교는 지역의 한계를 극복하게 하고 복음의 눈으로 세상을 보게 한다.

9) 제9원리는 교회의 기능에 맞는 효율적인 조직과 분명한 목표설정이 있어야 한다

기획과 목표설정은 하나님의 주권성과 성령님의 지도력에 배치하는가 라는 질문에 하다웨이는 성장을 계획하는 교회들이 항상 성장을 경험한다고 지적한다. 하다웨이가 연구한 교회들 중 성장하는 교회의 69%는 단지 32%의 침체된 교회들에 비하면 기획하는 교회들이었다.79) 계획을 실패하는 것은 실패하는 것을 계획하는 것이라고 말할 만큼 교회성장 시에 성장 계획이 필요하다.

피터 왜그너는 6가지 기획의 장점을 말한다.80)

(1) 기획은 효율성을 증대시킨다. 시간, 에너지, 돈 같은 하나님의 재원은 선한 청지기직을 위해 잘 사용된다.

(2) 기획은 중도의 시정사항을 허용한다.

(3) 기획은 팀과 한 가지 계획과 비전을 연합시킨다. 팀의 각 회원은 비전 가운데서 자신의 역할을 이해한다.

(4) 기획은 헤아릴 수 있는 효과성을 돕는다. 과정은 계획들에 따라 측정된다.

(5) 기획은 책임을 자연스럽게 한다. 기획은 다른 사람들을 돕는 모델이 될 수 있다.

교회성장 방법을 전략기획과 연결시키면 우리는 목표설정에 그 강조점을 둔다. 왜그너는 그것을 "목표설정의 엄청난 능력"이라고 부른다.81) 그는 목표설정과 믿음을 동일시한다. 그는 하나님께서 크고 성장하는 교회들을 맡도록 축복하신 개개인들의 지배적인 일치점은 그 성장이 목표를 설정하는데 요청된 믿음 없이는 결코 이루어질 수 없다고 말한다. "믿음은 한 지도자의 가장 중요한 자격요건이다. 믿음은 지도자의 생명을 조성하는 아주 강한 것으로 주님을 위해 헌신하게 하는 것으로 전염된다."82)

왜그너는 건강한 교회를 위한 목표를 설정할 때 독재적으로 하지 말아야 할 것을 강조한다. 그가 말하는 좋은 목표들 5가지를 소개한다.83)

(1) 목표는 상관적이어야 한다. 목표는 교회와 공동체의 욕구에 관계되어야 한다. 목표를 설정하는 교회는 목표설정의 장점, 단점, 사역들을 깨닫는다.

(2) 목표는 헤아릴 수 있어야 한다. 구체적인 시간의 체계와 책임의 체계가 있어야 한다.

(3) 목표는 의의가 있어야 한다. 시시한 목표를 떨어버리고 큰일을 위해 하나님 신뢰하기를 터득한다. 많은 교회들은 중요한 성장에 필요한 믿음이 부족할 뿐이다.

(4) 목표는 관리 할 수 있어야 한다.

(5) 목표들은 한 지역에서 목사와 성도들 모두에게 관계되어야 한다. 신자들은 시간, 돈, 에너지를 받침으로 목표에 대한 헌신을 확증한다.

목표설정은 도전을 주고, 실천적이고, 동기를 유발하고, 흥미를 유발할 수 있다. 교인들은 대부분이 달라지는 교회의 지체가 되려하고 있고, 실제적 증거를 볼 수 있다면 열성은 자연스럽고 자발적이 된다.

10) 제10원리는 교회학교 교육을 통해 성장과 성숙하는 사역이다

목회에서 목회자와 성도 간에 깊은 목회가 필요하다. 이는 제자화의 교육을 통해서 만이 가능하다. 목사의 책망을 받을 수도 있고 잘못된 것을 고치게도 하는 깊은 목회가 필요하다. 우리 사회는 과학화되고, 물질화 되면서 개인의 권리가 존중되면서 자기중심적인 사회로 흘러간다. 전문 분야의 직업이 생겨나고, 자기 욕구해결의 시대로 접어들면서 목회에서 목회자들이 당황하고 활동의 영역이 축소됨을 느낀다.

우리 주님은 한 사람이 돌아오는 것을 기뻐하신다.[84] 목회자는 이런 심정으로 목회해야 한다. 새 신자들을 동화시키는 일은 다른 교인과 우정을 가지게 하는 것이다. 라일은 교인들 중 반 이상의 사람들이 교인들 중에 스스로 소속감을 느끼지 못한다고 한다. 그리고 교인들은 새 신자와 관계를 발전 시켜야 하는 이 단계에서는 목회자의 의도적인 노력이 필요하다. 그 다음은 새로운 교인들이 교회사역에 가담하게 하고, 소그룹에 가담하게 하는 것이다.

교정은 교회에 무관심한 사람들을 교정하는 것이다. 문제가 일어나거나, 탈락 이전에 교정하는 것이 무엇보다 필요하다. 지도자들은 일부 교인들이 다른 교회로 가 상실 될 수 있는 사실도 받아 드려야 한다. 목회자가 비전이 분명하고, 목회 스타일이 확립되면 교인의 이전은 불가피하다. 어떤 교인들은 현상 유지에서 흔들리거나 자신의 안락 지대에서 흔들리기 때문에 교회를 떠날 수도 있다.85)

11) 제11원리는 성도가 함께하는 역동적인 소그룹이 있어야 한다

소그룹 개념은 오늘날 교회성장에서 가장 많이 논의된 주제 중의 하나이다. 한국교회는 소그룹인 구역 제도에 강점을 가지고 있다. 여의도 순복음교회는 구역 조직인 소그룹의 특색을 잘 발전시킨 교회이다. 목회자들과 교회 지도자들은 소그룹을 초대교회의 기초로 돌아가는 것이라 생각한다. 소그룹 위력의 현대판 모델은 중국이다. 1950년대 모든 선교사들을 축출하고 약 100만명 가량의 중국의 기독교인들이 박해를 견디어냈다. 대부분 서방 사람들은 공산주의자들이 그리스도인들을 거의 제거 한 줄 알았다. 30년 후 중국의 기독교인 인구가 6,000만 내지 1억으로 추정한다.86) 가정교회들, 즉 소그룹을 통해 복음 전파하며 생존하였다. 미국교회와 한국교회는 주일학교와 구역 조직을 통해 교회 내에서 소그룹 활동을 했고, 소그룹 하면 교회 밖의 모임을 말하는 것 이였다.

소그룹들은 사람들이 모일 수 있는 가정, 사무실, 학교, 그밖에 어느 곳에서도 모인다. 소그룹은 참석자들이 함께 나누도록 돕는 깊은 차원의 신뢰를 발전시키는데 도움이 된다. 소그룹은 새로운 교인이나 신입 가망성이 있는 사람들을 동화시키는 장점이 있다. 한 가지 문제는 목회 돌봄인데 소그룹 방법론은 대부분 교회들과 지도자들이 생각하는 것보다 더 목양적인 돌봄이 있다. 어떤 소그룹은 폭발적인 전도 잠재력을 가지고 있다.

12) 제12원리는 영적 은사 계발과 표적과 기사, 영적 전쟁 사역이다

성장하는 교회의 지도자들은 교인들이 자신의 영적 은사들을 발견하도록 도움을 준다. 주어진 은사에 따라 봉사하지 않는 교인들은 은사 사역에서 좌절하게 된다.[87]

홀러신학교 신학대학원의 교과 과목 중에 "표적, 기사와 교회성장" MC 510과목은 역사상 가장 논란이 된 과목이다. 표적전도(능력전도)의 시작이 되었다.[88] 논란을 통하여 2년 후 영적 치유라는 과목으로 대체하여 계속되었다.

1980년 '제3의 물결'은 모든 성령의 은사에 개방되어 있는 복음주의자들을 지칭하는 말로 자리 잡게 되었다. 제3의 물결 주의자들은 사도시대의 마지막에 방언이 그침을 주장하는 사람들이 내세우는 것처럼, 오늘날 방언 현상을 반대하지 않는다. 제3의 물결 복음주의 사람들은 방언을 구원이나 성령침례의 필수 증거로 삼는 오순절교도들이나 카리스마 교도와는 구별된다.[89]

근본적으로 두 가지 이유에서 제3의 물결 복음주의자들은 오순절교도나 카리스마 교도라 불리는 것을 싫어한다. 피터 왜그너는 "예를 들면 나 자신만 하더라도 사람들이 나를 카리스마 교도라 부르는 것을 원치 않는다. 나는 스스로 카리스마교도라 생각지 않는다. 나는

단지 성령께 개방되어 있는 복음주의적 회중 교도이다"라고 한다.90)

어떤 교회들은 고통 받는 사람들에게 가서 저들을 위해 기도하는 심방 치유사역 팀들을 가지고 있다(약5:14). 표적기사 교회성장은 성경적인가? 능력전도는 사람들을 그리스도에게 오게 하는 방법인가?

우리는 능력전도와 이 전도로 수반되는 교회성장을 심각하게 받아드려야 한다. 이성 없는 감정도 죽은 정통주의도 오늘날 신약성경의 기독교의 패턴은 아니다. 한 쪽에서 어떤 사람들은(존 맥아더 등) 하나님의 말씀들에 확고히 근거한 믿음, 곧 성경을 모든 문제의 최종 권위로 주장한다. 또 한 쪽에 있는 사람들은 성령의 자유, 표현의 자유, 오늘날도 하나님의 기적들이 일어남을 믿는 초 자연성을 개방한다.91) 정통주의와 능력전도는 왜 양자가 서로 합치가 안 되는가? 양자 둘 다를 합한 것이 초대교회의 방식이다. 우리는 성경적으로 둘 다를 받아드려야 한다. 하나님은 초대교회와 같이 오늘 날에도 동일하게 역사하신다. 하나님께서 우리에게 초대교회와 같은 동일한 전도의 성공을 허락하시기를 기도한다.

그리고 현 시대는 영적전쟁의 시대이다. 최근에 들어와 교회 성장의 영적 차원에 대해 새로운 강조를 하게 되었다. 영적 전쟁은 교회 자체의 내부 요인, 외부 환경 요인과 이를 초월한 절대 주권적 영적 요인이 있다.92) 우리는 언론매체, 민속 문화, 과학만능주의, 물질주의 등을 통해 하나님께 도전하는 것을 본다. 예전에는 소극적이었으나, 이제는 공적인 양상을 띠게 된다. 교회와 교회가 연합하고, 개인과 개인이 중보기도를 통하여 영적전투에 대비해야 한다.

13) 제13원리는 효율적이고 쉼이 있는 시설이 필요하다

물질적 시설이 교회 운명을 좌우할 수 없다. 물질적 시설들은 항상 교회의 가장 큰 재물 투자를 의미한다. 이 분야에서의 실수는 재정적 재난으로 이끌 수 있다. 그러나 시설들은 다른 요소들과 결합하여 기여하거나 교회를 손상시키는 일을 할 수 있다.

교회 성장학에서 알려진 원리는 시설의 80%가 사용될 바로 그 때가 더 많은 공간이 필요하다는 것이다.93) 첫째, 주차공간의 확보이다. 많은 가족이 한 대 이상의 자동차로 교회에 출석하게 된다. 둘째, 주일학교를 위한 교육시설 장소이다. 자녀가 두 명 이하의 시대이기에 본인의 교회 출석보다 자녀의 교육에 먼저 마음을 두는 시대이다. 셋째, 젊은 가족들을 위한 유치부실 공간이 필수적이다. 넷째, 이부 삼부 예배를 통하여 현재의 욕구에 맞추어 나가야 한다.

교회의 외적 모습도 불신자에게 질적으로 호감이 가도록 해야 한다. 교회의 모든 면에서 단정함이 필요하다. 교회성장에서 그 교회 화장실만 보아도 한 교회의 문제를 볼 수 있다고 한다. 외부 청소, 페인트 칠, 화단, 벽 종이, 등 손님의 시선에 좋은 인상을 주어야 한다. 조명과 음향, 출석교인들이 안락함과 불신자에 대한 친절함이 필요하다. 교회의 주차장 위치 중 제일 좋은 곳이 손님(불신자) 용으로 되어 있는 교회는 건강한 교회이다.

교단에 대한 제언

하나님은 한국교회를 축복하셔서 세계적인 부흥을 주셨고 세계교회에 모델이 될 수 있는 많은 교회들을 주셨다. 그러나 1990년대 중반부터 한국교회는 성장에서 머뭇거리고 있고, 많은 목회자들이 성장의 고원 현상을 우려하고 있다. 한국통계청은 2006년 5월 26일에 2005년 인구 및 주택 총 조사에 의하면 종교 인구는 10년 전에 비해 10.5% 증가율을 보였지만 개신교 인구는 861만여 명(전인구의 18.3%)으로 10년 전에 비해 인구 비율로 1.6% 감소했다고 밝혔다. 그러나 그 동안 천주교는 74.4%, 불교는 3.9%의 성장이 있었다.

역사적으로 보면 교회에는 교회성장의 도입기, 교회성장의 성장기, 교회성장의 성숙기와 교회성장의 쇠퇴기로 구분할 수 있다. 한국교회는 성숙기에서 침체와 고원 현상을 보이고 있다. 유럽교회와 미국교회는 1950년대 교회성장의 쇠퇴기에 들어섰다. 그러나 미국교회는 유럽교회와 다르게 1960년대 교회성장의 한계를 교회개척과 교회성장에 대한 연구의 집중을 통하여 쇠퇴기를 극복하였다. 맥가브란의 「하나님의 가교」(1955년)의 출판이후 교회성장의 역사는 미국교회의 교회성장운동을 중심으로 전 세계적으로 확산되었다. 1970년대와 1980년대는 미국교회 중심시대, 1990년대는 세계교회 중심 시대를 걸쳐 21세기는 교회성장의 절정을 이룰 것으로 전망하고 있다.

교회성장의 둔화기에 한국교회는 1950년대 유럽교회와 미국교회의 예에서 보듯이 유럽교회의 무기력하고 쇠퇴하는 모형을 따르지 않고 미국교회의 몸부림을 자세히 살펴야 한다. 교회 성숙기에는 상황적 요인들보다 교회적 요인들이 교회성장에 영향을 미친다. 그 중에서도 미남침례교회는 교회가 영혼 구령하는 전도 중심이 되게 하면서 전 교단적으로 침체기를 벗어나고 있음을 주시해야 한다. 건강한 교회가 되어 성장하는 것은 인간의 노력 이전에 하나님의 은혜이고 성령의 능력이 임할 때에 가능한 일이다.

미국교회는 1970년대와 1980년대에 많은 시련을 가진 시기 이다. 이 시기에 미국의 수천 교회들이 교회의 문을 닫았다. 그러나 복음주의 교회들을 중심으로 성장운동이 일어났고 미국교회가 다시 성숙기로 회복되어가고 있다. 이 중에 미남침례교단은 교단적으로 구체적이고 치밀한 계획을 세워 교회성장운동을 지속하고 있다. 미남침례교단은 1991년에서 2000년 까지 10년 계획을 통해 15,000교회 성장계획안을 작성하여 켐페인을 실천하였다

침례교단은 침체기에 들어와 있는 교단을 위하여 교단 부흥의 이론과 전략을 가질 필요가 있다. 본 논문에서 한국교회의 현실을 돌아보며 교회성장의 기본 원리와 전략적 방안을 제시하였다. 건강한 교회가 되는 성장요인들은 하나님의 목적에 따라 예배, 전도, 교육, 봉사, 친교의 원리와 이외에 지도력, 기도, 평신도 사역, 교회개척, 태신자 찾기와 정착시키기, 조직과 목표 설정, 소그룹, 영적 은사계발과 영적전쟁, 그리고 시설의 원리를 제시하였다.

첫째, 목회자들이 건강한 교회에 대한 열망을 가지고 청지기 직분을 온전히 수행하면, 그 결과 성장 형 교회가 될 수 있다. 청지기

직분은 하나님의 부르심과 응답으로 된다. 교회의 부흥은 목회자의 땀과 눈물과 생명을 드린 목회에서 볼 수 있다. 그리고 그에 따른 다양한 전략이 필요하다. 이는 목회자들에게 재교육이 필요하다. 1970년대 미국교회가 침체할 때, 목회자의 최우선 순위가 현상유지였다. 그런 교단들은 수천교회씩 문을 닫았다. 그러나 남침례교단은 최우선 순위를 주님의 지상명령에 순종하는 전도에 두었기에 성장하는 교단이 되고 있다.

둘째, 신학교가 신학과 영성과 실천을 겸비한 교회 중심적인 사역자들을 배출하는데 심혈을 기울여야 한다. 신학교는 지역교회와 긴밀한 연관이 필요하다. 유능한 목회자들이 강단에 설수 있도록 개방하고, 교회와 함께하는 신학과 교회에 필요한 인재를 양육하고 파송하는 기관이 되어야 한다. 신학교가 개척자를 교육하여 유능한 일꾼이 되게 세우고, 교회성장에 강한 불을 붙이는 지원지가 되어야 한다.

셋째, 침례교단이 교회개척과 성장에 학문적이고 조직적인 성장운동을 전개해야 한다. 교회개척은 목회자 혼자 개척하기가 힘든 시대가 되었다. 교회가 교회를 개척하는 시대가 벌써 와있다. 침례교회 2500개 교회가 10년 동안에 1개 교회를 개척하는 10년 성장 이론과 전략이 중장기적으로 실행된다면 많은 변화가 있을 수 있다. 미남침례교회같이 성장하는 교단도 실제적으로 성장하는 교회가 반을 넘지 못한다. 성장하는 교회들이 한국교회의 침체를 벗어날 비전을 가지고 힘을 합할 때 성령께서 불로 역사하셔서 개척교회의 증가와 함께 침체된 교회가 다시 부흥하는 결과를 가져오게 할 수 있다. 교단적인 꿈과 실천이 필요하다.

주(註)

1) 눅4:43 "예수께서 이르시되 내가 다른 동네에도 하나님의 나라 복음을 전하여야 하리니 나는 이 일로 보내심을 입었노라 하시고."
2) 시골 중심의 우리 문화에서 나 중심의 도시 문화가 되고, 산업화에서 정보화 시대로, 지식의 증가로 정보의 바다에 살며, 주 5일제 근무와 함께 돈의 중요성 시대에서 시간이 중요한 시대로 변하고 있다. 설교시 말하고 쓰는 시대에서 영상을 보강하여 느끼고 감동하게 하고 지역경제에서 지구경제시대로 바뀌었다. 목회에서도 단일성 시대에서 여러 개의 셀 그룹을 가지는 다양성 시대로, 숫자시대에서 속도시대로, 표준가치에서 나만이 할 수 있는 혁신가치의 시대가 되고 있다.
3) 2006년 5월 26일 통계청의 발표는 가톨릭 인구는 514만여 명(10.9%)으로 10년 전에 비해 74.4% 성장했고, 불교인구는 1072만여 명(22.8%)으로 10년 전에 비해 3.9% 성장했다고 발표했다.
   한미준 한국갤럽,「한국교회 미래리포트」(서울: 두란노, 2005), 62-63. 종교 인구 분포 조사에서 전 국민중 비종교인의 비율이 줄어들고 있음을 통계로 지적하고 있다. 1984년(56.3%), 1989년(51.0%), 1998년(47.2%), 2004년(43.0%)이다. 기독교가 주목할 일은 종교인구가 10년 사이 10. 5%가 늘어 57%가 되었는데, 기독교는 역으로 1.6%가 감소한 것이다. 목회자들, 신학교 교수들과 교단은 이 현상을 심각하게 받아 드려야 한다.
   교회성장연구소,「한국교회경쟁력보고서」(서울:교회성장연구소, 2006), 178. 한국교회 외형적 규모는 1990년은 35,869교회와 10,312,813명의 성도, 2002년은 대략 50,000교회와 12,000,000명의 성도로 보고 있다.
4) 교회성장연구소,「한국교회경쟁력보고서」, 173-174.
5) D. G. McCoury and Bill May, *The Southern Baptist Church Growth Plan* (Nashville: Convention Press, 1991).
6) 한미준 한국갤럽,「한국교회 미래리포트」(서울: 두란노, 2005), 303.

7) Ibid., 305.

8) Ibid., 303-6.

9) 교회성장연구소, 한국교회 미래리포트, 20-3.

10) Ibid., 110-1.

11) D. G. McCoury and Bill May, *The Southern Baptist Church Growth Plan* (Nashville: Convention Press, 1991), 20. 미남침례교단은 성장하고 모범적인 교단이나 이런 교단에도 매년 235교회가 교회의 문을 닫는다. 그 이유는 1) 이사 율이 많은 지역 2) 전도에 실패하는 교회 3) 청지기 직분을 소홀히 하여 재정지원에 실패하는 교회 4) 평신도가 소극적이고 지도력이 없는 교회 5) 싸움하여 분열된 교회 6) 전도지역을 좁게 가지고 전도를 체념하는 교회이다.

12) D. G. McCoury and Bill May, *The Southern Baptist Church Growth Plan*, 7. 그림으로 도표화하여 설명하고 있다.

13) Ibid., 3.

14) Ibid.

15) Ibid.

16) Ibid., 4.

17) Ibid.

18) Ibid.

19) Ibid., 5.

20) Ibid.

21) Ibid.

22) Ibid., 21-2.

23) Ibid., 1.

24) Ibid., 2.

25) Ibid., 6-9.

26) Ibid., 10.

27). Kirk Hadaway, *Church Growth Principles* (Nashville : Convention Press, 1988). 하다웨이는 교회기능 중심으로 성장하는 교회와 침체하는 교회 500개를 조

사하여 그 결과를 수치로 나타내고 있다. 한국교회는 이를 주목해야 하며, 침체를 극복하는 대안으로 목회자의 개성에 맞는 방법을 찾아야 한다.

28) Kirk C. Hadaway, *Church Growth Principles : Separating Fact from Fiction* (Nashville : Broadman Press, 1991). 하다웨이는 교회의 목적에 충실한 교회가 성장하고 있음을 통계로 자세히 제시하고 있다.

29) Rick Warren, *The Purpose Driven Church* (Grand Rapids: Zondervan Publishing House, 1995)

30). Donald A. McGavran and Winfield C. Arn, *Ten Steps for Church Growth* (New York : Harper & Row Publishers, 1977), 15-117.

31). D. R. Crawford, Ibid,. 46.

32). Carl S. Dudley, *Making the Small Church Effective* (Nashville : Abingdon Press, 1978), 49.

33). D. R. Crawford, *Church Growth Words From The Risen Lord* (Nashville : Broadman Press, 1990), 43.

34). Ibid,. 43.

35). Ibid,. 44.

36) 행1:14.

37) 행2:42.

38) D. G. McCoury and Bill May, 10.

39) 오성춘, 영성과 목회, 310-6.

40) Rainer, *The Book Of Church Growth*, 216-7.

41) 사도 바울은 하나님으로부터 오는 비전을 구하라고 하고 있다. 우리는 비전에 대한 세상의 생각을 초월해야 할 뿐 아니라 다른 교회들의 비전도 초월해 보아야 한다. 고전 3장 18절-19절은 우리가 분명히 다른 성장하는 교회로부터 배울 수 있다 하더라도 하나님이 한 교회에 주시는 비전은 다른 교회에 주시는 비전과 똑같은 것이 아니다.

42) C. Perer Wagner, *Church Planting for a Greater Harvest*(Ventura, CA : Regal Books, 1990), 46.

43) 엡6:12-18.

44) 약4:7-8.

45) Thom. S. Rainer, *The Book of Church Growth*, p. 160.

46) Ibid.

47) D. G. McCoury and Bill May, op. cit., 11.

48) C. Peter Wagner, *Leading Your Church to Growth* (Ventura, CA. : Real, 1984), 63. 재인용함.

49) Elmer Towns, *A Practical Encyclopedia of Evangelism and Church Growth* (Ventura : Regal Books, 1995), 286.

50) 빌4:14.

51) 김상복, 「목회자의 리더십」 (서울 : 엠마오, 1987), 46-72.

52) C. Kirk Hadaway, *Church Growth Principles Separating fact from Fiction* (Nashville : Broadman, 1991), 91. 하다웨이는 새로운 지도력이 어떻게 교회의 행보를 극적으로 변화시킬 수 있나를 보여 준다. 그는 침체 상황에 있던 교회가 침체를 돌파할 때 대다수는 성장하기 전 해나 바로 그 해에 새로운 목회자를 초청했다.

53) Lyle S. Shaller, *Growing Plans*(Nashville : Abingdon, 1975), 96.

54) 옥한흠, 「다시 쓰는 평신도를 깨운다」 (서울: 국제제자훈련원, 1998), 17.

55) Ibid., 18.

56) C. Peter Wagner, *Your Church Can Grow*(Nashville : Regal Books, 1984), 80.

57) Greg Ogden, *The New Reformation : Returning the Ministry to the People of God* (Grand Rapids : Zondervan, 1990), 13-25.

58) Rainer, *The Book of Church Growth*, 214.

59) 옥한흠, 다시쓰는 평신도를 깨운다, 34.

60) Rainer, 262-6.

61) George Barna, *The Frog in the Kettle* (Ventura : Regal, 1990), 39.

62) George Barna, *The Frog in the Kettle* (Ventura : Regal, 1990), 98.

63) George Barna, 67.

64) 세계목회연구원 편집, 「전도전략」 (서울 : 서로사랑, 1999).

65) 나겸일, 「전도집중교회로 만드라」 (서울 : 규장, 2001).

66) 명성훈, 「교회개척의 원리와 전략」 (서울 : 국민일보사, 1997), 10-20.

67) Win Arn, *The Pastor's Manual for Effective Ministry* (Monrovia, Calif : Church Growth, 1988), 41.

68) Ibid.

69) C. Peter Wagner, *Church Planting for a Greater Harvest* (Ventura : Regal, 1990), 14-15.

70) Ibid., 12.

71) Lyle E. Schaller, *44 Questions for Church Planters* (Nashville : Abingdon, 1991), 20.

72) C. Peter Wagner, op. cit., 11.

73) 요4:23-4.

74) James Emery White, *Opening the Front Door : Worship and Church Growth* (Nashville : Convention, 1992), 19-20.

75) Rainer, 274-82.

76) Ibid., 107-23.

77) 세계목회연구원편, 전도전략(서울 : 서로사랑, 1999), 19.

78) C. Peter Wagner, *Strategies for Church Growth* (Ventura : Regal Books, 1989), 74-86.

79) C. Kirk Hadaway, *Church Growth Principles*, 114.

80) C. Peter Wagner, *Strategies for Church Growth*, 32-34.

81) C. Peter Wagner, *Leading Your Church to Growth*, 186.

82) Ibid.

83) Ibid., 187-90.

84) 눅15:11-32.

85) Gary McIntosh and Glen Martin, *Finding Them, Keeping Them : Strategies for Evangelism and Assimilating in the Local Church* (Nashville : Broadman Press, 1992), 10. 매킨토시는 한 해 교인의 이동 율을 이렇게 말한다. 교인의 죽음 2%, 교회 이전 3%, 교회탈락6%로 일 년에 재적교인 11%의 이동이 있음을 밝힌다.

86) Rainer, 348.

87) D. G. McCoury and Bill May, op. cit., 11.
88) Rainer, 364.
89) C. Peter Wagner, *The Third Wave of the Holy Spirit*, 16.
90) Ibid.
91) Rainer, 376.
92) 명성훈,「교회성장마인드」, 369-70.
93) Rainer, 328-30.

참고문헌

교회성장연구소.「한국교회경쟁력보고서」. 서울: 교회성장연구소, 2006.
_____.「불신자들이 호감가는 교회」. 서울: 교회성장연구소, 2005.
_____.「평신도 사역자를 키운다」. 서울: 교회성장연구소, 2005.
_____.「불신자를 섬기는 교회」. 서울: 교회성장연구소, 2005.
_____.「교회선택의 조건」. 서울: 교회성장연구소, 2004.
김남준.「기도마스터」. 서울: 규장, 1999.
김성곤.「두날개로 날아오르는 건강한 교회」. 고양시: NCD, 2004.
명성훈.「교회개척의 원리와 전략」. 서울: 국민일보사, 1997.
_____.「교회성장마인드」. 서울: 교회성장연구소, 2001.
옥한흠.「다시 쓰는 평신도를 깨운다」. 서울: 국제제자훈련원, 1998.
이상대.「개척교회를 벗어나는 일곱가지 방법」. 서울: 요단출판사, 1997.
한미준.「한국교회미래리포트」. 서울: 두란노, 2005.
최현서.「건강한 교회와 아름다운 목회」. 서울: 서로사랑, 2003.
_____.「설교학」. 서울: 서로사랑, 2001.

Jones, Ezra Earl. *Strategies for New Churches*, 고민영 역. San Francisco: Harper & Row, 1976.
Malphurs, Aubrey.「침체된 교회의 부흥 전략」. 남성수 역. 서울: 아가페, 2000.

Amberson, Talmadge R., ed. *The Birth Churches: A Biblical Basis for Church Planting*. Nashville: Broadman, 1979.

Anderson, Andy with Linda Lawson, *Effective Methods of Church Growth*. Nashville: Broadman, 1985.

Anderson, Leith. *Dying for Change*. Minneapolis, MN: Bethany, 1990.

Arn, Win. *The Pastor's Church Growth Handbook*. Pasadena: Church Growth Press, 1988.

Arn, Win, and Charles Arn. *The Master's Plan for Making Disciples*. Pasadena, CA: Church Growth, 1979.

Arn, Win, and Donald McGavran. *Back to Basics in Church Growth*. Wheaton, IL: Tyndale, 1981.

Arn, Win, Carrol Nyquiist, and Charles Arn. *Who Cares About Love?* Pasada, CA: Church Growth, 1986.

Arnold, Jeffrey. *The Big Book on Small Groups*. Downers Grove, IL: InterVarsity, 1992.

Barna, George. *Marketing the Church*. Colorado Springs, CO: NavPress, 1988.

_____. *The Frog in the Kettle*. Ventura, CA: Regal, 1990.

_____. *The Power of Vision*. Ventura, CA: Regal, 1992.

_____. *User Friendly Church*. Ventura, CA: Regal, 1991.

_____. *What Americans Believe*. Ventura, CA: Regal, 1991.

_____. *Without a Vision, the People Perish*. Ventura: Regal, 1991.

Brock, Charles. *The Principles and Practices of Indigenous Church Planting*. Nashville: Broadman, 1981.

Brown, Jr., J. Truman, ed. *Visionary Leadership for Church Growth*. Nashville: Convention, 1991.

Brown, Lowell E. Grow: *Your Sunday School Can Grow*. Glendale, CA: Regal, 1974.

Callahan, Kennon L. *Twelve Keys to an Effective Church*. San Francisco: Harper & Row, 1983.

Carroll, Jackson W. *Small Churches are Beautiful*. San Francisco: Harper & Row, 1977.

Chandler, Russell. *Racing Toward 2001: The Forces Shaping America's Religious Future*. Grand Rapids, ML: Zondervan and Harper, 1992.

Chaney, Charles L. *Design for Church Growth*. Nashville: Broadman Press, 1977.

_____. *Church Planting at the end for Twentieth Century*. Wheaton: Tyndale House Publishers, 1982.

Cho, Paul Y. *More Than Numbers*. Waco, TX: Word, 1984.

Conn, Harvie M. *Theological Perspective of Church Growth*. Nutley, NJ: Presbyterian and Reformed, 1976.

Cook, Harold R. *Historic Patterns of Church Growth*. Chicago: Moody, 1971.

Crawford, D. R. *Church Growth Words From The Risen Lord*. Nashville: Broadman Press, 1990.

Dale, Robert D. *To Dream Again*. Nashville: Broadman, 1981.

Drummond, Lewis A. *The Awakening That Must Come*. Nashville: Broadman, 1978.

DeBose, Francis M. *How Churches Grow in an Urban World*. Nashville: Broadman , 1978.

Dudley, Carl S. *Making the Small Church Effective*. Nashville: Abingdon Press, 1990.

Easum, William M. *The Church Growth Handbook*. Nashville: Abingdon, 1978.

Elliot, Ralph. *Church Growth that Counts*. Valley Forge, PA: Judson, 1982.

Ellis Joe S. *The Church on Target*. Cincinnati, OH: Standard, 1986.

Faircloth, Samuel D. *Church Planting for Reproduction*. Grand Rapids: Baker Books, 1991.

Falwell, Jerry and Elmer Towns. *Stepping Out on Faith*. Wheaton, IL: Tyndale, 1984.

Fickett, Harold L. *Hope for Church Growth: Ten Principles of Church Growth*. Glendale, CA: Regal, 1972.

George, Carl F. *Prepare Your Church for the Future*. Tarrytown, NY: Revell, 1991.

George, Carl F., and Robert E. Logan. *Leading and Managing Your Church*. Old Tappan, NJ: Revell, 1987.

Gerber, Vergil. *God's Way to Keep a Church Going and Growing*. Glendale, CA: Regal, 1973.

Gibbs, Eddie. *I Believe in Church Growth*. London: Hodder &

Stoughton, 1985.

_____. *Ten Growing Churches*. London: MARC Europe, 1984.

Green, Hollis. *Why Churches Die*. Minneapolis: Bethany Fellowship Inc., 1975.

Green, Michael. *Evangelism in the Early Church*. Grand Rapids: Eermans, 1970.

Griswold, Roland E. *The Winning Church*. Wheaton, IL: Victor, 1986.

Hadaway, C. Kirk. *Church Growth Principles : Separating Fact form Fiction*. Nashville: Broadman Press, 1991.

_____. *What Can We Do about Church Dropouts?* Nashville: Abingdon, 1990.

Hale, J. Russell. *The Churched: Who They Are and Why They Stay Away*. San Francisco: Harper & Row, 1980.

Hemphill, Ken. *The Bonsai Theory Of Church Growth*. Nashville: Broadman, 1991.

Hoge, Dean R. and David A. Rouzen, eds. *Understanding Church Growth and Decline:1950-1978*. New York: Pilgrim, 1979.

Hundnut, Robert K. *Church Growth Is Not the Point*. New York: Harper & Row, 1975.

Hunter, III, George G. *The Contagious Congregation: Frontiers in Evangelism and Church Growth*. Nashville: Abingdon, 1979.

_____. *To Spread the Power: Church Growth in the Wesleyan Spirit*. Nashville: Abingdon, 1987.

_____. *The Road to Church Growth.* Corunna, IN: Church Growth, 1986.

Jackson, Jr., Neil E. *100 Great Growth Ideas.* Nashville: Broadman, 1990.

Jenson, Ron and Jim Stevens. *Dynamics of Church Growth.* Grand Rapids: Baker, 1982.

Johnson, Douglas W. *Vitality Means Church Growth.* Nashville: Abingdon, 1989.

Jones, R Wayne. *Overcoming Barriers to Sunday School Growth.* Nashville: Broadman, 1987.

Kane, J. Herbert. *The Christian World Mission Today and Tomorrow.* Grand Rapids: Baker Book House, 1981.

Kelley, Dean M. *Why Conservative Churches Are Growing Rev. ed.* Macon, GA: Mercer University, 1986.

Kraus, C. Norman, ed. *Missions, Evangelism, and Church Growth.* Scottdale, PA: Herald, 1980.

Lewis, Larry L. *Organize to Evangelize.* Nashville: Broadman, 1977.

Lewis Ron S. *Design for Church Growth.* Nashville: Broadman, 1977.

Logan, Robert E. *Beyond Church Growth.* Old Tappan, NJ: Revill, 1989.

Malphurs, Aubrey. *Planting Growing Churches for the Twenty-first Century.* Grand Rapids : Baker Book House, 1992.

MaCoury, D. G. and May, Bill. *The Southern Baptist Church*

Growth Plan. Nashville: Convention Press, 1991.

McGavran, Donald A. *Understanding Church Growth 2nd rev. ed by C. Peter Wagner.* Grand Rapids: Eerdmans 1990.

_____. *The Bridges of God. Rev. ed.* New York: Friendship, 1981.

_____. *Church Growth and Group Conversion.* South Pasdena, CA: William Carey, 1973.

_____. Church Growth Bulletin: Second Consolidated Volume. South Pasadena, CA: William Carey, 1977.

_____. Effective Evangelism: A Theological Mandate. Phillipsburg, NJ: Presbyterian and Reformed, 1988.

_____. How Churches Growth. London: World Dominion, 1959.

MaGavran, Dolald A. and Win Arn. *How to Grow a Church*. Ventura: Regal Books, 1973.

_____. *Ten Steps for Church Growth*. San Francisco: Harper & Row, 1977.

McGavran Donald A. and George G. Hunter, III. *Church Growth: Strategies That Work*. Nashville, 1980.

McQuiikin, J. Robertson. *Measuring the Church Growth Movement: How Biblical Is It?* Chicago: Moody, 1974.

Miles, Delos. *Church Growth : A Mighty River*. Nashville: Abingdon, 1987.

Miller, Herb. How to Build a Magnetic Church. Nashville: Abingdon, 1987.

Murren, Doug. *The Body Boomerang*. Ventura, CA: Regal, 1990.

Mylander, Charles. *Secrets for Growing Churches*. San Francisco: Harper & Row, 1979.

Neighbour, Ralph W. *Where Do WE Go From Here? : A Guidebook for the Cell Group Church*. Houston: Touch, 1990.

Ogden, Greg. *The New Reformation*. Grand Rapids: Zondervan, 1990.

Pentecost, Edward C. *Reaching the Unchurched*. South Pasadena: William Carey, 1974.

Peters, George W. *A Theology of Church Growth*. Grand Rapids, MI: Zondervan, 1981.

Pickett, J Waskom. *The Dynamics of Church Growth*. Nashville: Abingdon, 1963.

Rainer, Tom. *The Book of Church Growth*. Nashville: Broadman Press, 1993.

_____. *Giant Awakening: Making the Most of 9 Surprising Trends That Can Benefit Your Church*. Nashville: Broadman & Holman Publishers, 2005.

_____. ed. *Evangelism in the Twenty-First Century*. Wheaton, IL: Harold Shaw, 1989.

Schaller, Lyle E. *Growing Plans*. Nashville: Abingdon, 1983.

Schwarz, Christian A. *Natural Church Development*. Carol Stream: Church Smart Resources, 1996.

Towns, Elmer. *A Practical Encyclopedia : Evangelism and Church Growth*. Ventura: Regal Books, 1995.

_____. *Getting a Church Started*. Nashville: Impact Company, 1975.

Wagner, C. Peter. *Your Church Can Grow*. Glendale: Regal Books, 1979.

_____. *Your Church Can Be Healthy*. Nashville: The Parthenon Press, 1979.

_____. *Church Planting for a Greater Harvest*. Ventura: Regal Books, 1990.

"인자가 온 것은 잃어버린 자를 찾아 구원하려 함이니라."

누가복음 19장 10절

현대교회성장의 이해

지은이	최 현 서
발행인	도 한 호
초판발행	2008년 3월 10일
등록번호	출판 제6호(1979. 9. 22)
발행처	침례신학대학교 출판부
주　소	대전광역시 유성구 하기동 산14 (305-358)
전　화	(042)828-3255, 3257/E-mail:public@kbtus.ac.kr
팩　스	(042)825-1354　홈페이지 http://kbtus.ac.kr

값 16,000원

ISBN 978-89-87763-94-1 93230